민사집행법에 따른

부동산집행 입문

감수 이 우 재
저자 우 금 도

진 원 사

머 리 말

10여년 이상 매년 사법연수원과 변협에서 집행강의를 했는데, 강의를 할 때마다 느끼는 아쉬움이 있었다. 집행은 모든 분쟁의 종착역이고 필수법리인데도 많은 법률가들이 부차적이고 선택적인 것으로 알고는 별로 중요시하지 않는 것이다. 이러다보니 법관이든 변호사든 수많은 재판에서 집행법리가 문제되어도 그 문제만 적당히 해결하면 더 깊이 공부하려 하지 않는 경우가 많았다.

그러나 되돌아보면, 수많은 민사, 형사, 행정, 가사재판에서 수시로 본안의 쟁점으로 민사집행의 법리가 등장하고 있고, 이는 결코 어느 전문분야처럼 선택의 문제가 아님을 쉽게 깨닫게 될 것이다.

그럼에도 불구하고 집행법 공부를 게을리 하는 것은, 여러 이유가 있겠지만 무엇보다 집행법이 너무 어렵다는 잘못된 인식이 자리 잡고 있기 때문인 것 같다.

이러한 이유로 강의할 때마다 어떻게 하면 집행강의를 쉽고 재밌게 할 수 있을까를 먼저 궁리하게 되었는데, 세간의 화제가 된 사건을 사례로 들거나, 수강자들이 이해하기 어려운 법리를 비교하여 설명하고, 나아가 민법이나 상법, 행정법 등 관련분야의 중요법리가 집행법분야에서 전개되는 모양을 분석하는 등의 방법을 동원하였고, 한편 10여 년간 강의를 하면서 기초강의안을 토대로 매년 대법원판결과 결정을 반영하여 업데이트해 왔고, 이를 바탕으로 2010년 가을 고려대학교 법무대학원에서 강의안을 유포하고 강의를 해봤는데 의외로 변호사가 아닌 수강생들도 재밌고 이해하기 쉬웠다는 호응을 얻었다. 이에 소문이 나서 여러 출판사에서 이를 출간해보자고 하였으나, 적어도 책으로 출간하려면 더 깊은 연구와 작업이 필요하므로 사정상 도저히 시간이 없어 사양하고, 대신 이 분야의 또 다른 실무가요 전문가로서 그 명성을 의심할 필요가 없는 서울중앙지방법원 파산 참여관 우금도 계장님께 그 원고를 넘기기로 하였다.

거친 원고를 넘기고 우금도 계장님이 재 집필하신 출판원고를 되받아 보니, 집행법 지식이나 실무의 감각이 놀라울 정도로 뛰어나서 과연 그 명성이 헛된 것이 아님을 알 수 있었다.

단언하건데, 비록 이 책이 부동산집행만을 다루고 있지만, 우선 이해하기 쉬우면서도 그 다루는 방법이 결코 가볍거나 얕지 않으므로, 로스쿨학생이나 실무를 시작하려는 변호사 등 집행공부를 재밌게 하고자 하는 사람한테는 매우 유용한 책이 되리라 믿는다.

그리하여 이러한 정도의 원고라면 감히 그 책에 감수라는 이름을 넣어도 부끄럽지 않을 것이라는 생각이 들어 감수라는 이름으로 그 책에 내 이름을 더 하기로 결심하였다.

향후 우금도 계장님의 더 깊은 정진과 발전을 기대하며, 이 책으로 공부하는 모든 분들께 이 책이 집행은 매우 재밌고 필수적인 법학분야임을 알게 하는 계기가 되기를 진심으로 바란다.

2011. 3. 초순

서울중앙지방법원
부장판사
이 우 재

본서는 부동산집행을 처음 접한 초심자들과 민사집행을 더 깊게 이해하고자 하는 사람들을 위해서 쓴 부동산집행 입문서이다.

부동산집행 부분이 너무 어렵다보니 실무를 접해보지 못한 사람들은 이해하기가 다소 어려운 면이 있어, "민사집행법에 따른 부동산집행 입문"이란 제목으로 발간하게 되었다.

내용은 민사집행 중에서 부동산집행을 요약하면서, 실무와 관련하여 쟁점이 되는 부분들을 여러 문헌을 참조하여 그 답을 얻고자 하였다.

본서의 구성을 살펴보면,

제1장 우리나라 집행제도 개관, 제2장 압류·가압류의 개별상대효의 이해, 제3장 부동산매각절차, 제4장 배당절차, 제5장 배당절차상의 개별쟁점으로 되어 있다.

본서의 발간과 관련하여 민사집행의 대가이시고 감수를 해주신 서울중앙지방법원 이우재 부장판사님께 감사의 말씀을 올린다. 또 진원사의 양진수 사장님과 편집에 수고해주신 직원 분들에게도 감사를 전한다.

아무쪼록 본서가 민사집행을 처음 공부하고, 좀 더 쉽게 이해하고자 하는 분들에게 많은 도움이 되었으면 하는 바람이다.

2011. 3. 9.

서울중앙지방법원
파산 참여관
우 금 도

차 례

제1장 우리나라 집행제도 개관 / 3

Ⅰ. 민사집행제도의 이해 ······ 3
1. 강제집행과 담보권실행을 위한 집행 ······ 3
2. 강제집행의 의의 ······ 3
3. 강제집행절차와 판결절차의 관계 ······ 5
4. 강제집행의 종류 ······ 6
가. 집행의 대상을 기준으로 한 분류 ······ 6
나. 집행방법을 기준으로 한 분류 – 직접강제, 대체집행, 간접강제 ······ 8
다. 집행의 효력을 기준으로 한 분류 ······ 10
라. 실현될 권리를 기준으로 한 분류 ······ 11

Ⅱ. 부동산집행 ······ 12
1. 금전채권의 변제를 위한 집행 : 부동산경매와 강제관리 ······ 12
2. 부동산 자체의 인도집행 ······ 15
3. 부동산소유권이전등기 등의 등기절차이행청구권의 집행 ······ 15
4. 부동산철거의무의 집행 ······ 15
5. 부동산소유권이전등기 등 권리이전청구권의 압류 ······ 16
6. 형식적 경매 ······ 17
가. 형식적 경매의 의의 ······ 17
나. 형식적 경매의 절차 ······ 18
다. 형식적 경매의 종류와 중요 법리 ······ 22

Ⅲ. 집행절차에서의 사법보좌관의 처분에 대한 불복과 이의신청 ······ 26
1. 개 설 ······ 26
2. 적용되는 법규정과 사법보좌관의 업무 ······ 27
가. 사법보좌관 제도에 적용되는 법규정 ······ 27
나. 사법보좌관의 업무 ······ 27
3. 사법보좌관의 처분에 대한 불복제도 ······ 29

가. 처분에 대한 불복제도의 이해 ······ 29
나. 불복제도개관 ······ 31
다. 즉시항고 등의 대상이 되는 처분에 대한 이의신청 ······ 32
라. 배당표에 대한 이의신청 ······ 34

제2장 압류 · 가압류의 개별상대효의 이해 / 39

1. 압류 · 가압류의 처분금지효 기초 ······ 39
2. 압류 · 가압류의 효력발생시점 ······ 41
3. 압류 · 가압류의 처분금지효의 절차적 발현내용 ······ 43
4. 압류 · 가압류의 효력에 관한 입법주의와 전통적 학설 ······ 43
가. 절대적 효력설과 상대적 효력설 ······ 43
나. 절차상대효설과 개별상대효설 ······ 44
4. 일본 집행법의 입장 ······ 53
5. 우리나라의 개별상대효설 ······ 55
가. 우리 구 민사소송법 하에서의 해석론 ······ 55
나. 집행법의 태도 ······ 57
다. 개별상대효의 적용 ······ 58
라. 특수한 예 - 부동산가압류해방공탁금에 대한 배당 ······ 74

제3장 부동산매각절차 / 79

Ⅰ. 강제경매의 관할 및 대상 ······ 79
1. 서 설 ······ 79
2. 강제경매의 대상 ······ 79
가. 토지, 건물 ······ 79
나. 미등기 부동산 ······ 90
다. 공장재단, 광업재단 ······ 112
라. 광업권, 어업권 ······ 113
마. 지상권 · 전세권 등 ······ 113
바. 자동차, 건설기계 및 항공기 ······ 114

3. 집행법원 ······ 114
Ⅱ. 강제경매의 신청 ······ 115
1. 신청의 방식 ······ 115
2. 신청서의 기재사항 ······ 115
가. 채권자 · 채무자와 법원의 표시 ······ 115
나. 부동산의 표시 ······ 119
다. 경매의 이유가 된 일정한 채권 ······ 120
라. 집행할 수 있는 일정한 집행권원 ······ 123
마. 대리인의 표시 ······ 123
3. 첨부서류 ······ 124
가. 총 설 ······ 124
나. 집행력 있는 정본 등의 제출 ······ 125
다. 81조 1항 소정의 첨부서류 ······ 128
라. 그 밖의 첨부서류 ······ 129
4. 비용의 예납 ······ 130
가. 관련규정 ······ 130
나. 예납할 비용과 표준액 ······ 130
Ⅲ. 압류절차 ······ 131
1. 강제경매 개시결정 ······ 131
가. 심리의 방식 ······ 131
나. 경매목적물(부동산)에 대한 조사 ······ 131
다. 경매개시결정에 의한 압류의 효력 ······ 148
2. 경매개시결정등기의 촉탁 ······ 149
3. 부동산 멸실 등으로 말미암은 경매취소 ······ 149
가. 총 설 ······ 149
나. 취소사유 ······ 150
다. 경매절차의 취소 ······ 151
라. 취소결정에 대한 불복방법 ······ 151
마. 경매개시결정등기의 말소 ······ 151

4. 강제경매개시결정의 송달 …… 152
가. 채무자에 대한 송달 …… 152
나. 채권자에 대한 송달 …… 155
5. 경매절차의 이해관계인 …… 155
가. 이해관계인제도의 의의 …… 156
나. 이해관계인의 권리 …… 156
다. 이해관계인의 범위 …… 156
6. 이중경매개시결정 …… 160
가. 이중경매개시결정 …… 161
나. 이중경매개시결정의 요건 …… 161
다. 이중경매신청을 할 수 있는 시기 …… 162
라. 이중경매개시결정절차 …… 163
마. 이중경매개시결정의 효력 …… 163
바. 이중경매신청의 취하 …… 167
7. 경매개시결정에 대한 이의 …… 168
가. 강제경매개시결정에 대한 이의 …… 168
나. 임의경매개시결정에 대한 이의 …… 172
8. 경매목적물의 가치보전을 위한 방안 …… 177
가. 저당권자의 방해배제가처분 …… 177
나. 유치권의 성립제한 …… 179
Ⅳ. 경매의 준비 …… 180
1. 경매절차의 준비 …… 180
2. 배당요구의 종기결정 및 공고 …… 181
가. 취 시 …… 181
나. 공고 및 고지 …… 181
다. 배당요구 종기의 연기 …… 182
3. 채권신고의 최고 …… 183
가. 취 지 …… 183
나. 최고의 상대방 …… 184

다. 불신고의 효과 …… 184
라. 가등기담보 등에 관한 법률 16조 1항에 의한 최고 …… 186
4. 공유자에 대한 통지 …… 187
가. 통 지 …… 187
나. 예 외 …… 188
다. 통지결여의 효력 …… 188
5. 현황조사 …… 188
가. 현황조사명령 …… 188
나. 조사사항 …… 189
다. 현황조사보고서 …… 189
라. 임차인에 대한 통지 …… 190
마. 농지에 대한 집행법원의 사실조회 …… 191
6. 부동산의 평가와 최저매각가격의 결정 …… 192
가. 최저매각가격의 의의 …… 192
나. 매각부동산의 평가절차 …… 192
다. 평가의 대상 …… 193
라. 대지권등기 없는 구분소유건물에 대한 경매시 대지사용권의 경매목적물 포함 여부 …… 200
마. 최저매각가격의 결정 …… 201
7. 매각물건명세서 …… 202
가. 취 지 …… 202
나. 매각물건명세서의 비치 …… 203
다. 기재사항 …… 203
라. 열람을 위한 비치 …… 208
마. 위반의 효과 …… 209
8. 경매기록의 열람과 복사 …… 210
9. 남을 가망이 없는 경우의 경매취소 …… 210
가. 총 설 …… 210
나. 남을 가망이 없어 경매취소가 적용될 경우 …… 211
다. 우선채권의 범위 …… 212

라. 남을 가망이 없다는 취지의 통지 ······ 216
마. 남을 가망이 있음을 증명한 때의 조치 ······ 216
바. 매수신청과 보증의 제공 ······ 216
사. 매수신청 및 보증제공에 따른 경매절차의 속행 ······ 217
아. 경매절차의 취소 ······ 218
자. 본조 위반의 효과 ······ 218

V. 매각기일 및 매각결정기일의 지정·공고·통지 ······ 219

1. 매각방법 ······ 219
가. 3가지 방법 ······ 219
나. 입찰과 호가경매의 차이 ······ 220
다. 입찰방식 ······ 220
라. 매각방법의 지정 ······ 221
2. 매각기일 ······ 221
가. 매각기일의 지정 ······ 221
나. 매각기일의 취소, 변경 ······ 221
3. 매각결정기일 ······ 222
4. 매각기일의 공고 ······ 222
5. 매각기일의 통지 ······ 223
가. 취 지 ······ 223
나. 통지방법의 특칙(등기우편송달) ······ 223
다. 통지를 하지 않은 하자 ······ 223
6. 특별매각조건에 관한 재판 ······ 223
가. 총 설 ······ 223
나. 매각조건의 종류 ······ 224
다. 특별매각조건의 내용고지와 매각허가결정에의 기재 ······ 224
라. 특별매각조건 ······ 224
7. 분할매각과 일괄매각 ······ 225
가. 분할매각의 원칙 ······ 225
나. 서로 다른 부동산의 일괄매각 ······ 226

다. 부동산과 다른 종류의 재산의 일괄매각 …… 226
라. 분할매각과 일괄매각의 위법성 …… 227

Ⅵ. 매각의 실시 …… 228
1. 매각의 개시 …… 228
2. 매수의 신청 …… 228
가. 자격의 제한 …… 228
나. 대리인에 의한 매수신청 …… 228
다. 공동입찰신청 …… 229
라. 집행절차상의 지위에 기한 매수신청의 제한 …… 229
3. 매수신청의 방법 …… 230
가. 기일입찰 …… 230
나. 기간입찰 …… 232
다. 호가경매 …… 233
라. 차순위매수신고 …… 234
4. 매수신청의 보증금(매수보증금) …… 234
가. 기일입찰에서의 매수보증금 …… 234
나. 호가경매, 기간입찰에서의 매수보증금 …… 235
5. 매수신청보증의 제공방법 …… 235
가. 기일입찰에서 매수신청보증의 제공방법 …… 235
나. 기간입찰에서 매수신청보증의 제공방법 …… 236
다. 기일입찰에서의 보증의 제공과 반환 …… 236
6. 매각의 진행절차 …… 237
가. 기일입찰 기일의 절차 …… 237
나. 기간입찰에서 매각기일(개찰기일)의 절차 …… 238
7. 경매절차상의 우선매수권 …… 238
가. 공유자의 우선매수 …… 238
나. 건설임대주택경매시 임차인의 우선매수권 …… 241
8. 새 매각 …… 242
가. 허가할 매수가격의 신고가 없는 경우의 새 매각 …… 242

나. 매각불허가를 한 경우의 새 매각 ······ 243
다. 부동산의 훼손이나 권리변동으로 매각불허가 등을 한 경우의 새 매각 ······ 243
Ⅶ. 매각결정절차 ······ 244
1. 매각결정기일 ······ 244
가. 이해관계인의 진술 ······ 244
나. 매각허가에 대한 이의 ······ 244
2. 매각허가여부에 관한 재판 ······ 246
3. 매각불허가결정 ······ 247
가. 매각불허가결정을 하여야 할 경우 ······ 247
나. 부동산의 훼손 또는 권리관계의 변동이 있는 경우 ······ 250
다. 부동산의 훼손 등으로 인한 매각목적물의 하자와 담보책임 ······ 251
라. 매각불허 후의 절차 ······ 252
마. 매수신청보증의 반환 ······ 253
4. 매각허가결정 ······ 253
가. 매각허가결정의 기재사항 ······ 253
나. 매각허가결정의 선고 및 공고 ······ 253
5. 매각허가여부에 대한 즉시항고 ······ 254
가. 매각허가여부의 결정에 대한 불복방법 ······ 254
나. 항고기간 ······ 254
다. 항고각하결정과 항고장각하명령 ······ 254
라. 항고의 제기방식 ······ 254
마. 항고권자 ······ 255
바. 매각허가결정에 대한 항고에 있어서 보증의 제공 ······ 255
사. 항고이유 ······ 257
아. 임의경매에서 실체상의 이유에 의한 항고 ······ 258
자. 즉시항고에 대한 집행법원의 조치 ······ 258
차. 항고심의 절차 ······ 260
6. 대금지급의무불이행과 법원의 조치 ······ 260
가. 차순위매수신고인에 대한 매각허가여부의 결정 ······ 260

나. 재 매 각 …… 260
다. 재매각절차의 취소 …… 262
7. 부동산관리명령 …… 263
Ⅷ. 집행정지서면의 제출 …… 264
1. 강제경매의 경우 …… 264
가. 이중경매신청이 없는 경우 …… 264
나. 이중경매신청이 있는 경우 …… 269
다. 담보권실행을 위한 경매의 경우 …… 271
Ⅸ. 매각대금의 지급 …… 274
1. 대금지급기한 …… 274
가. 매수인의 대금지급의무 …… 274
나. 대금지급기한의 지정 …… 274
다. 집행정지서면의 제출과 대금지급기한의 지정 …… 275
라. 대금지급기한의 통지 …… 275
2. 지급하여야 할 금액 …… 275
3. 대금지급절차 …… 276
가. 현금의 지급방법 …… 276
나. 특별한 지급방법 …… 276
Ⅹ. 매각대금지급 후의 처리(소유권이전등기 등의 촉탁) …… 278
1. 소유권의 취득 …… 278
가. 소유권취득의 시기 및 범위 …… 278
나. 경매절차의 하자와 소유권취득 여부 …… 278
2. 촉탁의 시기 …… 279
3. 촉탁할 등기 …… 279
가. 소유권이전등기 …… 279
나. 매수인이 인수하지 아니한 부동산의 부담에 관한 기입의 말소 …… 281
XI. 부동산인도명령 …… 286
1. 총 설 …… 286
2. 인도명령의 당사자 …… 286

가. 신 청 인 ······ 286
나. 상 대 방 ······ 287
3. 인도명령의 신청 ······ 289
가. 신청의 방법 ······ 289
나. 신청의 시기 ······ 289
4. 인도명령의 재판 ······ 290
5. 인도명령의 집행 ······ 290
6. 인도명령에 대한 불복방법 등 ······ 291
가. 인도명령의 신청에 관한 재판에 대한 불복 ······ 291
나. 집행정지 ······ 291
XII. 경매신청의 취하 ······ 291
1. 취하의 시기 및 요건 ······ 291
가. 매수신고가 있기 전까지의 취하 ······ 291
나. 매수신고가 있은 후의 취하 ······ 292
2. 취하 후의 처리 ······ 292
가. 경매절차의 종료 ······ 292
나. 경매개시결정등기의 말소촉탁 ······ 293
XIII. 담보권의 실행 등을 위한 경매의 특칙 ······ 293
1. 임의경매와 강제경매의 절차상의 이동 ······ 293
가. 강제경매에 관한 규정의 준용범위 ······ 293
나. 임의경매와 강제경매의 차이 ······ 295
2. 임의경매의 신청 ······ 297
가. 신청서에 적어야 할 사항 ······ 297
나. 청구금액의 확장 ······ 303
3. 매각절차의 개시 ······ 306
가. 경매개시요건의 심사 ······ 306
나. 경매개시결정 ······ 306
다. 경매개시결정등기의 촉탁 ······ 306
라. 금융기관의 임의경매 신청시 송달의 특례 ······ 307

4. 매각절차의 정지, 취소 ······ 309
가. 매각절차의 정지 ······ 309
나. 매각절차의 취소 ······ 310
다. 정지, 취소문서가 제출된 경우의 처리 ······ 310

제4장 배당절차 / 311

Ⅰ. 배당요구 ······ 311
1. 배당요구의 의의 ······ 311
2. 배당요구하지 않아도 당연히 배당에 참가할 수 있는 자 ······ 312
가. 이중경매신청인 ······ 312
나. 첫 경매개시결정등기 전에 등기된 가압류채권자 ······ 312
다. 첫 경매개시결정등기 전에 등기된 우선변제권자 ······ 312
3. 배당요구가 필요한 채권자 ······ 314
가. 집행력 있는 정본을 가진 채권자 ······ 314
나. 경매개시결정등기 후에 가압류를 한 채권자 ······ 314
다. 민법 · 상법, 그 밖의 법률에 의하여 우선변제청구권이 있는 채권자 ······ 315
라. 조세 기타 체납처분의 예에 따라 징수할 수 있는 공과금채권 ······ 315
마. 대위변제자의 배당요구 ······ 315
바. 배당요구할 수 있는 채권자의 채권이 제3자에 의하여 압류된 경우 그 압류를 배당요구로 볼 것인지의 문제 ······ 316
4. 배당요구의 방식 ······ 316
5. 배당요구의 종기 ······ 316
6. 배당요구에 대한 집행법원의 조치 ······ 317
7. 배당요구서 부제출에 따른 실권효 ······ 317
8. 배당요구의 철회 ······ 318
9. 계산서의 제출 ······ 318
Ⅱ. 배당받을 채권자 ······ 319
1. 배당요구의 종기까지 경매신청을 한 압류채권자의 채권 ······ 319

2. (근)저당권 · 가등기담보권의 피담보채권, 전세금반환채권 ··· 319
가. 저당권 · 근저당권의 피담보채권 ··· 319
나. 가등기담보권의 피담보채권 ··· 321
다. 전 세 금 ··· 323
라. 순위의 결정 ··· 324
마. 담보권의 효력이 미치는 매각부동산의 범위 ··· 324
3. 주택 및 상가건물의 임차보증금반환채권 ··· 325
가. 우선변제권의 발생 요건 ··· 325
나. 배당요구 ··· 327
다. 주택 또는 상가건물의 임차인 ··· 328
라. 임차목적물의 인도(점유) ··· 328
마. 주민등록(전입신고) 또는 사업자등록신청 ··· 329
바. 확정일자 ··· 331
사. 소액임차인 ··· 333
아. 등기된 임차권자 ··· 338
자. 우선변제권의 내용 ··· 338
차. 매수인에게 인수되는 보증금의 범위 ··· 341
4. 근로자의 우선변제권 ··· 342
가. 관련법의 규정 ··· 342
나. 배당요구서에 붙여야 할 배당요구의 자격을 소명하는 서면 ··· 346
다. 다수의 근로자가 임금채권에 대하여 배당요구를 하는 경우의 주의사항 ··· 347
라. 최종 3월분의 임금 ··· 348
마. 최종 3년간의 퇴직금 ··· 350
바. 우선변제권의 효력 ··· 351
사. 임금직접지급의 원칙과 배당 ··· 354
아. 임금우선변제권의 적용 대상 ··· 355
자. 우선변제권이 있는 임금채권과 가압류 ··· 356
5. 국세 · 지방세 채권 ··· 356
가. 압류 · 교부청구 ··· 356

나. 조세채권우선의 원칙 ······ 356
다. 당해세 우선 ······ 360
6. 체납처분의 예에 따라 징수되는 공과금채권 ······ 362
가. 서 설 ······ 362
나. 국민건강보험법상의 건강보험료 및 국민연금법상의
연금보험료 ······ 362
다. 산업재해보상보험법상의 산업재해보상보험료 기타 징수금 ······ 363
라. 과태료와 국유재산법상의 ······ 363
7. 집행력 있는 일반채권 ······ 363
8. 가압류채권 ······ 364
가. 배당요구와 청구금액의 확정 ······ 364
나. 가압류채권의 배당순위 ······ 364
다. 가압류 후의 저촉처분과 배당순위(개별상대효) ······ 364
9. 저당물의 3취득자가 지출한 필요비 · 유익비채권 ······ 365
Ⅲ. 잉여금의 처리 ······ 366
Ⅳ. 배당기일의 지정 및 통지 ······ 366
Ⅴ. 배당표의 작성 ······ 367
1. 배당표원안의 작성 ······ 367
가. 배당표원안의 작성시기와 작성자료 ······ 367
나. 배당표원안의 비치와 열람 ······ 368
2. 배당표에 적어야 할 사항 ······ 368
가. 배당할 금액(배당재단) ······ 368
나. 집행비용 ······ 371
다. 실제 배당할 금액 ······ 371
라. 매각부동산 ······ 371
마. 채 권 자 ······ 371
바. 채권금액 ······ 371
사. 배당순위 ······ 372
Ⅵ. 배당기일의 실시 ······ 375

1. 배당표의 확정 ······ 375
2. 차액지급 또는 채무인수시의 잔여액의 납부 ······ 375
3. 배당표에 대한 이의 ······ 376
가. 이의를 할 수 있는 자 및 이의시기 등 ······ 376
나. 절차상의 사유에 기한 이의(형식상의 이의) ······ 377
다. 실체상의 사유에 기한 이의 ······ 377
라. 개별배당재단이 형성된 경우의 배당이의 ······ 381

Ⅶ. 배당이의의 소 ······ 383
1. 배당이의의 소의 성질론 ······ 383
가. 배당이의소송의 성질 ······ 383
나. 배당이의의 소와 부당이득반환청구의 소와의 관계 ······ 385
2. 소송요건 ······ 386
가. 제소기간 ······ 386
나. 관할법원 ······ 387
다. 당사자적격 ······ 387
3. 소송절차 ······ 388
가. 청구취지 ······ 388
나. 배당기일의 이의 유무 및 범위의 직권조사 ······ 388
다. 공격방어방법 ······ 388
라. 입증책임 ······ 390
마. 소의 변경 ······ 392
바. 원고 불출석에 의한 소의 취하 ······ 392
사. 재판상 화해, 청구의 포기 · 인낙 ······ 393
4. 판 결 ······ 393
가. 판결의 형식 ······ 393
나. 추가배당 · 재배당 ······ 394
다. 배당이의의 판결의 효력 ······ 395

Ⅷ. 배당의 실시 ······ 399
1. 배당을 실시하여야 할 경우 ······ 399

가. 배당이의가 없는 경우 ········· 399
나. 배당이의가 있는 경우 ········· 399
2. 집행정지서류의 제출과 배당 ········· 400
가. 강제경매의 경우 ········· 400
나. 담보권실행을 위한 경매의 경우 ········· 401
3. 배당의 실시절차 ········· 401
가. 집행력 있는 정본 또는 채권증서의 교부, 영수증의 교부 ········· 401
나. 배당액의 공탁 ········· 402
4. 추가배당 ········· 405
가. 추가배당사유 ········· 405
나. 추가배당절차 ········· 405

제5장 배당절차상의 개별쟁점 / 407

Ⅰ. 배당순위의 충돌과 조정 - 순환흡수배당의 법리 ········· 407
1. 서 설 ········· 407
2. 배당의 순환관계와 배당방법 ········· 408
가. 안분배당설과 안분후흡수설 ········· 408
나. 위 각 견해의 검토 ········· 409
3. 안분후흡수설에 의할 경우의 실무례와 문제점 ········· 412
가. 문제의 소재(배당순위의 모순저촉에 따른 특수흡수배당) ········· 412
나. 흡수의 순서에 관하여 ········· 413
다. 흡수당하는 순서에 관하여 ········· 413
라. 흡수의 한도(흡수의 횟수)에 관하여 ········· 414
마. 정 리 ········· 418
Ⅱ. 주택임대차보호법상의 소액임차보증금 한도의 변동과 특수한 배당 - 제한적 평등배당의 법리 ········· 421
1. 기초법리 ········· 421
2. 쟁 점 ········· 421
Ⅲ. 압류·가압류 후 담보물권을 취득한 자의 배당절차상의 지위 ········· 424

1. 배당요구를 할 수 있는 우선변제청구권이 있는 채권자 …… 424
2. 견해의 대립 - 배당요구불가설, 무제한설 및 제한설 …… 425
가. 배당요구불가설 …… 425
나. 무제한설 …… 427
다. 제 한 설 …… 428

Ⅳ. 집합건물의 저당권실행시 선행의 대지저당권에 대한 배당 …… 429

Ⅴ. 가압류채권의 배당과 배당이의 및 재배당·추가배당 …… 430
1. 가압류 후 청구채권의 변동과 배당이의 …… 430
2. 가압류채권자의 본안 일부승소와 추가배당 …… 431
3. 2007다27427 판결과 2003다32681 판결의 비교분석 …… 432

Ⅵ. 사해행위취소의 효력과 배당절차에서의 취급 …… 433
1. 사해행위취소권과 채권자평등주의 …… 434
2. 상대적 무효설과 평등주의의 충돌 …… 435
3. 배당에서의 제 문제 …… 437
가. 사해행위 이후 채권을 취득한 채권자 …… 437
나. 사해행위취소의 상대방인 수익자 …… 439
다. 잉여금의 귀속과 공과금의 교부의 상대방 문제 …… 441
라. 취소되었으나 말소되지 않은 담보권에 대한 배당 …… 444
4. 배당이의소송 단계에서의 사해행위취소와 채권자평등주의 …… 444
가. 배당이의소송과 사해행위취소소송의 병합의 가부 …… 444
나. 배당이의의 소의 상대효와 관련된 문제 …… 446
다. 채권자평등주의와 관련한 두 소송의 비교 …… 448
라. 배당이의소송과 사해행위취소권의 행사 …… 449
마. 병합의 구체적인 모습 …… 453
5. 사해근저당권자에게 배당이 실시되기 전의 사해행위취소의 효력 …… 456
6. 채권자취소소송비용의 우선 상환 …… 457

❖ 사항색인 …… 459

집행법에 따른 부동산집행 입문

제1장 우리나라 집행제도 개관 / 3

제2장 압류 · 가압류의 개별상대효의 이해 / 39

제3장 부동산매각절차 / 79

제4장 배당절차 / 311

제5장 배당절차상의 개별쟁점 / 407

제1장 우리나라 집행제도 개관

I. 민사집행제도의 이해

1. 강제집행과 담보권실행을 위한 집행

민사집행은 구분기준에 따라 여러 가지로 분류할 수 있으나, 집행법이 구분하고 있는 가장 큰 대별기준은 강제집행(제2편)과 담보권실행 등을 위한 경매(제3편)이다.

강제집행에는 금전채권의 만족을 위한 집행(제2장 금전채권에 기초한 집행)과 금전채권이 아닌 다른 채권의 만족을 위한 집행(제3장 금전채권 외의 채권에 기초한 강제집행)으로 나뉜다. 이 책에서는 강제집행이든 담보권실행 등을 위한 경매든, 금전채권의 만족을 위한 집행 부분을 중점으로 다루되, 편의상 제1편에서는 우리나라 집행제도의 이해를 위하여 집행제도를 개관해 본다.

2. 강제집행의 의의

강제집행이라 함은 채권자의 신청에 의하여 국가의 집행기관이 채권자를 위하여 집행권원에 표시된 *私法*상의 이행 청구권을 국가 권력에 기하여 강제적으로 실현하는 법적 절차이다. 이를 나누어 설명하면 다음과 같다.

(1) 강제집행에 의하여 실현되는 것은 사법상의 청구권: 사법상의 청구권에는 채권적 청구권뿐만 아니라 물권적 청구권, 또는 신분권・인격권 기타의 권리 침해에 기한 회복, 예방 등을 구하는 청구권도 포함되고 그 내용은 작위, 부작위를 가리지 않는다.

여기서 말하는 강제집행은 사법상의 청구권의 실현을 목적으로 하는 점에서 행정상의 강제집행과 다르고, 집행권원을 요건으로 하는 점에서 담보권 실행을 위한 경매와 구별된다.

(2) 강제집행의 대상이 되는 것은 이행청구권 : 확인판결이나 형성판결은 그 확정에 의하여 기판력이나 형성력이 발생하여 그 판결을 구하는 목적이 달성되므로 새삼스럽게 강제집행을 할 필요는 생기지 아니한다.

(3) 강제집행에는 강제력이 따른다 : 강제집행은 채무자의 의사에 구애받지 아니하고 강제력을 행사하여 의무내용을 실현하거나 또는 특정의 방법을 사용하여 채무자에게 심리적 압박을 가함으로써 채무자로 하여금 부득이 협력하게 하여 의무내용을 실현하게 하는 것이다.

국가의 강제력을 사용함이 없이 재판에 기하여 그 내용에 적합한 일정 상태를 실현할 수 있는 경우가 있다. 예컨대 등기절차를 명하는 확정판결에 기하여 신청에 의하여 등기관이 등기부에 기재하는 것(법 263, 부등법 29조), 회사설립무효확인의 확정판결에 기하여 수소법원이 등기를 촉탁하는 것(비송절차법 98조), 강제집행의 기본이 되는 재판을 취소하는 재판 또는 강제집행을 허가하지 아니하거나 그 정지를 명하는 재판에 기하여 집행기관이 집행의 정지·취소를 하는 것(법 49조, 50조) 등은 특별규정에 의하여 당해 재판의 반사적 효력으로 행하여지는 것에 불과하며 국가의 강제력 행사에 의한 이행청구권의 실현과는 관계가 없으므로 여기에서 말하는 강제집행에는 해당하지 아니한다. 다만 이러한 것은 재판에 기한 국가의 행위라는 점에서 유사한 점이 있기 때문에 광의의 강제집행이라고 하며, 이에 대응하여 여기에서 말하는 강제집행은 협의의 강제집행이라 한다.

(4) 벌금·과료·몰수·추징 등 재산형이나 과태료는 검사의 명령에 의하여 집행 : 검사의 이러한 집행명령은 집행력 있는 집행권원과 동일한 효력이 있으며 이에 관하여는 집행법의 규정이 적용 또는 준용된다(법 60조, 비송절차법 249조, 형소 477조). 이와 같이 공법상 청구권의 집행을 강제집행에 의하여 하게 하는 것은 편의상 강제집행제도를 이용하고 있는데 불과하므

로 이를 형식적 강제집행이라 한다.

3. 강제집행절차와 판결절차의 관계

(1) 판결절차는 권리 또는 법률관계의 존부의 확정 즉 청구권의 존부의 관념적 형성을 목적으로 하는 절차이고 강제집행절차는 권리의 강제적 실현 즉 청구권의 사실적 형성을 목적으로 하는 절차이다.

양자는 밀접한 관계에 있기는 하지만, 전자는 그 성질상 심리의 공평·신중이 요청됨에 반하여 후자에 있어서는 신속·확실한 실현과 채권자의 이익보호가 요청되기 때문에 양자는 별개 독립된 기관이 관장하는 독립된 절차이며(수소법원이 집행기관으로 되는 것은 예외이다. 법 260조, 261조), 후자가 전자의 속행도 그 일부도 아니다.

(2) 모든 강제집행에 판결절차가 반드시 선행하는 것은 아니다. 공정증서, 조정조서(민사조정법 29조, 가사소송법 59조), 과태료의 재판에 관한 검사의 명령(법 60조) 등에 의하여도 강제집행을 할 수 있다.

(3) 모든 소송이 강제집행을 수반하는 것은 아니다. 확인판결이나 형성판결은 집행력이 없으므로 강제집행으로 이행하지 아니하고, 또 이행판결 중에서도 성질상 강제집행에 적합하지 아니한 것(예컨대 부부의 동거를 명하는 판결)도 있고, 또 그러한 필요가 없는 것(예컨대 채무자가 임의로 의무를 이행한 경우, 등기절차를 명하는 판결)도 있다.

(4) 강제집행절차는 판결절차와 병행하여 진행될 수도 있다. 가집행의 선고가 있는 종국판결(법 24조)에 의하여 그 확정 전에 강제집행이 행하여지는 경우가 이에 해당한다.

4. 강제집행의 종류

강제집행의 구분은 단순한 학문적 분류가 아니라, 구별기준에 따른 강제집행이 종류를 이해하는 것 자체가 집행제도 자체를 이해하는 첫걸음이다.

가. 집행의 대상을 기준으로 한 분류

1) 인적집행과 물적집행

집행의 대상이 물건이냐 사람이냐에 의한 구별이다. 물적집행(대물집행)은 채무자의 재산만을 집행의 대상으로 하는 것이고, 인적집행(대인집행)은 채무자의 재산뿐만 아니라 그 신체나 노동력을 집행의 대상으로 하여 이에 의하여 채권의 만족을 얻는 집행이다.

집행법은 일반적으로 私法상의 채무에 대한 인적집행을 인정하지 아니하지만, 예외적으로 재산명시명령을 위반하여 재산명시기일에 불출석하거나 재산목록 제출 또는 선서를 거부한 때에는 20일 이내의 감치에 처하도록 함(법 68조 1항)으로써 인적집행을 허용하고 있다.

2) 개별집행과 일반집행(포괄집행)

물적집행의 대상이 되는 채무자의 재산의 범위에 따른 구별이다.

개별집행은 채무자의 개개의 재산에 대하여 집행이 개별적으로 실시되는 것이며, 일반집행은 채무자의 전재산에 대하여 포괄적으로 실시되는 집행이다. 전자는 집행법이 채용하고 있는 방법이며 후자는 파산절차에서 행하여진다.

민사집행과 파산절차가 개별집행과 일반집행의 관계에 있다는 점은 우리 법제상 민사집행과 파산절차의 관계를 이해하는 핵심적인 법리이다. 일반적으로 大는 小를 포함한다는 법리에 따라, 소에 해당하는 민사집행은 대에 해당하는 일반집행이 개시되면 절차가 정지되거나 실효되는 관계에 있는 것이다. 이러한 점을 기초로, 파산절차의 진행단계에 따라 민사집행절차가 어떠한 영향을 받는지를 염두에 두고 두 절차의 관계를 이해하면 두 절차의 관계가 쉽게 이해된다.

한편, 회생절차는 채무자를 과다한 채무로부터 회생시키기 위한 제도이므로, 제도의 목적상 회생절차가 집행절차보다 더욱 강력한 절차적 힘을 발휘한다. 따라서 회생절차가 확정되면 집행절차는 그 힘을 잃게 되는 것이니, 회생절차의 진행에 따라 단계적으로 그 절차적 힘을 잃어가는 과정을 주목하여 보면 된다.

3) 동산집행과 부동산집행

집행의 대상이 되는 채무자의 재산의 종류에 따른 구별로서 우리 집행법의 편제는 이 분류에 의하고 있다.

대상재산의 성질에 따라 집행기관, 집행절차에 있어서 여러 차이가 있다.

집행법상의 동산은 민법상의 그것과는 달리 유체동산뿐만 아니라 채권 그 밖의 재산권도 포함하며 선박, 자동차, 건설기계, 항공기는 민법에서는 동산이지만 집행법에서는 등기할 수 있는 선박이나 등록된 자동차, 건설기계 등은 부동산에 준하여 취급된다(법 172조, 187조, 규칙 108조 내지 130조).

부동산을 목적으로 하지 아니하고, 또 유체동산, 금전채권, 유체물의 인도나 권리이전을 목적으로 하는 청구권 이외의 재산권에 대한 강제집행에 관해서는 집행법 223조 내지 250조의 규정 및 집행법 98조 내지 101조의 규정을 준용한다(법 251조). 이와 같이 부동산집행의 대상이 되지 아니하는 재산 중 유체동산과 채권, 유체물의 인도나 권리이전청구권을 제외한 것을 그 밖의 재산권이라고 한다.

일반적으로 집행법 251조에 의한 집행의 대상이 될 수 있는 재산권으로는 특허권, 실용신안권, 의장권, 상표권, 저작권 등의 지적재산권, 양도가능한 전화의 전화사용권, 골프회원권 · 스포츠회원권 · 콘도회원권 등과 같은 설비의 이용을 목적으로 하는 재산권, 유체동산의 공유지분권, 합명회사 ·

합자회사 · 유한회사의 사원권, 조합원의 지분권, 예탁유가증권, 전세권 등을 들 수 있다. 집행방법은 압류, 현금화 및 배당의 단계로 진행되는 점은 다를 바가 없고, 다만 현금화의 구체적인 방법이 재산권의 종류에 따라 달라지는데, 추심명령(그 밖의 재산권에서 생기는 금전채권, 예컨대 사원권으로부터 생기는 이익배당청구권, 지분환급청구권, 골프장회원권에 관련된 예탁금반환청구권 등)이나 전부명령{권면액(券面額)이 있는 집행대상에만 허용되므로 그 재산권으로부터 생기는 금전채권에 대하여만 가능}외에 특별현금화방법{매각명령(일반의 거래대상이 되는 권리에 대하여 법원이 집행관에게 매각을 명하는 것으로 집행관은 매각의 방법으로 권리를 처분하여 그 매각대금을 법원에 제출하면 배당절차 진행), 양도명령(법원이 압류 재산권을 평가하게 하여 그 금액으로 채권자에게 양도하는 현금화처분으로 전부명령에 준하는 것이므로 양도명령이 효력을 발생하면 집행채권이 양도금액의 범위에서 소멸하여 강제집행절차가 종료), 관리명령(용익권, 출판권, 지적재산권 등 제3자가 용이하게 관리할 수 있고 수익을 얻을 것이 확실히 기대되는 재산권에 대하여는 관리인으로 하여금 권리를 관리하게 하여 그 수익으로 변제에 충당) 등}이 더 자주 사용된다.

나. 집행방법을 기준으로 한 분류 - 직접강제, 대체집행, 간접강제

집행에 사용되는 강제수단에 의한 구별이다.

직접강제라 함은 집행권원의 내용을 집행기관의 행위에 의하여 직접으로 또 채무자의 협력 없이 실현하는 방법을 말하는데, 금전채권 기타 물적 급부를 목적으로 하는 청구권(물건의 인도, 명도 등)의 집행에 적합하고, 채무자의 신체나 의사에 압박을 가하지 않고 실시되므로 강제수단으로서는 가장 타당한 방법이며 이 방법에 의할 수 있는 경우에는 다른 집행방법은 허용되지 아니한다.

대체집행이라 함은 채무자로부터 비용을 추심하여 이로써 채권자 또는 제3자로 하여금 채무자를 대신하여 의무내용을 실현하게 하는 집행방법이다. 집행기관이 직접 실시하는 것은 적합하지 아니하나 채무자 자신에게시키지 아니하더라도 채권자에게 동일한 만족을 줄 수 있는 대체적 작위 의무(건물철거 등)의 집행에 적당한 방법이다(법 260조).[1)]

간접강제란 채무자에게 배상금의 지급을 명하거나 벌금을 과하거나 또는 채무자를 구금하는 등의 방법에 의하여 심리적 압박을 가함으로써 채무자로 하여금 채무를 이행케 하는 집행을 말한다(법 261조 1항). 채무자 자신의 행위에 의하지 않으면 목적을 달할 수 없는 비대체적 의무의 강제집행방법으로 적합하다(예컨대 배우로 공연할 의무, 재산관리의 청산을 할 의무 등).

▶ 대체성 있는 의무인가 여부는 매우 난해한 문제이다. ◀

예를 들어본다. 2010년 법원이 모 국회의원에게 자신의 홈페이지에 게시한 전교조 교원의 명단을 삭제할 것을 명하고, 이를 위반할 경우 1일 금 3천만 원의 배상명령을 한 사건이 있었다. 이는 위 삭제라는 작위명령을 비대체적 의무로 본 것이다.

위 명령이 발령된 직후 위 작위의무가 비대체적 의무로서 간접강제의 대상인가, 아니면 대체적 의무로서 대체집행의 대상인가 논의가 있었다. 대체성을 가지는가 여부는 위 삭제가 오로지 의무자만이 할 수 있는가, 아니면 타인도 할 수 있고 그 결과가 동일한가의 문제이다.

만일 이러한 홈페이지의 개설자인 의무자 이외에 홈페이지를 개설할 수 있도록 한 포털사이트 또는 인터넷서비스제공자가 강제로 해당내용을 삭제할 수 있다면 오로지 의무자만이 할 수 있는 일이 아니므로 대체집행이 가능하기 때문이다.

일견하여 보면, 위 의무는 의무자만이 할 수 있는 것은 아니라고 보인다. 의무자와 제3자 사이의 홈페이지관리에 관한 개별적인 계

---

1) 대체집행의 절차는 우선 법원이 대체집행의 권한을 채권자에게 부여하는 수권결정의 단계와 이 수권결정에 의한 채권자의 실제 집행의 2단계로 나눌 수 있다.

약상의 유지관리의무는 문제되지 않는다.

그런데 제3자를 통하여 대체집행형식을 통하여 강제로 삭제하더라도 그 홈페이지 관리자인 의무자 본인이 다시 게시를 하는 것을 막을 수 없고, 그렇게 되면 그 집행은 실효성이 없다(위 명령은 홈페이지 자체를 폐쇄하라는 것은 아님을 상기해보자). 마치 건물철거처럼 철거 후 대지를 권리자에게 인도하여 그러한 행동을 근원적으로 예방하는 것과는 차원이 다른 사정이 있는 것이다. 결국 이러한 사정을 고려하면 간접강제가 적절한 집행방법이라고 생각한다.

만일 특정 홈페이지가 불법적이어서 홈페이지 자체를 폐쇄하라는 명령이라면 어떨까?

다. 집행의 효력을 기준으로 한 분류

1) 본집행과 가집행

본집행은 채권자에게 종국적 만족을 주는 집행이며, 가집행은 채권자에게 가정적, 잠정적 만족을 주는 데 불과한 집행으로서 상급심에서 가집행의 선고 또는 본안판결이 취소, 변경되면 바뀌는 한도에서 그 효력을 잃는다(민소 215조 1항).

다만 본집행이나 가집행이나 모두 집행의 만족적 단계까지 도달(만족집행)함에는 차이가 없고 이 점에서 보전집행과 구별된다.

2) 만족집행과 보전집행

청구권을 강제적으로 실현하여 채권자에게 종국적 만족을 주는 집행을 만족집행이라 하고, 직접청구권의 실현을 목적으로 하지 않고 장래에 할 만족집행을 위하여 현상을 보전하는 것을 목적으로 하는 집행을 보전집행이라 한다.

보전집행에는 장래의 집행을 보전하기 위한 것과 현재의 위험방지를 목적으로 하는 것이 있다.

전자로는 가압류 및 다툼의 대상에 관한 가처분이 있고 후자로는 임시의 지위를 정하기 위한 가처분이 있다. 임시의 지위를 정하기 위한 가처분은 분쟁해결시까지 잠정적인 법률상태를 형성하거나 그 실현을 꾀하기 위하여 행하여지는 가처분으로서 주식회사의 이사선임결의취소 등을 본안으로 하는 이사의 직무정지 및 대행자선임의 가처분, 인도단행가처분 등이 있다.

라. 실현될 권리를 기준으로 한 분류

– 금전채권의 집행과 비금전채권의 집행

실현될 권리가 금전채권인 경우의 집행을 금전채권의 집행(금전집행)이라 하고, 비금전채권인 경우의 집행을 비금전채권의 집행(비금전집행)이라 한다.

집행법은 양자를 명백히 구별하여 규정하고 있으며 이 구별은 절대적이고 이를 무시하여 일방의 규정을 타방에 적용하는 것을 허용하지 않는다.

금전집행은 금전채권의 만족에 충당되는 집행대상재산의 종류에 따라 부동산에 대한 집행, 선박 등에 대한 집행, 동산에 대한 집행으로 구분되고, 선박 등에 대한 집행은 선박에 대한 집행과 자동차, 건설기계 및 항공기에 대한 집행으로 세분되며, 동산집행은 다시 유체동산에 대한 금전집행(유체동산집행)과 채권과 그 밖의 재산권에 대한 금전집행(채권집행 또는 권리집행)으로 구별된다.

비금전집행은 물건의 인도를 구하는 청구권의 집행과 작위(대체적, 비대체적 작위), 부작위, 의사표시를 구하는 청구권의 집행으로 나뉜다.

Ⅱ. 부동산집행

집행법상 부동산을 대상으로 한 집행의 종류를 간단하게 정리하면 다음과 같다.

1. 금전채권의 변제를 위한 집행 : 부동산경매와 강제관리

(1) 강제경매는 강제관리와 함께 부동산에 대한 강제집행방법의 하나이다(법 78조).

강제경매는 압류한 부동산 그 자체를 매각하여 그 매각대금으로 변제에 충당하는 방법에 의한 강제집행임에 반하여, 강제관리는 압류한 부동산을 매각하지 않고 그 부동산을 관리하여 얻은 수익금으로 변제에 충당하는 방법에 의한 강제집행이라는 점에서 근본적인 차이가 있다.

채권자는 자기의 선택에 의하여 어느 한 가지 방법으로 집행하게 하거나 두 가지 방법을 함께 사용하여 집행하게 할 수 있다(동조 3항). 강제관리는 가압류를 집행할 때에도 사용할 수 있다(동조 4항).

(2) 강제경매는 이 책에서 자세히 설명하거니와, 여기서는 강제관리에 대해서 간단히 살펴본다.

(가) 강제관리의 절차

강제관리절차는 대체로 목적물을 압류하여 현금화한 다음 채권자의 채권을 변제하는 3단계의 절차로 진행된다.

먼저, 채권자의 신청이 있으면 집행법원은 강제관리개시결정을 하여 목적부동산을 압류하고, 채무자에게는 관리사무에 대한 간섭과 부동산 수익의 처분을 금함과 동시에 부동산 수익을 채무자에게 지급할 제3자에 대하여는 그 후 관리인에게 지급할 것을 명하며, 관할등기소에 강제관리개시결정등기를 촉탁한 다음 채무자와 위 제3자에게 강제관리개시결정정본을 송달하고 목적부동산을 관리수익할 관리인을 임명하며, 관리인은 법원의 감독아래 부동산을 관리하여 그 수익을 추심하며 또 이를 현금화한다.

관리인은 부동산수익에서 그 부동산이 부담하는 조세 그 밖의 공과금을 뺀 뒤에 관리비용을 변제하고 그 나머지 금액으로써 각 채권의 변제에 충분한 때에는 각 채권을 변제한다(법 169조 1항). 만약 모든 채권자를 만족하게 할 수 없는 때에는 관리인은 채권자 사이에 배당협의를 하도록 하여 배당협의가 이루어지면 그 협의 내용에 따라 배당을 실시하고 배당협의가 이루어지지 못하면 그 사유를 법원에 신고하여야 한다(같은 조 2항, 3항).

위 신고가 있는 때에는 법원은 강제경매의 경우에 준하여 배당표를 작성하고 이에 따라 관리인으로 하여금 채권자에게 지급하게 하여야 한다(같은 조 4항).

(나) 강제관리의 대상

① 강제관리는 채무자 소유의 부동산의 수익을 직접적인 대상으로 하는 것이므로 현재 수익을 발생할 수 있는 부동산임을 요한다.

현재 수익을 발생할 수 있는 것이라 함은 부동산의 성질·상태로부터 판단하여 통상의 용법에 따르면 수익을 발생시킬 가능성이 있는 것이면 족하고, 현실로 수익이 발생하여 있을 필요는 없으며, 또 채무자가 그 부동산을 현재 점유하고 있음을 요하지 아니한다.

② 여기서 수익이라 함은 부동산의 사용으로부터 직접 발생하는 천연과실 및 그 부동산을 타인으로 하여금 사용시켜서 얻을 수 있는 법정과실을 말하고, 이미 수확하였거나 수확할 과실과, 이행기에 이르렀거나 이르게 될 과실도 위 수익에 속한다.

③ 그러나 ㉠ 법정과실 중 강제관리에 의한 압류 이전에 질권의 목적으로 된 것(질권의 목적으로 된 임료채권에 대해서는 채무자는 수익권을 가지지 않기 때문에 강제관리에 의한 관리권은 미치지 않는다) ㉡ 강제관리에 의한 압류 이전에 등기된 저당권의 목적으로 된 부동산에 대해 강제경매 등이 된 후에 그

부동산으로부터 생기는 과실(민법 359조에 의해 저당권의 효력이 미치므로 저당권이 우선한다) ㉢ 강제관리에 의한 압류 이전에 동산집행, 담보권의 실행으로서의 동산경매 또는 채권집행의 방법에 의해 압류된 과실은 강제관리의 대상이 되지 않는다.

부동산이 채무자의 영업이나 기업의 물적 설비로 이용되고 있는 경우에는 그 부동산이 주된 설비를 이루고 있는 경우라도 그 수익을 부동산 자체의 수익이라고 할 수 없고 영업수익 또는 기업수익이라고 할 수밖에 없으므로 강제관리의 대상이 되지 아니한다(예컨대 여관, 목욕탕, 극장 등의 영업).

또 부동산의 천연과실을 원료로 하여 제조된 물품은 부동산의 직접적인 수익이 아니므로 강제관리의 대상이 되지 아니한다는 것이 통설이다.

④ 강제관리는 부동산을 매각하는 것이 아니고 부동산의 수익에 대한 집행이므로 강제경매에 적합하지 아니한 부동산, 예컨대 양도금지된 부동산이나 선순위 저당권의 존재로 말미암아 남을 가망이 없어 경매할 수 없는 부동산(법 102조 참조)이라도 수익이 발생할 수 있는 한 강제관리의 대상으로 될 수 있다.

⑤ 강제관리는 채무자의 부동산에 대한 수익을 목적으로 하는 것이므로, 채무자로 하여금 수익의 상실 이상의 불이익을 주는 것은 강제관리의 목적을 일탈하는 것으로서 허용되지 아니한다. 따라서 채무자가 현재 거주용으로 사용하고 있는 가옥이나 채무자가 영업으로 이용하고 있는 점포를 목적으로 하여 그 명도를 필요로 하는 강제관리는 허용되지 아니하고(반대설 있음), 이러한 경우에는 오히려 강제경매의 방법에 의하여 집행을 하여야 할 것이다.

(3) 과거에는 강제관리에 대한 인식이 부족하여 이를 이용하지 못하였고 실제 사건도 적었으나 최근에는 집행채권이 소액인 경우는 물론, 강제경매만으로 채권의 완전한 만족을 얻기 어려운 경우에 강제경매와 병행하여 강제관리를 이용하는 사례가 늘고 있으므로 이에 대한 관심을 높일 필요

가 있다.

2. 부동산 자체의 인도집행

집행권원의 채무내용이 부동산의 인도를 명하는 경우에 강학상 이러한 채권에 대응하는 채무를 "주는 채무"라고 부른다.

이러한 주는 채무에 관한 강제집행의 방법은 원칙적으로 직접강제에 의하는바, 부동산인도집행의 경우에는 민사집행법 258조항에 의하여, 집행관이 채무자로부터 점유를 빼앗아 채권자에게 인도하는 방식으로 한다.

3. 부동산소유권이전등기 등의 등기절차이행청구권의 집행

이는 의사의 진술을 명하는 것으로서 따로 집행행위가 없고(따라서 가집행선고도 붙이지 않는다), 판결의 확정으로서 그러한 의사표시가 있는 것으로 보게 된다.

채권자는 채무자의 절차협력 없이도 확정판결에 따라 등기소에 등기신청을 하여 만족을 얻을 수 있다.[2)]

4. 부동산철거의무의 집행

강학상 이러한 채권에 대응하는 채무를 "하는 채무"라고 부른다.

이러한 하는 채무에 관한 강제집행은 다시 그 방법에 따라 대체집행(법 260조)과 간접강제(법 261조)로 나눌 수 있다. 양자의 구별은 주로 그 채무의

---

2) 이러한 등기절차는, 국가의 강제력을 사용함이 없이 재판에 기하여 그 내용에 적합한 일정 상태를 실현할 수 있는 경우로서, 당해 재판의 반사적 효력으로 행하여지는 것에 불과하며 국가의 강제력의 행사에 의한 이행청구권의 실현과는 관계가 없으므로 여기에서 말하는 강제집행에는 해당하지 아니한다.

성질상 대체성이 있는지의 여부에 따른다.

부동산철거의무는 전형적인 대체성 있는 채무로서 대체집행(법 260조) 방법에 의한다.

대체집행은 채무자의 행위가 채무자 이외의 사람에 의하여 대체될 수 있는 경우에 집행법원의 수권결정에 따라 채무자에 갈음하여 채무자 이외의 사람으로 하여금 그 행위를 하도록 하고, 그 비용을 채무자로부터 강제로 추심하는 것을 말한다(법 260조).

5. 부동산소유권이전등기 등 권리이전청구권의 압류

채무자에 대하여 금전채권을 가지고 있는데, 채무자가 제3자에 대하여 부동산인도청구권을 가지고 있거나 부동산소유권이전청구권 또는 소유권이전등기의 말소등기청구권 등 부동산에 관한 등기청구권을 가지고 있는 경우에 채권자는 그 부동산으로부터 자기의 금전채권의 만족을 얻기 위하여 채무자의 제3자에 대한 부동산에 관한 위와 같은 청구권을 압류하여 그 청구권의 내용을 실현시키고 그 부동산을 채무자의 책임재산으로 귀속시킨 후 이를 현금화하거나 또는 강제관리를 실시하여 그 매각대금이나 수익금으로부터 채권의 변제를 받을 수 있다(따라서 청구권 자체를 처분하는 것이 아니다. 법 242조, 244조).

부동산의 등기청구권에는 소유권 그 밖에 부동산물권이 채무자에게 귀속하고 있어 실체적 권리관계와 일치시키기 위하여 채무자 명의로 등기를 구하는 물권적 청구권(주로 말소등기청구권 또는 진정등기명의회복청구권)에서부터 채무자, 제3채무자 사이의 법률행위에 기초한 부동산물권의 설정 또는 이전등기를 구하는 채권적 청구권까지 다양한 것이 있다. 부동산에 대한 청구권의 강제집행은 어느 경우에도 제3채무자로부터 부동산에 대한 채무자 명의의 등기를 실현시키거나 그 부동산을 보관인에게 인도하게 하여(또는 그 양자를 실현시켜) 부동산물권 자체에 대한 강제경매 또는 강제관리를 실시하여 현금화하는 것이 궁극적인 목적이다. 즉 등기청구권 등 권리이전청구권에 대한 집행의 경우에는 그 집행을 통하여 제3채무자로부터 채무자 명의로 등기를 하게 하여 부동산 그 자체에 대한 강제경매 또는 강제관리를 개시할 수 있도록 하는 데 의미가 있다.

다만 이러한 절차에 의하여 채무자 명의로 소유명의를 취득하면 강제집행절차는 일단 종료되고, 그 후 강제경매나 강제관리는 별개의 강제집행절차로 개시되는 것이다.

6. 형식적 경매

가. 형식적 경매의 의의

민사집행법상의 경매에는 집행권원에 기하여 행하는 강제경매와 담보권실행을 위한 경매, 그리고 오로지 특정재산의 가격보존 또는 정리를 위하여 하는 경매의 세 가지가 있는데, 이중 강제경매와 담보권실행을 위한 경매는 채권자가 자기채권의 만족을 얻기 위하여 실행한다는 의미에서 실질적 경매라고 부르고, 이에 대응하여 재산의 가격보존 또는 정리를 위한 경매를 보통 형식적 경매라고 부른다.

민사집행법 274조는 유치권에 의한 경매와 민법·상법, 그 밖의 법률이 규정하는 바에 따른 경매는 담보권 실행을 위한 경매의 예에 따라 실시한다고 규정하고 있는데, 여기에 규정된 민법·상법, 그 밖의 법률이 규정하는 바에 따른 경매를 흔히 협의의 형식적 경매라 부르고 여기에 유치권에 의한 경매를 포함시켜 광의의 형식적 경매라고 부르는 것이 일반적인 바, 이에 따르면 결국 형식적 경매는 담보권의 실행을 위한 경매절차의 예에 의하여 실시하여야 하는 셈이 된다.

나. 형식적 경매의 절차

1) 경매절차 개략

형식적 경매의 절차는 담보권실행을 위한 경매의 예에 따라 실시한다(법 274조 1항). 담보권실행을 위한 경매는 목적재산의 종류에 따라 그 절차를 달리하므로 형식적 경매의 절차도 목적재산의 종류에 따라 달라진다. 따라서 형식적 경매의 목적물이 부동산이라면 부동산경매절차(법 264조에서 268조)의 예에 따라 실시하게 되는 것이다.

한편, 여기서 '예에 따라 실시한다' 함은 담보권의 실행을 위한 경매에 관한 제 규정을 모두 그대로 적용한다는 것이 아니라 사항의 성질에 따라 다소의 변용을 가하면서 이용할 수 있는 한도 안에서 이들 절차를 이용하여 경매를 실시한다는 것을 뜻한다.

따라서 형식적 경매에 담보권의 실행을 위한 경매절차에 관한 규정을 적용함에 있어 어느 한도 내에서 이를 이용할 수 있는가가 문제로 된다.

2) 소멸주의(민집 91조 2항 · 3항 · 4항)와 인수주의

(1) 부동산에 관한 담보권의 실행을 위한 경매에 있어서는 부동산 위에 존재하는 제한물권 등의 부담은 매수인이 인수하는 것(인수주의)이 아니라 매각에 의하여 소멸하는 것이 원칙(소멸주의)이다(법 268조, 91조 2항, 3항, 4항).

(2) 그러나 형식적 경매의 경우에도 위 소멸주의가 적용되는가에 관하여는 견해가 나뉜다.

일설은 형식적 경매도 담보권의 실행을 위한 경매의 예에 의하여 실시하도록 되어 있는 이상 형식적 경매의 성질에 반하지 않는 한 동 경매에도 위 규정이 적용되는 것은 당연하고, 또 만일 인수주의를 채택하여 저당권의 부담이 있는 부동산을 부담이 있는 대로 매수인에게 인수시켜 매각하면 매수의 신청을 거의 기대할 수 없으므로 매각의 실효를 거두기 위해서는 위 규정의 적용을 긍정할 필요가 있다고 함에 대하여, 다른 일설은 형식적 경매는 현금화 그 자체를 목적으로 할 뿐 별도로 청구권의 만족 내지 실현이라는 단계에까지 나아가지 아니하므로 목적 부동산에 부담이 있으면 부담이 있는 대로 평가하여 매수인에게 이를 인수시키는 조건으로 현금화를 하면 족하고 강제경매와 담보권실행을 위한 경매에 있어서와 같이 민사집행법 91조 2항·3항·4항의 적용을 긍정할 것이 아니라고 한다.

(3) 대법원은 최근 **공유물분할을 위한 경매에서는 소멸주의에 의함을 명백히 하였다.**

(가) 대법원 2009. 10. 29. 선고 2006다37908판결은, 구 민사소송법상의 경매의 대부분을 차지하는 강제경매와 담보권 실행을 위한 경매에서는 소멸주의를 원칙으로 하고 있는데, 공유물분할을 위한 경매에서 인수주의를 취할 경우 구 민사소송법이 목적부동산 위의 부담에 관하여 그 존부 및 내용을 조사·확정하거나 인수되는 부담의 범위를 제한하는 규정을 두고 있지 않을뿐더러 목적부동산 위의 부담이 담보하는 채무를 매수인이 인수하도록 하는 규정도 두고 있지 않아 매수인 및 피담보채무의 채무자나 물상보증인이 매우 불안정한 지위에 있게 되며, 목적부동산 중 일부 공유지분에 관하여만 부담이 있는 때에는 매수인으로 하여금 그 부담을 인수하도록 하면서도 그러한 사정을 고려하지 않은 채 공유자들에게 매각대금을 공유지분 비율로 분배한다면 이는 형평에 반하는 결과가 될 뿐 아니라 공유물분할소송에서나 경매절차에서 공유지분 외의 합리적인 분배비율을 정하기도 어려우므로, 공유물분할을 위한 경매 등의 이른바 형식적 경매가 강제경매 또는 담보권의 실행을 위한 경매와 중복되는 경우에 관하여 규정하고 있는 구 민소법 734조 2항 및 3항을 감안하더라도, 공유물분할을 위한 경매도 강제경매나 담보권 실행을 위한 경매와 마찬가지로 목적부동산 위의 부담을 소멸시키는 것을 법정매각조건으로 하여 실시되고(소멸주의), 다만 집행법원은 필요한 경우 위와 같은 법정매각조건과는 달리 목적부동산 위의 부담을 소멸시키지 않고 매수인으로 하여금 인수하도록 할 수 있으

나, 이 때에는 매각조건 변경결정을 하여 이를 고지하여야 한다고 판단하였다.

(나) 위 판단은 민사집행법에 의한 공유물분할을 위한 경매에도 적용될까? 본래 구 민사소송법과 민사집행법은 담보물권에 대해서는 예외없이 소멸주의를 취하고 있지만, 용익권에 관한 처리에 약간의 차이가 있다. 구 민소법은 "존속기간의 정함이 없거나 611조의 등기 후 6월 이내에 그 기간이 만료되는 전세권은 경락으로 인하여 소멸한다."고 규정(구 민소 608조 2항)하고 있어 위 판결과 같이 소멸주의를 원칙으로 하고 있으나, 민사집행법 91조는 "③ 지상권·지역권·전세권 및 등기된 임차권은 저당권·압류채권·가압류채권에 대항할 수 없는 경우에는 매각으로 소멸된다. ④ 제3항의 경우 외의 지상권·지역권·전세권 및 등기된 임차권은 매수인이 인수한다. 다만 그중 전세권의 경우에는 전세권자가 제88조에 따라 배당요구를 하면 매각으로 소멸된다"고 규정하여 최선순위의 전세권이나 대항력있는 임차권은 인수되고, 다만 배당요구를 하여야만 비로소 소멸하는 것으로 규정하고 있어 소멸주의와 인수주의를 병용하고 있다. 이러한 강제경매의 법리는 담보권실행을 위한 경매에 준용되고(법 268조), 유치권에 의한 경매와 민법·상법, 그 밖의 법률이 규정하는 바에 따른 경매는 담보권 실행을 위한 경매의 예에 따라 실시하게 되므로(법 274조), 위와 같은 소멸주의와 인수주의의 병용은 공유물분할을 위한 경매에도 그대로 적용되는 것이다.

3) 배당요구의 요부

우선 형식적 경매에 있어서는 집행력 있는 정본을 가진 채권자 및 경매개시결정의 등기 후에 가압류를 한 채권자 즉 일반채권자의 배당요구는 허용되지 아니한다.

그러나 민사집행법 88조의 배당요구채권자 중 민법·상법, 기타 법률에 의하여 우선변제청구권이 있는 채권자의 배당요구에 관하여는 견해가 나뉜다. 즉 일설은 민법·상법, 기타의 법률에 의하여 우선변제청구권이 있는 채권자도 스스로 집행권원을 얻어 경매를 신청하든가, 또는 선박우선특권과 같이 담보권실행을 할 수 있는 경우에는 그 담보권에 기하여 스스로 경매신청을 하는 방법에 의하여 만족을 받으면 족하고 배당요구를 인정할 필요가 없다고 하고, 다른 일설은 형식적 경매에 있어서도 일반채권자와는 달리 법률에 의하여 우선변제청구권이 있는 자의 배당요구는 이를 허용함이 상당하다고 한다. 전설이 통설이다.

국세 등의 교부청구에 관하여도 견해가 나뉘어 담보권실행의 예에 의하여 이를 허용함이 당연하다는 견해와 교부청구가 허용되지 않는다는 견해가 대립되어 있다.

4) 배당절차의 요부

형식적 경매의 신청인은 뒤에서 보는 바와 같이 현금화한 금전의 교부는 받지만 배당을 받아야 할 채권자에는 해당되지 아니한다.

따라서, 형식적 경매에 있어서 인수주의를 채택하고(인수주의를 채택하게 되면 담보권이 소멸하는 대신 배당요구 없이 당연히 배당을 받게 되는 채권자가 생길 여지가 없다) 배당요구도 허용하지 않는 입장에 서면 배당절차가 존재할 여지가 없게 되며, 이와 같이 보는 견해가 일반적이다.

반면에 형식적 경매에 있어서 민사집행법 91조 2항·3항·4항의 소멸주의의 적용을 긍정하는 견해의 경우에는 다시 견해가 나뉜다.

5) 강제경매 또는 담보권실행으로서의 경매와의 경합

형식적 경매가 진행 중인 목적물에 대하여 강제경매 또는 담보권의 실행을 위한 경매절차(이하 강제경매 등이라 한다)가 개시된 경우에는 형식적 경매를 정지하고, 채권자 또는 담보권자를 위하여 그 절차를 계속하여 진행하고, 강제경매 또는 담보권실행을 위한 경매가 취소되면 형식적 경매절차를 속행한다(법 274조 2항, 3항).

따라서 양자가 경합한 경우에는 시간적 선, 후에 관계없이 강제경매 등의 절차에 의하여 속행할 것임을 명백히 하고 있다.

그러나 공유물분할을 위한 경매의 경우에는 문제가 다르다. 즉 공유물분할을 위한 경매로서 물건을 압류한 후 절차가 진행 중 공유자의 1인에 대한 채권자가 그 공유물의 지분에 대하여 강제집행을 신청하여 압류한 경우에는 뒤에 개시된 사건은 물건의 일부에 대하여만 집행을 하는 것이므로 이 경우에는 물건 전체를 집행목적으로 하는 형식적 경매의 절차에 의하여 목적물 전체를 매각한다. 다만 이 경우 공유지분에 대한 뒤에 개시된 사건의 압류채권자는 그 공유자가 취득한 매각대금교부청구권에 대하여 채권집행을 행하여야 한다는 견해와 압류된 지분매각대금에 대해서만 부동산매각에 따른 배당절차를 진행함이 상당하다는 견해가 있다.

다. 형식적 경매의 종류와 중요 법리

1) 유치권에 의한 경매

유치권에는 민사유치권(민법 320조)과 상사유치권(상법 58조, 91조, 111조, 113조, 120조, 147조, 800조 2항 등)이 있다.

유치권에는 경매신청권은 있으나(민법 322조 1항) 우선변제권은 없으므로, 경매신청의 목적은 피담보채권의 강제적 실현이 아니라 그 물건을 채무변제시까지 무작정 보관하고 있어야 한다는 부담에서 해방되기 위하여 유치권자에게 부여된 현금화권을 행사하는 것이기 때문에 현행법은 유치권에 의한 경매의 성질을 현금화를 위한 경매의 일종으로 규율하고 있다

유치권자는 채권의 변제를 받을 때까지 그 목적물을 유치할 권리가 있을 뿐 매각대금에서 우선변제를 받을 권리는 없다(대판 95다8713 참조). 그러나 유치권에 의한 경매는 본래 유치물을 금전으로 현금화하는 그 자체를 목적으로 하여 행해지는 것인 만큼, 유치권자는 이후 매각대금 위에 유치권을 행사할 수 있다고 해석하여야 할 것이고, 또 달리 매각대금을 공탁하

여야 한다는 근거 규정도 없으므로 매각대금을 신청인에게 교부하는 것까지 부정할 수는 없다. 여기서 유치권자가 교부받은 매각대금을 자기의 채권에 충당할 수 있는가가 다시 문제로 되나 학설은 부정설이 다수설이다. 그러나 부정설에 의하더라도 자기의 채권이 금전채권이고, 또 그 채무자가 위 유치물의 소유자인 경우에는 위 교부받은 매각대금과 자기의 채권을 대등액에서 상계할 수 있다고 해석되므로 결국 이 경우에는 실질상으로는 우선변제를 받게 되는 것과 다름이 없다.

2) 협의의 형식적 경매의 종류

협의의 형식적 경매 중 부동산이 대상이 되는 것을 정리해본다.

가) 공유물분할을 위한 경매

이것은 공유물을 그 가치에 의하여 분할하기 위하여 현금화하는 것을 목적으로 하는 경매로서, 민법 269조 2항, 278조, 1013조 2항에 의한 경매가 그 예이다.

공유물분할판결에 기하여 공유물 전부를 경매에 붙여 그 매각대금을 분배하기 위한 현금화의 경우에는 공유물의 지분경매에 있어 다른 공유자의 우선매수권을 규정한 민사집행법 140조는 적용되지 않는다(대결 91마239).

공유물분할의 판결에 기한 경매의 경우에는 판결주문에 있어서 공유자인 원, 피고의 분할비율이 나와 있고 또한 따로 경매절차 밖에 교부절차가 있는 것도 아니므로 판결에 나와 있는 분할비율에 따라 신청인과 다른 공유자에게 교부하여야 한다.

나) 자조매각

특정물의 인도의무를 부담하는 자가 그 인도의무를 면하기 위하여 물건을 금전으로 현금화하는 것을 목적으로 경매를 신청하는 경우가 있는데 이것을 일반적으로 자조매각이라고 부른다. 민법 490조, 민사집행법 258조

6항, 민사집행규칙 142조 3항, 200조 2항, 상법 67조, 70조, 71조, 109조, 113조, 123조, 142조, 143조 1항, 149조 2항, 165조, 777조, 804조 1항 등이 그 예이다.

이론상으로는 부동산도 자조매각이 될 수 있으나, 실제로 부동산이 자조매각의 대상으로서의 요건을 갖추는 경우는 거의 없을 것이다.

다) 타인의 권리를 상실시키는 경매

어떤 물건에 대한 타인의 권리를 상실시키는 것 자체를 직접적인 목적으로 하여 그 권리에 대한 경매를 인정하는 경우가 있다. 상법 757조 1항, 집합건물법 45조 1항의 경매가 그 예인데, 이는 경매에 의하여 목적재산에 대한 권리가 이전되는 효과를 이용하는 것이다.

라) 청산을 위한 경매

어떤 범위의 재산을 한도로 하여 각 채권자에 대하여 채권액의 비율에 따라 일괄하여 변제하기 위하여 청산을 목적으로 당해 재산을 현금화하는 것이다. 민법 1037조, 1051조 3항, 1056조 2항이 그 예이다.

그런데, 채무자회생 및 파산에 관한 법률(이하 '채무자회생법'이라 약칭)은 파산재단에 속하는 부동산 등 권리의 현금화는 민사집행법에 의하여 이를 한다고 하고 있고(채무자회생법 496조, 497조), 또한 파산관재인은 민사집행법에 의하여 별제권의 목적인 재산을 현금화할 수 있다고 규정하고 있는데(채무자회생법 535조 2항), 위 각 규정에 의하여 현금화하여야 할 재산 중 그 성질에 따라 경매를 하여야 할 경우에 위 규정에 따른 현금화절차도 민사집행법 274조의 '기타 법률이 규정하는 바에 따른 경매'에 해당하므로 강제경매의 방법이 아니라 임의경매의 예에 따라 실시하여야 할 것이고, 그 중에서도 청산을 위한 경매에 해당한다고 할 것이다.

〈강제 집행의 도해〉

1. 금전채권의 집행

- 부동산의 집행
  - 강제경매
    - 압 류 — 집행법원의 강제경매개시결정(83), 등기(94)
    - 현금화
      - 호가경매
      - 기일입찰
      - 기간입찰
    - 변제(배당) — 145 내지 161
  - 강제관리
    - 압 류 — 집행법원의 강제경매개시결정(164), 등기(163)
    - 현금화 — 압류재산의 수익(166)
    - 변제(배당) — 169
- 선 박 의 집 행
  - 압 류 — 부동산집행 준용, 집행법원의 경매개시결정(172), 선박국적증서의 제출명령(174), 정박명령과 운항허가결정(176), 감수보존처분(178)
  - 현금화 — 부동산집행 준용
  - 변제(배당) — 부동산집행 준용
- 항공기의 집행 — 선박집행의 예에 따라 실시(규 106)
- 자동차와 건설기계 의 집행 — 부동산집행의 예에 따라 실시(규 108, 130)
- 동산의 집행
  - 유체동산의 집 행
    - 압 류 — 집행관의 압류(189-196)
    - 현금화
      - 집행관에 의한 현금화(197~214)
        - 입찰 · 호가경매
        - 임의매각(209, 210)
        - 특별현금화(214)
      - 집행관에 의하지 않은 특별현금화(214)
    - 배 당 — 217 내지 222
  - 채권과 그 밖의 재산권의 집행
    - 압 류
      - 배서금지된 지시식 증권 — 집행법원의 압류명령, 집행관의 증권 점유
      - 그 밖의 채권과 재산권 — 집행법원의 압류명령
    - 현금화
      - 금전채권 — 추 심 · 전 부 명 령(229~232)
      - 유체물인도나 권리이전의 청구권 — 242 내지 244
      - 기타의 재산권(251) — 추심 · 전부명령, 특별현금화
    - 배 당 — 252 내지 256

2. 비금전채권의 집행

- 물건의 인도 청구권의 집 행
  - 동산인도청구의 집행 ── 집행관이 집행(257)
  - 부동산 · 선박의 인도 청구권의 집행 ── 집행관이 집행(258)
  - 제3자가 점유하는 물건의 인도집행 ── 집행법원의 인도청구권 압류 · 이전(259)
- 작위채권의 집 행
  - 대체적작위채권의 집행 ── 수소법원의 대체집행명령(수권결정)(260, 민법 389②)
  - 비대체적작위채권의 집행 ── 수소법원의 간접강제(261)
- 부작위채권의 집행 ── 수소법원이 위반상태의 제거와 적당한 처분을 명령(260, 민법 389③)
- 의사진술을 명하는 재판의 집행 ── 263①, ②

Ⅲ. 집행절차에서의 사법보좌관의 처분에 대한 불복과 이의신청

1. 개 설

집행법상의 민사집행의 상당 부분의 업무는 사법보좌관에 의하여 수행되고 있고, 부동산집행도 예외가 아닌바, 민사집행절차상의 사법보좌관의 지위에 대하여 간략하게 알아본다.

사법보좌관은 법원의 업무 중 실질적 쟁송에 해당하지 아니하는 부수적인 업무와 공증적 성격의 사법업무를 담당하는 일종의 사법관(judicial officer)이다.

사법보좌관 제도가 도입됨으로써 판사는 실질적 쟁송의 처리에 집중하고, 종전에 판사가 담당하던 업무 중 실질적 쟁송에 해당하지 아니하는 부수적인 업무와 공증적·비송적 성격의 사무는 사법보좌관이 담당함으로써 사법 인력의 효율적 배분이 이루어지게 되었으며, 2005년 도입된 이래 수년간의 시행결과 엄정한 선발절차를 거쳐 일정한 자격을 갖춘 법원 일반직 공무원 중에서 사법보좌관이 선발되므로, 법원 일반직 공무원의 업무수행능력을 전반적으로 향상시키는 좋은 결과를 낳았다고 평가할 수 있다.

이하에서는 사법보좌관제도의 성격과 사법보좌관의 처분에 대한 불복 및 이의신청에 대하여 간략하게 적는다.

2. 적용되는 법규정과 사법보좌관의 업무

가. 사법보좌관 제도에 적용되는 법규정

법원조직법 54조 1항은 대법원과 각급 법원에 사법보좌관을 둘 수 있다고 규정한 다음, 2항에서 사법보좌관이 할 수 있는 업무의 내용을 개괄적으로 규정하면서 그 구체적인 업무를 대법원규칙에 위임하고, 3항에서 사법보좌관의 업무 감독 및 사법보좌관의 처분에 대한 이의신청을 규정하면서 그 절차를 대법원규칙에 위임하였으며, 4항과 5항에서는 사법보좌관의 자격, 직제 및 인원 등에 관하여 규정하면서 그 구체적인 사항을 대법원규칙에 위임하고 있다. 이에 따라 2005. 6. 3. 대법원규칙으로 사법보좌관규칙이 제정되어 2005. 7. 1.부터 시행되었으므로 사법보좌관 제도는 법원조직법 54조와 사법보좌관규칙에 따라 운영되고, 이것이 사법보좌관 제도의 조직법이자 절차법인 것이다.

나. 사법보좌관의 업무

(1) 법원조직법 54조 2항은 2항 각호의 업무 중 대법원규칙이 정하는 업무를 할 수 있다고 규정하고 있는데, 그 중 2호는 집행법(동법이 준용되는 경우를 포함한다) 상의 부동산에 대한 강제경매절차, 자동차·건설기계에 대한 강제경매절차, 동산에 대한 강제경매절차, 담보권실행 등을 위한 경매절차

가 포함되어 있다.

(2) 이에 따라 사법보좌관규칙 2조 1항은 사법보좌관이 행할 수 있는 업무를 열거하고 있는데, 이것은 한정적인 열거의 의미로 해석함이 상당할 것이다.

① 집행법 78조 내지 162조의 규정에 따른 부동산에 대한 강제경매절차 및 동법 187조의 규정에 따른 자동차·건설기계에 대한 강제경매절차에서의 법원의 사무. 다만, 다음 각목에 해당하는 사무는 제외(7호).

㉮ 집행법 86조의 규정에 따른 경매개시결정에 대한 이의신청에 대한 재판

㉯ 집행법 136조의 규정에 따른 부동산의 인도명령 및 관리명령

② 집행법 193조의 규정에 따른 압류물의 인도명령 및 동법 214조의 규정에 의한 특별현금화명령에 관한 법원의 사무(8호)

③ 집행법 223조 내지 251조의 규정에 따른 채권과 그 밖의 재산권에 대한 강제집행절차에서의 법원의 사무. 다만, 다음 각목에 해당하는 사무는 제외(9호)

㉮ 집행법 232조 1항 단서의 규정에 따른 채권추심액의 제한허가

㉯ 집행법 241조 1항의 규정에 따른 특별현금화명령

㉰ 집행법 246조 2항 및 3항의 규정에 따른 압류금지채권의 범위변경

④ 집행법 252조 내지 256조의 규정에 따른 배당절차에 관한 법원의 사무(10호)

⑤ 집행법 264조 내지 268조의 규정에 따른 부동산을 목적으로 하는 담보권의 실행을 위한 경매절차 및 동법 270조의 규정에 따른 자동차·건설기계를 목적으로 하는 담보권의 실행을 위한 경매절차에서의 법원의 사무. 다만, 7호 가목 및 나목의 집행법 규정이 준용되는 사무는 제외(11호)

⑥ 집행법 271조 내지 273조의 규정에 따른 유체동산, 채권과 그 밖의

재산권을 목적으로 하는 담보권의 실행절차에 관한 법원의 사무 가운데 8호 내지 10호의 집행법 규정이 준용되는 사무. 다만, 9호 가목 내지 다목의 집행법 규정이 준용되는 사무는 제외(12호)

⑦ 집행법 274조의 규정에 따른 유치권 등에 의한 경매절차에서의 법원의 사무 가운데 11호 및 12호의 집행법 규정이 준용되는 사무. 다만, 7호 가목·나목 및 9호 가목 내지 다목의 집행법 규정이 준용되는 사무는 제외(13호)

(3) 사법보좌관은 주로 경매 등 민사집행절차에서 실질적 쟁송에 해당하지 않는 비송적 업무와 집행문부여절차와 같은 공증적 성격의 업무 중 법률과 대법원규칙이 위임하는 일부만을 처리하고, 당사자 사이에 다툼이 있는 실질적 쟁송사건인 민·형사상의 일반 사건은 담당하지 아니한다.[3] 그리하여 경매절차 가운데에서도 실질적 쟁송에 가까운 부동산의 인도명령 및 관리명령, 채권추심액의 제한허가 등이 사법보좌관의 업무에서 제외되었고, 경매개시결정에 대한 이의신청 재판은 경매개시결정에 대한 불복절차이므로 당연히 제외되었다.

3. 사법보좌관의 처분에 대한 불복제도

가. 처분에 대한 불복제도의 이해

(1) 사법보좌관의 처분에 대한 이의와 즉시항고의 관계에 대하여 실무상 상당한 혼란이 있었던 것 같다.

일반적으로 법적 불복절차에서 이의란 상급기관에 대한 불복이 아니라 당해 기관에 대한 불복이다. 따라서 이의가 있을 경우 그 이의에 대한 심판기관은 상급기관이 아니라 당해 처분기관인 것이다.

한편 사법보좌관은 독립된 처분기관이 아니라 단독판사의 업무를 보좌

3) 사법보좌관업무편람(2006), 서울중앙지방법원 사법보좌관업무연구회, 15면.

하는 보좌기관이다. 그리하여 사법보좌관의 처분에 대하여 이의가 있는 경우 그 이의에 관하여, 사법보좌관은 즉시 처분권한을 상실하고 본래의 처분기관인 단독판사가 그 이의에 대한 심판을 하게 되는 것이다. 사법보좌관의 처분 중 단독판사 등이 처리하는 경우 항고·즉시항고 또는 특별항고의 대상이 되는 처분에 대하여는 사법보좌관규칙 4조 2항 내지 10항에서 규정하는 절차에 따라 이의신청을 할 수 있고(사법보좌관규칙 4조 1항), 사법보좌관규칙 4조 1항의 규정에 따라 이의신청을 하는 때에는 민사소송 등 인지법 또는 해당 법률에서 정하는 인지, 보증제공서류 등을 붙일 필요가 없으며(사법보좌관규칙 4조 4항), 사법보좌관규칙 4조 5항의 규정에 따라 이의신청사건을 송부받은 단독판사 등은 사법보좌관의 처분 중 판사가 처리하는 경우 항고 또는 즉시항고의 대상이 되는 처분에 대한 이의신청이 이유 없다고 인정되는 때에는 사법보좌관의 처분을 인가하고 이의신청사건을 항고법원에 송부하며, 이 경우 이의신청은 해당 법률에 의한 항고 또는 즉시항고로 보고(사법보좌관규칙 4조 6항 5호), 사법보좌관규칙 4조 6항 5호의 경우 이의신청에 민사소송 등 인지법 또는 해당 법률에서 정하는 인지, 보증제공서류 등이 붙어 있지 아니하거나 이의신청이 해당 법률에 규정된 항고 또는 즉시항고의 요건을 갖추지 아니한 때에는 상당한 기간을 정하여 이의신청인에게 보정을 명하고 이의신청인이 보정하지 아니한 때에는 해당 법률에 규정된 절차에 따라 이의신청을 각하하여야 한다고 규정(사법보좌관규칙 4조 6항 6호)하고 있는 것은 바로 이러한 법리의 구체적인 절차적 표현이다.

(2) 사법보좌관의 매각허가결정에 대한 이의신청 사건을 송부받은 단독판사 등이 그 이의신청이 이유 없다는 이유로 사법보좌관의 처분을 인가하고 이와 병행하여 상당한 기간을 정하여 이의신청인에게 집행법 15조 3항에 정해진 항고이유서 제출을 명한 경우에는 보정명령에서 정해진 상당한 기간 내에 항고이유서의 제출이 있다면 이의신청서를 제출한 날부터 10일

이내에 항고이유서를 1심법원에 제출하지 아니하였다는 이유로 항고를 각하할 수는 없다는 결정(대결 2009마519)이나, **항고법원은 단독판사 등이 한 인가처분에 대한 항고 또는 즉시항고로 보아 재판절차를 진행하므로 항고결정에 기재하여야 할 1심결정은 사법보좌관의 결정이 아닌 단독판사의 결정을 기재하여야 한다는 결정**(대결 2008마1778)은 바로 이러한 법리에서 이해하여야 한다. 왜냐하면 사법보좌관규칙 4조 5항의 규정에 따라 이의신청사건을 송부받은 단독판사 등은 사법보좌관의 처분 중 판사가 처리하는 경우 항고 또는 즉시항고의 대상이 되는 처분에 대한 이의신청이 이유없다고 인정되는 때에는 사법보좌관의 처분을 인가하고 이의신청사건을 항고법원에 송부하며, 이 경우 이의신청은 해당 법률에 의한 항고 또는 즉시항고로 보게 되는데, 그 시점은 사법보좌관 처분에 대하여 이의를 한 때가 아니라 단독판사가 그 이의신청이 이유 없다는 이유로 사법보좌관의 처분을 인가한 때이고, 즉시항고의 대상도 사법보좌관의 처분이 아니라 그 처분을 인가한 단독판사의 결정이기 때문이다.

나. 불복제도개관

법원조직법 54조 3항은 "사법보좌관의 처분에 대하여는 대법원규칙이 정하는 바에 따라 법관에 대하여 이의신청을 할 수 있다."라는 일반원칙을 선언하고 있다. 이것은 원래 사법보좌관의 업무를 판사가 처리하던 상황에서는 존재하지 않던 '이의신청' 제도를 새로이 설정한 것이다. 즉 판사의 처분에 대하여는 민사소송법이나 집행법에 따른 통상의 불복절차에 따르면 그만이지만, 사법보좌관의 처분에 대하여는 그 이전의 단계에서 '법관에 대하여 이의신청'을 할 수 있도록 하였다.

앞에서 본바와 같이, 무릇 불복으로서의 이의라는 것은 처분을 한 기관 스스로가 재도의 고안을 할 수 있는 제도인 것이다. 그런데 사법보좌관은 법관의 업무를 보좌하는 것에 불과할 뿐 그 본연의 업무는 법관의 업무이다. 그리하여 사법보좌관이 한 처분에 대한 모든 이의에 대한 재판을 사법보좌관은 하지 못하고, 오로지 법관이 하도록 되어 있는 것이다. 반면에 법관이 매각절차를 진행할 때는 법관의 처분에 대한 이의도 법관이 처리하는 것과 확연히 대비되는 것이다.

사법보좌관은 법관이 아니므로 사법보좌관의 처분에 대하여 법관이 심사할 수 있도록 함으로써 헌법 27조 1항의 "모든 국민은 헌법과 법률이 정한 법관에 의하여 법률에 의한 재판을 받을 권리를 가진다."라는 규정과 헌법 101조 1항의 "사법권은 법관으로 구성된 법원에 속한다."라는 규정에 사법보좌관 제도를 합치시키려는 조치이다.

다. 즉시항고 등의 대상이 되는 처분에 대한 이의신청(사법보좌관규칙 4조)

① 사법보좌관규칙 2조 1항의 규정에 따른 사법보좌관의 처분 중 판사가 처리하는 경우 항고·즉시항고 또는 특별항고의 대상이 되는 처분에 대하여는 2항 내지 10항에서 규정하는 절차에 따라 이의신청을 할 수 있다(1항).

② 1항의 규정에 따른 처분 중 판사가 처리하는 경우 즉시항고 또는 특별항고의 대상이 되는 처분에 대한 이의신청은 그 처분을 고지 받은 날부터 7일 이내에 하여야 한다. 이 경우 그 기간은 불변기간으로 한다(3항).

③ 사법보좌관은 2항의 규정에 따라 이의신청을 받은 때에는 이의신청사건을 지체없이 소속법원의 판사에게 송부하여야 한다(5항).

④ 5항의 규정에 따라 이의신청사건을 송부받은 판사는 다음 각 호의 규정에 따라 이를 처리하여야 한다. 이 경우 판사는 해당법률에 규정된 절차에 따라 사법보좌관의 처분의 집행을 정지하거나 그 밖의 필요한 처분을 할 수 있다(6항).

1. 이의신청이 제2항의 규정에 위배되는 경우에는 상당한 기간을 정하여 그 기간 내에 흠을 보정하도록 명할 것

2. 이의신청인이 흠을 보정하지 아니하는 때와 이의신청기간을 경과한 때에는 결정으로 이의신청을 각하할 것. 이 경우 각하결정은 해당법률에 규정된 불복신청에 대한 각하재판으로 본다.
3. 이의신청이 이유있다고 인정되는 때에는 사법보좌관의 처분을 경정할 것
4. 사법보좌관의 처분 중 판사가 처리하는 경우 특별항고의 대상이 되는 처분에 대한 이의신청이 이유없다고 인정되는 때에는 결정으로 이를 각하할 것
5. 사법보좌관의 처분 중 판사가 처리하는 경우 항고 또는 즉시항고의 대상이 되는 처분에 대한 이의신청이 이유없다고 인정되는 때에는 사법보좌관의 처분을 인가하고 이의신청사건을 항고법원에 송부할 것. 이 경우 이의신청은 해당법률에 의한 항고 또는 즉시항고로 본다.
6. 5호의 경우 이의신청에 민사소송 등 인지법 또는 해당법률에서 정하는 인지, 보증제공서류 등이 붙어 있지 아니하거나 이의신청이 해당법률에 규정된 항고 또는 즉시항고의 요건을 갖추지 아니한 때에는 상당한 기간을 정하여 이의신청인에게 보정을 명하고 이의신청인이 보정하지 아니한 때에는 해당법률에 규정된 절차에 따라 이의신청을 각하할 것

⑤ 6항 2호·3호 및 6호의 규정에 따른 재판에 대하여는 해당법률에서 정한 절차에 따라 불복할 수 있다(7항).

⑥ 6항 4호의 각하결정에 대하여는 불복할 수 없고(8항), 6항 5호의 규정에 따라 이의신청사건을 송부받은 항고법원은 판사가 한 인가처분에 대한 항고 또는 즉시항고로 보아 재판절차를 진행한다(9항). 이의신청에 관하여는 그 성질에 반하지 아니하는 한 해당법률에서 정하고 있는 불복절차에 관한 규정을 준용한다(10항).

라. 배당표에 대한 이의신청(사법보좌관규칙 5조)[4)]

1) 이의신청의 대상

사법보좌관규칙 2조 1항의 규정에 따라 사법보좌관이 한 처분 가운데 사법보좌관이 작성한 배당표에 대하여는 이의신청을 할 수 있다(사법보좌관규칙 5조 1항). 당사자는 동일 사건의 배당절차에서 두 번에 걸쳐 이의를 할 수 있다. 즉, 사법보좌관의 처분(배당표)에 대하여 규칙에 기한 '이의신청'을 할 수 있고, 그 이의신청을 심사한 같은 심급 판사의 처분(배당표)에 대하여 다시 집행법 151조 소정의 '이의'를 할 수 있다.

2) 이의신청의 방식

사법보좌관이 작성한 배당표에 대하여 하는 이의신청은 대상이 되는 처분의 표시와 그 처분에 대한 이의신청 취지를 밝히는 방법으로 사법보좌관에게 하여야 한다(2항).

집행법 151조에 의하면, 채권자는 배당기일에 출석하여서만 이의를 할 수 있고, 채무자는 배당기일에 출석하여 이의를 하거나 법원에 배당표원안이 비치된 이후 배당기일이 끝날 때까지 사이에는 서면으로 이의할 수 있다. 그리고 사법보좌관이 작성한 배당표에 대한 이의신청은 집행법 151조의 규정에 따른 기간 내에 하여야 하므로(3항), 결국 사법보좌관이 작성한 배당표에 대한 이의신청을 함에 있어서도, 채권자는 배당기일에 출석하여 말로써 이의신청을 하여야 하고, 채무자는 배당기일에는 말로써 이의신청을 하는 것으로 족하되, 배당표원안이 비치된 이후 배당기일이 끝날 때까지 사이에는 서면으로 이의할 수 있다고 해석함이 상당할 것이다. 또한 배당기일에 출석하여 이의신청을 함에 있어서 소송대리인의 자격이 없는 사람은 민사소송법 88조에 따라 법원의 소송대리허가를 받아야 하는데, 배당

---

4) 5조 (배당표에 대한 이의신청) ① 제2조 제1항의 규정에 따라 사법보좌관이 한 처분 가운데 사법보좌관이 작성한 배당표에 대하여는 2항 내지 6항의 규정에 따라 이의신청을 할 수 있다.

기일에서의 소송대리허가는 소송지휘권의 일환이므로 사법보좌관이 할 수 있다.

그리고 '이의신청 취지'는 사법보좌관규칙 4조 2항의 '이의신청 취지'와 원칙적으로 같은 의미로서 '신청취지' 외에 '신청이유'가 포함되는 것으로 봄이 상당하다는 점과 '신청이유'의 방식에는 아무런 제한이 없으므로 그것을 항고장이나 항고이유서에 적어야 하는 '항고이유'와 같이 엄격하게 법령위반이나 사실의 오인 등으로 자세하게 주장하도록 요구할 것이 아니라는 점은 앞에서 설명한 바와 같다. 다만 배당표에 대한 이의 중 실체상의 사유에 기한 것은 배당표에 적힌 내용을 어떻게 경정하도록 요구하는지를 구체적으로 명시하여야 하지만 반드시 그 이유까지 밝힐 필요는 없으므로,[5] 이 경우에는 '신청이유'의 의미가 거의 없을 것이다.

3) 사법보좌관의 사건처리

사법보좌관은 이의신청을 받은 경우, 먼저 집행법 152조 1항, 2항의 규정에 따라 이의에 관계된 채권자로 하여금 이의신청에 대하여 진술(답변)을 하게하고, 관계인이 이의신청을 정당하다고 인정하거나 다른 방법으로 합의한 때에는 이에 따라 배당표를 경정하여 배당을 실시하여야 한다(사법보좌관규칙 4항 1호). 사법보좌관이 이러한 절차를 진행하지 못할 경우에는 배당기일을 중지한 후 이의신청 사건을 지체 없이 판사에게 송부하여야 한다(사법보좌관규칙 4항 2호).

이와 관련하여 당사자가 배당표에 대하여 동의하는 취지 이외의 어떠한 진술이라도 하기만 하면 사법보좌관은 이를 이의로 취급하여 4항에 따라 처리하여야만 하는지, 아니면 배당기일을 변경하여 다음 기일에 실시할 수 있는지에 관하여는 문제가 있다. 집행법원이 그러한 사정을 알았더라면 당연히 이를 감안하여 배당표를 작성함이 상당하다고 인정되는 때에는 기일을 변경할 수 있다고 볼 것이고, 그와 같이 하는 것이 굳이 기일을 진행할

---

5) 법원실무제요 민사집행[II], 558면 참조.

경우에 유발될 이의와 소송을 방지하게 되어 합리적이라 할 것이다.[6]

한편 집행법 148조에 규정되지 않은 채권자가 이의신청을 한 경우에도 그러한 이의가 부적법하니 각하한다는 취지의 판단은 사법보좌관규칙 4조 6항 2호 및 6호와의 균형상 판사가 하는 것이 타당하므로, 사법보좌관은 배당기일을 중지한 후 사건을 판사에게 송부하여야 할 것이다.

사법보좌관이 이의신청사건을 판사에게 송부하는 경우 사법보좌관 작성의 배당표는 기재 전부가 실효되지만, 어떤 내용의 배당표에 대하여 어떤 이의신청이 있었는지는 매우 중요하고 또 사법보좌관이 진행한 배당기일조서에 그 내용이 기재되어야 할 것이므로, 사법보좌관 작성의 배당표는 폐기할 것이 아니라 거기에 이의로 인하여 실효되었다는 취지를 표시하여 사법보좌관의 배당기일 조서 뒤에 편철하여 두는 것이 바람직하다.[7]

4) 판사의 사건처리

이의신청 사건을 송부받은 판사는 배당표를 작성하여 당해 기일 또는 속행된 기일에 배당기일을 실시하여야 한다(사법보좌관규칙 5조 5항). 이 규정에 따른 판사의 처분에 대하여는 해당 법률에 의하여 한 처분으로 보고 해당 법률에서 정하고 있는 절차에 따라 불복할 수 있으므로(사법보좌관규칙 5조 6항), 집행법의 규정에 따른 이의 및 배당이의 소제기 등의 불복절차가 그대로 적용된다.

판사가 작성한 배당표에 대하여 이의가 있는 경우 이의가 완결되지 아니한 때에는 이의가 없는 부분에 한하여 배당을 실시하게 되지만(법 153조 3항), 사법보좌관이 작성한 배당표에 대하여 이의가 있는 경우에는 사법보좌관은 이의신청 사건을 판사에게 송부하여야 하는데, 이를 송부받은 판사가 당일 새로이 배당표를 작성하지 못하게 되면 송부 이후 그 당일에는 배당표가 존재하지 않게 되어 사법보좌관이 작성한 배당표상 이의가 없었던

6) 사법보좌관업무편람(2006), 서울중앙지방법원 사법보좌관업무연구회, 51-52면.
7) 사법보좌관업무편람(2006), 서울중앙지방법원 사법보좌관업무연구회, 52면.

부분에 대하여도 배당을 실시할 수 없게 되고, 그 결과 이의가 없었던 부분의 채권자들도 배당금을 수령할 수 없게 되는 문제가 생긴다. 이러한 현상은 채권배당 사건에서보다는 부동산경매 사건에 관한 배당절차에서 생길 여지가 많다. 이러한 경우 판사는 새로운 배당기일을 지정하여 기일통지서를 송달하여야 하고, 당사자는 그간의 이자 등 채권 변동에 따른 계산서를 다시 제출하거나 기일에 재차 출석하여야 하는 등 법원의 업무 및 당사자의 불편이 가중되게 된다. 그리하여 서울중앙지방법원에서는 이러한 문제가 발생하지 않도록 하기 위하여 이의신청이 있는 경우 판사가 당일 처리하는 것으로 원칙적인 방침을 정하여 시행하고 있는데, 구체적으로는 사법보좌관이 배당절차를 진행하여 이의신청이 있는 경우 배당절차를 중지하고 이의신청 사건을 판사에게 송부한다는 취지를 고지하고, 뒤이어 판사가 입정하여 배당기일을 실시하고 있으며, 이 경우 배당기일 조서는 사법보좌관의 절차와 판사의 절차에 대하여 각각 작성하고 있다.[8] 이의신청 사건을 송부 받은 판사가 당일 새로이 배당표를 작성하지 못하게 될 경우 그 사건은 종결 시까지 판사의 담당사건으로 남게 된다.

5) 배당표의 변경 등

사법보좌관이 작성한 배당표에 대하여 추가배당이나 재배당 등의 사유가 생긴 경우에는 이를 사법보좌관이 처리하는 것이 당연하지만, 판사가 작성한 배당표에 대하여 그러한 사유가 생긴 경우에 누가 처리할 것인가에 대하여는 견해가 갈린다.

---

8) 사법보좌관업무편람(2006), 서울중앙지방법원 사법보좌관업무연구회, 52-53면 ; 한 경매계의 배당사건을 처리함에 있어서는 먼저 사법보좌관이 2005. 7. 1. 이후에 접수된 사건을 가지고 들어가 배당기일을 진행하고, 이의신청이 있는 사건을 판사에게 넘기면 판사는 이의신청 사건을 먼저 처리한 다음, 2005. 6. 30. 이전에 접수된 판사사건의 배당기일을 진행한다. 그러므로 배당기일에 진행할 사건이 많은 경우에는 사법보좌관의 사건과 판사의 사건 사이에 30분 내지 1시간의 차이를 두고 배당기일을 지정할 필요가 있다.

사법보좌관규칙 7조 1항 2호에 의하면, 사법보좌관의 사건이 판사가 한 재판을 취소하거나 변경하여야 하는 사무인 경우에는 그 사건을 소속 법원의 판사에게 송부하여야 하는데, 추가배당이나 재배당에 의하여 판사의 배당표를 바꾸는 것도 마찬가지라고 해석하면, 사법보좌관으로서는 판사가 작성한 배당표에 관하여는 추가배당이나 재배당 등의 업무를 처리할 수 없을 것이나, 추가배당이나 재배당에 관한 집행법 161조의 업무도 역시 사법보좌관규칙 2조가 정하는 사법보좌관의 업무범위에 포함되어 있는 점, 재배당은 배당이의 소송의 결과에 따라 배당이의 소송의 원고와 피고 사이에서만 다시 배당하는 절차로서 배당이의 소송을 담당한 재판부가 이미 배당표를 실질적으로 변경한 것을 기계적으로 적용하는 절차일 뿐인 점, 사법보좌관이 추가배당이나 재배당에 의하여 변경한 배당표에 대하여 이의신청이 제기되면 규칙 5조의 절차에 따라 판사가 다시 배당표를 작성하면 아무런 문제가 없게 되는 점 등의 제반 사정을 종합하여 보면, 판사가 작성한 배당표에 대하여 추가배당이나 재배당의 사유가 생긴 경우에도 원칙적으로 새로운 배당절차가 개시된 것으로 보아 사법보좌관이 처리하는 것이 타당하다고 생각한다. 다만 판사가 작성한 배당표에 경정사유가 생긴 경우에 그 원인이 배당이의 소송의 판결 등과 같은 사후적인 원인에 기한 것이 아니라 당초부터 있었던 흠으로 말미암은 것일 때에는 판사가 처리할 수밖에 없을 것이다.

제2장 압류 · 가압류의 개별상대효의 이해

1. 압류 · 가압류의 처분금지효 기초

① 압류가 되면 채무자에 대하여는 처분금지효가 생기는데, 이는 채무자는 당해 재산에 대한 처분권을 상실하고 당해 재산에 대한 처분권이 국가에 이전되는 것을 의미한다. 이와 같은 취지가 채권 기타의 재산권에 대한 압류의 경우에는 압류명령에 명시되지만(법 227조, 242조, 251조 2항), 부동산에 대한 압류의 경우에는 채무자에 대한 처분금지효를 당연한 전제로 하여 집행법이 92조에서 압류 후 압류목적물을 취득한 제3취득자는 압류에 대항하지 못한다는 취지를 규정함으로써 간접적으로 처분금지효를 규정하고 있다.

② 가압류의 처분금지효가 압류의 그것과 동일한가는 입법정책의 문제이다. 우리나라의 경우 집행법이 291조에서 본압류에 관한 규정을 가압류에 준용함으로써 본압류의 경우와 동일한 처분금지효를 규정하고 있으므로, 가압류가 집행의 보전을 위한 보전처분이라는 본질적인 특징에서 오는 차이를 제외하고는, 본압류든 가압류든 처분금지효라는 점에서는 논리구조를 같이 한다.

③ 다툼의 대상에 관한 처분금지가처분에도 처분금지효가 있다.

집행법 301조는 가처분절차에 가압류절차에 관한 규정을 준용한다고 규정하고 있는데, 위 규정은 가처분절차에 대해서만 규정하고 있지만 처분금지가처분의 처분금지효야말로 처분금지가처분의 본질적인 효력임을 두말할 나위가 없는 것이고, 다만 그 효력이 압류 · 가압류의 처분금지효와 어떻게 다른가가 문제된다.

가압류는 금전채권의 집행을 보전하기 위한 것이고, 우리 집행법은 개별집행인 강제집행절차에 있어서 평등주의를 원칙으로 하고 있어서,[1] 금전채권자 상호간에는 원래 우열이 없고 평등한 것이므로, 가압류 상호간에는 양립이 가능하고 우열을 따질 필요가 없다.

그러나 다툼의 대상에 관한 처분금지가처분은 특정물채권을 보전하기 위한 것이므로 목적물에 대한 권리는 다른 사람과 나눌 수 없는 것이고, 따라서 다른 처분금지가처분이나 가압류와 양립할 수 없으므로 경합된 경우 그 우열을 정하여야 한다.

등기에 의하여 공시되는 부동산의 경우에는 등기의 선후에 의하고, 등기순위가 동일한 경우에는 당해 채권자 상호간에는 서로 우선적 효력을 주장할 수 없으며, 본집행을 먼저 하는 쪽이 우선한다.[2] 통상의 다른 경우에도 가압류나 처분금지가처분의 효력발생시기, 채권의 경우라면 제3채무자에의 송달의 선후에 의하여 우열이 정하여진다고 할 것이고, 동시에 송달되었다면 위와 같이 당해 채권자 상호간에는 우열이 없다고 하여야 할 것이다.

---

1) 우리 집행법에 의하면, 다수채권자가 경합하는 경우에는 각 채권자는 목적물의 환가액으로부터 채권액에 따라 안분비례로 배당받는다. 이를 평등주의라 한다.
상술하면, 평등주의는 개별집행에 참가한 채권자(우선권 있는 자를 제외한다)를 배당절차에 있어서 평등하게 취급하는 입법주의이고(프랑스법제가 대표적이다), 우선주의는 개별집행에 참가한 채권자들 사이에 차등을 두어 참가의 시간적 선후에 의하여 우열의 지위를 인정하는 입법주의이다(독일법제가 대표적이다). 군단우선주의는 평등주의와 우선주의의 절충으로서 배당요구를 할 수 있는 기간에 시간적 구분을 두어 최초의 배당요구기간 내에 배당요구를 한 자들 상호간은 서로 평등하고, 그 기간 내에 배당요구를 하지 못한 자들을 위하여 제2기, 제3기의 배당요구기간을 설정하여 각각의 기간 내에 배당요구를 한 자들은 앞선 배당의 잔여에 대하여만 배당에 참여할 수 있도록 하는 입법주의이다(스위스법제가 대표적이다). 이에 관한 상세는, 김홍규, 금전채무집행에 있어서 우선주의, 평등주의, 집단우선주의 비교연구, 민사법의 제문제 : 온산방순원선생고희기념, 온산방순원선생고희기념편찬위원회, 537면 이하 참조

2) 대결 98마475.

▶ 가처분 상호간의 저촉 여부에 관한 판단과 법리 ◀

가처분에 의하여 보전하고자 하는 권리가 양립 불가한 경우에는 그 우열을 정하여야 하지만, 가처분에 의하여 보전하고자 하는 권리의 내용이 양립 가능한 경우에는 굳이 그 우열을 정할 필요가 없다.

예를 들어, 저당권설정등기청구권을 보전하기 위한 가처분과 소유권이전등기청구권을 보전하기 위한 가처분이 순차로 된 경우, 전자는 후자의 가처분과 양립불가의 권리를 보전하기 위한 것이 아니므로 전자의 가처분이 본안의 권리를 실현하더라도(즉 본안에서 승소한 후 근저당권설정등기가 이루어지더라도) 후자의 가처분이 실효되지는 않는다. 그렇다면 그 역의 경우, 즉 소유권이전등기처분권을 보전하기 위한 가처분이 먼저 이루어지고 저당권설정등기청구권을 보전하기 위한 가처분이 그 뒤에 이루어진 경우에는 어떻게 될까? 또한 저당권설정등기청구권 보전을 위한 가처분이 중첩된 경우에는 어떻게 될까?[3)]

2. 압류 · 가압류의 효력발생시점

제83조(경매개시결정 등) ④ 압류는 채무자에게 그 결정이 송달된 때 또는 제94조의 규정에 따른 등기가 된 때에 효력이 생긴다.

제92조(제3자와 압류의 효력) ① 제3자는 권리를 취득할 때에 경매신청 또는 압류가 있다는 것을 알았을 경우에는 압류에 대항하지 못한다.

② 부동산이 압류채권을 위하여 의무를 진 경우에는 압류한 뒤 소유권을 취득한

3) 먼저 이루어진 소유권이전등기청구권이 실현됨으로써 나중에 이루어진 근저당권설정등기가처분은 말소된다. 후자의 가처분이 선행가처분권자의 권리를 침해하기 때문이다. 근저당권설정등기청구권을 보전하기 위한 가처분도 상호 저촉되지 않는다. 근저당권은 여러 개가 순위를 달리하여 설정될 수 있기 때문이다. 다만 먼저 이루어진 가처분에 의하여 순위가 제약되는 것을 어쩔 수가 없는데, 이 경우에도 2순위 근저당권을 설정받기로 한 자가 1순위 근저당권을 설정받기로 한 자보다 가처분집행을 먼저 하였다고 하더라도 그의 보전된 권리를 2순위 근저당권설정등기청구권이므로 나중에 이루어진 1순위 근저당권설정등기청구권을 보전하기 위한 채권자를 침해할 수 없다.

> 제3자가 소유권을 취득할 때에 경매신청 또는 압류가 있다는 것을 알지 못하였더라도 경매절차를 계속하여 진행하여야 한다.

1) 압 류

① 경매개시결정등기 후에 제3자가 매각부동산에 대하여 권리를 취득한 경우에는 제3자의 선의, 악의를 불문하고 압류의 효력이 제3자에게 미치므로 압류채권자에게 대항하지 못한다.

② 그러나 집행채무자에게 개시결정 송달 후 경매개시결정등기 전에 권리를 취득한 제3자는 경매신청 또는 압류가 있었다는 사실을 몰랐으면(선의) 압류의 효력을 부인하여 압류채권자에게 대항할 수 있고, 경매신청 또는 압류사실을 알았으면(악의) 압류채권자에게 대항할 수 없다.

③ 다만 집행법 92조 2항[4]에 의하여, 예를 들어 경매개시결정 후 압류등기 사이에 소유권을 취득한 제3취득자가 있더라도 경매신청자가 우선변제권 있는 담보권을 가졌고, 그 피담보채권이 강제집행하려는 채권과 동일한 채권인 경우에는 절차를 속행한다.

2) 가압류 – 등기시

집행법이 291조에서 본압류에 관한 규정을 가압류에 준용하고 있지만, 집행법 92조 1항은 준용되는 규정이 아니라는 것이 통설이다. 따라서 가압류의 효력은 오로지 가압류등기가 되었을 때 발생한다.

집행법 148조 3호가 배당요구 없이도 배당받을 수 있는 자로 '첫 경매개시결정등기 전에 등기된 가압류채권자'를 규정하고 있는 것도 바로 이러한

4) 집행법 92조 2항의 '부동산이 압류채권을 위하여 의무를 진 경우'란 강제경매를 신청한 채권자의 집행채권을 담보하기 위하여 우선변제권 있는 담보물권이 설정되어 있어서, 압류등기 전에 소유자가 바뀌어 강제경매가 아니더라도, 임의경매를 통하여 경매실행이 가능한 경우를 말한다.

이유 때문이다. 시기적으로 첫 경매개시결정등기 전이어야 할뿐 아니라, 가압류결정만으로는 안 되고 가압류에 따른 등기까지 되어야 한다.

가압류등기가 되면 제3취득자의 선의, 악의를 불문하고 가압류의 효력에 대항할 수 없다.

3. 압류·가압류의 처분금지효의 절차적 발현내용

이러한 압류·가압류의 처분금지효가 강제집행절차에서 발현되는 구체적인 내용은 각국의 입법례가 통일된 것은 아니고, 특히 우리가 자주 참고하게 되는 일본의 입법례와도 큰 차이가 있다.

무릇 민사집행을 이해하려면 먼저 압류·가압류의 처분금지효와 관련하여 압류·가압류 후의 저촉처분과 압류의 관계를 이해하여야 한다.

그런데 우리 법제가 일본과 유사하다보니 강제집행에 관한 일본의 해석론이나 판례를 그대로 원용하는 경우가 종종 있으나, 일본과 우리나라는 압류의 효력과 관련하여 중대한 차이가 있어 함부로 참고할 바가 아니다.

요컨대 우리나라는 압류·가압류 후 피압류물의 소유권이 제3자에게 이전된 경우 압류·가압류의 처분금지효가 미치는 범위에 관하여 **압류·가압류 후의 저촉처분은 압류·가압류채권자와 그 처분 이전에 당해 집행절차에 참가한 채권자에게만 대항할 수 없을 뿐이고 저촉처분 후에 당해 집행절차에 참가한 채권자에게는 대항할 수 있다**는, 이른바 **개별상대효설**을 취하고 있으므로, 이 개별상대효설을 이해하지 않고서는 민사집행을 제대로 이해할 수 없다.

4. 압류·가압류의 효력에 관한 입법주의와 전통적 학설

가. 절대적 효력설과 상대적 효력설

압류든 가압류든 목적물에 대한 채무자의 처분을 금지하는 효력이 있는

데, 이 처분금지효를 가장 강하게 관철하게 되면 이에 위반되는 채무자의 처분행위는 절대적으로 무효가 될 것이고 압류·가압류가 취소 또는 취하되더라도 그 무효인 행위가 도로 유효로 되지는 아니한다고 보게 될 것이다(절대적 효력설).

그러나 압류·가압류에 처분금지효를 부여하는 근거는 목적물을 집행기관으로 하여금 환가시켜 채권자에게 만족을 주게 하기 위한 것이거나 장래에 있어서의 그러한 본집행을 보전하기 위한 것이므로 그 목적의 범위를 초과하여 채무자의 목적물 처분의 자유를 제한할 필요는 없다. 즉 압류·가압류 후의 채무자의 저촉처분은 절대적으로 무효라고 볼 것이 아니라 처분행위 당사자 사이에서는 유효하고 오직 압류·가압류 채권자와의 관계에서만 또는 당해 집행절차에 참가한 채권자들과의 관계에서만 무효라고 구성함으로써 충분하게 된다(상대적 효력설).

국내외의 학설·판례로서 절대적 효력설을 취하는 것은 없고 모두 상대적 효력설로 확립되어 있는 바, 학설과 실무에서의 논의의 초점은 그 상대적 효력이 어느 범위까지 미치는가에 집중되어 있다.

나. 절차상대효설과 개별상대효설

1) 서 설

상대적 효력설의 입장에 서는 경우 채무자의 저촉처분이 집행채권자와의 관계에서 무효임은 물론이나 집행개시 후 배당요구 등의 형태로 집행절차에 참가한 타 채권자가 있는 경우에 그 채권자와의 관계에서도 무효인가가 문제된다. 이것이 **상대적 효력의 인적 범위의 문제**로서 저촉처분의 무효를 주장할 수 있는 채권자의 범위에 관한 문제이다.

또한 압류·가압류에 의한 처분금지효가 집행채권 또는 피보전채권액에 상당하는 목적물의 교환가치의 범위 내로 한정되는지 여부도 문제된다. 이것이 **상대적 효력의 물적 범위의 문제**로서, 저촉처분이 압류·가압류 채권 자체의 범위 내에서만 무효인지, 아니면 저촉처분이 있은 후의 절차진행에서 당해 압류 · 가압류권자에 의하여 추가 또는 확장된 다른 채권에 대한 관계에서도 무효인지(저촉처분에 의한 제3취득자가 압류 · 가압류 채권자에 대해서도 유효한 취득을 하기 위해서는 저촉처분 전의 압류 · 가압류 채권액만 변제하면 족한지, 아니면 저촉처분 후에 추가 또는 확장된 채권액까지 변제하여야만 하는지)에 관한 문제이다.5)

2) 절차상대효설

배당요구 제도를 인정하고 압류채권자와 배당요구채권자 사이의 평등주의를 채택한 프랑스 법제 하에서는, 저촉처분은 당해 압류 · 가압류 채권자뿐만 아니라 그 집행절차가 존속하는 한 이에 참가한 모든 채권자에 대한 관계에서도 그 효력을 대항할 수 없고, 다만 압류 · 가압류가 취소 또는 취하 등에 의하여 실효된 경우에만 유효하게 될 뿐이라는 입장을 취하고 있는 바, 이 입장은 상대적 효력을 당해 집행절차 전체와의 관계에서 포착하고 있기 때문에 절차상대효설이라 불리어진다.

이 입장의 구체적 내용은 다음과 같다.

가) 상대적 효력의 인적 범위

① 압류 · 가압류 후에 채무자가 목적물을 제3자에게 양도하여 제3자가 소유권을 취득하더라도 채무자(구 소유자)에 대한 다른 채권자는 여전히 배당요구 등을 통하여 집행절차에 참가할 수 있다.

② 압류 · 가압류 후의 담보물권의 취득도 당해 집행절차가 실효되지 않고 진행되는 한 무시된다.

---

5) 절차상대효설은 프랑스 법제가 채택하고 있는 입장이고 개별상대효설은 독일 법제가 채택하고 있는 입장이다. 절차상대효설 및 개별상대효설이라는 명칭은 프랑스 법제와 독일 법제의 혼혈아적 성격을 띤 일본 구 민사소송법 시행 초기의 해석학상 프랑스 법제와 같이 해석하는 입장을 절차상대효설이라 하고 독일 법제와 같이 해석하는 입장을 개별상대효설이라 부르기 시작한데서 유래하였다고 한다(배태연, "부동산의 압류 · 가압류 후에 설정된 담보물권의 효력과 배당우선순위", 사법논집 제21집, 402면).

③ 목적물의 환가대금(배당재단)에 의하여 채권자 전원이 만족한 후 잔여액이 있으면 이를 언제나 채무자(구 소유자)에게 교부하여야 한다.

④ 일단 개시된 압류, 가압류의 취하나 취소는 다른 집행참가채권자가 있는 한 허용되지 않는다. 왜냐하면 집행채권자가 임의로 가압류를 취하하거나 제3취득자 등이 집행채권액을 공탁하여 가압류가 취소될 경우와 같은 우연한 사정에 따라서 다른 채권자의 배당 참가 기회가 좌우되는 것은 부당하기 때문이다.[6)]

나) 상대적 효력의 물적 범위

⑤ 압류·가압류의 처분금지효는 집행채권 또는 피보전채권의 금액의 여하에 불구하고 목적물의 교환가치 전체에 미친다(저촉처분은 그 처분이 있기 전까지의 압류·가압류 채권뿐만 아니라, 그 처분 후에 추가 또는 확장된 채권 및 배당요구채권액에 대한 관계에서도 무효로 된다).

⑥ 그러므로 저촉처분에 의한 제3취득자가 완전한 물권을 취득하려면, 그 처분 후에 추가 또는 확장된 채권 및 배당요구채권액까지 변제하여야 하거나,[7)] 그 처분 후에 압류·가압류 채권자에 의하여 추가 또는 확장된 채권액까지 변제하여야 한다.[8)]

다) 절차상대효설의 장·단점

절차상대효설에 의하면, 다수의 관계인이 집행절차에 참여하는 사태가 빈번하게 발생하여 집행종료시까지 시간이 많이 걸린다. 또한 일단 가압류가 된 이상 이후의 배당요구에 의하여 부동산의 잉여가치가 무한적으로 감소될 가능성이 있기 때문에, 채무자는 가압류 후 그 부동산을 양도하거나

---

6) 민일영, "가압류의 상대적 효력", 저스티스 제32권 제2호, 한국법학원, 1996, 92면 ; 주기동, "가압류의 처분금지적 효력", 재판자료 제45집, 법원도서관, 366면.

7) 프랑스법의 입장 ― 절차에 관여한 전 채권자의 동의가 있지 않으면 집행채권자 단독으로 집행절차를 취하하지 못한다고 한다.

8) 일본 집행법의 입장 ― 절차에 관여한 다른 채권자의 동의가 없어도 집행채권자 단독으로 집행절차를 취하할 수 있다고 한다.

담보권을 설정하는 등 부동산을 처분하는 것이 사실상 불가능하게 된다.

반면 배당요구를 하는 일반채권자로서는 도중에 채무자 재산이 변동되는 것을 용인하여야 하므로, 가압류 후에 양도나 담보권 설정에 의하여 배당가입의 기회가 차단 또는 제한되어도 이를 감수하여야 함에도 절차상대효설은 이러한 자들까지도 보호하기 때문에 부당하다.[9)]

나아가 절차상대효설을 관철한다면, 일단 개시된 압류, 가압류의 취하나 취소는 다른 집행참가채권자가 있는 한 허용되지 않는다고 보아야 한다. 왜냐하면 집행채권자가 임의로 가압류를 취하하거나 제3취득자 등이 집행채권액을 공탁하여 가압류가 취소될 경우와 같은 우연한 사정에 따라서 다른 채권자의 배당 참가 기회가 좌우되는 것은 부당하기 때문이다.[10)]

이외에도 절차상대효설은 가압류 후 담보물권이 설정되고, 그 후 후순위의 일반채권자의 압류에 기하여 강제집행절차가 진행되는 경우, 당해 강제집행절차가 선순위의 가압류에 기하여 진행되는 것이 아니므로 담보물권자가 압류채권자보다 우선하게 되는바, 강제집행신청을 누가 하느냐 하는 우연한 사정에 따라 담보물권자가 배당에 참가할 수 있는지 여부가 좌우된다는 점에서 형평에 어긋난다는 비판도 있다.

3) 개별상대효설

개별상대효설은 본래 독일의 입법례이고 독일은 배당요구제도를 인정하지 않지만, 우리나라에 직접 영향을 미친 것은 배당요구를 인정하는 일본의 변형된 개별상대효설이다. 따라서 여기서는 이 두 가지를 모두 살펴본다.

---

9) 유남석, “가압류의 처분금지적 효력”, 대법원판례해설 31호, 법원도서관, 342면 ; 황진효, “가압류가 본압류로 이전되기까지 사이에 가압류부동산의 소유권이 이전된 경우의 배당참가권자”, 판례연구 11집, 부산판례연구회, 562-563면.

10) 상세는 유남석, “가압류의 처분금지적 효력”, 대법원판례해설 31호, 법원도서관, 342-343면 참조.

가) 독일식 개별상대효설

배당요구 제도를 인정하지 않고 집행채권자에 대하여 우선권을 인정하는 독일 법제 하에서는, 저촉처분은 압류·가압류 채권자(저촉처분 전에 압류·가압류를 한 채권자)에 대한 관계에서만 무효일 뿐 그 밖의 다른 모든 자에 대해서는 그 처분의 효력을 대항할 수 있다고 하는 입장을 취하고 있는바, 이 입장은 상대적 효력을 단순히 압류·가압류 채권자와의 관계에서만 포착하고 있기 때문에 단순 개별상대효설이라고 부른다.

이 입장의 구체적 내용은 다음과 같다.

(1) 상대적 효력의 인적 범위

① 채무자에 대한 다른 채권자는 압류·가압류 후에 채무자가 목적물을 양도하여 제3자가 소유권 또는 담보물권을 취득한 전후를 불문하고 배당요구의 형식으로는 당해 집행절차에 참가할 수 없으며, 제3취득자가 소유권을 취득한 후에는 이중압류신청(절차참가)도 할 수 없다.

② 압류·가압류 후에 담보물권의 설정이 있는 경우에도 그 담보물권자는 그 후에 이중압류신청(절차참가)을 한 자에 우선한다.

③ 목적물의 환가대금(배당재단)으로 압류·가압류 채권자 전원이 만족한 후 잔여액이 있으면 이를 환가시점{소유권이 매수인(경락인)에게로 이전되는 시점}의 소유자에게 교부한다.

(2) 상대적 효력의 물적 범위

④ 압류·가압류의 처분금지효는 목적물의 교환가치 중 집행채권 또는 피보전채권에 대응하는 목적물의 교환가치의 일부에만 미친다(저촉처분은 그 처분이 있기 전까지의 압류·가압류 채권액에 대한 관계에서만 무효로 된다).

⑤ 제3취득자는 완전한 권리를 취득하기 위하여 저촉처분이 있기 전까지의 압류·가압류 채권액만 변제하면 된다.

나) 과거 일본의 변형 개별상대효설

일본 구 민사소송법이 프랑스 법제의 배당요구제도와 채권자평등주의를 계수하였으므로 일본 구 민사소송법 시행 초기에는 독일식의 개별상대효설보다는 프랑스식의 절차상대효설이 우세하였으나, 독일식 개별상대효설을 변형한 아래에서 보는 개별상대효설이 주창되고 나서부터 이 견해는 점차 지지를 얻어 급기야는 통설로 되었다고 하는 바,[11] 이 견해에 의하면, 저촉처분은 압류·가압류 채권자 및 그 처분 전에 당해 집행절차에 참가한 채권자에 대한 관계에서만 무효일 뿐이고 처분 후에 집행에 참가한 다른 채권자에 대해서는 그 처분의 효력을 대항할 수 있다고 하는데, 이 견해는 상대적 효력을 개별 채권자와의 관계에서 포착하고 있기 때문에 개별상대효설의 일종으로 볼 수 있으나, 앞서 본 독일식 개별상대효설 보다 압류의 처분금지효를 주장할 수 있는 채권자의 범위를 확장하였다는 점에서 차이가 있다.

이 설의 구체적 내용은 다음과 같다.

(1) 상대적 효력의 인적 범위

① 압류·가압류 후에 채무자가 목적물을 양도하여 제3자가 소유권을 취득한 후에는 채무자에 대한 다른 채권자는 이미 당해 집행절차에 참가할 수 없다.

② 압류·가압류 후에 담보물권의 설정이 있는 경우 그 담보물권자는 담보물권 설정 후에 배당요구 또는 기록첨부(이중압류신청)[12]한 다른

11) 배태연, "부동산의 압류·가압류 후에 설정된 담보물권의 효력과 배당우선순위", 사법논집 제21집, 405면 참조.

12) 기록첨부는 이중압류신청의 경우 후행압류신청사건의 기록을 선행압류신청사건의 기록에 첨부하여 함께 진행하는 제도로서, 우리나라도 1990.9.1. 개정된 구 민사소송법 개정 전에는 이 제도를 채택하고 있었으나, 1990년 민사소송법 개정으로 이 제도는 폐지되어, 후행압류신청사건은 선행압류신청사건이 진행되고 있는 동안에는 정지되고, 단지 배당요구의 종기내에 신청된 것에 대해서 배당요구의 효력을 인정하는 것으로 바뀌었다.

채권자에 우선한다.

③ 목적물의 환가대금(배당재단)으로 채권자 전원이 만족한 후 잔여액이 있으면 이를 환가시점{소유권이 매수인(경락인)에게로 이전되는 시점}의 소유자에게 교부한다.

(2) 상대적 효력의 물적 범위

④ 압류·가압류의 처분금지효는 목적물의 교환가치 중 가압류의 피보전채권액 또는 압류의 집행채권과 저촉처분이 있기 전까지 법률에 의하여 배당요구한 채권액의 합산액 범위 내에만 미친다.

⑤ 그러나 제3취득자는 완전한 권리를 취득하기 위하여 저촉처분이 있기 전까지의 압류·가압류 채권액만 변제하면 된다(왜냐하면 일본의 구 민사소송법의 경우 압류·가압류권자는 원칙적으로 독단으로 압류·가압류 절차를 취하할 수 있고 제3취득자도 압류·가압류 채권액만 변제하면 가압류결정 또는 경매개시결정을 취소시킬 수 있기 때문이다. 우리나라의 경우도 같다).

4) 일본식 개별상대효설의 의의와 근거

이러한 일본식 개별상대효설은 독일법제와 달리 배당요구 제도를 도입한 일본 구 민사소송법의 해석론으로서, 앞서 본 독일식의 개별상대효설을 이러한 일본 구 민사소송법의 구조에 맞추어 변용한 것인 바, 이 설의 근거는 ① 압류·가압류 후에 목적물에 대한 소유권 또는 저당권 등의 권리를 취득한 제3취득자는 압류·가압류가 된 사실을 알고 있는 한 당해 압류절차에 타의 채권자들이 배당요구 등의 형식으로 절차에 참여하고 있을 것을 예측하고 있다고 해석되므로 권리 취득 전에 절차에 관여한 모든 채권자에게 자신이 권리취득으로 대항할 수 없을 것을 감수하지 않으면 안 되고, ② 그 반면 제3취득자가 권리를 취득하고 이를 등기에 의하여 공시하고 난 후에는 타의 채권자들은 위 제3취득자의 권리를 부인할 수 없다고 해석하는 것이 상당하다고 하는 실제적인 법감정에 뿌리를 두고 있다고 한다.

5) 개별상대효설의 장 · 단점

개별상대효설에 의하면 집행절차에 관여하는 개개인 사이에서의 우열을 오로지 시간적 선후에 따라 정하면 되므로 절차가 간편해진다.

반면 소유자가 경매신청에 의한 압류가 되는 즉시 제3자와 통모하여 이를 양도 또는 담보설정에 나아감으로써 그 후에 집행에 참여하여 배당받을 수 있는 소유자의 다른 채권자들을 집행에서 배제하고 부당히 이득을 보거나 재산을 은닉할 가능성이 있다.[13)]

또한 가압류 후의 양수인이나 담보권자는 가압류등기의 말소를 조건으로 권리를 취득한 것에 불과하므로, 가압류가 취소되지 않고 그 절차가 계속 진행되는 경우에까지 잉여가치를 전부 위와 같은 제3취득자에게 귀속시킬 이유가 없다.[14)]

또한 가압류 후의 배당요구를 인정하면서 개별상대효설을 취할 경우에는 법정 우선순위 가운데 상호모순이 생겨 이른바 '배당의 순환관계'가 자주 생기게 된다.[15)]

---

13) 석호철, "경매개시결정의 효력", 재판자료 제35집, 법원도서관, 632면.

14) 유남석, "가압류의 처분금지적 효력", 대법원판례해설 31호, 법원도서관, 343면.

15) 예를 들면, 일반 채권에 기한 가압류집행 후에 저당권이 설정되고, 조세채권에 기한 압류 및 배당요구가 행하여진 경우, 가압류채권과 저당권은 동순위이나, 가압류채권은 조세채권보다 후순위이고, 저당권은 조세채권보다 선순위이므로, 자체로 배당의 순위를 정할 수 없게 된다는 것이다(주기동, "가압류의 처분금지적 효력", 재판자료 제45집, 법원도서관, 366면 ; 황진효, "가압류가 본압류로 이전되기까지 사이에 가압류부동산의 소유권이 이전된 경우의 배당참가권자", 판례연구 11집, 부산판례연구회, 563면).
이러한 경우의 배당방법에 관하여 신태길, 배당순위가 충돌하는 경우의 배당에 관하여, 법조 52권 4호(통권 559호), 법조협회, 201면 이하 ; 이우재, 재판자료 제109집 : 집행법실무연구, 법원도서관, 312면 이하 참조. 실무는 뒤에서 보는 바와 같이 배당할 금액을 당사자간에 안분한 후, 각 자신의 채권액 중 부족분에 달할 때까지 후순위 채권자의 안분액을 흡수하는 방법, 즉 안분후흡수설을 취하고 있다(대판 91다44407 ; 대결 94마417).

6) 절차상대효설과 개별상대효설의 적용례

가) 가압류채무자가 가압류 목적물을 양도하여 제3자가 소유권을 취득한 경우

가압류가 본압류로 이전되어 개시된 본집행절차에서 두 법리의 차이점을 비교해 보자.

절차상대효설에 의하면, 가압류채무자(구 소유자)에 대한 다른 채권자는 여전히 집행절차에 참가할 수 있고, 매각대금에 의하여 채권자 전원이 만족한 후 잔액이 있으면 이는 가압류채무자(구 소유자)에게 교부된다.

반면 개별상대효설에 의하면, 제3취득자(신 소유자)는 가압류채권자에 대하여는 가압류 목적물의 소유권 이전으로 대항할 수 없으나, 이미 소유권이 이전된 후에는 채무자(구 소유자)에 대한 다른 채권자들에 대한 관계에서는 가압류 목적물의 소유권이 유효하게 이전되었으므로, 가압류채무자의 다른 채권자들은 집행절차에 참가할 수 없고, 배당 후 잔액은 제3취득자(신 소유자)에게 교부된다.

나) 가압류 후 담보물권 등의 설정이 있을 경우

마찬가지로 가압류가 본압류로 이전되어 개시된 본집행절차에서 두 법리의 차이점을 비교해 보자.

절차상대효설에 의하면, 집행절차가 진행하는 한 담보물권자는 그 설정 전후를 불문하고 무시되어 일반채권자와 마찬가지로 배당요구를 하여 평등하게 배당에 참가할 수 있을 뿐이다.

반면, 개별상대효설에 의하면, 담보물권자는 선순위의 일반채권자에게는 대항할 수 없으나(즉, 우선변제적 효력을 주장할 수 없다), 담보물권 설정 후의 일반채권자에 대하여는 대항할 수 있다(즉, 우선변제적 효력을 주장할 수 있다).

예를 들면, 선순위 가압류채권자 A의 채권액을 500만원, 담보가등기권자 B의 채권액을 300만원, 후순위 가압류채권자 C의 채권액을 200만원이라 하고, 경매절차비용을 공제한 부동산의 경락대금 잔액이 800만원이라 하자.

절차상대효설에 의하면, B는 위 담보가등기로 A, C 모두에게 대항할 수 없으므로, 채권자 평등주의에 의거하여 A, B, C에게 채권액에 비례하여 A는 400만원{=80×50/(50+30+20)}, B는 240만원{=80×30/(50+30+20)}, C는 160만원{=80×20/(50+30+20)}을 배당받게 된다.

반면 개별상대효설에 의하면, 먼저 A, B, C 각 채권자의 채권액에 따라 평등 안분한 위 각 금액에서, A의 배당액은 그의 안분액 400만원 그대로이고, B의 배당액은 B가 C에 대하여는 우선변제권이 있으므로 B의 채권액 300만원이 다 찰 때까지 그 자신의 안분액 240만원에 더하여 C의 안분액 160만원 중 60만원을 흡수하여 300만원이 되며, C의 배당액은 그의 안분액 중 B에게 흡수되고 남은 100만원이 된다(개별상대효설 중 이른바 안분후흡수설).

4. 일본 집행법의 입장

그런데 일본에서 집행법 제정 전의 구 민사소송법하에서는 개별상대효설이 통설적 지위에 있었음에도 불구하고, 1980년(昭和 55년)에 시행된 일본의 집행법은 절차상대효설을 입법화한 것으로 파악되고 있다.

1) 일본 집행법이 절차상대효설을 채택하였음에 대한 법문상의 근거로는 ① 목적물의 매각대금으로 채권자들을 만족시키고도 잉여가 있으면 매각시의 소유권자가 아닌 채무자(구 소유자)에게 교부하도록 한 84조 2항, 107조 2항, 121조, 139조 1항, ② 압류채권자 또는 가압류채권자에 대항할 수 없는 부동산상의 권리 취득은 매각에 의하여 효력을 잃는다는 59조 2항, ③ 가압류의 등기와 본압류의 등기 사이에 등기된 저당권자는 그 본압류에 의하여 개시된 경매절차에 있어서 선행의 가압류채권자가 본안소송에서 패소하든가 가압류가 실효하는 경우에 한하여 배당을 받을 수 있다고 한 87조 1항 4호, 87조 2항, 91조 1항 6호, 92조 2항, ④ 제1의 압류 등기와 제2의 압류 등기 사이에 등기된 저당권자는 제1의 압류에 기한 절차가 정지됨으로 인하여 제2의 압류에 기하여 속행되는 경매절차에 있어서 제1

의 압류채권자가 본안소송에서 패소하는 경우에 한하여 배당을 받을 수 있다고 한 87조 3항을 주로 들고 있다.[16)]

다만 가압류의 효력 중 상대적 효력의 객관적 범위에 대하여는 앞서 본 개별상대효설의 객관적 범위가 그대로 타당하다고 하는 견해와 절차상대효설이 적용된다는 견해가 대립되고 있으나, 실무의 대세는 절차상대효설을 따르고 있는 것 같다고 한다.[17)]

2) 일본 집행법은 배당요구할 수 있는 채권자를 제한하였다. 즉,

가) 법 87조 1항[18)]에서 배당에 참가할 채권자로서,

① 배당요구의 종기까지 강제경매의 신청을 한 압류채권자

② 배당요구의 종기까지 배당요구를 한 채권자

③ 압류 기입등기 전에 등기한 가압류채권자

④ 압류 기입등기 전에 등기한 담보물권자(저당권, 질권 등의 약정담보물권자와 목적물과의 관련성이 강한 특별의 선취특권자)만을 제한적으로 규정하고,

나) 법 51조 1항[19)]에서 배당요구할 수 있는 채권자로서,

① 집행력 있는 채무명의의 정본을 가지고 있는 채권자

---

16) 青山善充 '不動産假押留の效力' 裁判實務大系 4卷 344~345면 참조.

17) 배태연, "부동산의 압류・가압류 후에 설정된 담보물권의 효력과 배당우선순위", 사법논집 제21집, 416면 참조.

18) 第87條(配當等を受けるべき債權者の範圍) ① 賣却代金の配當等を受けるべき債權者は、次に揭げる者とする

1. 差押債權者 (配當要求の終期までに强制競賣又は一般の先取特權の實行としての競賣の申立てをした差押債權者に限る.)

2. 配當要求の終期までに配當要求をした債權者

3. 差押え (最初の强制競賣の開始決定に係る差押えをいう. 次號において同じ.)の登記前に登記された假差押えの債權者

4.差押えの登記前に登記 (民事保全法(平成元年法律第九十一號)第五十三條第二項に規定する假處分による假登記を含む.)がされた先取特權(第一號又は第二號に揭げる債權者が有する一般の先取特權を除く.)、質權又は抵當權で賣却により消滅するものを有する債權者(その抵當權に係る抵當證劵の所持人を含む.)

② 압류 등기 후에 등기한 가압류 채권자

③ 일정한 요건을 갖춘 일반의 선취특권자(임금채권 등 사회정책적 성격이 강한 법정담보물권을 말하며 이러한 선취특권은 목적물과의 관련성이 적으므로 압류의 처분금지효가 미치지 아니하고 따라서 압류의 전후를 불문한다고 한다) 만을 제한적으로 규정하였다.

그리고 여기서 우리가 주목하여야 할 점은 압류 후에 성립된 약정담보물권에 대하여는 절차상대효설의 입법화로 물권으로서의 효력을 부인함에 그치지 않고 피담보채권자의 자격으로 배당요구할 수 있는 통로마저 완전 봉쇄하였다는 점이다.

따라서 압류 후에 저당권 등 약정담보물권을 취득한 자는 당해 집행절차에서 담보물권자임을 주장하지 못하고, 일반채권자로서도 집행법 51조 1항의 제한으로 말미암아 배당요구할 수도 없게 되어 결국 배당절차에서 완전 배제된다.

5. 우리나라의 개별상대효설

가. 우리 구 민사소송법 하에서의 해석론

1990. 9. 1. 이전의 우리 구 민사소송법은 일본의 집행법제정 전의 구 민사소송법을 거의 그대로 계수하여 압류와 관련된 법조가 완전히 동일하였는바, 우리 구 민사소송법의 해석론으로서도 개별상대효설이 통설, 판례이며 실무의 처리도 개별상대효설을 당연한 것으로 받아들이고 있었다.

한편 일본이 1978년 집행법을 제정하면서 개별상대효설에서 절차상대효설로 전환하였으나, 1990. 9. 1.부터 시행된 우리 구 민사소송법은 ① 압류

19) 第51條(配當要求) ① 第二十五條の規定により强制執行を實施することができる債務名義の正本(以下「執行力のある債務名義の正本」という.)を有する債權者、强制競賣の開始決定に係る差押えの登記後に登記された假差押債權者及び第百八十一條第一項各號に掲げる文書により一般の先取特權を有することを證明した債權者は、配當要求をすることができる.

·가압류의 효력에 관한 절차상대효설과 개별상대효설의 대립에 관하여는 침묵을 지켰고, ② 간이절차에 의한 민사분쟁사건처리특례법 5조나 일본 집행법 51조 1항의 정신을 일응 이어 받아 구 민사소송법 552조,[20] 580조 1항,[21] 605조 1항[22]에서 배당요구할 수 있는 채권자의 자격을 제한하였다. 이로 인하여 1990. 9. 1. 시행된 우리 구 민사소송법의 입장이 무엇인가에 관하여는, 초기에 절차상대효설을 입법화하였다는 견해[23]와 개별상대효설을 유지하였다는 견해[24]의 대립이 있었으나, 이러한 초기의 일시적인 논쟁

20) 552조(우선권자의 배당요구) 민법·상법 기타 법률에 의하여 우선변제청구권이 있는 채권자는 매득금의 배당을 요청할 수 있다.

21) 580조(배당요구) ① 민법·상법 기타 법률에 의하여 우선변제청구권이 있는 채권자와 집행력있는 정본을 가진 채권자는 다음 시기까지 법원에 배당을 요구할 수 있다.
1. 제3채무자가 제581조 3항에 의한 공탁의 신고를 한 때
2. 채권자가 제569조에 의한 추심의 신고를 한 때
3. 집행관이 환가금을 법원에 제출한 때

22) 605조(배당요구) ① 민법·상법 기타 법률에 의하여 우선변제청구권이 있는 채권자, 집행력 있는 정본을 가진 채권자 및 경매신청의 등기 후에 가압류를 한 채권자는 경락기일까지 배당요구를 할 수 있다.

23) 이 견해는 구 민사소송법 중 유체동산에 관한 549조 3항(유체동산을 이중으로 압류한 경우에 각 압류한 물건은 강제집행을 신청한 모든 채권자를 위하여 압류한 것으로 본다)이 절차상대효설을 입법화한 것이므로, 유체동산은 물론 부동산의 경우에도 절차상대효설이 구 민사소송법의 해석상 정당하다고 주장한다.

24) 이 견해는 ① 구 민사소송법 549조는 1990.9.1. 전의 구 민사소송법 549조 2항(이중압류신청이 있는 경우 집행관은 먼저 압류한 집행관에게 압류조서의 열람을 청구하여 조사하고 압류하지 아니한 물건이 있는 때에는 이를 압류한 후 먼저 압류한 집행관에게 압류조서를 교부하고 모든 압류물을 경매할 것을 청구하여야 한다는 취지) 및 제3항(전항의 집행에 관한 채권자의 위임은 먼저 압류한 집행관에게 법률상 이전한다는 취지)의 규정과 기본적으로 동일 성격의 규정으로, 이중압류의 경우에 선행압류의 효력을 추가 압류물에 대해서도 확장한 데 불과한 규정으로 볼 것이고, 당시 이를 절차상대효설의 근거조문으로 들고 있지도 않다는 점, ② 구 민사소송법이 유체동산 집행에 관하여 설사 절차상대효설을 입법화하였다 하더라도 부동산 집행의 경우에까지 절차상대효설을 입법화하였다는 근거는 될 수 없다는 점, ③ 1990.9.1. 전의 우리 구 민사소송법과 구조가 전혀 같았던 일본 구 민사소송법의 개별상대효설적 입법을 절차상대효설적 입법으로 개편하면서 일본 집행법에 새로 추가된 조문(87조 1항 4호, 2항, 3항, 59조 2항, 3항, 84조 2항, 91조 1항 6호, 92조 2항 등) 중 어느 한 조문도 우리 구 민사소송법이 계수한 바 없으

에도 불구하고 우리 구 민사소송법하의 실무 대세는 시행 초기부터 개별상대효설에 입각하여 처리되었고, 점차 우리 구 민사소송법이 개별상대효설을 취한 것으로 보는 것이 통설의 지위를 점하게 되었다고 보여진다.

나. 집행법의 태도

2002. 7. 1. 시행된 집행법은 강제집행절차가 채무자 등에 의하여 악의적으로 지연되는 것을 방지하고 불량채무자에 대하여 철저하게 책임을 추궁하는 등, 보다 신속하고 효율적인 권리구제 방안을 마련하는 한편, 통일적이며 일관된 법 집행을 도모하기 위하여 민사소송법에서 강제집행 부분을 따로 떼어내 별도의 독립된 법률을 만든 것인데, 압류・가압류의 처분금지효에 관하여는 개별상대효에 의할 것인가 절차상대효에 의할 것인가에 관하여는 별도의 논의가 없었던 것으로 보이고, 그리하여 개별상대효설을 그대로 유지하는 것으로 보는 것이 통설이고, 실무이며,[25] 또한 판례도 이 개

며, 그밖에 달리 1990.9.1. 전의 구 민사소송법의 개별상대효설적 입법을 절차상대효설적 입법으로 변경하려는 취지에서 입법화되었다고 볼 만한 조문이 없다는 점, ④ 1990.9.1. 전의 구 민사소송법이 개별상대효설에 입각한 독일법에서 계수한 제604조 2항(압류가 경합한 경우에 선행경매절차가 실효하면 후행경매절차가 진행하되 후행압류에 우선하는 부동산 상의 부담은 후행압류권자에게 대항할 수 있는 점), 610조 1항(매수신고가 있기 전까지는 압류채권자가 단독으로 경매신청을 취하할 수 있는 점) 등의 조문을 구 민사소송법과 별다른 수정없이 그대로 받아 들였다는 점 등을 들어 구 민사소송법이 1990.9.1. 전의 구 민사소송법의 개별상대효설적 입장을 그대로 답습하였다고 주장하였다.

25) 집행법 215조 3항은 구 민사소송법 549조 3항과 같은 규정, 즉 유체동산을 이중으로 압류한 경우에 "각 압류한 물건은 강제집행을 신청한 모든 채권자를 위하여 압류한 것으로 본다"라는 규정을 두었으므로, 구 민사소송법하에서와 같이 위 규정이 가압류 또는 압류에 저촉되는 처분은 압류 또는 가압류채권자뿐만 아니라 그 집행절차가 존속하는 한 이에 참가한 모든 채권자에 대한 관계에서도 그 효력을 대항할 수 없다고 하는 이른바 가압류 또는 압류의 절차상대효를 명문화한 것이라고 하면서 부동산의 경우에도 압류 또는 가압류에 유체동산의 경우와 똑같은 효력을 인정하여야 하고, 따라서 가압류후의 담보물권자는 그 가압류가 존속하고 있는 한 배당에도 참가할 수 없다고 하는 견해가 있을 수 있으나, 실제로 이러한 견해가 주장되고 있지는 않은 것으로 보인다.

별상대효설을 취하고 있는 것으로 이해되고 있다.

실무를 대변하는 법원행정처 발간 법원실무제요도 부동산집행과 동산집행 모두에 관하여 개별상대효설에 입각하여 서술하고 있고, 또한 개별상대효설을 명시하고 있으며,[26] 재판예규도 개별상대효설을 전제로 제정된 것도 있다.[27]

다. 개별상대효의 적용

압류의 처분금지효와 관련된 개별상대효는 우리 집행법상 부동산집행, 동산집행, 채권집행 및 기타 재산권집행 모두에 적용된다.

구체적인 법리를 간단하게 살펴보면, 압류가 먼저 되고 나서 소유권이 처분되거나 담보권이 설정된 경우에, 압류 후 이에 저촉되는 집행채무자의 처분은 절대적으로 무효인 것은 아니고 처분행위 당사자 사이에서는 유효하며, 다만 그 집행의 목적을 달성하는 데 필요한 범위 안에서 압류채권자에 대한 관계에서만 대항하지 못한다. 즉 절차상대효설에 의하면 압류 후의 저촉처분은 압류채권자뿐만 아니라 당해 집행절차에 참가한 다른 모든 채권자에 대하여도 그 효력을 주장할 수 없지만, 개별상대효설에 의하면

---

26) 실무제요, 민사집행[II], 2002, 502면 ; 실무제요, 민사집행[III], 2002, 249면.

27) 임의경매 압류등기 후의 제3취득자와 그 등기 후 배당요구한 제3채권자와의 우선관계(재민 63-11).

제정 1963.1.7. 조사 제7호 62년 사법감독관회동 대:전주지방법원 질의회답

문. 갑 소유물건에 대하여 그 채권자인 을이 경매신청을 하여 경매개시결정이 등기부에 기입된 후 갑은 동 건물을 제3자에게 매각처분하여 즉일 소유권이전등기를 하였고, 그 후 갑의 타 채권자인 병, 정 채권자들이 동 부동산에 대하여 배당요구를 하였다. 위의 경우에 다음 어느 설이 정당한지 교시바람.

갑설 : 제3취득자는 압류채권자의 압류효력에는 복종하지 않을 수 없으나 소유권이전등기 후에 배당요구를 한 채권자에 대하여는 소유권을 주장할 수 있으므로 타 채권자인 병, 정은 배당요구를 할 수 없다.

을설 : 갑에 대한 채권자의 한 사람인 을이 경매신청을 하여 경매개시를 한 이상 동일 채무자에 대한 타 채권자인 병, 정은 그 목적물의 소속 여하에 관계없이 그 절차에서 배당요구를 할 수 있다.

답. 갑설이 타당하다.

압류 후의 저촉처분은 압류채권자와 그 처분 이전에 당해 집행절차에 참가한 채권자에게만 대항할 수 없을 뿐이고, 저촉처분 후에 압류한 채권자와 당해 집행절차에 참가한 채권자에게는 대항할 수 있는 것이다.

이러한 법리를 바탕으로 다음과 같은 법률관계가 형성된다.[28)]

1) 상대적 효력의 인적 범위

① 처분행위의 당사자, 즉 채무자와 제3취득자(소유권 또는 담보권 등을 취득한 자) 사이에서는 그들 사이의 거래행위가 전적으로 유효하고, 단지 그것을 가압류채권자 또는 가압류에 기한 집행절차에 참가하는 다른 채권자에 대하여 주장할 수 없다.[29)]

따라서 집행채무자가 압류 후에 압류부동산을 제3자에게 양도하였다면 집행채무자에 대한 또 다른 채권자는 그 대상이 부존재하므로 다시 압류할 수 없고 배당요구도 할 수 없다.[30)]

한편 저촉처분 전의 압류채권자에 의하여 개시된 집행절차에서 매각이 이루어진 경우 그 매수인은 압류 후의 저촉처분을 통하여 매수한 자에 우선하여 완전하게 소유권을 취득한다.

동산의 경우에도 압류한 뒤 채무자가 목적물을 점유개정의 방법으로 양도한 경우에는 그 채무자에 대한 채권자라도 선행집행절차에 참가할 수 없고,[31)] 채권의 경우에도 압류 후에 피압류채권이 타에 양도된 경우[32)] 양도인의 다른 채권자는 다시 압류하거나 배당에 참가할 수 없다.

② 압류 후에 담보물권의 설정이 있는 경우 그 담보물권자는 담보물권

28) 참고로 이러한 압류의 개별상대효 자체는 처분금지가처분의 처분금지효에 대해서도 유사하게 원용된다고 볼 수 있다.

29) 대판 86다카2570 ; 대결 94마417 등.

30) 대판 97다57337

31) 실무제요, 민사집행[III], 2002, 249면

32) 여기서 채권의 양도라 함은 확정일자있는 증서에 의한 양도통지 또는 승낙의 의사표시가 있는 경우로서 압류권자에 대항할 수 있는 경우임을 뜻한다. 이하 같다.

설정 후에 배당요구 또는 이중압류신청한 다른 채권자에 우선한다.

③ 목적물의 환가대금(배당재단)으로 채권자 전원이 만족한 후 잔여액이 있으면 이를 환가시점(소유권이 매수인에게로 이전되는 시점)의 소유자에게 교부한다.[33)]

④ 만일 채무자와 제3취득자 사이의 거래행위가 있은 후에 압류·가압류가 취소, 해제되거나, 피보전권리가 변제 등으로 소멸하거나,[34)] 압류·가압류가 무효인 것으로 판명된 경우[35)]에는 채무자와 제3취득자 사이의 거래행위는 완전히 유효한 것으로 된다.

⑤ 압류·가압류의 처분제한의 효력은 압류·가압류채권자의 이익보호를 위하여 인정되는 것이므로 압류·가압류채권자는 그 처분행위의 효력을 긍정할 수도 있다.

대법원 2007. 1. 11. 선고 2005다47175 판결은, 기존채권에 대하여 채권가압류가 마쳐진 후 채무자와 제3채무자 사이에 준소비대차 약정이 체결된 경우, 준소비대차 약정은 가압류된 채권을 소멸하게 하는 것으로서 채권가압류의 효력에 반하므로, 가압류의 처분제한의 효력에 따라 채무자와 제3채무자는 준소비대차의 성립을 가압류채권자에게 주장할 수 없지만 채무자와 제3채무자 사이에서는 준소비대차가 유효하고, 한편 가압류채무자가 가압류에 반하는 처분행위를 한 경우 그 처분의 유효를 가압류채권자에게 주장할 수 없지만, 이러한 가압류의 처분제한의 효력은 가압류채권자의 이익보호를 위하여 인정되는 것이므로 가압류채권자는 그 처분행위의 효력을 긍정할 수도 있다고 판단하였다. 이 법리는 가압류의 개별상대효를 확인한 것이다. 즉 가압류 후의 저촉처분과 가압류권채권자의 관계에 관하여 집행법이 취하고 있는 개별상대효는 가압류가 되고 나서 저촉처분이 있는 경우에, 가압류에 저촉되는 채무자의 처분은 절대적으로 무효인 것은 아니

33) 대판 91누5228.
34) 대판 81다527 ; 82그19.
35) 대판 96다14494 등

고 처분행위 당사자 사이에서는 유효하며, 다만 가압류와 이에 기한 본집행의 목적을 달성하는 데 필요한 범위 안에서 가압류채권자에 대한 관계에서만 대항하지 못한다는 것이다(이처럼 가압류채권자와 이해관계인의 우열과 효력을 사람마다 개별적, 상대적으로 따지기 때문에 개별상대효설이라고 하는 것이다). 따라서 이 경우 처분금지효를 받는 가압류채권자는 다른 이해관계인에 상관없이 스스로 처분금지효에 의한 이익을 포기할 수 있음은 당연한데, 위 판시의 후단부분이 바로 그 취지이다.

〈대법원 2007. 9. 21. 선고 2005다44886 판결〉

소유권이전등기청구권을 압류한 채권자가 제3채무자나 채무자로부터 이전등기를 경료한 제3자에 대하여 위 이전등기의 말소를 청구할 수 있는지 여부(소극) 및 제3채무자가 위 압류결정을 무시하고 채무자에게 이전등기를 이행하고 채무자가 다시 제3자에게 이전등기를 경료해 주어 채권자에게 손해를 입힌 경우 불법행위의 성립 여부(적극)

① 소유권이전등기청구권에 대한 압류가 있으면 그 변제금지의 효력에 의하여 제3채무자는 채무자에게 임의로 이전등기를 이행하여서는 아니 되는 것이나, 그와 같은 압류는 채권에 대한 것이지 등기청구권의 목적물인 부동산에 대한 것이 아니고, 채무자와 제3채무자에게 결정을 송달하는 외에 현행법상 등기부에 이를 공시하는 방법이 없어 당해 채권자와 채무자 및 제3채무자 사이에만 효력을 가지며, 제3자에 대하여는 압류의 변제금지의 효력을 주장할 수 없으므로 소유권이전등기청구권의 압류는 청구권의 목적물인 부동산 자체의 처분을 금지하는 대물적 효력은 없어서 제3채무자나 채무자로부터 이전등기를 경료한 제3자에 대하여는 취득한 등기가 원인무효라고 주장하여 말소를 청구할 수 없고,

② 제3채무자가 압류결정을 무시하고 이전등기를 이행하고 채무자가 다시 제3자에게 이전등기를 경료하여 준 결과 채권자에게 손해를 입힌 때에는 불법행위를 구성하고 그에 따른 배상책임을 지게 된다.

▶ 주의 : 한 단계 더 깊은 사고를 위한 중요한 법리 ◀

** 그런데 일반채권 및 소유권이전등기청구권에 대한 가압류의 처분금지효에 관하여는 주의할 필요가 있다.

㉠ 우선 채무자의 제3채무자에 대한 이행청구의 가부에 관하여, 일반채권에 관하여 학설은 청구기각설, 소송절차중단설, 조건부급부판결설의 대립이 있으나, 통설[36]과 판례[37]는 일반적으로 채권에 대한 가압류가 있더라도 이는 채무자가

제3채무자로부터 현실로 급부를 추심하는 것만을 금지하는 것이므로 채무자는 제3채무자를 상대로 그 이행을 구하는 소송을 제기할 수 있고, 법원은 가압류가 되어 있음을 이유로 이를 배척할 수는 없는 것이 원칙이나,[38] 소유권이전등기를 명하는 판결은 의사의 진술을 명하는 판결로서 이것이 확정되면 일방적으로 이전등기를 신청할 수 있고, 제3채무자는 이를 저지할 방법이 없으므로 위와 같이 볼 수 없고, 이와 같은 경우에는 가압류의 해제를 조건으로 하지 아니하는 한 법원은 이를 인용하여서는 안되고 제3채무자가 임의로 이전등기의무를 이행하고자 한다면 구 민사소송법 577조(법 244조)에 의하여 정하여진 보관인에게 권리이전을 하여야 할 것이고, 이 경우 보관인은 채무자의 법정대리인의 지위에서 이를 수령하여 채무자 명의로 소유권이전등기를 마치면 된다고 판시하여 일반채권에 대하여는 무조건인용설을, 이전등기청구권에 대하여는 조건부인용설을 취하고 있다.[39]

㉡ 두 번째로, 소유권이전등기청구권에 대한 가압류집행 후 제3채무자로부터 채무자 명의로 마쳐진 이전등기와 그에 터잡아 제3자 명의로 마쳐진 등기의 효력에 관하여, 대법원은 과거에는 1990. 6. 22. 선고 89다카19108 판결에서 "소유권이전등기청구권에 대한 가압류가 있을 경우에는 제3채무자로부터 채무자로의 소유권이전등기 뿐만 아니라 그 후에 이루어진 모든 등기도 압류나 가압류 채권자에 대한 관계에서 무효"라고 판시하였다가, 대법원 1992. 11. 10. 선고 92다4680 판결(전합)로 위 판결을 폐기하면서"(소유권이전등기청구권에 대한 가압류가 있을 경우에) 일단 어떠한 경로를 거쳐 제3채무자로부터 채무자 명의로 소유권이전등기가 넘어갔다면, 위 가압류채권자는 부동산 자체를 압류 또는 가압류하면 될 것이므로 채무자 명의로 이전된 소유권이전등기를 말소할 필요는 없고, 따라서 위 채무자로부터 이전등기를 넘겨받은 제3자에 대하여도 취득한 등기가 압류 또는 가압류에 위배되어 원인무효라고 주장하여 말소를 청구할 수 없으며, 더 나아가 소유권이전등기청구권에 대한 압류나 가압류는 채권에 대한 것이지 등기청구권의 목적물인 부동산에 대한 것이 아니고, 채무자나 제3채무자에게 결정을 송달하는 것 외에 현행법상 등기부에 이를 공시하는 방법이 없는 것이므로[40] 당해 채권자와 채무자 및 제3채무자 사이에만 효력을 가지며, 가압류와 관계없는 제3자에 대하여는 가압류 또는 압류의 처분금지효를 주장할 수 없으므로 제3채무자로부터 소유권이전등기를 넘겨받은 제3자에 대하여도 처분금지효를 주장할 수 없다"고 판시하였다.

이 판결에 의하면 부동산소유권이전등기청구권에 대한 가압류집행에도 불구하고 제3채무자가 채무자에게 소유권이전등기를 경료해주고, 이어서 채무자가 다시 그 부동산을 제3자에게 처분한 경우 그 제3자 명의의 등기는 유효하고, 다만 제3채무자는 가압류의 처분금지효에 의하여 채무자에 대한 이행으로 가압류채권자에게 대항할 수 없게 될 것이다.

다만 대법원 1998. 8. 21. 선고 96다29564 판결은 제3자에 의하여 채무자 명의의 가등기에 기한 소유권이전의 본등기가 마쳐진 경우, 그 가등기된 부동산소유권이전등기청구권을 가압류한 채권자의 신청에 의한 당해 부동산에 대한 강제집행절차는 정당하고, 그 강제경매절차에 의하여 적법하게 부동산을 낙찰받은 낙찰인 명의의 소유권이전등기 역시 적법 · 유효하다고 판단하여, 가등기된 소유권이전등기청구권에 대한 압류 · 가압류의 경우에는 그 압류 · 가압류의 부기등기가 가지고 있는 공시효력에 입각하여 사실상 부동산 자체에 대한 압류 · 가압류와 동일한 결과를 부여하고 있다.

---

36) 채무자의 시효중단을 위하고, 채무자가 이행소송 수행 중에 채권자가 당해채권에 대하여 가압류를 하더라도 채무자의 소를 각하할 수 없는 것과의 균형상 처분금지의 효력은 채무자가 제3채무자로부터 현실로 급부를 추심하는 것만을 금지하는 것이므로, 채권자의 가압류가 있더라도 채무자는 제3채무자를 상대로 그 이행을 구하는 소송을 제기할 수 있고, 법원은 가압류가 되어 있음을 이유로 이를 배척할 수 없다고 한다.

37) 대판 92다4680(전합) 등

38) 다만 국세체납으로 인한 압류가 있으면 그 효력으로 제3채무자는 체납자인 채무자에 그 채무를 지급할 수 없고, 오직 소관 세무공무원에게만 지급하여야 한다고 한다(대판 87다카2931). 따라서 채무자의 제3채무자에 대한 이행청구소송에서 제3채무자로부터 체납처분으로 인한 압류가 있다는 항변이 제출되면 법원은 채무자의 위 청구를 기각하여야 할 것이다.

그러나 체납처분에 의한 압류만 있는 것이 아니라 체납처분에 의한 압류와 집행법에 의한 압류가 경합된 경우에는 설령 체납처분에 의한 압류가 선행하더라도 제3채무자는 집행법 248조에 의하여 집행공탁할 수 있다고 할 것이다.

39) 이 경우 금전채권의 경우에는 제3채무자가 이중변제를 면하기 위해 청구에 관한 이의(청구기각설의 입장) 또는 집행에 관한 이의(무조건이행판결설의 입장)를 제기하거나 집행정지신청을 할 수 있다는 등의 여러 견해가 존재한다.

40) 단, 채무자가 소유권이전등기청구권에 기하여 가등기를 경료해 두었을 때 그 가등기상의 권리를 가압류하면 등기부상에 가등기의 부기등기로서 가압류를 공시할 수는 있을 것이다.

2) 상대적 효력의 물적 범위

⑥ 압류의 처분금지효는 목적물의 교환가치 중 압류의 집행채권과 저촉처분이 있기 전까지 법률에 의하여 배당요구한 채권액의 합산액 범위내에만 미친다. 즉 저촉처분 이전까지 압류한 채권자 및 배당요구한 채권자가 배당에 참가할 수 있다.

⑦ 그러나 제3취득자는 완전한 권리를 취득하기 위하여 저촉처분이 있기 전까지의 압류·가압류 채권액만 변제하면 된다. 왜냐하면 압류·가압류권자는 원칙적으로 독단으로 압류·가압류 절차를 취하할 수 있고 제3취득자도 압류·가압류 채권액만 변제하면 가압류결정 또는 경매개시결정을 취소시킬 수 있기 때문이다.

3) 가압류의 경우

가압류의 경우도 기본적으로 압류의 경우와 같다. 다만 가압류는 집행보전을 위한 것이므로 집행보전의 목적을 달성하는 데 필요한 범위 안에서 가압류채권자에 대한 관계에서 대항하지 못한다.

① 따라서 상대적 효력의 인적 범위도 가압류를 기준으로 따져야 한다.

② 상대적 효력의 물적 범위도 가압류 후 저촉처분이 있기 전까지 다른 압류가 없다면 가압류의 피보전채권액 범위에서만 마친다. 물론 이 경우 가압류 후 본압류가 있거나 다른 압류권자에 의한 압류, 나아가 배당요구가 있다면 가압류의 피보전채권액과 압류의 집행채권 및 저촉처분이 있기 전까지 법률에 의하여 배당요구한 채권액의 합산액 범위 내에 미친다.

③ 제3취득자는 완전한 권리를 취득하기 위하여 저촉처분이 있기 전까지의 가압류 채권액만 변제하면 된다. 이유는 압류의 경우와 같다.

4) 압류 · 가압류 상호간의 관계

압류나 가압류는 채권자에 의한 본집행 또는 보전행위이지 채무자의 처분행위가 아니므로 압류상호간 또는 가압류 상호간, 나아가 압류와 가압류 상호간에는 그 결정이 이루어진 선후에 따라 또는 집행이 이루어진 선후에 따라 뒤에 이루어진 압류나 가압류에 대하여 처분금지효력을 주장할 수는 없다.[41)]

5) 개별상대효설과 소유권의 가액적 분리귀속의 사고

가) 서 설

일물일권주의를 물권법의 대원칙으로 삼고 있는 우리나라에서는 하나의 부동산이 지분으로 여러 사람에게 분리귀속되는 것은 허용해도, 가액적으로 분리귀속된다는 사고는 매우 생소한 것이다.

그러나 개별상대효설에 입각한 많은 대법원 판례를 보면 이러한 가액적 분리귀속이라는 새로운 사고를 하지 않고는 쉽게 이해하기 어려운 면이 있다.

예를 들어 부동산가압류 후 그 부동산소유권이 제3자에게 이전되었는데, 가압류가 본압류로 이전되어 강제집행이 개시된 경우 가압류의 처분금지적 효력이 미치는 범위에서만 가압류채무자의 책임재산에 대한 집행이라는 대법원판례는 이러한 사고의 전형을 보여준다. 또 상대적 효력설을 채택하고 있는 채권자 취소권의 경우에도 채권자취소의 효력을 받는 채무자의 채권자에 대한 관계, 더 정확히 말하면 그 채권자의 채권자취소의 효력을 받는 보전채권의 범위에서는 수익자의 재산권취득이 부인되지만 그 밖의 범위에서는 여전히 수익자가 권리자로 인정되는 것도 마찬가지의 사고에서 출발하여야 이해하기가 쉽다.

이러한 소유권의 가액적 분리귀속이라는 개념은 배당관계에서는 자주 원용되는, 매우 유용한 개념이다.

---

41) 가압류의 경우에는 대판 98다42615.

나) 전소유자에 대한 가압류권자가 경매신청한 경우

(1) 전소유자에 대한 가압류권자

전소유자에 대한 가압류권자가 배당을 받을 수 있음은 당연하나 배당에 참가할 수 있는 범위는 가압류에 의하여 보전된 금액을 한도로 하므로, 가압류청구금액과 집행권원상의 금액(원금+배당기일까지의 지연손해금) 중 적은 것까지이다. 따라서 가압류결정 당시의 청구금액이 채권의 원금만을 기재한 것으로서 가압류채권자가 가압류채무자에 대하여 원금 채권 이외에 이자와 소송비용채권을 가지고 있다 하더라도 가압류결정 당시의 청구금액을 넘어서는 이자와 소송비용채권에 관하여는 가압류의 처분금지적 효력이 미치는 것이 아니므로, 가압류채권자는 가압류목적물의 매각대금에서 가압류결정 당시의 청구금액을 넘어서는 이자와 소송비용채권을 배당받을 수 없다(대판98다43441).

(2) 전소유자의 다른 채권자

제3자의 소유권 취득은 가압류에 의한 처분금지효 때문에 그 집행 보전의 목적을 달성하는데 필요한 범위 안에서 가압류채권자에 대한 관계에서만 상대적으로 무효일 뿐이고 가압류채무자의 다른 채권자 등에 대한 관계에서는 유효하므로, 위와 같은 경우 집행권원을 얻은 가압류채권자의 신청에 의하여 제3자의 소유권 취득 후 당해 부동산에 대하여 개시된 강제경매절차에서 가압류채무자에 대한 다른 채권자는 당해 부동산의 매각대금의 배당에 참가할 수 없다(대판 97다57337).

(3) 제3취득자의 채권자

① 가압류 집행 후 가압류목적물의 소유권이 제3자에게 이전된 경우 가압류채권자는 집행권원을 얻어 제3취득자가 아닌 가압류채무자를 집행채무자로 하여 그 가압류를 본압류로 이전하는 강제집행을 실행할 수 있으나, 이 경우 그 강제집행은 가압류의 처분금지효가 미치는 객

관적 범위인 가압류결정 당시의 청구금액의 한도 안에서만 집행채무자인 가압류채무자의 책임재산에 대한 강제집행절차라 할 것이고, 나머지 부분은 제3취득자의 재산에 대한 매각절차라 할 것이므로, 제3취득자에 대한 채권자는 그 매각절차에서 제3취득자의 재산 매각대금 부분으로부터 배당을 받을 수 있다(대판 2003다40637).

② **이 강제경매절차에서 제3취득자는 이해관계인일 뿐 집행채무자가 아닌데도 제3취득자의 채권자의 배당요구를 인정하는 것은 마치 제3취득자를 집행채무자로 취급하는 것과 같은데,**[42] **이는 제3취득자가 소유권을 상실하는 이상 그 부동산매각대금에서 당해세나 임차보증금우선변제권의 실효성을 확보하고**(채권배당절차에서는 당해세나 임차보증금우선변제권을 확보할 방법이 없다) **제3취득자의 채권자에 대한 변제절차를 일거에 진행하기 위한 것으로서 우리나라만의 특수한 법리이다. 이는 이른바 소유권의 가액적 분리귀속이라는 사고가 접목된 전형적인 법리로 볼 수 있다.**

③ **다만 주의할 것은, 이 경매절차에서 매각대상은 가압류목적물 전체라고 할 것이지만, 가압류의 처분금지효가 미치는 매각대금 부분은 가압류채권자가 우선적인 권리를 행사할 수 있고 제3취득자의 채권자들은 이를 수인하여야 하므로, 전소유자의 가압류권자는 제3취득자의 채권자들과 경쟁 없이 독점적으로 배당을 받고, 그 다음 남은 금액을 별도의 배당재단으로 삼아 제3취득자의 채권자들을 위한 배당을 하게 된다는 점이다.**

다) 제3취득자의 채권자가 경매신청한 경우

(1) 전소유자의 가압류채권자

① 제3취득자의 채권자가 신청한 경매절차에서 매각대상은 가압류목적

---

42) 이에 대해서 반대하는 견해는 제3취득자에 돌아갈 잉여금에 대한 채권압류를 하여 채권집행절차를 거쳐야 한다고 한다.

물 전체라고 할 것이지만, 가압류의 처분금지효가 미치는 매각대금 부분은 가압류채권자가 우선적인 권리를 행사할 수 있고 제3취득자의 채권자들은 이를 수인하여야 하므로, 전소유자에 대한 가압류채권자는 그 매각절차에서 당해 가압류목적물의 매각대금에서 가압류결정 당시의 청구금액을 한도로 하여 배당을 받을 수 있다(대판 2006다19986, 2006다35223).

② 한편 이 경우 전소유자에 대한 가압류채권자가 배당을 받으면 그 가압류는 말소되어야 하지만, 전소유자에 대한 가압류채권자가 항상 배당을 받아야 한다거나 또는 그 가압류가 말소의 대상이 되는 것은 아니다. 즉 가압류권자가 배당을 받고, 가압류의 부담도 매수인에게 인수되지 아니하고 소멸되는 것으로 매각조건이 설정되어 매각될 수도 있고, 이 경우에는 그 가압류는 말소되어야 한다. 그러나 경우에 따라서는 집행법원이 종전 소유자를 채무자로 하는 가압류등기의 부담을 매수인이 인수하는 것을 전제로 하여 위 가압류채권자를 배당절차에서 배제하고 매각절차를 진행시킬 수도 있으며, 이와 같이 매수인이 위 가압류등기의 부담을 인수하는 것을 전제로 매각절차를 진행시킨 경우에는 위 가압류의 효력이 소멸하지 아니하므로 집행법원의 말소촉탁이 될 수 없다. 따라서 종전 소유자를 채무자로 하는 가압류등기가 이루어진 부동산에 대하여 매각절차가 진행되었다는 사정만으로 위 가압류의 효력이 소멸하였다고 단정할 수 없고, 구체적인 매각절차를 살펴 집행법원이 위 가압류등기의 부담을 매수인이 인수하는 것을 전제로 하여 매각절차를 진행하였는가 여부에 따라 위 가압류 효력의 소멸 여부를 판단하여야 한다(대판 2005다8682).

(2) 전소유자의 다른 채권자

전소유자에 대한 다른 채권자는 당해 부동산의 매각대금의 배당에 참가할 수 없다(대판 97다57337. 개별상대효의 원칙상 당연하다).

(3) 제3취득자의 다른 채권자

① 제3취득자의 채권자는 위 매각대금 중 가압류의 처분금지효가 미치는 범위의 금액에 대하여는 배당을 받을 수 없으나(대판 2006다19986), 가압류의 처분금지효가 미치지 않는 제3취득자의 재산 매각대금 부분으로부터 배당을 받을 수 있다(대판 2003다40637).

② **다만 주의할 것은, 이 경우에도 제3취득자의 채권자가 신청한 경매절차에서 매각대상은 가압류목적물 전체라고 할 것이지만, 가압류의 처분금지효가 미치는 매각대금 부분은 가압류채권자가 우선적인 권리를 행사할 수 있고 제3취득자의 채권자들은 이를 수인하여야 하므로, 전소유자의 가압류권자는 제3취득자의 채권자들과 경쟁 없이 독점적으로 배당을 받고, 그 다음 남은 금액을 별도의 배당재단으로 삼아 제3취득자의 채권자들을 위한 배당을 하게 된다는 점이다.**

라) 가압류 후 소유권을 취득한 제3자가 본압류의 집행배제를 구하기 위하여 변제해야 하는 금액의 범위(대판 2006다35223)

집행법 53조 1항은 "강제집행에 필요한 비용은 채무자가 부담하고 그 집행에 의하여 우선적으로 변상을 받는다"라고 규정하고 있는데, 여기의 '강제집행에 필요한 비용'에는 가압류의 집행비용이 당연히 포함된다. 그리고 가압류의 집행이 있은 후 그 가압류가 본압류로 이행된 때에는 가압류집행이 본집행에 포섭됨으로써 당초부터 본집행이 있었던 것과 같은 효력이 있다. 그러므로 가압류만 되어 있을 뿐 아직 본압류로 이행되지 아니한 단계에서는 가압류채권자가 그 가압류의 집행비용을 변상받을 수 없고, 따라서 제3취득자가 가압류의 집행비용을 고려함이 없이 그 처분금지의 효력이 미치는 객관적 범위에 속하는 청구금액만을 변제함으로써 가압류의 집행의 배제를 소구할 수 있지만, 가압류에서 본압류로 이행된 이후에는 집행법 53조 1항의 적용을 받게 되므로 가압류 후 본압류로의 이행 전에 가압류의 목적물의 소유권을 취득한 제3취득자로서는 가압류의 청구금액 외에, 그 가압류의 집행비용 및 본집행의 비용 중 가압류의 본압류로의 이행에 대응하는 부분까지를 아울러 변제하여야만 가압류에서 이행된 본압류의 집행배제를 구할 수 있다.

6) 개별상대효설의 적용에 따른 배당례

개별상대효설의 이해를 돕기 위하여 간단한 예를 들기로 한다.

가) 소유권이 이전된 경우[43]

(1) 예컨대 당초 A 소유의 부동산을 P가 압류한 후(청구금액 금 800만원) D가 소유권을 취득하여(취득가액 금 1,200만원) 소유권이전등기를 마친 경우라도 부동산이 Z에게 매각되면(배당재단[44] 금 1,000만원), D는 소유권 취득을 P에게 주장하지 못하고, P는 청구금액 전액의 만족에 이를 때까지 배당재단 1,000만원에서 자기 채권의 만족을 얻게 되고(P=800만원), D는 잉여가 있을 경우에 한하여 그 잉여금을 교부받을 수 있음에 그친다(D=200만원).

〈CASE 1〉	
압류 및 저촉처분내역	배당 등 내역
A 소유------------- 금 1,000만원 P 압류------청구금액 금 800만원 D 소유권취득--취득금액 금 1,200만원	P 배당금 ---------- 800만원 D 잉여금 ---------- 200만원

위의 사례는 부동산에 관한 것이므로 D의 취득원인인 저촉처분이 등기되면 소유자가 달라지게 되어 A의 다른 채권자가 압류를 할 수도 없을 것이므로 문제될 것이 없는데(압류등기가 촉탁되면 각하될 것이다), 배당요구는 등기되는 것도 아니고 집행법원에 대한 법률행위이므로 형식적으로는 P가

43) 편의상 부동산을 기초로 논의하되, 이는 채권이 양도된 경우에도 그대로 적용된다.

44) 이 장에서 배당재단이라 함은 실제 배당할 금액으로서, 매각 후 집행법 147조에 따라 산출한 배당할 금액에서 집행법 53조 소정의 집행비용을 공제한 금액을 말한다. 이하 이 장에서는 같다.

압류한 부분에 대하여 배당요구행위는 할 수 있을 것이나, 이 경우 배당요구서의 효력이 없다.

(2) 같은 법리로 위 집행재산이 채권인 경우, P가 압류한 후에 그 채권이 D에게 양도되고, 그 후에 A에 대한 다른 채권자가 다시 이중압류하거나 배당요구를 하더라도 그 이중압류나 배당요구는 효력이 없다. 따라서 그 채권이 공탁된 경우에는 P만이 압류금액에 대하여 우선적으로 만족을 얻게 되고, 잔여액은 D에게 지급되어야 한다.

(3) 가압류의 경우에도 원칙적으로 같다(가압류의 경우에는 자세한 것은 후술).

나) 담보권 설정의 경우

(1) 압류 · 가압류 후에 담보물권의 설정이 있는 경우 그 담보물권자는 담보물권 설정 후에 배당요구 또는 이중압류신청한 다른 채권자에 우선한다. 이점에 대하여는 의문의 여지가 없다.

(2) 그런데 압류 · 가압류권자와 담보물권자 사이의 관계에 대하여는 견해가 나뉘는데, 견해대립의 중심에 서있는 판례가 바로 대법원 1987. 6. 9. 선고 86다카2570 판결이다.

이 대법원 86다카2570 판결의 사안은 당초 P 소유의 부동산을 A가 가압류한 후 집행권원을 얻어 강제경매개시결정을 받았으나 그 사이에 D가 담보가등기를 경료한 사안이었는바, 집행법원이 배당재단 1,000만원을 A에게 전액 교부하지 않고 A와 D간에 안분 배당하여 A에게는 금 400만원,[45] D에게는 금 600만원[46]을 배당하자 A가 배당이의의 소를 제기하였는데, 이에 대하여 대법원은 위에서 본 집행법원의 배당을 지지하면서, 부동산에 대하여 가압류등기가 먼저 되고 나서 담보가등기가 마쳐진 경우에 그 담보가등기는 가압류에 의한 처분금지의 효력 때문에 그 집행보전의 목적을 달성하는 필요한 범위 안에서 가압류채권자에 대한 관계에서만 상대적으로

45) {1,000만원×2,000/(2,000＋3,000)}.
46) {1,000만원×3,000/(2,000＋3,000)}.

무효라 할 것이고, 따라서 담보가등기권자는 그보다 선순위의 가압류채권자에 대항하여 우선변제를 받을 권리는 없으나, 한편 가압류채권자도 우선변제청구권을 가지는 것은 아니므로 가압류채권자보다 후순위의 담보가등기권자라 하더라도 가등기담보법 16조 1항, 2항에 따라 법원의 최고에 의한 채권신고를 하면 가압류채권자와 채권액에 비례하여 평등하게 배당받을 수 있다고 판단하였다.[47)]

그런데 폐지된 구 간이절차에 의한 민사분쟁사건처리특례법(1972.1.1. 시행) 5조에서는 압류 후에 설정된 담보물권자는 배당요구할 수 없도록 되어 있었는바,[48)] 위 판례는 간이절차에 의한 민사분쟁사건처리특례법 5조에 명

---

47) 배태연, "부동산의 압류・가압류 후에 설정된 담보물권의 효력과 배당우선순위", 사법논집 제21집, 396면은 위 판시는 ① 앞 부분에서 후순위 담보가등기는 선순위 가압류채권자에 대한 관계에서 무효라고 판시하고, 뒷 부분에서 후순위 담보가등기권자는 선순위 가압류권자와 대등하게 (채권액에 비례하여 평등하게) 배당에 참여한다고 판시하고 있고, ② 가등기담보법 16조 2항은 압류(가압류의 경우에도 원칙적으로 동일하게 해석해야 할 것이다) 전에 경료된 담보가등기권자만이 소정의 채권신고를 요건으로 배당에 참여한다고 규정하고 있는 바, 위 대법원 판시는 압류후에 경료된 담보가등기권자도 배당에 참가한다고 해석함으로써 위 법문에 명백히 배치되고 있다는 이유로 그 자체로서 전후모순되고 실정법의 명문에 반한다고 주장한다.
그러나 위 판시는 가압류와 압류를 구별하여, 가압류 후라도 본압류 전에 이루어진 담보권등기에 대하여 배당요구의 효력을 인정하고, 가등기담보법 16조 2항의 압류를 가압류가 아닌 본압류로 제한하여 해석한 결과로 볼 수도 있으므로 위와 같은 비판은 타당하지 않을 수도 있다고 생각된다.

48) 1972.1.1. 시행된 구 간이절차에 의한 민사분쟁사건처리특례법은 5조에서 배당요구할 수 있는 채권자를 ① 집행력 있는 채무명의의 정본을 가진 채권자, ② 확정일자 있는 증서 소지자(단 확정일자는 일정한 일자 이전의 것일 것), ③ 가압류 채권자, ④ 집행개시일 이전에 소를 제기한 채권자로 제한하였는데, 이는 당시 일본 구 민사소송법에 대한 입법론적 비판(일본 구 민사소송법상의 배당요구할 수 있는 채권자의 범위를 제한하여야 한다는 입법론을 피력하였던 견해로서, 허위채권의 배제를 위해서는 사회정책적 필요성이 있는 일정한 선취특권자를 제외하고는 유명의 채권자에 국한하자는 견해가 많았다고 한다. 배태연, "부동산의 압류・가압류 후에 설정된 담보물권의 효력과 배당우선순위", 사법논집 제21집, 422면 이하 참조)의 영향을 받아 일본에서 제기된 입법론에 따라 우리나라에서 먼저 입법화된 것임에도 불구하고, 우리 법원은 압류 후에 설정된 담보물권자와 관련되는 한 종래 해석에 이를 전혀 반영시키지 않고 있었다. 즉, 우리 법원의 실무에서는 위 법

백히 반한다고 아니할 수 없고, 나아가 1990. 1. 13. 시행된 구 민사소송법 605조 1항은 민법 · 상법 기타 법률에 의하여 우선변제청구권이 있는 채권자, 집행력 있는 정본을 가진 채권자 및 경매신청의 등기 후에 가압류를 한 채권자는 경락기일까지 배당요구를 할 수 있다고 규정하고, 나아가 간이절차에 의한 민사분쟁사건처리특례법 5조를 폐지함으로써, 압류 후에 설정된 약정담보물권자에게 결과적으로 배당요구할 수 있는 해석도 가능하게 된 빌미를 제공한 입법을 한 것이나 해석론으로 이를 통제하지 못한 구 민사소송법하에서의 위와 같은 실무입장은 간이절차에 의한 민사분쟁사건처리특례법 5조의 입장보다도 오히려 못한 후퇴라고 하지 아니할 수 없는 것이다.

그리고 현행 집행법 88조 1항도 "집행력 있는 정본을 가진 채권자, 경매개시결정이 등기된 뒤에 가압류를 한 채권자, 민법 · 상법, 그 밖의 법률에 의하여 우선변제청구권이 있는 채권자는 배당요구를 할 수 있다"고 규정하여 "민법 · 상법, 그 밖의 법률에 의하여 우선변제청구권이 있는 채권자"는 배당요구를 할 수 있게 함으로써 문제의 구 민사소송법 605조 1항과 같은 취지로 규정함으로써 특별한 사정이 없는 한 구 민사소송법하의 위와 같은 실무는 집행법하에서도 그대로 유지될 가능성이 커졌다.

그렇다면 위 대법원 판시와 같은 해석은 과연 정당한 것인가? 위 판시와 같이 가압류권자 A와 담보물권자 D가 채권액에 비례하여 평등배당받게 되는 근거는 무엇인가? 위와 같은 해석은 우리 실정법상 부득이 한 해석인가?[49)]

문에도 불구하고, 저당권 등 담보물권자는 그 담보물권의 성립시기가 압류 · 가압류의 전후인 여부를 불문하고, 또한 구 민사소송법 605조에 의한 배당요구를 하였는지 여부를 불문하고 당연히 배당에 참가하여 선순위의 압류(또는 가압류)채권자와 안분배당 받는 것으로 해석하여 왔던 종전의 실무를 그대로 답습함으로써 위 법문을 그동안 사문화하여 왔던 것이다.

앞서 본 대판 86다카2570도 이러한 입장의 연장선상에서 나온 것으로 보인다.

49) <CASE 1>에서 D가 A와의 관계에서 전혀 배당을 받지 못하는 이유가 D가 취득한 권리가 배당을 목적으로 한 권리가 아니라 소유권이기 때문이라는 견해도 있을

이 문제는 위 판례 이후 이를 악용한 채무자의 부도덕한 행위로 인하여 실무에서 드러난 각종 폐해, 즉 채무자의 집행면탈행위와 이로 인한 채권자취소권 및 배당이의소송을 양산하게 됨으로써 사회적 비용의 증가를 초래하게 되었는바, 조속한 판례변경이 필요하다고 생각된다.

라. 특수한 예 - 부동산가압류해방공탁금에 대한 배당

1) 쟁 점

가압류의 개별상대효에 의하여, 부동산가압류 후에 부동산 소유자가 변동되고, 가압류채권자가 강제집행을 개시하면 가압류채권자가 가압류청구금액의 범위 내에서 우선적으로 만족을 받는다,

그런데 가압류채무자(A)가 가압류채권자(B)의 가압류기입등기가 경료되자 가압류해방공탁을 하여 가압류기입등기가 말소된 후 부동산을 제3자에게 매도하여 제3자 명의로 소유권이전등기가 경료된 뒤 A의 또다른 채권자 C가 가압류채무자 A의 가압류해방공탁금의 회수청구권에 대하여 채권압류, 추심을 하였고, 이에 공탁공무원이 사유신고를 하여 배당절차가 개시된 경우 배당관계는 어떻게 될까?

부동산에 대한 가압류가 유지되고 있다면 B가 우선적으로 만족을 받을 텐데, 해방공탁에 의한 가압류집행취소제도의 취지에 비추어 가압류채권자(B)의 가압류에 의하여 누릴 수 있는 이익이 가압류집행취소에 의하여 침

수 있으나, 선행의 압류 이후의 법률행위라는 측면에서 보면 결국 압류 이후의 저촉처분을 통하여 취득한 권리라는 점에서는 다를 바가 없고, 또한 담보권(교환가치지배권)은 소유권(교환가치지배권 + 사용가치지배권)보다 양적·질적으로 적은, 소유권의 한 부분적 권리라는 점에서 보면, 그 권리의 목적이 완전한 지배를 목적으로 한 것(소유권)인가, 아니면 배당만을 목적으로 한 것(담보권)인가에 따라 달리 취급하는 것은 합리적인 차별이라고 볼 수 없을 것이다. 더욱이 이러한 실무의 단초가 된 대법원 판례의 사안에서 저촉처분으로 취득한 권리가 가등기담보권이라는 점에서 보면, 가등기권자가 본래는 소유권이전청구권을 보전하기 위하여 등기된 가등기인데도 저촉처분으로 보호받지 못하게 되자 담보가등기라고 주장하는 경우도 생길 수 있다는 점에서 여러모로 아쉬운 점이 있다.

해되어서는 안 되므로 이 경우에도 B가 청구금액의 범위 안에서 우선적으로 만족을 받아야 하는가가 문제이다.

2) 가압류해방공탁의 법리

(1) 가압류명령에는 가압류의 집행을 정지시키거나 집행한 가압류를 취소시키기 위하여 채무자가 공탁할 금액을 적어야 한다(법 282조). 이를 해방공탁금이라고 부른다. 가압류는 금전적 청구권을 보전하기 위한 수단이므로 집행목적재산 대신 상당한 금전을 공탁하면 구태여 가압류집행을 할 필요 없이 채권보전의 목적을 달할 수 있게 되므로 채무자로 하여금 불필요한 집행을 당하지 않도록 마련한 제도이다. 따라서 가압류명령을 발할 때에는 해방금액을 기재하여야 하고, 그 전액을 공탁하였을 때에는 반드시 집행한 가압류를 취소하여야 한다.[50)]

이 경우 가압류집행이 취소되더라도 가압류명령 그 자체의 효력이 소멸되는 것은 아니고 집행이 취소되면 해방공탁금은 앞으로 가압류채권자가 본안청구에 관하여 승소의 확정판결을 받거나 가집행선고가 붙은 승소판결을 얻은 때에 집행의 목적물로 된다.

(2) 이 경우 견해가 나뉘지만 가압류의 효력은 공탁금 자체가 아니라 공탁자인 채무자의 공탁금 회수청구권에 대하여 미치는 것이고 가압류채권자는 본안승소판결의 집행력 있는 집행권원에 기하여 가압류채무자가 가지는 해방공탁금 회수청구권에 대하여 집행법원의 현금화명령(전부명령 또는 추심명령)을 받아서 공탁금을 회수할 수 있다고 하는 것이 실무의 태도이다(현금화명령설, 대결 95마252 참조). 그리하여 가압류집행의 목적물에 갈음하여 가압류해방금이 공탁된 경우에 그 가압류의 효력은 공탁금 자체가 아니라 공탁자인 채무자의 공탁금회수청구권에 대하여 미치는 것이므로 채무자의 다른 채권자가 해방공탁금 회수청구권에 대하여 압류(가압류) 명령

---

50) 대결 62마5.

을 받은 경우에는 가압류채권자의 가압류와 다른 채권자의 압류(가압류)는 그 집행대상이 같아 서로 경합하게 된다.[51]

(3) 따라서 가압류해방금의 공탁금회수청구권에 관하여 압류명령 등이 송달된 때에는 공탁공무원은 지체 없이 집행법원에 그 사유를 신고하여야 하고, 해방공탁금의 회수청구권에 대하여 압류·추심명령을 받은 채권자에게 공탁금을 지급하여서는 아니 된다.[52]

3) 가압류해방공탁금에 대한 우선변제권 유무

① 원래 가압류해방공탁금에 대한 가압류채권자의 권리를 구성하는 데는 두 가지 이론이 있다.
제1설은 그 공탁금 자체에 대하여 질권 유사의 권리를 갖는다는 것이고, 제2설은 공탁자의 공탁금회수청구권(즉, 공탁금반환청구권)에 대하여 가압류의 효력이 미칠 뿐이라는 견해이다.
제1설에 의하면 가압류해방공탁의 피공탁자가 우선변제권을 갖고, 다른 추가가압류권자는 공탁자의 공탁금회수청구권에 대해서만 가압류의 효력을 갖게 되므로 해방공탁의 피공탁자가 실질적인 우선변제권을 갖게 되고, 최근에 일본에서 힘을 얻고 있다고 한다.

② 우리 법제는 제2설을 취하고 있다. 즉 우리 집행법상 해방공탁금은 가압류의 집행정지나 취소로 인한 채권자의 손해를 담보하는 것이 아니고 가압류의 목적재산에 갈음하는 것이므로 소송비용의 담보에 관한 규정이 준용되지 않고, 결국 채권자는 우선변제권이 없다.[53]

---

51) 대결 95마252. 다만, 해방금의 공탁에 의한 가압류 집행취소 제도의 취지에 비추어 볼 때, 가압류 채권자의 가압류에 의하여 누릴 수 있는 이익이 가압류 집행취소에 의하여 침해되어서는 안 되므로, 가압류 채무자에게 해방공탁금의 용도로 금원을 대여하여 가압류집행을 취소할 수 있도록 한 자는 비록 가압류 채무자에 대한 채권자라 할지라도 특별한 사정이 없는 한 가압류 채권자에 대한 관계에서 가압류해방공탁금 회수청구권에 대하여 위 대여금 채권에 의한 압류 또는 가압류의 효력을 주장할 수는 없다는 것이 판례(대판 97다30820)이다.

52) 대판 2001다73107 ; 재민 84-6.

③ 이상의 법리에 비추어보면, 가압류의 목적부동산이 가압류 후에 타에 처분되었더라도 그 가압류는 오로지 공탁자의 공탁금회수청구권에만 미치므로, 부동산이 타에 처분된 후에 그 공탁금회수청구권에 대하여 가압류나 압류를 한 다른 채권자와 부동산 자체를 가압류했던 자 사이에 개별상대효에 따른 차별적 취급은 할 수 없게 된다.

따라서 그 채권자들 사이에서는 민법·상법 그 밖의 법률에 정한 우선변제권의 순위에 따라 배당을 하게 되고, 그들이 동순위라면 안분배당할 수밖에 없다.

▶ 공탁물에 대한 용어와 기초법리 ◀

1. 공탁금에 대한 피공탁자의 우선변제권 유무의 판단 기준

민사소송법이나 집행법상 각종 공탁금에 대하여 피공탁자가 우선변제권제권이 있는가를 구별하는 기준은 매우 간단하다. 민사소송법이나 집행법상 제공되는 공탁이나 보증에 대하여 '담보'라는 용어가 사용되는 것은 피공탁자에게 질권 또는 그와 유사한 우선권이 부여된 것이고, 그러한 용어가 사용되지 아니한 공탁이나 보증은 피공탁자에게 우선권이 인정되는 않는 것이라고 보면 된다. 소송비용의 담보나 강제집행정지담보는 전자의 예이다.

2. 공탁물회수청구권과 공탁물출급청구권

실무에서 공탁물회수청구권과 공탁물출급청구권이라는 용어를 정확히 구별하지 못하면 상당히 혼란에 직면한다. 이를 구별하는 기준은 매우 간단하다. 공탁물회수청구권은 공탁이 잘못되거나 공탁의 사유가 소멸하여 공탁자(또는 그 승계인을 포함)가 다시 되찾아가는 것이다. 따라서 공탁물반환청구권이라고도 한다. 반면에 공탁물출급청구권은 공탁자(승계인을 포함) 이외의 자가 법에 따라 찾아가는 것이다. 공탁에 항상 피공탁자가 기재되어 있는 것은 아니므로(압류를 이유로 하는 집행공탁에는 본래 피공탁자가 없다), 피공탁자가 찾아가는 것이라고 설명하는 것은 잘못된 것이다.

53) 법원실무제요 민사집행[IV], 96-97면.

제3장 부동산매각절차

Ⅰ. 강제경매의 관할 및 대상

1. 서 설

강제경매라 함은 채무자 소유의 부동산을 압류, 현금화하여 그 매각대금을 가지고 채권자의 금전채권의 만족을 얻음을 목적으로 하는 강제집행절차이다.

강제경매에 관한 매각의 성질에 관하여는 사법상 매매설과 공법상 처분설이 대립되어 있다. 사법상 매매설은 경매를 매수인 또는 집행관과 소유자인 채무자간의 매매라고 보는 견해로서, 그 근거로 민법 578조의 담보책임을 들고 있다. 공법상 처분설은 집행관은 국가기관으로서 경매처분을 하여 사법상의 권리관계를 설정하는 것이라고 보는 견해로서, 공용징수와 유사한 것으로 취급하여 매수인은 목적물을 원시취득한다고 본다. 사법상 매매설이 통설이다.

2. 강제경매의 대상

집행법상의 부동산 경매의 법리에 따라 집행할 수 있는 대상은 부동산(즉 토지 및 그 정착물)뿐 아니라 부동산과 동일시되는 권리도 포함된다.

가. 토지, 건물

1) 토 지

토지에 정착된 공작물 중에서 토지 위에 생립하고 있는 채무자 소유의 미등기 수목은 토지의 구성 부분으로서 토지의 일부로 간주되어 토지와 함께 경매되는 것이나(대결 98마1817), 입목에 관한 법률에 의하여 소유권보존등기가 된 입목(입목법 2조, 3조 1항)이나 명인방법을 갖춘 수목의 경우는 토지로부터 독립하여 부동산으로 취급되므로 독립하여 강제경매의 대상으로 된다.

미분리의 천연과실은 토지의 구성부분이므로 통상은 그 토지에 대한 압류의 효력이 이에 미친다. 다만 민법 102조에 의하면 원물로부터 분리하는 때에 이를 수취할 권리자에게 속하게 되고, 집행법 189조 2항 2호에 의하면 토지에서 분리하기 전의 과실로서 1월 이내에 수확할 수 있는 것은 유체동산으로 압류할 수 있으므로 미분리의 과실도 수확 전 1개월 내부터는 과실수취권자를 채무자로 하여 유체동산집행 방법으로 집행할 수 있다.

2) 공유지분에 대한 강제경매

① 토지의 공유지분도 독립하여 경매의 대상이 된다. 부동산의 공유지분에 대한 강제경매신청의 경우 채무자인 공유자 이외에 공유자 전원의 성명, 주소 및 채무자가 가지는 지분의 비율을 기재하여야 한다. 다른 공유자에게 강제경매개시결정이 있다는 것을 통지하여야 하고 또 최저매각가격은 채무자의 지분에 관하여 정하여지기 때문이다(법 139조 1항, 2항).

② 구분소유적 공유지분은 주의를 요한다.

㉠ 매각허가에 의한 소유권취득은 성질상 승계취득이므로 하나의 토지 중 특정부분에 대한 구분소유적 공유관계를 표상하는 공유지분등기에 근저당권이 설정된 후 그 근저당권의 실행에 의하여 위 공유지분을 취득한 매수인은 구분소유적 공유지분을 그대로 취득한다(대판 91다3703).[1]

---

1) 따라서 집행법원은 평가명령에 있어서 구분소유적 공유일 때는 이를 명시하여 토지의 지분에 대한 평가가 아닌 특정 구분소유목적물에 대한 평가를 명할 것이고(대결 2000마2633), 감정인으로서는 평가명령서에 이러한 기재가 없을 때에도 평가

ⓒ **구분소유적 공유관계가 경매에 의하여 제3자에게 승계되기 위한 요건에 관한, 대법원 2008. 2. 15. 선고 2006다68810 판결은 매우 중요하다.** 즉, 위 판결은 1필지의 토지의 위치와 면적을 특정하여 2인 이상이 구분소유하기로 하는 약정을 하고 그 구분소유자의 공유로 등기하는 이른바 구분소유적 공유관계에 있어서, 각 구분소유적 공유자가 자신의 권리를 타인에게 처분하는 경우 중에는 구분소유의 목적인 특정 부분을 처분하면서 등기부상의 공유지분을 그 특정 부분에 대한 표상으로서 이전하는 경우와 등기부의 기재대로 1필지 전체에 대한 진정한 공유지분으로서 처분하는 경우가 있을 수 있고, 이 중 전자의 경우에는 그 제3자에 대하여 구분소유적 공유관계가 승계되나, 후자의 경우에는 제3자가 그 부동산 전체에 대한 공유지분을 취득하고 구분소유적 공유관계는 소멸하고, 이는 경매에서도 마찬가지이므로, 전자에 해당하기 위해서는 집행법원이 공유지분이 아닌 특정 구분소유 목적물에 대해 평가하게하고 그에 따라 최저경매가격을 정한 후 경매를 실시하여야 하며, 그러한 사정이 없는 경우에는 공유지분에 대한 경매목적물은 원칙적으로 1필지 전체에 대한 공유지분이라고 보아야 한다고 판단하였다(구분소유적 공유관계에 있는 토지지분에 대한 강제경매절차에서 이를 매수한 사람이 1필지 전체에 대한 공유지분을 취득하였다고 주장하는 사안에서, 그 공유지분이 토지의 특정 부분에 대한 구분소유적 공유관계를 표상하는 것으로 취급되어 감정평가와 최저경매가격 결정이 이루어지고 경매가 실시되었다는 점이 입증되지 않은 이상, 위 매수인은 1필지 전체에 대한 공유지분을 적법하게 취득하고 기존의 상호명의신탁관계는 소멸한다고 보아야 하며, 이는 매수인의 구분소유적 공유관계에 대한 인식 유무에 따라 달라지지 않는다는 것이다).

를 위한 조사결과 현황이 구분소유적 공유일 때에는 집행법원에 이를 알리고 필요한 지시를 받아 그에 따라 평가할 것이다.

3) 건 물

건물은 항상 토지로부터 독립된 부동산으로 취급되므로 토지와 별도로 강제경매의 대상으로 된다. 건물의 공유지분, 구분소유권도 독립하여 강제경매의 대상으로 된다.

독립된 부동산으로서의 건물이라고 하기 위해서는 최소한의 기둥과 지붕 그리고 주벽이 이루어지면 되니(대판 2000다51872), 건축 중에 있는 건물로서 사회통념상 아직 독립된 부동산으로 볼 수 없고 분리 가능하다면 개개의 건축자재나 공작물을 유체동산 압류방법에 따라 집행할 수밖에 없을 것이다. 만일 채무자가 이 집행을 무시하고 공사를 계속하여 경매할 시점에 이르러 건물이 성립되어 독립된 부동산이 되는 단계에 이르면 집행관은 유체동산집행으로서의 경매 등을 더 이상 속행할 수 없다(대결 93마1933).

건물이 증축된 경우에 증축 부분이 독립된 부동산인지 아니면 기존 건물에 부합되었는지 여부는 증축 부분이 기존 건물에 부착된 물리적 구조뿐만 아니라, 그 용도와 기능면에서 기존 건물과 독립한 경제적 효용을 가지고 거래상 별개의 소유권의 객체가 될 수 있는지의 여부 및 증축하여 이를 소유하는 자의 의사 등을 종합하여 판단하여야 한다(대판 94다53006).

4) 집합건물[2)]

집합건물에 대한 매각절차상의 제 법리를 이해하려면 먼저 집합건물법 20조의 법리를 이해하여야 한다.

> 집합건물법 제20조(전유부분과 대지사용권의 일체성)
> ① 구분소유자의 대지사용권은 그가 가지는 전유부분의 처분에 따른다.

2) 실무에서는 구분건물이라는 용어와 집합건물이라는 용어가 혼용되고 있으나, 구분건물은 민법상의 용어로서 1 동의 건물 중 개개의 소유권의 객체인 건물의 관점에서 본 것이고, 집합건물은 집합건물법상의 용어로서 한 동의 건물 전체의 관리관점에서 본 것일뿐 그 의미는 큰 차이가 없다. 대지권과 대지사용권 역시 동일한 의미로 보아도 무방하며, 소유권에 한정되지 않는다.

> ② 구분소유자는 그가 가지는 전유부분과 분리하여 대지사용권을 처분할 수 없다. 다만, 규약으로써 달리 정한 때에는 그러하지 아니하다.
> ③ 제2항 본문의 분리처분금지는 그 취지를 등기하지 아니하면 선의로 물권을 취득한 제3자에 대하여 대항하지 못한다.
> ④ 제3조제3항의 규정은 제2항 단서의 경우에 이를 준용한다.

가) 집합건물의 전유부분과 대지사용권의 일체성에 관한 규정인 집합건물의 소유 및 관리에 관한 법률[3] 20조의 규정 취지

부동산 매각절차를 비롯하여 집행분야 전반에서 가장 주의를 요하는 것 중 하나가 바로 구분건물의 대지권등기가 마쳐지기 전에 전유부분에 대하여 이루어진 권리변동의 효력이 대지권에 미치는지 여부인데, 그 출발점은 바로 전유부분과 대지권의 일체성이다.

집합건물법 20조의 취지는 집합건물의 전유부분과 대지사용권이 분리되는 것을 최대한 억제하여 대지사용권 없는 구분소유권의 발생을 방지함으로써 집합건물에 관한 법률관계의 안정과 합리적 규율을 도모하려는 데 있다. 이하에서는 이에 대한 판례의 형성과정을 살펴보고 그 법리를 정리해본다.

나) 대지권과 전유부분의 분리처분금지[대판(전·합) 98다45652, 45669]

우선 대법원은 집합건물에 대하여 전유부분의 등기와 대지지분의 등기가 동시에 이루어져야 하나 특별한 사정으로 인하여 전유부분에 대하여만 소유권이전등기를 받은 매수인이 대지지분에 대한 소유권이전등기를 받기 전에 대지권을 전유부분과 분리하여 처분할 수 없고, 매수인이 전유부분 및 장래 취득할 대지지분을 다른 사람에게 양도하여 그 중 전유부분에 대한 소유권이전등기를 경료하여 준 다음 사후에 취득한 대지지분을 전유부

3) 이하 '집합건물법'이라 약칭한다.

분의 소유권을 취득한 양수인이 아닌 제3자에게 분리 처분할 수 없으며, 이를 위반한 대지지분의 처분행위는 그 효력이 없다고 판시하였다.4)

▶ 집합건물법 20조 3항의 "분리처분금지 취지의 등기"란? ◀

여기서 집합건물법 20조 3항의 "분리처분금지 취지의 등기"란 도대체 무엇을 의미하는 것일까? 대지권등기를 하고, 거기에 따로 분리처분금지의 취지를 등기 또는 부기등기하는 경우란 있을 수 없다. 따라서 실무에서는 분리처분금지취지의 등기란 대지권등기 그 자체를 의미하는 것으로 본다.

대법원 2009. 1. 30. 선고 2008다67217 판결은 그 판시 중에 "이 사건 부동산의 대지사용권인 공유지분에 관하여 건물부분(전유부분)과 분리하여 처분할 수 없다는 취지의 등기, 즉 대지권인 취지의 등기가 경료된 이상, 이 사건 부동산의 전유부분에 대하여 설정된 피고의 전세권은 대지권에 대하여도 미친다고 할 것"이라고 판시하고 있는데 이는 그 전형적인 예이다.

그리고 이러한 실무적 해석은 매우 타당하다. 아래에서 보는 바와 같이, 토지등기부에 당해 토지가 어느 집합건물의 대지권으로 되었다는 취지의 대지권 등기가 되어 있으면, 분리처분이 가능하다는 규약에 의한 경우가 아니면 그 토지에 대한 당사자의 처분에 의한 권리변동의 등기가 금지되므로 저절로 집합건물의 대지권의 목적인 토지의 분리처분금지원칙이 적용되기 때문이다.

---

4) 대법원 2005. 3. 10. 선고 2004다742 판결은, 집합건물의 건축자가 미등기 대지에 관하여 대지권을 취득한 경우에 건축자의 채권자는 위 대지에 관한 건축자의 소유권이전등기청구권을 가압류할 수 없다고 판단하였다. 집합건물의 건축자가 미등기 대지에 관하여 대지권을 취득한 경우에 건축자의 채권자가 위 대지에 관한 건축자의 소유권이전등기청구권에 대하여 한 가압류는 대지에 관하여 건축자 명의로 등기를 하게 하여 강제경매 또는 강제관리를 개시할 수 있도록 하는 절차로서 필연적으로 전유부분과 대지의 분리처분이라는 결과를 낳게 되므로, 집합건물법의 취지에 반하기 때문이다.

다) 집합건물의 대지권의 목적인 토지만의 경매

(1) 대지권 취지의 등기가 되지 아니한 경우

집합건물법 20조와 관련하여, 대지사용권으로서의 토지공유지분은 대지권 취지의 등기가 되지 아니하였더라도 전유부분과 분리하여 처분이 가능하도록 규약으로 정하여져 있는 경우가 아닌 한 건물과 독립하여 강제경매의 대상이 되지 아니한다는 견해와 대지권인 취지가 등기되지 아니한 이상 제3항에 해당하여 경매할 수 있다는 견해가 대립하고 있는바, 대법원의 태도는 명확하지 않지만, 대법원이 2005. 3. 10. 선고 2004다742 판결에서, '집합건물의 건축자가 미등기 대지에 관하여 대지권을 취득한 경우에 건축자의 채권자가 위 대지에 관한 건축자의 소유권이전등기청구권에 대하여 한 가압류는 대지에 관하여 건축자 명의로 등기를 하게 하여 강제경매 또는 강제관리를 개시할 수 있도록 하는 절차로서 필연적으로 전유부분과 대지의 분리처분이라는 결과를 낳게 되므로, 집합건물법의 취지에 반한다는 이유로 집합건물의 건축자가 미등기 대지에 관하여 대지권을 취득한 경우에 건축자의 채권자는 위 대지에 관한 건축자의 소유권이전등기청구권을 가압류할 수 없다'고 판단한 점에 비추어 부정하는 견해인 것으로 생각된다.

(2) 집합건물의 매각과 대지권 성립 전부터 토지만에 관하여 별도등기로 설정되어 있던 근저당권의 소멸

① 대법원 2008. 3. 13. 선고 2005다15048 판결은, 매각부동산 위의 모든 저당권은 경락으로 인하여 소멸하므로(법 91조 2항), 집합건물의 전유부분과 함께 그 대지사용권인 토지공유지분이 일체로서 경락되고 그 대금이 완납되면, 설사 대지권 성립 전부터 토지만에 관하여 별도등기로 설정되어 있던 근저당권이라 할지라도 경매과정에서 이를 존속시켜 경락인이 인수하게 한다는 취지의 특별매각조건이 정하여져 있지 않았던 이상 위 토지공유지분에 대한 범위에서는 매각부동산 위

의 저당권에 해당하여 소멸한다고 판결하였다. 집합건물이 건축되기 전에 대지에 대하여 설정된 근저당권, 이른바 별도등기가 있는 경우 경매절차에서 그 처리 실무가 일관되지 못하여 매각가격이 하락되고, 그리하여 결과적으로 채권자와 채무자에게 손해를 초래하였는데 이로써 경매절차와 매수인을 위한 법률관계가 한층 명확하게 되었다.

② 이러한 경우 배당은 어떻게 하는 것이 정당할까? 실무에서는 매각대금 중 집합건물에 해당하는 부분은 집합건물의 저당권자에게 우선배당하되 대지의 저당권자는 우선배당을 받을 수 없는 것으로 하는 반면, 대지권에 해당하는 매각대금부분은 대지의 저당권자와 집합건물의 저당권자가 모두 우선배당을 받을 수 있는 것으로 하되 그 순위에 있어서 대지의 저당권자가 집합건물의 저당권자보다 우선하는 것으로 처리하고 있다.[5)]

다만 이 경우에도 특정 전유부분을 위한 대지권으로서의 공유지분에 대한 근저당권이 소멸할 것으로 볼 경우 배당에 있어서 저당권자가 대지권매각대금 전액에 대해 우선변제권을 가지는지, 아니면 저당권이 말소된 공유지분비율범위 내에서만 우선변제권을 가지는지가 여전히 실무의 큰 숙제로 남아 있다.

라) 집합건물의 대지권등기가 마쳐지기 전에 전유부분에 대하여 이루어진 권리변동의 효력이 대지권에 미치는지

(1) 집합건물의 전유부분과 대지권의 관계

집합건물의 전유부분과 대지권의 관계는 앞에서 본 집합건물법 20조 외에 민법 100조 2항의 종물과 주물의 관계에 관한 법리가 유추 적용된다.

대법원의 확고한 태도는 민법 100조 2항은 물건 상호간의 관계뿐 아니라 권리 상호간에도 적용되고, 위 규정에서의 처분은 처분행위에 의한 권

5) 그리고 등기실무에 있어서는 집합건물의 대지등기부에 집합건물의 대지에 대한 저당권 중 집합건물에 대한 저당권의 목적인 대지권에 해당하는 대지의 공유지분 만큼 소멸하는 것을 내용으로 하는 저당권의 변경등기를 부기등기의 형식으로 하고 있다.

리변동뿐 아니라 주물의 권리관계가 압류와 같은 공법상의 처분 등에 의하여 생긴 경우에도 적용되어야 하는 점, 저당권의 효력이 종물에 대하여도 미친다는 민법 358조 본문 규정은 같은 법 100조 2항과 이론적 기초를 같이하는 점, 집합건물법 20조 1항, 2항에 의하면 구분건물의 대지사용권은 전유부분과 종속적 일체불가분성이 인정되는 점 등에 비추어 볼 때, 전유부분과 대지권은 분리처분할 수 있다는 규약이 없는 한 나중에 취득한 대지권도 먼저 권리변동된 전유부분의 권리변동효력과 일치한다는 것이다.

이러한 태도는 전유부분과 대지권의 소유자가 달라짐으로써 생기는 복잡한 문제를 고려할 때 경제적으로나 법률적으로 지극히 타당한 결론이며 향후 관련된 새로운 쟁점에서의 결론도 예측가능하게 해준다.

특히 실무에서 자주 目睹되는 문제로서, 대지권으로 성립된 후에 대지양수인의 채무불이행을 이유로 대지에 대한 매매계약이 해제될 수 있는지, 있다면 전유부분의 취득자는 민법 548조 1항 단서의 제3자에 해당하는지 여부인데, 이에 대하여도 전유부분의 양수인을 보호하는 취지의 판단이 나올 것으로 기대된다.

(2) 대지권 등기가 되기 전에 전유부분을 양수한 양수인이 대지권변경등기를 직접 청구할 수 있는지 여부

위의 법리를 전제로 그 법리가 전개되는 스펙트럼을 살펴보자.

대법원은 대지권에 대한 지분이전등기를 해 주기로 하는 약정하에 수분양자에게 전유부분에 대한 소유권이전등기를 경료하였으나, 대지에 대한 소유권이전등기가 되지 않은 상태에서 제3자가 경매절차를 통하여 전유부분을 경락받은 경우, 그 경락인은 본권으로서 집합건물법 2조 6호 소정의 대지권을 취득하고, 이 경우 구분건물의 현소유자는 분양자를 상대로 부동산등기법시행규칙 60조의2에 의한 대지권변경등기를 직접 청구할 수 있다고 판단한바 있다(대판 2002다40210, 2004다25338).

대법원 2006. 9. 22. 선고 2004다58611 판결은 더 나아가, 위와 같은 법리는 수분양자가 분양자에게 그 분양대금을 완납한 경우는 물론 그 분양대금을 완납하지 못한 경우에도 마찬가지이고, 따라서 그러한 경우 경락인은 대지권 취득의 효과로서 분양자와 수분양자를 상대로 분양자로부터 수분양자를 거쳐 순차로 대지지분에 관한 소유권이전등기절차를 마쳐줄 것을 구하거나 분양자를 상대로 대지권변경등기절차를 마쳐줄 것을 구할 수 있고, 분양자는 이에 대하여 수분양자의 분양대금 미지급을 이유로 한 동시이행항변을 할 수 있을 뿐이라고 판시하였고, 또한 대법원 2006. 10. 26. 선고 2006다29020 판결은 같은 맥락에서 구분건물의 전유부분에 대한 소유권보존등기만 경료되고 대지지분에 대한 등기가 경료되기 전에 전유부분만에 대해 내려진 가압류결정의 효력은, 대지권의 분리처분이 가능하도록 규약으로 정하였다는 등의 특별한 사정이 없는 한, 종물 내지 종된 권리인 그 대지권에까지 미친다고 판단하였다.

마) 구분건물에 대한 경매신청서에 대지권에 관한 아무런 표시가 없는 경우, 집행법원이 취하여야 할 조치(대결 2004마978)

구분건물에 대한 경매에 있어서 비록 경매신청서에 대지권에 대한 아무런 표시가 없는 경우에도 집행법원으로서는 대지권이 있는지, 그 전유부분 및 공용부분과 분리처분이 가능한 규약이나 공정증서가 있는지 등에 관하여 집행관에게 현황조사명령을 하는 때에 이를 조사하도록 지시하는 한편, 그 스스로도 관련자를 심문하는 등의 가능한 방법으로 필요한 자료를 수집하여야 하고, 그 결과 전유부분과 불가분적인 일체로서 경매의 대상이 되어야 할 대지권의 존재가 밝혀진 때에는 이를 경매 목적물의 일부로서 경매 평가에 포함시켜 최저입찰가격을 정하여야 할 뿐만 아니라, 입찰기일의 공고와 입찰물건명세서의 작성에 있어서도 그 존재를 표시하여야 한다.

바) 경매법원으로부터 미등기건물에 대한 강제경매개시결정등기 촉탁을 받은 등기공무원이 갖는 심사의 권한 범위

① 대법원 2008. 3. 27.자 2006마920 결정은, “등기관은 실체법상의 권리

관계와 일치하는지 여부를 심사할 실질적 심사권한은 없으나 신청서 및 그 첨부서류와 등기부에 의하여 등기요건에 합당한지 여부를 심사할 형식적 심사권한이 있으므로, 법원이 집행관에 의한 현황조사를 거쳐 경매 신청이 된 미등기건물이 경매의 대상이 되는 건물이라고 판단하여 강제경매개시결정을 하고 등기관에게 강제경매개시결정등기를 촉탁한 경우라도, 등기관으로서는 그 촉탁서 및 첨부서류에 의하여 등기요건에 합당한지 여부를 심사할 권한이 있고, 그 심사 결과 등기요건에 합당하지 아니하면 강제경매개시결정등기의 촉탁을 각하하여야 하는바, 미등기건물에 대한 강제경매개시결정등기 촉탁을 받아 구분건물에 관한 소유권보존등기를 함에 있어서 등기관은 1동의 건물 중 일부 구분건물뿐만 아니라 표시에 관한 등기를 하여야 하는 그 나머지 구분건물에 관하여도 등기능력이 있는지 여부를 심사하여야 한다"고 판단하였다.[6)]

② 그런데 위 결정이 가지고 있는 의미는 매우 크다. 대법원 2008. 9. 11.자 2008마696 결정은, 1동의 건물의 일부분이 구분소유권의 객체가 될 수 있으려면 그 부분이 구조상으로나 이용상으로 다른 부분과 구분되는 독립성이 있어야 하고, 그 이용 상황 내지 이용 형태에 따라 구조상의 독립성 판단의 엄격성에 차이가 있을 수 있으나, 구조상의 독립성은 주로 소유권의 목적이 되는 객체에 대한 물적 지배의 범위를 명확히 할 필요성 때문에 요구된다고 할 것이므로 구조상의 구분에 의하여 구분소유권의 객체 범위를 확정할 수 없는 경우에는 구조

---

6) 위 결정의 사안은 공사 진행 중인 1동의 건물에 속하는 일부 구분건물에 대하여 경매법원이 강제경매개시결정을 하고 현황조사보고서와 현장사진 등과 함께 그 결정등기를 촉탁하였는데, 당시 1동의 건물 중 경매목적물이 아닌 일부 층은 아직 칸막이로 구분되지 아니하여 집합건물의 소유 및 관리에 관한 법률상 구분건물로 보기 어려운 상태였다면, 1동의 건물 자체로는 완공되었다 볼 수 있더라도 위 결정등기 촉탁의 대상인 구분건물 및 표시에 관한 등기를 해야 하는 나머지 건물이 모두 등기능력을 갖추지는 못한 것이므로, 위 촉탁을 각하한 등기관의 처분이 적법하다고 한 사례이다.

상의 독립성이 있다고 할 수 없어 결국 위 사건 점포들은 구분소유권의 객체가 될 수 있는 구조상 및 이용상의 독립성을 갖추지 못하여 이 사건 건물의 일부에 불과할 뿐 구분소유권의 객체가 될 수 없고, 따라서 비록 이 사건 점포들에 관하여 건축물관리대장상 독립한 별개의 구분건물로 등재되고 등기부상에도 구분소유권의 목적으로 등기되어 있다고 하더라도 그러한 등기는 그 자체로 무효이고 그러한 등기에 기한 이 사건 근저당권설정등기 역시 무효라고 할 것이며, 건축물관리대장상 독립한 별개의 구분건물로 등재되고 등기부상에도 구분소유권의 목적으로 등기되어 있어 이러한 등기에 기초하여 경매절차가 진행되어 이를 낙찰받았다고 하더라도, 그 등기는 그 자체로 무효이므로 낙찰자는 그 소유권을 취득할 수 없다고 판단하였다.

③ 실무상 구분소유로 등기되어 있고, 그 구분소유등기를 믿고 저당권을 취득한 사람에 의한 근저당권실행을 위한 경매가 법원의 직권판단에 의하여 혹은 채무자의 이의에 의하여 저지되고 있고, 이러한 문제가 사회적으로 큰 문제가 되고 있는데, 근저당권실행에 의한 채권의 회수가 곤란해지자 채권자들이 국가의 등기사무처리상의 과실을 이유로 국가배상을 청구하고 있는바, 위 2006마920 결정이 등기관에게 심사의무가 있다고 판단한 것은 아니지만, 이 결정은 위와 같은 분쟁에 큰 영향을 끼칠 것으로 보인다.

나. 미등기 부동산

미등기 부동산이라 하더라도 채무자의 소유이면 강제경매를 할 수 있다. 미등기부동산에 관하여 경매개시결정을 하고 촉탁을 하면 등기관이 직권으로 소유권보존등기를 하고 경매개시결정등기를 하게 된다. 등기부가 멸실되고 아직 회복등기가 되어 있지 아니한 부동산도 위와 마찬가지이다.

미등기 부동산에 대한 경매를 신청할 때는 즉시 채무자의 명의로 등기할 수 있음을 증명할 서류 즉 채무자의 소유임을 증명하는 서면과 부동산의 표시를 증명하는 서면(부등법 132조 2항)을 붙여야 한다.

채무자 소유의 부동산이 무효의 원인에 의하여 제3자 명의로 등기되어 있는 경우에는 그 등기명의를 채무자에게 회복한 후가 아니면 채무자에 대한 강제집행으로서의 강제경매의 대상이 되지 아니한다.

채무자가 아직 소유권을 취득하지 못하고 소유권이전등기청구권만 가지고 있는 부동산에 대하여도 채무자의 명의로 등기를 하기 전에는 부동산 자체에 대한 강제집행을 신청할 수 없고, 1단계로 채무자 명의로 등기를 한 후에 2단계로 부동산경매절차에 따라 집행을 하게 되는데, 이는 별개의 집행단계로서 1단계는 집행법 244조가 적용되고, 이 절차에 따라 채무자 명의로 등기되면 새로운 부동산강제경매절차를 진행하게 된다.

1) 미등기 토지

채무자의 명의로 등기할 수 있음을 증명할 서류는 토지대장, 소유권확인판결, 수용증명서 등이다(부등법 130조).

대장등본에 의하여 소유권보존등기를 신청할 수 있는 자는 원칙적으로 대장등본에 의하여 대장에 자기 또는 피상속인이 최초의 소유자로 등록되어 있음을 증명하는 자이어야 한다. 적법하게 토지대장(임야대장)상에 소유자로서 복구등록이 되지 않은 경우 즉 토지대장등본에는 대장상의 소유자로서 기재되어 있으나 적법하게 소유자로 복구등록이 되지 아니한 경우 그 대장상의 소유자는 직접 자기명의로 소유권보존등기를 할 수 없다(등기예규 899호). 부동산등기법 130조 2호 소정의 판결은 그 내용이 신청인에게 소유권이 있음을 증명하는 확정판결이면 족하고, 그 종류에 관하여 아무런 제한이 없어 반드시 확인판결이어야 할 필요는 없고, 이행판결이든 형성판결이든 관계가 없으며, 또한 화해조서 등 확정판결에 준하는 것도 포함한다(대판 93다57704).

2) 미등기 건물에 대한 일반적인 집행방법

미등기 건물에는 무허가 건물과 아직 사용 승인을 받지 못하였으나 사회통념상 이미 건물의 실체를 갖추고 있는 신축 건물이 있다. 미등기 건물에 대하여 경매를 신청하는 경우에는 건물이 채무자의 소유임을 증명하는 서류로서 부동산등기법 131조에서 정한 서면을 붙여야 하다(대결 95마1262).

건물소유권보존등기를 함에 있어서는 일반적으로 건물의 표시를 증명하는 건축물대장등본 또는 그 밖의 서면을 붙여야 하며 구분건물의 일부에 대하여 소유권보존등기를 신청하는 경우에는 1동의 건물의 소재도, 각층의 평면도와 구분한 건물의 평면도를, 건물 대지상에 여러 개의 건물이 있는 때에는 신청서에 그 대지상의 건물의 소재도를 붙여야 하므로(부등법 132조), 건물에 관하여는 건축물대장 등이 채무자의 명의로 등기할 수 있음을 증명할 서류에 해당한다.

건축물대장에 의하지 않고 보존등기 하는 경우 부동산등기법 131조 2호 후단의 '시·구·읍·면의 장의 서면'{이에 해당하기 위해서는 건물의 지번, 건물의 구조(종류 포함) 및 면적 등 건물의 표시 및 건물의 소유자의 이름이나 명칭과 주소나 사무소의 소재지 표시가 기재되어야 한다}이 필요하다. 이 서면에 해당하는 것으로는 ㉠ 지방세법[7] 196조 규정에 의하여 작성된 재산과세대장에 의하여 발급된 건물의 소재와 지번, 종류, 구조, 면적 등 건물의 표시와 소유자의 이름과 주소가 기재된 재산세과세증명서(대판 97다45266), ㉡ 건축법 18조 2항의 규정에 의하여 교부 받은 건축물 사용승인서(등기예규 901호), 건축공사완료 후 교부된 건축물의 사용검사필증이 있다.[8]

---

7) 2010.12.31.까지는 지방세법, 그 이후부터는 지방세기본법으로 법명 변경.

8) 어떠한 서면이 위 건물의 표시를 증명하는 그 밖의 서면에 해당하는지 여부는 당해 등기신청을 받은 등기관이 구체적으로 판단할 사항이나, ㉠ 지방세법 38조 2항 규정에 의하여 교부받은 납세완납증명서, 『민원사무처리에 관한 법령』에 의하여 교부받은 세목별과세증명서, 재산세납세증명이나 납세완납증명서, ㉡ 건축법시행령 17조 3항의 임시사용승인서(등기예규 901호), ㉢ 착공신고서, 건물현황사진, 공정확인서, 현장조사서, 사실확인서(대결 92그32), ㉣ 사실조회회보, 건축허가서, 공사시방서, 도면(대결 85마105), ㉤ 사업계획변경승인서, 건축허가대장, 질의회신 및 감정도면(대

3) 미등기건물에 대한 집행법 81조 1항 2호 단서[9]에 따른 집행방법

가) 입법취지

종전에는 신청인이 전항에서 말한 서면을 제출하는 것은 사실상 어렵기 때문에, 실무상 미등기 부동산에 대한 경매는 거의 이루어지지 않았고, 미등기 신축건물에 대한 집행도 사실상 불가능하였는데, 집행법 81조 1항 2호 단서의 신설로 미등기 신축건물에 대한 경매가 어느 정도 가능하게 되었다. 위 규정의 신설로 모든 미등기 건물에 대한 경매가 가능하게 된 것이 아니므로 주의하여야 한다. 만일 건축허가나 건축신고를 하지 아니한 무허가 건물에 대해서도 부동산 집행을 허용함으로써 이를 위한 보존등기가 가능하게 되면 불법 건축물이 양산되어 건축물 관리의 근본 취지가 크게 훼손될 뿐 아니라 절차적인 측면에서도 이러한 건물의 경우에는 그 소유권자를 확인하기 어려운 문제가 있으므로, 신설조항은 적법하게 건축허가나 건축신고를 마친 건물이 사용승인을 받지 못한 경우에만 부동산 집행을 위한 보존등기를 할 수 있게 함으로써 경매를 가능하게 한 것이다.

나) 신설조항에 따른 경매신청절차

(1) 경매신청

① 첨부할 서류

건축허가나 신고를 마친 뒤 사용승인을 받지 못한 미등기 건물에 대한 강제집행을 신청함에는 ㉠ 그 건물이 채무자의 소유임을 증명할 서류(실무

결 84마81), 건축허가신청서, 건축허가자를 상대로 소유권을 확인한 판결, 건물에 대하여 국가를 상대로 소유권을 확인한 판결 등은 위 서면에 해당하지 않는다.

9) 제81조(첨부서류) ① 강제경매신청서에는 집행력 있는 정본 외에 다음 각호 가운데 어느 하나에 해당하는 서류를 붙여야 한다.
1. 채무자의 소유로 등기된 부동산에 대하여는 등기부등본
2. 채무자의 소유로 등기되지 아니한 부동산에 대하여는 즉시 채무자명의로 등기할 수 있다는 것을 증명할 서류. 다만, 그 부동산이 등기되지 아니한 건물인 경우에는 그 건물이 채무자의 소유임을 증명할 서류, 그 건물의 지번·구조·면적을 증명할 서류 및 그 건물에 관한 건축허가 또는 건축신고를 증명할 서류

에서는 통상 건축허가서나 건축신고서를 제출받고 있고, 미흡할 경우 건축도급계약서 등을 추가로 받고 있다), ㉡ 그 건물의 지번·구조·면적을 증명할 서류 및 ㉢ 그 건물에 관한 건축허가 또는 건축신고를 증명할 서류를 첨부하면 족하다(법 81조 1항 2호 단서).

그 대상이 되는 미등기 건물은 건축허가 또는 건축신고를 마친 뒤 사용승인을 받지 못한 건물에 한정되고, 무허가 건물은 그 대상이 아님은 이미 설명한 바와 같다.

그런데 위 규정에 따른 강제집행의 대상이 되는 미완성 건물은 반드시 완공된 건물만을 그 대상으로 하는 것은 아닌바, 어느 정도 건축된 건물을 그 대상으로 할 것인가가 실무상의 중대한 쟁점인데, 이에 대해서는 뒤의 "다) 부동산등기법상 등기 가능한 건물"에서 정리한다.

② 위 사항의 증명 청구

채권자는 공적 장부를 주관하는 공공기관에 위 사항들을 증명하여 줄 것을 청구할 수 있다(법 81조 2항).

채권자가 건물의 지번·구조·면적을 증명하지 못한 때에는 채권자는 경매신청과 동시에 그 조사를 집행법원에 신청할 수 있고(법 81조 3항), 신청을 받은 집행법원은 집행관으로 하여금 미등기 건물의 구조 및 면적을 조사하게 하여야 한다(동조 4항). 법원의 집행관에 대한 조사명령은 성질상 결정에 해당되며 직무명령의 일종이다.

집행관은 위와 같은 조사를 위하여 건물에 출입할 수 있고, 채무자 또는 건물을 전유하는 제3자에게 질문하거나 문서를 제시하도록 요구할 수 있다(법 82조 1항). 건물에 출입하기 위하여 필요한 때에는 잠긴 문을 여는 등 적절한 처분을 할 수 있다(동조 2항).

집행법 81조 3항·4항의 규정에 따라 집행관이 건물을 조사한 때에는 '㉠ 사건의 표시, ㉡ 조사의 일시·장소와 방법, ㉢ 건물의 지번·구조·면적, ㉣ 조사한 건물의 지번·구조·면적이 건축허가 또는 건축신고를 증명하는 서류의 내용과 다른 때에는 그 취지와 구체적인 내역'에 건물의 도면과 사진을 붙여 정하여진 날까지 법원에 제출하여야 한다(규칙 42조 1항).

(2) 법원의 조치

(가) 경매개시결정 또는 경매신청의 각하

집행법 81조 1항 2호 단서에 따라 채권자가 제출한 서류 또는 집행규칙 42조 1항의 규정에 따라 집행관이 제출한 서면에 의하여 강제경매신청을 한 건물이 건축허가 또는 신고된 사항과 동일하다고 인정되지 아니하는 때에는 법원은 강제경매신청을 각하하여야 한다(규칙 42조 2항). 따라서 미등기 건물이 건축신고 또는 건축허가된 것과 사회통념상 동일하다고 인정되는 경우에만 강제집행이 허용된다.

아울러 미등기 건물이 건축허가 또는 건축신고된 것과 면적·구조 등에서 다소 차이가 있으나 사회통념상의 동일성은 인정되어 경매개시결정을 하는 경우에는 집행관의 조사결과 등에 의하여 나타난 실제 현황을 기준으로 등기촉탁을 하여야 하고, 건축허가 또는 건축신고된 내용을 기준으로 촉탁하여서는 아니 된다.

한편, 이 경우 동일성 여부는 구체적인 사건에서 법원이 판단할 수밖에 없는데, 이 쟁점에 대해서도 뒤의 "다) 부동산등기법상 등기 가능한 건물"에서 정리한다.

(나) 등기촉탁

① 미등기 건물의 처분제한등기의 촉탁서의 첨부서면

처분제한 등기 촉탁시 부동산등기법 131조의 적용이 배제된다 하더라도 소유권보존등기를 위한 최소한의 요건인 소유자의 증명과 등기능력 있는 부동산 표시가 특정되지 않고는 등기할 수 없으므로, 이에 대한 자료의 제출은 필요하다.

㉠ 건물의 지번·구조·면적을 증명할 수 있는 경우: 소유자 및 부

동산표시를 증명하는 서면(건축물대장, 건축물 사용승인서, 건축물사용검사필증, 재산세과세증명서 등), 건축허가서 또는 건축신고서, 건축물 사용승인을 받았는지 여부를 확인하는 서면을 붙여야 한다.

㉡ 건물의 지번·구조·면적을 증명할 수 없는 경우 : 집행관의 조사서면, 소유자임을 증명하는 서면, 건축허가서 또는 건축신고서, 건축물 사용승인여부를 확인하는 서면을 붙여야 한다. 두 경우 모두 소유자의 주민등록번호와 주소를 알 수 있는 서면(주민등록등본 등)을 함께 제출하여야 한다.

② 각 서류의 내용

㉠ 건물의 소유자 및 건물의 지번·종류·구조·면적을 증명할 서면(또는 집행관의 조사서면) : 등기부의 공시와 관련하여 부동산등기법에서 인정할 수 있는 건물이란 지붕과 벽 또는 이와 유사한 것을 갖춘 토지에 정착한 공작물로서 쉽게 해체·이동할 수 없는 것이어야 하며, 건물의 개수는 물리적인 구조뿐 아니라 거래 또는 이용의 목적물인 건물의 상태에 의하여 정하여 지는 것으로 구체적인 등기능력 여부에 대한 판단은 등기관의 형식적 심사(구분건물은 실질적 심사 가능)에 의할 것이다. 관공서 발행의 인증서면으로 건물의 소재와 지번, 건물의 종류, 구조 및 면적 등이 기재되어야 하며 소유자를 특정할 수 있어야 하므로, 건축물대장, 건축물 사용승인서, 건축물사용검사필증, 재산세과세증명서 등이 이에 해당한다 할 것이다(등기예규 901호).

소유자의 주민등록번호와 주소를 알 수 있는 서면도 제출하여야 한다. 통상 주민등록등본 등을 제출하면 되고, 법인이나 외국인(주민등록번호가 없는 재외국민 포함)의 경우에는 부동산등기용등록번호를 제출하여야 한다.

건물의 지번·구조·면적을 증명하지 못할 경우에는 집행관의 조사서면을 등기촉탁서의 첨부서면으로 제출하여야 한다. 집행관의 조사에 의하여 부동산을 특정하여도 등기능력이 인정되지 않거나 건축 중인 건물 또는 그 건물의 현황이 건축허가서 또는 건축신고서와 부합하지 않은 경우에는 등기관은 등기촉탁을 각하하여야 하므로, 집행관의 조사서면 작성시 건물의 소재와 지번, 종류, 구조, 용도, 면적 등을 구체적으로 적도록 하는 한편 등기능력이 있는지 여부를 미리 판단하도록 한 다음 집행법원에서 이를 확인하는 절차를 거쳐 등기촉탁하는 것이 바람직하다. 결국 부동산의 표시가 특정되고 건축허가서 등과 일치하여야 등기할 수 있을 것이다.

㉡ 건축허가 또는 건축신고 증명서면: 집행법 81조 1항 2호 단서에는 건축허가 또는 건축신고 증명서면을 첨부하도록 하고 있으나, 그 밖에 건물이 완공되어 존재한다는 사실도 확인될 수 있어야 한다.

㉢ 건축법상 사용승인을 받았는지 여부를 증명하는 서면: 부동산등기법에서 사용승인을 받아야 할 건물로서 승인을 받지 않은 경우에 등기부의 표시란에 그 사실을 적도록 하고 있으므로(부등법 134조 3항 단서), 사용승인을 받았는지 여부만 소명하면 되고, 집행대상인 미등기 건축물이 사용승인의 대상인지 여부에 대한 판단은 필요 없다.

③ 등기의 촉탁

㉠ 미등기 건물에 대한 소유권처분제한의 등기를 촉탁함에 따라 보존등기를 하는 경우에는 부동산등기법 131조의 규정의 제한을 받지 않으므로(부등법 134조 3항), 집행법원에서 위와 같은 첨부서류와 함께 등기촉탁을 하였음에도 등기관이 이를 동법 131조의 서면에 해당되지 아니한다고 판단하여 보존등기를 거부하

여서는 아니된다. 다만 건축법상의 요건 불비로 사용 승인을 받지 못한 건물에 대한 보존등기를 경료할 목적으로 보전처분절차나 매각절차를 악용하는 사례를 방지하기 위하여, 그 보존등기를 함에 있어 그 건물이 건축법상 사용승인을 받아야 할 건물임에도 이를 받지 아니한 때에는 등기부중 표시란에 그 사실을 적어야 하고(부등법 134조 3항 단서, 등기예규 1054호), 위와 같이 등기된 건물에 대하여 그 이후에 건축법상 사용승인이 이루어진 경우에는 1월내에 그 건물의 소유권등기의 명의인은 사용승인을 받았음을 증명하는 건축물대장등본이나 이를 증명할 수 있는 서류를 첨부하여 위 표시란 기재에 대한 말소등기를 신청하여야 한다(부등법 134조 4항, 6항).[10)]

② 위 촉탁에 따른 보존등기는 오직 당해 경매절차만을 위한 등기이므로 매각대금을 납부한 매수인 앞으로의 이전등기를 포함한 일체의 등기는 금지된다는 견해가 있으나, 이러한 등기도 통상의 보존등기와 그 효력이 다르지 않으므로, 그 이후의 등기가 금지되는 것은 아니다. 또 경매신청이 유효하게 취하되거나 경매절차의 취소결정이 확정됨으로써 경매절차가 종료되었다고 하여 그 보존등기의 말소를 촉탁할 것은 아니다.

다) 부동산등기법상 등기 가능한 건물

(1) 서 설

① 미완성건물이라고 하더라도 부동산인 이상 등기할 수만 있다면 부동산집행을 부정할 필요가 없을 것이므로, 어떤 단계의 건물의 보존등기가 될 수 있는가가 실무상의 중요쟁점이다.

---

10) 위 말소등기의 신청에는 동법 52조 및 131조의2 2항의 규정을 준용하여 채권자 대위권의 행사에 의한 말소등기나 구분건물의 소유자의 다른 구분권자에 대한 대위가 가능하다.

등기내용은 등기된 건물의 실제 현황을 표창하여야 하므로 사소한 차이가 있더라도 등기된 내용과 건물의 실제현황 사이에는 동일성이 인정되어야 하는바, 부동산등기법 41조, 42조 등의 관련 규정을 종합하면 일단 건물의 경우 등기사항은 지번·구조·면적이므로, 등기부와 실제 건물과의 동일성 또한 지번·구조·면적을 기준으로 판단하여야 할 것이다.

집행법이 미등기건물의 집행과 관련하여 지번·구조·면적을 증명할 서류의 제출을 요구하는 것은 부동산등기법상의 관련규정과의 조화를 유지하기 위한 것으로 보인다.

따라서 건축된 건물이 신고 또는 허가된 내용과 지번·구조·면적이 사회통념상 동일하면 부동산등기법상 일단 등기할 수는 있을 것이다.

② 그런데 여기서 **신고 또는 허가된 내용과 지번·구조·면적이 동일하다는 것**은 무엇을 의미할까?

부동산등기법 55조 10호는 건물이 건축물대장과 부합하지 아니한 때에는 등기신청을 각하하도록 규정하고 있는바, 미완성건물의 경우에는 예외적으로 법원의 촉탁에 의하여 등기가 가능한 경우에도 건축물대장이 작성되지 아니하였으므로 건축물대장과의 정합여부를 판단할 수는 없을 것이나, 건축물대장은 건물이 사용승인받은 후에 건축허가서류를 기초로 작성되는 것이므로 적어도 우리 부동산등기법은 등기사항인 지번·구조·면적에 있어서는 허가내용과 같은 정도의 공정률과 적법성을 요구하는 것이라고 볼 수 있다.

③ 이렇게 본다면 부동산등기법이 등기요건으로 요구하는 허가된 내용과의 동일성은 **건축의 완성도**(즉 건축된 정도가 건축신고 또는 건축허가받은 내용만큼 완성되었다고 볼 수 있을 정도로 건축되어 있을 것)**와 적법성**(즉 건축된 부분이 신고된 대로 또는 허가받은 대로 적법하게 건축되었을 것), **모두를 요구한다**고 할 것이다.

(2) 집행규칙상의 미등기건물의 취급

> 집행규칙 42조 2항 : 법 제81조 제1항 제2호 단서의 규정에 따라 채권자가 제출한 서류 또는 제2항의 규정에 따라 집행관이 제출한 서면에 의하여 강제경매신청을 한 건물의 지번 · 구조 · 면적이 건축허가 또는 건축신고된 것과 동일하다고 인정되지 아니하는 때에는 법원은 강제경매신청을 각하하여야 한다.

(가) 위 규정의 해석과 미등기건물의 처리

이로써 집행법상의 조문만을 전제로 한 이상의 논의는 다른 각도에서 새로운 문제가 남게 되었다.

위 집행규칙은 '강제경매신청을 한 건물의 지번 · 구조 · 면적이 건축허가 또는 건축신고된 것과 동일하다고 인정되지 아니하는 때에는 법원은 강제경매신청을 각하하여야 한다'고 규정함으로써 마치 '강제경매신청을 한 건물의 지번 · 구조 · 면적이 건축허가 또는 건축신고된 것과 동일하다고 인정되지 아니하는 때' 소유권이 누구에게 있는지 여부와 상관없이 경매 자체를 허용하지 않겠다는 취지로 볼 여지가 생겼기 때문이다.

여기서 집행규칙 42조 2항의 동일성을 어떻게 볼 것인가가 문제된다.

(나) 동일성의 범위에 관한 대법원의 태도

그간의 학술적 논의는 생략하고, 아래에서는 집행법 시행이후 대법원에서 실제로 문제가 되었던 사례를 분석하여 집행법 및 집행규칙의 미등기건물경매에 관한 규정에 관하여 이제까지의 논의에 나타난 쟁점에 대하여 대법원이 어떠한 태도를 견지하고 있는가를 추론하여 본다.

우선 대법원도, 집행법 81조 1항 2호 단서, 3항은 미등기건물의 강제경매신청서에는 그 건물이 채무자의 소유임을 증명할 서류, 그 건물의 지번 · 구조 · 면적을 증명할 서류 및 그 건물에 관한 건축허가 또는 건축신고를 증명할 서류를 붙이거나 그의 조사를 집행법원에 신청하도록 규정하고, 집행규칙 42조 2항은 집행법 81조 1항 2호 단서의 규정에 따라 채권자가 제출한 서류에 의하여 강제경매신청을 한 건물의 지번·구조·면적이 건축허가 또는 건축신고된 것과 동일하다고 인정되지 아니하는 때에는 법원은 강제경매신청을 각하하여야 한다고 규정하며, 부동산등기법 134조 1항은 미등기부동산소유권의 처분제한의 등기촉탁에 의한 등기절차를 규정하면서 3항은 1항의 경우 그 등기촉탁에 따라 건물의 등기를 하는 때에는 건축물 대상에 소유자로서 등록되어 있음을 증명해야 한다는 131조의 규정을 적용하지 않고 등기부 중 표시란에 그 건물이 건축법상 사용승인을 받아야 할 건물임에도 그 사용승인을 받지 않았음을 적도록 하는 취지를 규정하고 있음을 그 출발점으로 삼고 있음을 주목할 필요가 있다. 이는 기본적으로 보존등기를 한 후 경매를 하는 것을 전제로 한 것이고, 나아가 위 사건의 건물은 그 건축정도에 비추어 부동산등기법상 보존등기가 가능할 수도 있다고 판단한 것으로 보인다.

① 2003. 7. 15.자 2003마353 결정사건

㉠ 건물상황

- 건축허가내용(1991.4.30. 설계변경허가)은 지하 2층 지상 15층
- 1993년경 공사 중단되어 이후 공사가 진척된바 없는데, 중단 당시 건물의 외관은 거의 갖추어져 있고, 다만 건물 하부에 아직 거푸집이나 철근 등이 철거되지 아니한 상태(하층 부분의 외장은 완료되지 아니한 상태로 보인다)
- 2001. 5. 12. 기준의 감정평가에서는 공사중단시의 기성고를 약 70%로 평가하고, 가격평가에 있어서는 30%의 감가율을 적용하여 건물가액은 38억원 정도로 평가하였는데, 위 감정평가에서는 가설공사, 기초 및 토공사, 철근콘크리트 공사, 조적공사, 타일공사 등이 상당부분 진행된 상태이나, 위생시설, 방화시설, 수변전설비, 오수처리시설, 정화설비, 자가발전설비, 기계식주차설비 등의 부대설비가 설치되지 않았다고 감정

- 경매법원의 사실조회에 대하여 2002. 11. 7. 관할 ○○구청장은 골조공사가 완료된 상태로서 공정율은 50%에 불과하여 사용승인신청을 하지 못하고 있다고 회신

위 사실을 검토하여 보면, 위 건물은 ④의 사용가능 미등기건물이 아니라 ③의 부분적 미완성건물임이 명백하다. 위 사건에 대하여 위 사건의 집행법원 및 원심법원은, 위 건물은 부동산이라 할 수는 있겠으나 등기할 수 없는 상태이어서 등기하는 방법으로 압류가 행하여지는 부동산경매의 대상이 될 수는 없다고 판단하였다.

㉡ 대법원의 판단(2003.7.15. 파기환송)[11]

이 사건 건물은 위생시설방화시설주변전설비오수처리시설정화설비자가발전설비기계식주차설비 등의 부대설비가 설치되지 아니하였으나, 가설공사기초 및 토공사철근콘크리트 공사조적공사타일공사 등은 상당부분 진행된 상태로서 설계변경된 건축허가의 내역과 같이 지하 2층 지상 15층 건물로서의 외관을 거의 갖추고 있는 사실, 이 사건 건물의 1993년경 공사중단시의 기성고는 약 70%이나, 이후 중단으로 인하여 현재의 공정율은 50% 정도로 평가되고 있는 사실 등을 알 수 있다. 위의 법리와 위에서 인정한 사실 등에 따르니, 이 사건 건물의 현장은 건축허가시에 나타난 지번구조면적과 별 차이가 없어 보이고 공사진행 정도도 상당하여 현재의 상태로도 강제경매의 대상이 될 여지가 있다.

11) 위 결정은, 비록 완공되지 아니하여 보존등기가 경료되지 아니하였거나 사용승인되지 아니한 건물이라고 하더라도 채무자의 소유로서 건물로서의 실질과 외관을 갖추고 그의 지번·구조·면적 등이 건축허가 또는 건축신고의 내용과 사회통념상 동일하다고 인정되는 경우에는 이를 강제경매의 대상으로 삼을 수 있다고 할 것이라고 전제하고 아래와 같이 판단하였다.

원심으로서는 이 사건 건물의 현상과 건축허가의 내용과의 차이, 아직 공사가 이루어지지 아니한 부분의 내용 등에 관하여 더욱 자세히 심리한 후 그에 의하여 밝혀진 사실을 토대로 하여 이 사건 건물이 강제경매의 대상이 될 수 있는지에 관한 판단에 나아갔어야 할 것이다.

② 대법원 2004. 9. 3.자 2004마480 결정

㉠ 건물상황

- 지하 2층, 지상 10층으로 허가받아 시공 중 지하 2층, 지상 8층까지 골조공사만 완료된 채 중단되었고, 중단될 때까지의 공정률은 50% 미만으로 추정된다. 기시공부분은 허가받은 대로 적법하게 시공되었다고 보여진다.
- 집행법원은 미완성을 이유로 경매신청을 각하하였고 원심법원은 항고를 기각하였다.

㉡ 대법원의 판단(2004.9.3. 재항고 기각)

미등기건물의 경우 비록 적법하게 건축허가를 받았거나 건축신고를 마친 후 건축되었고, 또 토지와는 별도의 독립된 부동산으로 볼 수 있는 정도로 건축되었다고 하더라도 이미 시공된 부분이 지번, 구조, 면적에 있어서 건축허가 또는 건축신고된 것과 사회통념상 동일성이 인정될 정도로 시공되지 아니한 건물에 대하여는 강제집행을 허용할 수 없다고 보여진다.

그런데 이 사건 건물은 지하 2층, 지상 10층으로 건축허가를 받았으나 지상 8층까지 골조공사가 완료되고, 지상 9층 부분은 거푸집만 둘러진 상태에서 공사가 중단된 상태인 사실을 인정할 수 있는바, 그렇다면 이 사건 건물은 비록 건축허가받은 지번에 건축되기는 하였으나 시공 정도로 보아 구조 및 면적이 건축허가받은 것과 동일성이 없다고 할 수밖에 없으므로 결국 이 사

건 건물에 대한 경매신청은 집행규칙 42조 2항에 의하여 경매신청을 각하할 수밖에 없을 것이다.

㉢ 위 결정의 분석

위 사건은 집행규칙 42조 2항의 동일성에 관하여 명시적으로 기성부분의 완성도 및 적법성을 중시하는 견해를 채택하였다고 볼 수 있다.

따라서 위 판례에 따르면 미등기인 채로 경매하는 것은 현재로서는 허용되지 않는다고 볼 수 있다.

③ 대법원 2004. 10. 14.자 2004마342 결정

㉠ 건물상황

- 경매신청인은 토지상의 제1순위 근저당권자로서, 이 사건 건물이 근저당 취득시 나대지였던 토지에 근저당설정 후에 건축된 것임을 이유로 민법 365조에 의하여 저당지와 그 지상의 건물에 대한 일괄경매청구권을 행사하여 이 사건 경매를 신청하였다.
- 건물은 4층으로 허가받아 4층까지의 골조공사는 종료되었다. 외벽, 내벽, 천장, 바닥, 창호 등이 시공된 상태로서, 공정률 약 75%에서 공사중단되었고, 설계도상으로는 칼라 아스팔트 싱글 지붕이지만 미완성으로서 슬래브상태이며, 위생설비 및 냉난방설비 안되어 있다. 2003마353 사건은 결정 당시 골조공사를 위하여 설치한 거푸집이나 철근 등이 철거되지 아니한 것으로 보아 하층 부분의 외장은 완료되지 아니한 상태이나, 위 사건 건물은 골조공사가 완료되어 위와 같은 거푸집이나 철근이 모두 철거된 상태로서 공정률이 더 높다.
- 지상 2, 3, 4층의 공부상 면적은 각 162.60㎡인데 실측면적은 193㎡이나 이는 위법은 아니라고 한다.
- 집행법원은 위 건물이 미완성이라는 이유로 경매신청을 각하

하였고, 원심은 항고를 기각하였다.

㉡ 대법원의 판단(2004.10.14. 파기환송)

비록 완공되지 아니하여 보존등기가 경료되지 아니하였거나 사용승인되지 아니한 건물이라고 하더라도 채무자의 소유로서 건물로서의 실질과 외관을 갖추고 그의 지번·구조·면적 등이 건축허가 또는 건축신고의 내용과 사회통념상 동일하다고 인정되는 경우에는 이를 부동산경매의 대상으로 삼을 수 있다고 할 것이다.

기록에 의하니, 이 사건 건물은 위생설비 및 냉난방설비 등의 부대설비가 설치되지 아니하였으나, 외벽, 내벽, 천장, 바닥, 창호공사 등은 종료된 상태로서 건축허가의 내역과 같이 지하 1층, 지상 5층 건물로서의 외관을 갖추고 있으며, 현재의 공정율은 70에서 75% 정도로 평가되고 있는 사실 등을 알 수 있다.

위의 법리와 위에서 인정한 사실 등에 따르니, 이 사건 건물의 현장은 건축허가서에 나타난 지번·구조·면적과 별 차이가 없어 보이고 공사진행 정도도 상당하여 현재의 상태로도 부동산경매의 대상이 될 여지가 있다.

㉢ 위 결정의 분석

위 사건은 앞에서 본 두건과 판시내용은 거의 같지만, 두건과 달리 "건물의 경우 건물에 관한 표시등기사항으로 건물의 지번·종류·구조 및 면적을 기재하도록 하고 있을 뿐이다(부동산등기법 41조, 42조 등 참조)"라는 점을 부가하여 설시함으로써, 부동산등기법상의 건물의 표시등기사항은 지번·종류·구조 및 면적임을 강조하고 있다는 점이 특이하다.

④ 대법원 2009. 5. 19.자 2009마406 결정

위 사건은 경매신청사건이 아니라, 완공되지 않아 소유권보존등기

가 마쳐지지 않았거나 사용승인되지 않은 건물이 보전처분의 대상이 되기 위한 요건에 관한 것이다.

㉠ 집행법 81조 1항 2호 단서, 3항은 미등기건물의 강제경매신청서에는 그 건물이 채무자의 소유임을 증명할 서류, 그 건물의 지번·구조·면적을 증명할 서류 및 그 건물에 관한 건축허가 또는 건축신고를 증명할 서류를 붙이거나 그의 조사를 집행법원에 신청하도록 규정하고, 집행규칙 42조 2항은 집행법 81조 1항 2호 단서의 규정에 따라 채권자가 제출한 서류에 의하여 강제경매신청을 한 건물의 지번·구조·면적이 건축허가 또는 건축신고된 것과 동일하다고 인정되지 아니하는 때에는 법원은 강제경매신청을 각하하여야 한다고 규정하며, 집행규칙 218조는 보전처분의 집행에 관하여는 특별한 규정이 없으면 강제집행에 관한 규정을 준용하도록 규정하고 있는바, 위 규정들을 종합하여 보면, 완공되지 아니하여 보존등기가 경료되지 아니하였거나 사용승인되지 아니한 건물이라고 하더라도 채무자의 소유로서 건물로서의 실질과 외관을 갖추고 그의 지번·구조·면적 등이 건축허가 또는 건축신고의 내용과 사회통념상 동일하다고 인정되는 경우에는 보전처분의 대상으로 삼을 수 있다고 할 것이나, 그에 이르지 못한 경우에는 보전처분의 대상이 될 수 없는 것으로서 해당 미등기건물에 대한 보전처분신청은 각하되어야 할 것이다.

㉡ 이 사건에 관하여 보면, 재항고인의 주장 및 그 제출 자료에 의하더라도 이 사건 아파트는 각 동별로 14 내지 15층으로 건축허가를 받았으나 각 동별로 10 내지 13층까지만 골조공사가 진행된 채 전체 공사가 중단되었고, 따라서 현 상태로서는 공사중인 이 사건 아파트와 건축허가받은 내역 사이에 그 구조적인 면에서 동일성을 인정할 수 없는 것이므로, 원심의 판단은 그 이유

가 다소 부적절하기는 하나 이 사건 신청을 각하한 결론에 있어서는 정당하다.

⑤ 대법원 태도의 종합적 분석

위 4건의 결정례만을 참조여 대법원의 태도가 무엇인지를 결론짓는 것은 시기상조이고, 더구나 골조공사가 끝난 건물에 대하여 경매신청을 불허한 원심법원의 결정을 심리미진으로 파기하였을 뿐 경매가 가능하다고 명시적으로 판시한 것은 아니지만, 일단 조심스럽게 추측하건대, 완공되지 아니하여 보존등기가 경료되지 아니하였거나 사용승인되지 아니한 건물이라고 하더라도 채무자의 소유로서 건물로서의 실질과 외관을 갖추고 그의 지번·구조·면적 등이 건축허가 또는 건축신고의 내용과 사회통념상 동일하다고 인정되는 경우에는 이를 부동산경매의 대상으로 삼을 수 있다는 것으로 생각된다. 즉 일단 허가받은 대로 골조공사가 완성되었고, 이로 인하여 건물등기사항인 지번·종류·구조 및 면적이 확정되면 일단 등기한 후 나중에 추가공사가 시행되어 건물이 사용가능할 정도로 되더라도 등기사항 자체는 변동이 없으니 이러한 정도의 건물은 부동산집행의 범위로 포섭하려는 것이 아닌가 짐작된다는 것이다.

그리고 위와 같은 정도의 건물은 대개 공정율이 50% 이상인 경우에 해당된다고 한다.

만일 위와 같은 공정의 건물경매가 문제없이 종료되고 낙찰자가 안전하게 소유권을 확보하며 채권자들도 그 매각대금으로 변제(만족)를 받을 수 있다면, 당초 집행법이나 집행규칙이 의도하였던 건축의 완성도, 즉 즉시 사용가능한 정도였는지에 상관없이, 건축허가의 내역과 같은 건물로서의 외관을 거의 갖추고 있는 부분적 미완성건물도 보존등기하여 경매할 수 있는 길을 열었다고 볼 수 있을 것이다.

그리고 이러한 태도는 건물의 등기사항인 지번·구조·면적이 신고 또는 허가받은 것과 동일성이 인정되는 정도로 건축된 이상 즉시 사용승인을 얻을 수 없더라도 그대로 등기된 내용이 일단 건물의 현황을 표창하고, 나중에 사용승인을 받을 수 있을 정도로 완성된 후에 다시 새로운 등기부를 만들 필요없이 위 등기부를 그대로 완성된 건물의 등기부로 사용할 수 있다는 점에서 수긍할 수 있다. 왜냐하면 경매개시결정 당시의 부분적 미완성 건물과 사용승인을 얻은 후의 건물은 등기사항인 지번·구조·면적 사이에 동일성이 인정되기 때문이다.

4) 미등기건물의 경매에 따른 유의사항

가) 미등기건물의 소유권입증의 경매절차상의 의의

(1) 매각대상 재산이 집행채무자의 소유임을 전제로 하는 것은 민사집행절차의 가장 기본적인 적법요건(유효요건)이므로, 이 부분은 등기된 건물이든 미등기건물이든 법리에 있어서 전혀 차이가 없다.

다만 미등기건물의 경우에는 등기부에 의한 소유권 입증이 곤란하므로 이로 인하여 경매개시단계에서 특별한 취급을 받게 되는데, 그리하여 집행법 81조 1항도 등기된 부동산의 경우에는 등기부등본을 첨부하도록 규정하면서(1호), 등기되지 아니한 건물인 경우에는 “그 건물이 채무자의 소유임을 증명할 서류(2호)”를 첨부하도록 규정하고 있는 것이다.

(2) 그러나 이는 집행대상 재산이 집행채무자의 것이어야 한다는 집행법의 대원칙을 관철하기 위한 것이므로, 이러한 이유가 미등기건물이 경매대상이 아니라는 논리로 귀결되어서는 안 된다.

오히려 앞에서 본 바와 같이 구 민사소송법 602조 1항 2호가 경매신청시에 첨부서류로서 ‘등기부에 채무자의 소유로 등기되지 아니한 부동산에 대하여는 즉시 채무자의 명의로 등기할 수 있음을 증명할 서류'를 요구하던 것을 집행법이 위와 같이 개정한 이유가 미등기 건물의 경우 등기가능 여부가 경매의 관건이 아니라 집행채무자의 소유임을 확정하는 것이 경매의 관건이라는 점에 대한 인식의 전환에서 비롯된 것임을 주목하여야 한다.

(3) 한편 우리 판례가 도급물의 소유권귀속과 관련하여 건축허가를 받은 자가 항상 원시취득한 것으로 인정하지는 않는다. 따라서 미등기건물의 경우 소유권의 입증은 결국 건축허가명의자 또는 신고명의자와 건축비용의 부담자가 일치한다는 점을 입증하는 것이라고 할 것인데, 이 부분은 결국 입증책임의 문제이다.

나) 건축허가명의가 변경된 경우 소유자 확정

(1) 미완성 건물을 건축주로부터 양수받아 양수인이 나머지 공사를 진행하여 완성한 경우 누구를 소유자로 볼 것인가는 매주 중요한 문제이다.

자기의 비용과 노력으로 건물을 신축한 자는 그 건축허가가 타인의 명의로 된 여부에 관계없이 그 소유권을 원시취득하게 되는바, 건축공사가 중단된 경우 그 건축정도가 토지와는 별도의 독립한 부동산[12]으로 볼 수 있는 정도가 아니라면 그 공사결과는 토지에 부합되므로 그 공사결과도 토지소유권과 운명을 같이 하고 이점에 대하여는 이론이 없다.

(2) 실무상 크게 문제가 되는 것은 지상의 건물이 이미 독립한 건물로 볼 수 있는 정도로 건축된 상태에서 그 건축물을 타인이 인도받아 나머지 공사를 마치고 완공한 경우 그 건물의 원시취득자는 누구인가 인데, 이에 대하여는 중대한 판례변경이 있는 것 아닌가 추측된다.

① 우선 이 점에 관한 이제까지의 대법원의 일관된 판단은 원래의 건축주가 원시취득자라는 것이었다.[13] 민법 256조가 부동산의 소유자는

12) 최소한의 기둥과 지붕 그리고 주벽이 이루어지면 독립한 부동산으로서의 건물의 요건을 갖춘 것이라고 본다(대판 2000다16350 등).

그 부동산에 부합한 물건의 소유권을 취득한다고 규정하고 있으므로 이러한 대법원의 판단은 비교적 민법 256조의 법문에 충실한 해석으로 이해되어 왔다.

이에 관하여는 이미 건축 중인 상태에서 토지소유권과 그 지상건축물의 소유권을 타인에게 실질적으로 양도한 자를 원시취득자로 보는 것은 경제적인 관념에 맞지 않으므로 동산에 관한 부합의 법리[14]를 유추하여 완성된 건물의 소유권은 주된 부동산의 소유자에게 속한다고 하거나, 또는 주종을 구별할 수 없는 때에는 완공된 건물은 양도당시까지 건축된 부분의 가액과 양도 후에 건축된 부분의 가액의 비율로 완공된 건물을 공유한다는 견해 등이 제기되었으나 민법 256조의 문리해석과 관련하여 난관에 봉착하여 있었다.

② 그런데 대법원 2006. 11. 9. 선고 2004다67691 판결은 건물의 구조와 형태가 구분소유권의 객체가 될 수 있을 정도에 이르고 토지의 부합물로 볼 수 없는 미완성 건물을 건축주로부터 양수받아 나머지 공사를 진행하여 그 구조와 형태 등이 건축허가의 내용과 사회통념상 동일하다고 인정될 정도로 건물을 축조한 경우, 그 건물 소유권의 원시취득자는 양수인이라고 판시하였다.

판결이유를 자세히 보면, 건물이 설계도상 처음부터 여러 층으로 건축할 것으로 예정되어 있고 그 내용으로 건축허가를 받아 건축공사를 진행하던 중에 건축주의 사정으로 공사가 중단되었고 그와 같이 중단될 당시까지 이미 일부 층의 기둥과 지붕 그리고 둘레 벽이 완성되어 그 구조물을 토지의 부합물로 볼 수 없는 상태에 이르렀다고 하더라도, **제3자가 이러한 상태의 미완성 건물을 종전 건축주로부**

13) 대판 2005다68783 등

14) 제257조(동산간의 부합) 동산과 동산이 부합하여 훼손하지 아니하면 분리할 수 없거나 그분리에 과다한 비용을 요할 경우에는 그 합성물의 소유권은 주된 동산의 소유자에게 속한다. 부합한 동산의 주종을 구별할 수 없는 때에는 동산의 소유자는 부합당시의 가액의 비율로 합성물을 공유한다.

터 양수하여 나머지 공사를 계속 진행한 결과 건물의 구조와 형태 등이 건축허가의 내용과 사회통념상 동일하다고 인정되는 정도로 건물을 축조한 경우에는, 그 구조와 형태가 원래의 설계 및 건축허가의 내용과 동일하다고 인정되는 건물 전체를 하나의 소유권의 객체로 보아 그 제3자가 그 건물 전체의 소유권을 원시취득한다고 보는 것이 옳고, 건축허가를 받은 구조와 형태대로 축조된 전체 건물 중에서 건축공사가 중단될 당시까지 기둥과 지붕 그리고 둘레 벽이 완성되어 있던 층만을 분리해 내어 이 부분만의 소유권을 종전 건축주가 원시취득한다고 볼 것이 아니며, 또한 **구분소유가 성립하는 시점은 원칙적으로 건물 전체가 완성되어 당해 건물에 관한 건축물대장에 구분건물로 등록된 시점**이라고 할 것이므로, 건축공사가 중단될 당시까지 종전 건축주에 의하여 축조된 미완성 건물의 구조와 형태가 구분소유권의 객체가 될 수 있을 정도가 되었다고 하더라도 마찬가지라고 판시하였다.

③ 왜 이 판결이 집행법상 의미를 갖는지는 바로 이러한 건물이 집행의 대상으로 될 경우 종전에는 늘 양도인이 원시취득자라는 법리에 막혀 실제로 건물을 완성시킨 양수인의 소유로 인정될 수 없다보니 건물은 집행의 대상에서 제외되기 일쑤고 나아가 토지만이 매각되다가 결국에는 토지와 건물의 소유권이 분리되어 건물이 법정지상권에 의하여 보호받지 못할 경우에는 철거되어야 하는 경우가 적지 않았는데, 위 판결이 일반화될 경우 적어도 그러한 불합리한 사례가 상당히 줄어들 것으로 보이기 때문이다.

위 사건의 건물이 구분소유의 대상이 되는 집합건물이라는 점이 부각되기는 하였으나 과연 그러한 사정으로부터 기존의 판례와 다른 판단이 논리필연적으로 귀결되는 것인지는 다소 의문이 없지 않지만, 그 결론은 위에서 본 건축물의 소유권 귀속을 둘러싼 사회경제적인 문제를 고려하면 적극 찬성할 수 있다.

다. 공장재단, 광업재단

① 공장 및 광업재단저당법에 의한 공장재단, 광업재단은 1개의 부동산으로 취급되어 강제경매의 대상으로 된다(공장 및 광업재단저당법 8조, 12조).

② 특히 공장저당법 4조, 5조, 7조 1항(현행 공장 및 광업재단저당법 3조, 4조, 6조 1항)에 의하면, 공장저당의 목적이 된 토지 또는 건물과 거기에 설치된 기계, 기구 등은 이를 분할하여 경매할 수 없으므로, 그 부동산에 신청근저당권자 이외의 근저당권자의 공장저당이 있을 때에는 경매법원으로서는 그 근저당권자의 공장저당의 목적이 된 기계, 기구 등도 함께 일괄경매하여야 한다(대결 2001마785). 다만 공장저당법(현행 공장 및 광업재단저당법)에 정하여진 공장재단을 이루지 아니한 다수의 토지가 공장저당의 목적물이 된 경우에 있어서 그 중 일부의 토지 위에 공장에 속하는 건물이나 공장의 공용물 등이 설치되어 있지 아니하면 단순히 공동으로 공장저당의 목적물이 되었다는 이유만으로 다수의 토지 전부에 대하여 일괄매각하여야 하는 것은 아니고, 이러한 경우에도 그 토지들이 공장의 부지로 상용되고 있는 것으로 사회통념상 인정될 수 있는 경우에 이를 공장건물이 서 있는 토지와 마찬가지로 보아 그 토지 또는 건물 및 공장의 공용물 등과 분리하여 분할매각을 할 수 없고, 특히 농지가 공장에 속하는 토지 또는 건물 및 공장의 공용물 등과 함께 공장저당의 목적물이 된 경우에 있어서 그 농지 위에 공장에 속하는 건물이나 공장의 공용물 등이 설치되어 있지 아니하면 단순히 공장저당의 목적물이 되었다는 이유만으로 그 농지에 대하여도 일괄매각할 수는 없다(대결 2004마796).

③ 공장저당법(현행 공장 및 광업재단저당법)에는 일괄경매 등 특수한 법리가 적용되는데 당분간 공장저당권에 기한 경매사건이 폭증할 것으로 예상되므로 공장저당사건의 경우 관련 판례의 분석 등 주의를 요한다.

라. 광업권, 어업권

광업권, 어업권은 법률상 부동산으로 취급되므로(광업법 12조, 수산업법 15조 2항) 이들은 강제경매의 대상으로 된다.

그러나 공동광업권자의 지분은 다른 공동광업권자의 동의가 없으면 처분할 수 없으므로(광업법 34조 2항) 그 지분은 강제경매의 대상이 되지 아니한다(재민 63-16).

마. 지상권 · 전세권 등

금전채권에 기초한 강제집행에서 지상권 및 그 공유지분은 부동산으로 본다(규칙 40조).

등기된 전세권 중 존속기간이 만료되지 않은 전세권에 대하여는 전세권 자체에 대하여 그 밖의 재산권에 대한 집행방법(법 251조 1항)[15]에 의하고,[16]

---

15) 제251조(그 밖의 재산권에 대한 집행) ① 앞의 여러 조문에 규정된 재산권 외에 부동산을 목적으로 하지 아니한 재산권에 대한 강제집행은 이 관의 규정 및 제98조 내지 제101조의 규정을 준용한다.

16) 일반적으로 집행법 제251조에 의한 집행의 대상이 될 수 있는 재산권으로는 특허권, 실용신안권, 의장권, 상표권, 저작권 등의 지적재산권, 양도가능한 전화의 전화사용권, 골프회원권 · 스포츠회원권 · 콘도회원권 등과 같은 설비의 이용을 목적으로 하는 재산권, 유체동산의 공유지분권, 합명회사 · 합자회사 · 유한회사의 사원권, 조합원의 지분권, 예탁유가증권, 전세권 등을 들 수 있다. 집행방법은 압류, 현금화 및 배당의 단계로 진행되는 점은 다를 바가 없고, 다만 현금화의 구체적인 방법이 재산권의 종류에 따라 달라지는데, 추심명령(그 밖의 재산권에서 생기는 금전채권, 예컨대 사원권으로부터 생기는 이익배당청구권, 지분환급청구권, 골프장회원권에 관련된 예탁금반환청구권 등)이나 전부명령(券面額이 있는 집행대상에만 허용되므로 그 재산권으로부터 생기는 금전채권에 대하여만 가능) 외에 특별현금화방법{매각명령(일반의 거래대상이 되는 권리에 대하여 법원이 집행관에게 매각을 명하는 것으로 집행관은 매각의 방법으로 권리를 처분하여 그 매각대금을 법원에 제출하면 배당절차 진행), 양도명령(법원이 압류 재산권을 평가하게 하여 그 금액으로 채권자에게 양도하는 현금화처분으로 전부명령에 준하는 것이므로 양도명령이 효력을 발생하면 집행채권이 양도금액의 범위에서 소멸하여 강제집행절차가 종료), 관리명령(용익권, 출판권, 지적재산권 등 제3자가 용이하게 관리할 수 있고 수익을 얻을 것이 확실히 기대되는 재산권에 대하여는 관리인으로 하여금 권리를 관리하게 하여 그 수익으로 변제에 충당) 등}이 더 자주 사용된다.

존속기간이 만료되거나 **합의해지된 전세권에 대하여는 전세금반환채권**(전세권부채권)**에 대하여 압류 및 추심명령 또는 전부명령을 받아 집행**한다.

반면 전세권에 대하여 설정된 저당권의 실행방법은 부동산매각절차에 따라야 한다(대결 95마684).

채권담보를 목적으로 하는 가등기상의 권리, 부동산환매권 등은 모두 그 밖의 재산권에 대한 강제집행의 대상이 될 수 있을 뿐이고 부동산집행의 목적은 되지 아니한다.[17)]

바. 자동차, 건설기계 및 항공기

자동차, 건설기계 및 항공기는 실체법상으로 동산이지만 그 특수성에 비추어 등록된 자동차와 건설기계에 대한 강제집행은 집행규칙에 특별한 규정이 없으면 부동산에 대한 강제경매의 규정을 따르고(규칙 108조, 130조) 등록된 항공기에 대한 강제집행은 선박에 대한 강제집행의 예에 따라 실시한다(규칙 106조).

3. 집행법원

부동산에 대한 강제집행은 그 부동산이 있는 곳의 지방법원이 관할한다(법 79조 1항, 268조). 법률 또는 이 규칙에 따라 부동산으로 보거나 부동산에 관한 규정이 준용되는 것에 대한 강제집행은 그 등기 또는 등록을 하는 곳의 지방법원이 관할한다(규칙 41조).

이 관할은 전속관할이므로(법 21조) 당사자의 합의에 의하여 다른 법원을 관할법원으로 정할 수 없으며, 변론관할도 생길 수 없다.

여러 개의 부동산이 별개의 지방법원의 관할구역 내에 산재하고 있는

---

17) 부동산에 대한 용익물권 중 지역권은 요역지의 소유권에 부종하며(민법 292조 1항), 요역지와 분리하여 처분할 수 없으므로(동조 2항), 독립하여 부동산집행의 대상이 되지 아니한다.

경우에는 각별로 관할이 생기며 동일절차에 의하여 경매할 수 없지만, 법원은 각각 경매신청된 여러 개의 재산 또는 다른 법원이나 집행관에 계속된 경매사건의 목적물에 대하여 일괄매각의 결정을 한 다음, 다른 법원 또는 집행관으로부터 그 목적물에 대한 경매사건을 이송받아 병합할 수 있다(법 99조).

Ⅱ. 강제경매의 신청

1. 신청의 방식

민사집행의 신청은 서면으로 하여야 한다(법 4조). 신청서에는 정해진 사항을 적어야 하고(법 80조), 또 소정의 서류를 붙여야 한다(법 81조). 또한 소정의 인지(5,000원)를 첩부하여야 한다(인지법 9조 2항, 재민 91-1). 여러 개의 집행권원에 기하여 신청을 하는 경우에는 집행권원의 수에 따른 인지를 첩부하여야 한다.

2. 신청서의 기재사항

강제경매신청서에는 다음 사항을 적어야 한다(법 80조).

가. 채권자 · 채무자와 법원의 표시(법 80조 1호)

1) 채권자와 채무자

가) 채권자와 채무자의 특정

채권자와 채무자를 특정할 수 있도록 그 이름과 주소를 표시하여야 한다.

여기서 채권자라 함은 강제집행을 신청하는 자를 말하고 채무자라 함은 강제집행을 받을 자를 말하는 것이며, 따라서 채권자·채무자의 이름, 주소는 신청서에 첨부된 집행력 있는 정본에 표시된 것과 일치되어야 한다. 또한 채무자의 이름, 주소는 신청서의 첨부서류인 등기부등본 또는 물건소유증명서에 기재된 소유자의 이름, 주소와 부합되어야 한다.

▶ 집행법적 관점에서의 상속과 채무승계의 관계 ◀

① 요즘 자주 문제가 되는 상속의 한정승인과 상속포기는 본안보다 집행법 분야에서 더욱 중요한 법리를 발현한다.

② 한정승인의 경우, 대법원 2006. 10. 13.선고 2006다23138 판결은 채무자가 한정승인을 하고도 채권자가 제기한 소송의 사실심 변론종결시까지 그 사실을 주장하지 아니하여 책임의 범위에 관한 유보가 없는 판결이 선고되어 확정되었다고 하더라도, 채무자는 그 후 위 한정승인 사실을 내세워 청구에 관한 이의의 소를 제기할 수 있다고 판단하였다.

그렇다면 이미 상속인의 고유재산에 대하여 경매가 신청된 경우에는 어떻게 처리하여야 하는가? 한정승인에 따른 책임의 범위에 관한 유보가 없는 판결이 확정되어 이 판결에 기하여 상속인의 고유재산에 집행이 개시된 경우에는 청구이의로 다툴 수밖에 없고, 청구이의판결을 통하여 집행을 불허하는 판결이 제출되거나 또는 그 전이라도 집행을 정지하는 결정이 제출되기 전에는 집행을 속행할 수밖에 없다. 반면에 이미 책임의 범위에 관하여 상속재산으로 한정된 판결에 기하여 상속인의 고유재산에 집행이 된 경우에는 경매신청을 각하할 것이고, 이를 받아 들여 경매개시결정이 된 경우에는 경매개시결정에 대한 이의(법 86조)로 다툴 수 있다.

③ 상속의 포기의 경우에는 어떨까?

위 판결이유 중 한정승인에 의한 책임의 제한은 상속채무의 존재 및 범위의 확정과는 관계가 없고, 다만 판결의 집행대상을 상속재산의 한도로 한정함으로써 판결의 집행력을 제한할 뿐이라고 설시한 점이 중요한 힌트이다. 즉 한정승인의 경우 채무 그 자체는 그대로 제한없이 승계되고, 다만 그 집행의 범위를 상속재산의 한도로 할 뿐이라는 것인바, 상속포기의 경우 채무 그 자체의 승계를 거부하는 것이므로 이는 집행력의 제한이 아닌 채무 그 자체의 존재 및 범위를 확정하는 법률행위이다. 따라서 사실심 변론종결 전에 상속포기를 하고도 이를 항변으로 주장 · 입증하지 아니한 결과 패소판결이 확정되었다면, 이는 마치 변제하고도 변제항변이 인정되지 아니한 것과 마찬가지로, 실체적으로 존재하지 아니하는 채권에 의한 강제집행으로서 신의칙에 반하는 극히 예외적인 경우가 아닌 이상 그 확정판결의 집행을 저지할 방법이 없는 것이다.

한정승인과 상속포기의 집행법상의 효력이 어떠한지는 대법원 2009. 5. 28. 선고 2008다79876 판결이 적확하게 판단하고 있는바, 위 판결은, "채무자가 한정승인을 하였으나 채권자가 제기한 소송의 사실심 변론종결시까지 이를 주장하지 아니하는 바람에 책임의 범위에 관하여 아무런 유보 없는 판결이 선고 · 확정된 경우라 하더라도 채무자가 그 후 위 한정승인 사실을 내세워 청구에 관한 이의의 소를 제기하는 것이 허용되는 것은, 한정승인에 의한 책임의 제한은 상속채무의 존재 및 범위의 확정과는 관계없이 다만 판결의 집행 대상을 상속재산의 한도로 한정함으로써 판결의 집행력을 제한할 뿐으로, 채권자가 피상속인의 금전채무를 상속한 상속인을 상대로 그 상속채무의 이행을 구하여 제기한 소송에서 채무자가 한정승인 사실을 주장하지 않으면 책임의 범위는 현실적인 심판대상으로 등장하지 아니하여 주문에서는 물론 이유에서도 판단되지 않는 관계로 그에 관하여는 기판력이 미치지 않기 때문이다. 위와 같은 기판력에 의한 실권효 제한의 법리는 채무의 상속에 따른 책임의 제한 여부만이 문제되는 한정승인과 달리 상속에 의한 채무의 존재 자체가 문제되어 그에 관한 확정판결의 주문에 당연히 기판력이 미치게 되는 상속포기의 경우에는 적용될 수 없다"고 판단하였다.

어찌되었든 집행절차에서는 상속포기에도 불구하고 상속인에게 이행을 명하는 판결이 확정되었다면 그 판결에 따를 수밖에 없을 것이고, 문제는 상속이 정당하게 포기되었음에도 불구하고 피상속인에 대한 판결을 기초로 상속인을 상대로 승계집행문을 부여받아 상속인 고유재산에 집행하는 경우인데, 승계집행문부여에 대한 이의 또는 이의의 소를 통하여 구제를 받을 수 있다.[18] 이 경우 당해 경매개시결정에 대하여 경매개시결정에 대한 이의(법 86조)로 다툴 수 있는가 문제되는데, 본래 임의경매신청시에 소유자의 사망사실 및 상속인들의 적법한 상속포기신고사실이 확인될 경우에는 상속재산관리인을 상대로 하지 않는 이상 사망자나 상속인들을 상대로 한 경매신청은 부적법하여 각하하여야 할 것이라는 점에 비추어, 경매개시결정에 대한 이의(법 86조)로 다툴 수 있다고 할 것이다. 다만 상속포기신고서가 제출되었지만 채권자가 그 효력을 다투면서 단순승인의 효력을 주장하는 경우 경매절차에서는 그에 대한 판단을 하기에 적합하지 아니한 경우에는 대심구조를 통한 집행문부여에 대한 이의의 소로 다투도록 하는 것이 타당하다.

한편 채권자입장에서 주의할 것은, 상속의 한정승인신고가 수리되었다고 하여 한정승인이 적법한 것으로 인정되는 것은 아니라는 것이다. 채권자로서는 그 한정승인의 신고 및 그 수리에도 불구하고, 단순승인사유가 발생하였다는 등의 사유를 들어 한정승인이 아닌 단순승인을 주장할 수 있다.

나) 변제자 대위에 의한 승계

민법 481조, 482조 1항에 의하면, 변제할·정당한 이익이 있는 자는 변제로 당연히 채권자를 대위하는 결과, 자기의 권리에 의하여 구상할 수 있는 범위에서 채권자의 채권 및 그 담보에 관한 권리를 행사할 수 있으므로, 채권자가 판결 등의 집행권원을 가지고 있는 때에는 변제자가 승계집행문을 받아 강제집행을 할 수도 있다(대판 2005다64033).[19]

---

18) 이 경우 상속인이 제3자이의의 소를 제기할 수 있는가 문제되나, 제3자이의의 소의 원고는 강제집행의 목적물에 대하여 양도 또는 인도를 저지할 권리가 있음을 주장하는 제3자이다. 제3자란 집행권원 또는 집행문에 채권자, 채무자 또는 그 승계인으로 표시된 자 이외의 자이다. 따라서 채무자는 그 목적물이 자기의 것이 아닌 타인의 재산이라는 것을 이유로 제3자이의의 소를 제기할 수 없고, 승계집행문으로 인하여 피고의 승계인으로 표시된 자가 집행권원의 집행력의 배제를 구하는 소는 제3자이의의 소가 아니다(대판 92다10883).

19) 사실 대위변제자가 채권자를 승계하여 집행할 수 있다는 취지는 가압류에 관한 것이기는 하지만 이미 대법원 1993.7.13. 선고 92다33251 판결에서 판시된 바 있는데, 본 판결이 중요한 의미를 갖는 것은 바로 승계집행문을 얻은 자를 상대로 청구이의라는 형식을 통하여 다툰 소송형식이 적법함을 전제로 하고 있다는 점이다. 민법상 대위에 관한 두 법리 중 후순위저당권자의 대위에 관한 268조 2항의 경우에는 선순위 공동저당권자의 피담보채권은 소멸한 채 저당권만이 차순위저당권자에게 이전되어 차순위저당권자의 채권을 담보하게 된다고 해석하는 반면에 482조 1항에 의한 변제자 대위의 경우에는 법문상 '채권 및 담보에 관한 권리를 행사한다'고 되어 있으므로 채권 자체도 이전된다고 해석하는 것이 통설, 판례이므로 대위변제자가 승계집행문을 얻어 승계집행할 수 있음은 당연하고, 따라서 이미 집

2) 공유부동산의 지분에 대한 경매신청의 경우

공유부동산의 지분에 대한 강제경매신청에 있어서는 채무자인 공유자 이외의 공유자 전원의 이름, 주소 및 채무자가 가지는 지분을 적어야 한다. 다른 공유자에게 강제경매개시결정이 있다는 것을 통지하여야 하고, 또 최저매각가격은 채무자의 지분에 관하여 정하여지기 때문이다(법 139조).

3) 가압류등기를 한 후 채무자로부터 제3자에게 소유권이전등기가 된 경우의 당사자표시

가압류채권자가 본압류를 하는데 있어서는 가압류채무자를 그대로 채무자로 표시하면 족하다. 이 때 가압류등기 후 소유권을 취득한 제3자는 강제경매신청서에 표시할 필요가 없다. 다만 집행권원이 된 채권이 가압류의 기본인 채권과 동일하다는 사실을 증명하여야 한다.

실무에서는 채무자란에 가압류채무자를, 소유자란에 현 소유자를 제3취득자로 기재하고 있고(예컨대 "제3취득자 ○○○"라 표시한다), 경매개시결정문에도 현 소유자를 제3취득자로 표시하고 있으며, 동인에 대한 송달도 하고 있다.

4) 법원의 표시

나. 부동산의 표시(법 80조 2호)

① 경매의 대상이 될 부동산을 특정하여 표시한다.

부동산의 표시는 반드시 모든 점에서 실제와 완전히 부합하여야 되는 것은 아니고 객관적으로 보아서 당해 부동산의 동일성을 인식할 수 있는 정도가 되면 족하다.

여러 개의 부동산에 대하여서도 집행법원이 동일한 한 동시에 경매

행적격을 상실한 채권자가 아닌 승계채권자를 상대로 청구이의를 제기하여야 함이 마땅하다. 위 판결에는 많은 집행법상의 법리가 숨어 있는 것이다.

신청을 할 수 있다.

등기되어 있는 부동산인 경우에는 동일성이 인정되는 한 등기부의 표제부에 기재되어 있는 대로 표시하여야 한다. 미등기의 부속건물이 있거나 건물이 증·개축되어 실제 건평이나 구조가 등기부의 표시와 일치하지 아니할 때에는 그 미등기 부속건물 또는 실제 건물의 구조와 건평을 아울러 표시하여야 하나, 신청단계에서는 이를 심사하지 않고 있고, 감정평가서가 도착한 후 그 내용에 따라 표시를 하게 된다.

구분소유권의 경우에는 1동의 건물 중 구분소유로 된 부분을 특정할 수 있도록 표시하여야 한다. 도면을 첨부하여 특정하여도 좋다.

어느 토지에 대하여 환지예정지가 지정되었다 하더라도 경매신청은 종전의 토지에 대하여 하여야 하므로 종전의 토지를 표시한다. 다만 최저매각가격의 결정에는 환지예정지의 위치, 지적 등이 참작되어야 하며 매각기일 공고를 함에 있어서도 환지예정지 지정의 내용을 표시하여야 하므로(대결 73마683) 환지예정지도 아울러 표시하여야 한다.

② 미등기의 부동산인 경우에는 그 부동산이 채무자의 소유임을 증명할 서류(부동산소유증명서)의 표시와 부합되도록 적어야 한다.

미등기의 경우에는 집행법원의 경매개시결정등기의 촉탁이 있으면 등기관은 직권으로 그 부동산의 소유권보존등기를 하여야 하므로(부등법 134조) 경매신청서 중 부동산표시의 항에 미등기라는 취지를 부기하도록 하여야 한다.

③ 경매의 대상이 공장재단, 광업재단인 경우에는 그 재단을 구성하는 모든 물건을 표시하여야 한다.

다. 경매의 이유가 된 일정한 채권(법 80조 3호)

1) 경매의 이유가 된 일정한 채권(청구금액)의 특정

① 청구금액이란 강제경매에 의하여 변제를 받고자 하는 일정한 채권과

그 청구액을 말한다. 채권은 다른 채권과 구별할 수 있을 정도로 특정하여야 할 것이며, 또 채권자는 그 채권의 일부만을 청구할 수 있기 때문에 청구금액은 명확히 적어야 한다.

채권자는 여러 개의 집행권원을 가지고 동시에 경매신청을 할 수 있다. 이 경우에는 각 집행권원의 내용이 된 채권을 모두 특정하여 표시해야 한다.

② **청구액은 반드시 정액의 표시가 있어야 하는 것은 아니고 정기금채권, 이자채권 등의 경우와 같이 기간과 액수, 이율 등으로 계산가능한 표시가 있으면 무방**하다. 예컨대 "언제부터 언제까지 매월 금 얼마의 비율에 의한 금원"이라고 표시하면 특정되었다 할 것이다.

③ 소송비용액확정결정의 집행력은 그 결정에서 확정한 소송비용액과 그에 대한 변제기 이후의 지연손해금 및 강제집행비용에 미친다. 대법원 2008. 7. 10. 선고 2008다10051 판결은, 소송비용액확정결정에 따른 소송비용액상환의무는 소송비용액확정결정이 확정됨으로써 비로소 이행기가 도래하고, 채무자가 그 이행기가 도래하였음을 안 때로부터 지체책임을 지는 것이므로, 소송비용액확정결정에 의하여 소송비용상환 채무자가 채권자에게 변제하여야 할 금액은 그 소송비용액확정결정에서 확정한 소송비용액과 그에 대한 변제기 이후의 지연손해금 및 강제집행비용이라고 판단하였는바, 소송비용확정결정 자체가 집행권원인데, 그 집행권원에 명시되지 아니한 실체법상의 지연손해금에 대해서도 집행력이 있음을 인정한 것으로 주목할 필요가 있다.

2) 청구금액의 확장

① 강제경매에 있어서 채권의 일부청구를 한 경우에 그 매각절차 개시를 한 후에는 청구금액의 확장은 허용되지 않고 그 후에 청구금액을 확장하여 잔액의 청구를 하였다 하여도 집행법 88조에 의한 배당요

구의 효력밖에는 없다(대결 83마393).

▶ 청구확장은 허용되지 않고, 단지 배당요구의 효력만 있다? ◀

청구확장은 허용되지 않고 단지 배당요구의 효력만 있다는 것은 무슨 뜻일까? 이 문제는 바로 압류의 개별상대효를 이해하여야만 그 뜻을 알 수 있다.[20) 우리나라의 개별상대효에서는 배당요구는 타인에 의하여 개시된 집행절차에 참가하여 만족을 얻으려는 종속적인 행위로서 절차를 주도할 권한이 없다. 이 점은 바로 압류의 효력발생 후의 제3취득자가 있을 경우 그 제3취득자와 압류권자 및 배당요구권자의 지위에 중대한 차이를 가져온다. 제3취득자는 부동산을 취득하기 전에 이루어진 압류의 효력은 받지만 배당요구의 효력은 받지 않는다. 따라서 제3취득자는 완전한 권리를 취득하기 위하여 저촉처분이 있기 전까지의 압류 · 가압류 채권액만 변제하면 되고 그전에 있는 배당요구채권자의 채권을 무시할 수 있다(왜냐하면 압류 · 가압류권자는 원칙적으로 독단으로 압류 · 가압류 절차를 취하할 수 있고 제3취득자도 압류 · 가압류 채권액만 변제하면 가압류결정 또는 경매개시결정을 취소시킬 수 있기 때문이다). 강제경매에서는 그나마 배당요구의 효력이라도 있으므로 제3취득자가 압류채권액을 변제하고 경매절차를 소멸시키지 않는 한 청구확장은 안되더라도 배당이라도 받을 수 있지만, 임의경매에서는 청구확장은 물론이고 집행권원이 없어 배당요구의 효력조차 없으므로 경매신청시 일부청구한 나머지 채권을 배당받으려면 추가로 압류하는 수밖에 없다. 이 문제가 바로 임의경매에서의 일부청구와 청구확장의 문제인 것이다(임의경매에서 일부청구가 이루어지는 이유는, 임의경매에 따른 경매개시결정등기시의 등록세가 청구금액을 기준으로 정해지므로 근저당권자들이 등록세를 아끼기 위하여 피담보채권 전액이 아닌 일부만으로 경매신청을 하기 때문이다).

② 경매신청서에 청구금액으로서 원리금의 기재가 있는데 경매개시결정에는 원금만이 기재되어 있는 경우라도 채권자는 매각대금에서 원리

20) 물론 독일식 고유의 개별상대효에서는 배당요구를 인정하지 않고, 다만 과거 일본의 구 민사소송법하의 변형개별상대효나 우리나라의 현행 개별상대효가 배당요구를 인정하고 있으므로 엄밀히 말하면 우리나라의 개별상대효에서 특히 중요한 의미가 있는 법리이다.

금의 변제를 받을 수 있다(대결 68마378).

집행권원에 원본 외에 이자채권이 포함되어 있는 경우에는 경매신청시에 이자채권에 관하여 표시가 없었다 하더라도 배당요구의 종기까지 채권계산서에 기재하면 그 부분에 관하여 배당요구의 효력이 있으므로 배당을 받을 수 있다.

3) 약속어음 공정증서

약속어음 공정증서의 집행인낙의 범위에 어음금액 만이 기재된 경우에 위 금액에 대한 법정이자는 청구금액에 포함될 수 없다(대결 94마542, 543).[21]

라. 집행할 수 있는 일정한 집행권원(법 80조 3호)

경매의 이유가 된 채권에 관한 집행권원을 표시한다. 1개의 판결, 화해 또는 조정조서 등 한 개의 집행권원에 여러 개의 집행채권이 존재하는 경우에는 어느 집행채권에 기하여 강제집행을 구하는 것인가를 명백히 하지 않으면 안 된다. 예컨대 「-화해조서 중 화해조항 제○항」과 같이 기재한다.

집행할 수 있는 집행권원이라 함은 즉시 집행할 수 있는 것이어야 하므로 기한부 채권인 경우에는 기한이 도래하고 조건부 채권인 경우에는 조건이 성취된 것이어야 한다. 기한미도래나 조건불성취의 집행권원에 기하여 경매신청을 한 경우에는 그 신청은 부적법하다.

마. 대리인의 표시

소송절차에서의 본인과 대리인의 관계에 관한 법리가 그대로 준용된다.[22]

① 대리인에 의하여 강제경매의 신청을 하는 경우에는 신청서에 대리인의 이름, 주소를 표시하여야 한다.

---

21) 그러므로 이자도 청구하여 온 경우, 법원은 개시결정에는 원금만을 기재하고, 이자부분에 대하여는 취하 등 적절한 조치를 취하도록 보정을 명한다.

22) 第23조(민사소송법의 준용 등) ① 이 법에 특별한 규정이 있는 경우를 제외하고는 민사집행 및 보전처분의 절차에 관하여는 민사소송법의 규정을 준용한다.

② 채권자, 채무자가 소송무능력자인 경우에는 법정대리인을 표시한다. 소송무능력자에 대한 송달은 법정대리인에게 하게 되어 있으므로(민소 179조) 채무자도 소송능력을 구비할 필요가 있다. 채무자에게 법정대리인이 없는 경우에는 특별대리인의 선임을 신청하여 그 선임된 자를 표시한다(민소 62조).

③ 법률에 의하여 재판상의 행위를 할 수 있는 대리인은 경매신청이 가능하므로 이 경우에는 대리인의 자격도 표시한다.

④ 변호사가 아니면 임의대리인이 될 수 없다(민소 87조).

다만 집행절차는 지방법원 단독판사의 관할사건이므로 민사소송법 88조도 준용된다. 따라서 당사자와 밀접한 생활관계를 맺고 있고 일정한 범위안의 친족관계에 있는 사람(당사자의 배우자 또는 4촌 안의 친족으로서 당사자와의 생활관계에 비추어 상당하다고 인정되는 경우에 해당하는 사람) 또는 당사자와 고용 등의 관계에서 그 사건에 관한 통상사무를 처리·보조하여 오는 등 일정한 관계에 있는 사람(당사자와 고용, 그 밖에 이에 준하는 계약관계를 맺고 그 사건에 관한 통상사무를 처리·보조하는 사람으로서 그 사람이 담당하는 사무와 사건의 내용 등에 비추어 상당하다고 인정되는 경우에 해당하는 사람)은 법원의 허가를 얻어 대리인이 될 수 있다(민소 88조 1항, 민소규 15조 2항). 소송대리허가신청에는 본인과 대리인으로 될 자와의 관계를 기재하고 이를 증명하는 문서를 붙여야 한다.[23]

3. 첨부서류

가. 총 설

강제경매신청을 함에 있어서는 집행력 있는 정본과 강제집행개시의 요

23) 법무사는 업무범위를 초과하여 타인의 소송에 관여하지 못하도록 되어 있으므로(법무사법 2조) 당사자의 친척인 경우 등 업무 외의 관계로 볼 수 있는 사정이 없는 한 소송대리인으로 허가하기에 적당하지 않다.

건이 구비되었음을 증명하는 서류 즉 집행권원 송달증명서(법 39조 1항), 집행문 및 증명서의 송달증명서(법 39조 2항), 담보를 제공한 증명서류 및 그 증명서류 등본의 송달증명서(법 40조 2항), 반대의무의 이행 또는 제공을 증명하는 서면(법 41조 1항), 집행불능증명서(법 41조 2항)를 제출하여야 함은 물론 그밖에 집행법 81조 소정의 서류를 붙여야 한다.

나. 집행력 있는 정본 등의 제출

1) 집행력 있는 정본

경매신청을 함에 있어서는 집행권원의 집행력 있는 정본을 법원에 제출하며 집행법원은 그 정본의 사본을 근거로 하여서는 강제경매절차를 개시할 수 없다(대결 68마912). 단 배당요구는 사본으로도 할 수 있다(규칙 48조 2항).

2) 집행권원의 송달증명서

① 강제집행은 집행권원을 집행개시 전 또는 집행개시와 동시에 집행을 받을 사람(채무자)에게 송달한 때에 한하여 개시할 수 있으나(법 39조 1항), 강제경매의 경우에는 법원이 집행기관이므로 동시송달이란 있을 수 없다. 따라서 채권자는 집행권원이 채무자에게 송달되었다는 것을 증명하는 서면을 집행법원에 제출하여야 한다. 송달사무 처리기관인 법원사무관 등 또는 송달실시기관인 집행관의 송달증명서를 제출하여야 한다.

공정증서 정본의 경우, 채권자는 공증인법 56조의4 1항에 규정된 서류(다음부터 '공정증서정본등'이라 한다)의 송달과 동시에 강제집행할 것을 위임하는 경우 또는 같은 법 56조의4 1항의 규정에 따른 우편송달로는 그 목적을 달성할 수 없는 때에는 집행관에게 공정증서정본등의 송달을 위임할 수 있고(규칙 22조 2항), 채권자는 공증인의 직무상 주소를 관할하는 지방법원에 외국에서 할 공정증서정본등의 송달을 신청할 수 있다(같은 조 4항), 민사소송법 194조 1항의 사유가 있는 때에는 공증인의 직무상 주소를 관할하는 지방법원에 공시송달을 신청할 수 있다(같은 조 5항).

그러나 공정증서의 경우는 송달증명을 요하지 않는 경우가 대부분이다. 공정증서 정본 등의 송달방법(공증인법 56조의4, 집행규칙 22조)은 공증인법 46조 또는 50조의 규정에 의하여 증서의 정본 또는 등본을 교부 받은 자에 대하여는 그 증서의 정본 또는 등본의 송달이 있는 것으로 보는데(공증인법 56조의4, 1항 단서), 제출된 공정증서 자체에 위 교부가 있었다는 취지의 기재(공증시에 집행채무자에게 집행증서의 정본 또는 등본을 교부하였다는 문구)가 있는 경우가 대부분이기 때문이다.

② 집행권원 송달 없이 한 집행행위에 관하여 ㉠ 절대무효설, ㉡ 무효이나 후에 송달을 추후보완하면 유효하다는 설(추후보완 이외의 사유, 예컨대 이의권의 포기는 불인정, 보충설), ㉢ 무효이나 후에 송달이나 이의권의 포기가 있으면 하자가 치유된다는 설(보정설), ㉣ 취소되지 않는 한 유효하고 그 사이에 송달 또는 이의권의 포기가 있으면 하자는 치유된다고 하는 설(취소설)이 있다.

종래의 통설은 취소설인데, 판례는 부동산강제경매(대판 71다1252)와 전부명령(대판 86다카2070)의 경우에 절대무효설을 취하고 있다.

3) 집행문 및 증명서의 송달증명서

통상의 집행에 있어서는 집행권원의 송달만으로 족하고 집행문을 송달할 필요는 없으나, 집행에 조건이 붙어 있는 경우에는 집행문 및 조건성취를 증명하는 증명서의 등본, 승계집행문이 부여된 경우에는 승계집행문을 채무자에게 송달하여야 하므로 경매신청시에 그 송달사실을 증명하는 서면을 법원에 제출하여야 한다(법 39조 2항, 3항).

위 송달이 결여된 집행행위의 효력에 관하여, 판례는 승계집행문의 송달 없이 이루어진 화해조서 정본에 기하여 경료된 소유권이전등기에 관하여는 그 유효성을 인정하고 있다(취소설, 대판 80다438).

4) 담보제공증명서와 그 등본의 송달증명서

집행이 채권자의 담보제공에 매인 때(예컨대 담보제공을 조건으로 한 가집행 선고)에는 채권자는 담보를 제공한 증명서류를 제출하고 그 등본을 채무자에게 송달하여야 집행을 개시할 수 있으므로(법 40조 2항) 강제경매신청인은 담보를 제공한 증명서류 및 그 등본의 송달증명서를 집행법원에 제출하여야 한다. 다만 채권자는 담보를 제공한 증명서류 등본의 송달신청을 집행법원에 할 수 있다.

담보제공 없이 실시한 집행은 당연무효이나, 담보를 제공한 증명서류 등본의 송달만이 미비된 집행은 당연무효가 아니고(대판 65다336) 취소 전에 송달이 있으면 하자가 치유된다.

담보제공을 조건으로 한 가집행선고부 판결이 이미 확정된 때에는 가집행선고의 효력에 의하여 집행하는 것이 아니므로 담보제공증명서 대신에 판결확정증명서를 제출하면 된다.

5) 반대의무의 이행 또는 이행의 제공을 증명하는 서면

① **동시이행관계에 있는 반대의무의 이행은 집행개시의 요건**이므로, 반대의무의 이행과 동시에 집행할 수 있다는 것을 내용으로 하는 집행권원의 집행은 채권자가 반대의무의 이행 또는 이행의 제공을 하였다는 것을 증명하여야 한다(법 41조 1항).

② 임차권자의 동시이행의 판결에 기한 경매신청 : 임차인이 임차주택에 대하여 보증금반환청구소송의 확정판결 그 밖의 이에 준하는 집행권원에 기한 경매를 신청하는 경우에는 반대의무의 이행 또는 이행의 제공을 증명하는 서면을 제출할 필요가 없다(주택임대차보호법 3조의2 1항). 따라서 그 판결주문에 건물의 명도와 동시이행으로 보증금지급을 명하였다 하여도 이행제공 여부를 따질 것 없이 경매개시결정을 할 수 있다. 다만 이 경우도 경매를 신청하는 경우에는 반대의무의 이행 또는 이행의 제공을 증명하는 서면을 제출할 필요가 없을 뿐이므

로, 임차인이 배당금을 수령할 때는 명도확인서를 제출하여야 한다.

③ 반대급부의 제공 없이 한 집행행위는 무효이며, 반대급부의 이행이 불가능하면 집행도 불가능하게 된다.
어음, 수표 등 상환증권상의 채권에 관한 집행에 있어 증권의 제시는 불필요하며, 집행개시의 요건도 아니다. 강제집행은 채권의 이행청구가 아니기 때문이다.

다. 81조 1항 소정의 첨부서류

1) 등기부등본(법 81조 1항 1호)

① 등기부에 채무자의 소유로 등기된 부동산에 대하여는 등기부등본을 붙여야 한다.
최근의 권리관계를 나타내야 하므로 실무에서는 될 수 있는 대로 경매신청 전 1개월 이내에 발부된 것을 첨부시키도록 하고 있다.

② 등기부등본이 방대하여 채권자가 등기부초본을 제출하는 경우가 있다. 등기부등본이 방대하여도 원칙적으로 등기부등본을 받아야 하지만, 신청채권자가 등본이 방대하여 제출하기 곤란한 특별한 사유를 소명하여 오는 경우에는 초본을 수령하되, 법무사의 등본열람확인서와 함께 지분이전내력과 권리관계의 도표를 작성하고, 그 외의 이해관계인이 없으며 다른 이해관계인이 있으면 법적 책임을 진다는 채권자의 확인서를 첨부하도록 한 다음 경매진행을 하기도 한다.

2) 즉시 채무자의 명의로 등기할 수 있음을 증명할 서류

① 등기부에 채무자의 소유로 등기되지 아니한 부동산에 대하여는 즉시 채무자의 명의로 등기할 수 있음을 증명하는 서류를 붙여야 한다(법 81조 1항 2호 본문).

② 건축허가나 신고를 마친 뒤 사용승인을 받지 못한 미등기 건물에 대한 강제집행을 신청함에는 그 건물이 채무자의 소유임을 증명할 서

류, 그 건물의 지번・구조・면적을 증명할 서류 및 그 건물에 관한 건축허가 또는 건축신고를 증명할 서류를 제출하면 족하다(법 81조 1항 2호 단서).[24)]

라. 그 밖의 첨부서류

1) 자격증명서

채권자, 채무자가 행위무능력자인 경우 또는 법인인 경우에는 무능력자의 법정대리인, 법인의 대표자의 자격을 증명하는 서면(가족관계증명서, 상업등기부등・초본)을 붙여야 한다.

2) 위 임 장

소송대리인에 의한 경매신청의 경우에는 그 대리권을 증명하기 위하여 소송위임장을 붙여야 한다. 집행권원이 판결인 경우에 그 판결의 소송대리인으로 표시된 자가 강제경매신청을 함에 있어서는 위임장을 첨부할 필요가 없다.

3) 경매개시결정등기 등록세 영수필통지서 및 영수필확인서

경매신청인은 경매개시결정등기를 함에 있어서는 채권금액의 1,000분의 2에 해당하는 등록면허세 및 그 등록세액의 100분의 20에 해당하는 지방교육세를 납부하여야 한다.[25)]

4) 부동산목록 10통

경매개시결정과 그 후의 각종 촉탁 등에 필요한 부동산목록은 본래는

---

24) 위 사항에 대하여 자세한 것은 앞의 "I. 강제경매의 관할 및 대상 2. 강제경매의 대상 나. 미등기 부동산 3) 미등기건물에 대한 집행법 81조 1항 2호 단서에 따른 집행방법" 부분 참조

25) 2010.12.31.까지는 지방세법 28조 1항 1호 라목 및 지방세법 151조, 그 이후부터는 지방세기본법으로 법명 변경.

집행법원이 이를 작성하여야 할 것이나 법원의 사무처리의 편의를 위하여 실무상 신청인에게 위 목록 약 10통을 제출시키고 있다.

4. 비용의 예납

가. 관련규정

민사집행의 신청을 하는 때에는 채권자는 민사집행에 필요한 비용으로서 법원이 정하는 금액을 미리 내야 한다. 법원이 부족한 비용을 미리 내라고 명하는 때에도 또한 같다(법 18조 1항). 채권자가 집행법 18조 1항의 비용을 미리 내지 아니한 때에는 법원은 결정으로 신청을 각하하거나 집행절차를 취소할 수 있고(동조 2항), 이 결정이 확정되면 직권으로 기입된 경매개시결정등기의 말소를 촉탁한다. 이 결정에 대하여는 즉시항고할 수 있다(동조 3항).

강제집행에 필요한 비용이라 함은 부동산의 감정료, 매각수수료, 현황조사비용 등의 각종 수수료와 송달료이다. 이와는 별도로 등록세와 지방교육세도 납부하여야 한다.

나. 예납할 비용과 표준액

1) 예납의무자

경매를 신청한 자가 예납의무자이다. 국가나 지방자치단체 등 공공단체가 신청하는 경우에도 예납의무를 진다.

다만 소송구조를 받은 자는 예납의무를 지지 않는다.

2) 신청인이 예납하여야 할 비용

법원이 집행절차를 수행하기 위하여 필요로 하는 집행비용 중 법원이 지급할 비용이다. 예컨대 서류의 송달 또는 송부비용, 공고비용, 현황조사수수료, 감정료, 매각수수료 등 집행개시후의 체당금을 지급하는데 필요한 비용이 예납의 대상이 된다.

3) 예납 표준액의 근거

① 감정료 : 감정료의 산정기준 등에 관한 예규(재일 91-3), 법원공무원여비규칙 10조 내지 14조

② 신문공고료 : 민사소송비용법 10조, 8조

③ 부동산현황조사료 : 집행관수수료규칙 15조, 3조 1항, 22조, 법원공무원여비규칙 10조 내지 14조

④ 매각수수료 : 집행관수수료규칙 16조, 17조, 재민 79-5

⑤ 송달료 : 송달료규칙의 시행에 따른 업무처리요령 7조(재일 87-4).

Ⅲ. 압류절차

1. 강제경매 개시결정

가. 심리의 방식

강제경매의 신청이 있으면 집행법원은 신청서의 기재 및 첨부서류에 의하여 강제집행의 일반요건 및 강제경매에 특히 필요한 요건 등에 관하여 형식적 심사를 한다. 판결절차에서와 같은 실질적 심사는 필요 없다.

나. 경매목적물(부동산)에 대한 조사

1) 부동산의 소유권에 대한 조사

① 소유권의 증명

매각부동산은 채무자의 소유이어야 한다. 채무자의 소유 여부는 등기부에 채무자의 소유로 등기된 부동산에 있어서는 등기부등본(법 81

조 1항 1호), 등기부에 채무자의 소유로 등기되지 아니한 부동산에 있어서는 즉시 채무자의 명의로 등기할 수 있음을 증명할 서류(법 81조 1항 2호)에 의하여 증명되어야 한다.

제3자의 소유로 등기되어 있는 부동산에 관하여는 사실상 그 부동산이 채무자의 소유라고 하더라도 채무자 명의로 등기가 회복되지 아니하는 한 경매신청을 할 수 없다.

② 구분소유건물에 대하여 대지권의 목적인 토지에 별도등기가 있는 경우
구분소유건물의 등기부에 대지권의 목적인 토지에 관하여 별도의 등기가 있다는 취지의 기재가 있거나 대지권의 목적인 토지의 지적이 변동된 경우에는 동 등기부를 제출토록 하여 그 내용을 확인한다.

③ 대지권의 등기가 되지 않은 구분소유건물의 경우
구분건물에 대한 경매에 있어서 비록 경매신청서에 대지권에 대한 아무런 표시가 없는 경우에도 집행법원으로서는 대지권이 있는지, 그 전유부분 및 공용부분과 분리처분이 가능한 규약이나 공정증서가 있는지 등에 관하여 집행관에게 현황조사명령을 하는 때에 이를 조사하도록 지시하는 한편, 그 스스로도 관련자를 심문하는 등의 가능한 방법으로 필요한 자료를 수집하여야 하고, 그 결과 전유부분과 불가분적인 일체로서 경매의 대상이 되어야 할 대지권의 존재가 밝혀진 때에는 이를 경매 목적물의 일부로서 경매 평가에 포함시켜 최저입찰가격을 정하여야 할 뿐만 아니라, 입찰기일의 공고와 입찰물건명세서의 작성에 있어서도 그 존재를 표시하여야 한다(대결 2004마978). 따라서 집행법원은 대지권의 유무를 판단하기 위하여 통상 '전유부분 건물에 대한 대지권이 미등기상태로 있는 이유와 위 건물의 소유자가 사실상 대지권을 취득하였는지 여부(분양계약서 사본, 분양대금납부내역서 등 제출 할 것) 및 대지사용권이 전유부분과 분리처분이 가능하다는 규약이나 공정증서가 있는 지 여부'에 대한 소명자료를 제출할 것을 명한다. 또한 대지권도 경매의 목적물에 포함될 경우를

대비하여 토지등기부등본에 대한 이해관계인도 따로 표시하여 제출하도록 명한다.

2) 상속등기를 하지 않은 부동산

채무자가 상속을 하였으나 아직 상속등기를 마치지 않은 경우에는 민법 404조, 부동산등기법 29조, 52조에 의하여 대위에 의한 상속등기를 한 다음 상속인에 대하여 강제경매신청을 할 수 있다. 이 경우 대위원인을 증명하는 서면은 집행력 있는 정본 또는 근저당권이 설정된 등기부등본이면 될 것이다.

3) 압류금지부동산

① 매각부동산이 법률의 규정에 의하여 압류가 금지되어 있으면 경매할 수 없다.

② 학교법인이 학교교육에 직접 사용하는 교지, 교사 등 재산은 매도하거나 담보제공할 수 없으므로(사립학교법 28조 2항, 동법 시행령 12조) 이러한 재산은 강제집행의 대상이 되지 아니한다(대판 96누4947 등).
다만 유치원교육에 직접 사용되는 교지 등 사립학교법시행령 12조에 정한 재산이라고 하더라도 유치원 설립자가 유치원 설립허가를 얻기 전에 담보권을 설정한 경우, 담보권자의 담보권 실행이 금지되거나 감독청의 처분허가를 필요로 하지 않는다(대결 2004마97).

③ "국가유공자등 예우 및 지원에 관한 법률"에 의한 대부금으로 취득한 부동산도 같다(동법 58조). 따라서 이러한 재산에 대한 강제경매신청은 각하하여야 한다.

④ 매각부동산이 공장재단, 광업재단을 구성하고 있는 때에는 개별집행이 금지되므로(공장저당법 18조, 광업재단저당법 5조) 이에 대한 경매신청은 각하한다.

⑤ 그러나 **단순히 주무관청의 허가가 없으면 처분할 수 없는 재산, 예**

컨대 학교법인의 기본재산(사립학교법 28조 1항), 전통사찰소유의 부동산(전통사찰보존법 6조 1항 2호)에 대한 주무관청의 허가는 경매개시의 요건이 아니고 매수인의 소유권취득의 요건에 불과하므로 경매신청시에 그 처분허가서를 제출하지 아니하였다 하더라도 경매신청을 각하할 것은 아니지만, 주무관청의 허가가 없음에도 매각허가결정이 확정되어 대금이 완납되었어도 그 대금납부는 효력이 없고 매수인은 소유권을 취득할 수 없다(대판 97다49817 등).

▶ 대위에 의한 처분허가신청이 가능할까? ◀

(1) 그런데 이 경우 처분허가를 소유자가 받을 수 있음은 명백하지만, 소유자 아닌 채권자가 스스로 또는 채무자를 대위하여 받을 수 있는가가 실무상 중대한 문제로 등장하였다. 채무자로서는 스스로 처분허가를 받을 리가 없으므로 소유자만이 처분허가를 받을 수 있다고 하면 주무관청의 허가는 사실상 강제집행금지를 초래하게 되고, 실무에서도 채권자 스스로는 물론이고 채무자를 대위한 처분허가신청도 인정하지 않고 있고, 이로 인하여 사립학교나 전통사찰 등 채무자의 도덕적 해이를 야기하고 있어 큰 문제가 되고 있다.

(2) 그런데 이에 대해서는 명확한 판례는 없지만 주목할 만한 판례가 있다. ① 대법원 1998. 8. 21. 선고 98다19202, 19219 판결은, "재단법인은 일정한 목적을 위하여 바쳐진 재산이라는 실체에 대하여 법인격을 부여한 것이므로 그 출연된 재산 즉 재단법인의 기본재산은 바로 법인의 실체인 동시에 법인의 목적을 수행하기 위한 가장 기본적인 수단으로서 이를 처분한다는 것은 재단법인의 실체가 없어지는 것을 의미하므로 재단법인의 기본재산은 이를 함부로 처분할 수 없는 것이고, 재단법인이 정관의 변경을 초래하는 기본재산의 처분을 위하여 주무관청의 허가를 신청할 것인지 여부는 특별한 사정이 없는 한 재단법인의 의사에 맡겨져 있다고 할 것이므로, 채무자인 재단법인에 다른 재산이 없어 기본재산을 처분하지 않고는 채무의 변제가 불가능하다고 하더라도, 재단법인으로부터 기본재산을 양수한 자도 아니고 금전채권자들에 불과한 자에게는 강제이행청구권의 실질적인 실현을 위하여 필요하다는 사유만으로 기본재산의 처분을 희망하지도 않는 재단법인을

상대로 주무관청에 대하여 기본재산에 대한 처분허가신청절차를 이행할 것을 청구할 권한이 없다."고 판단하였다.

② 부산고등법원 2002. 7. 26.선고 2002누424 판결(확정)은, 위 판결을 참조하여 "채무자인 학교법인에 다른 재산이 없어 기본재산을 처분하지 않고는 채무의 변제가 불가능하다고 하더라도, 사립학교의 기본재산의 처분에 대한 허가신청은 민법 제404조의 채권자대위의 대상이 된다고 볼 수 없고, 학교법인의 금전채권자에 불과한 자로서는 강제이행청구권의 실질적 실현을 위하여 필요하다는 사유만으로 기본재산의 처분을 희망하지도 않는 학교법인을 상대로 주무관청에 대하여 기본재산에 대한 처분허가신청절차의 이행을 청구할 권한이 없어, 그러한 우회적 방법에 의한 대위신청도 불가능하다고 보아야 한다."고 판단한바 있다.

③ 반면에 대법원 1987. 10. 28. 선고 87누640 판결은, "(구) 불교재산관리법 제11조 제1항 제2호, 제9조, 같은법시행령 제6조에 의하면 사찰재산처분허가신청권자를 반드시 사찰의 대표자에게만 제한한 것이라고 보여지지 아니할 뿐만 아니라 사찰재산의 처분을 허가해야 할 사유가 있다면 그 허가는 그 처분의 상대가 누구이든 이에 대한 처분행위를 보충하여 유효하게 하는 것이므로 사찰관리청이 처분을 허가하여야 할 사찰재산을 양수한 자가 그 사찰을 상대로 그 재산에 대한 소유권이전을 위하여 관할청의 처분허가신청절차를 이행하라는 소송을 제기하여 승소의 확정판결까지 받았다면 양수인은 사찰을 대위하여 관할청에 그 재산처분에 관한 허가신청을 할 수 있다고 할 것이다."라고 판단한 바 있다.[26)]

(3) 이상의 판례를 종합해보면, 당해재산을 양수한 자가 아닌, 단순한 금전채권자는 채무자를 대위하여 처분허가신청을 할 수 없지만, 당해 재산을 양수한 자는 매도인인 채무자를 대위하여 처분허가신청을 할 수 있는 것으로 조심스럽게 정리해 볼 수 있다.

그렇다면 경매는 그 성질상 사법상의 매매에 불과하므로 경매절차에서 매수하려는 최고가매수신고인은 바로 양수인으로, 채무자를 대위하여 허가신청을 할 수 있다고 할 것이다.

실무에서는 압류채권자에게 매각명령을 하기 전 적당한 시한까지 처분허가서를 제출하도록 명하고 있는바, 압류채권자는 이론상 금전채권자에 불과하므로 대법원 판례를 고집하게 되면 이러한 실무는 잘못된 것이지만, 실무를 변경하여 일단 매각하고, 매수인으로 하여금 대위하여 허가신청을 받게 하면 이는 가능하다고 할 것인데, 이는 따지고 보면 조삼모사격의 법률해석이므로 기존의 해석론 자체가 문제가 있다고 생각된다. 따라서 누가 처분허가를 얻을 것인가의 관점이 아니라 처분허가를 할 필요성 내지는 당위성이 있는가의 관점에서 접근해야 옳다고 할 것이다.

⑥ 신탁법 21조 1항은 '신탁재산에 대하여는 강제집행 또는 경매를 할 수 없다. 단, 신탁전의 원인으로 발생한 권리 또는 신탁사무의 처리상 발생한 권리에 기한 경우에는 예외로 한다.'라고 규정하고 있다.[27]

따라서 신탁재산도 그 집행권의 종류에 따라서는 압류금지재산과 동일하게 취급된다.

실무에서는 신탁재산에 대하여 강제집행을 할 수 있는 '신탁전의 원인으로 발생한 권리 또는 신탁사무의 처리상 발생한 권리'가 무엇인가가 큰 쟁점인데, 대법원 2007. 6. 1. 선고 2005다5843 판결은, "신탁재산에 대하여 강제집행이 허용되는 '신탁사무의 처리상 발생한 채권'에 수탁자의 통상적인 사업활동상의 행위로 인하여 손해를 입은 제3자가 가지는 손해배상채권도 포함되고, '신탁재산에 기인하지 않은 불법행위로 인한 손해배상채권' 중에서 그 불법행위로 증가된 신탁재산의 가치와 채권자의 손실 사이에 어떠한 대가적인 관련이 없는 경우에도 신탁재산에 대하여 강제집행이 허용된다"고 판단하였다 (그리하여, 분양형 토지신탁계약에 있어서 수탁자의 허위·과장의 분양광고로

26) 위 판결은 또한, "사찰재산의 처분에 관하여 관할청의 허가를 받게 한 것은 사찰재산을 보호, 유지함으로써 사찰로 하여금 그 본래의 존립목적을 달성하게 함과 아울러 문화의 발달에 기여하도록 하기 위하여 이를 규제하고자 함에 있다 하겠으므로 사찰재산의 대부분이 타인에게 침탈당하여 그 존립 자체가 위태롭게 되어 그 사찰의 재산을 처분하여서만 그 침탈당한 재산을 회수하고 그 존립목적을 달성할 수 밖에 없는 부득이한 사정이 있는 경우에는 사찰관리청은 그 재산의 처분을 허가하여야 한다."고 판단하였다.

27) 이 규정에 위반하여 행한 강제집행 또는 경매에 대하여는 위탁자, 그 상속인, 수익자 및 수탁자는 이의를 신청할 수 있다. 민사집행법 제48조의 규정은 이 경우에 준용한다(신탁법 21조 2항).

인하여 수분양자에게 손해가 발생한 경우, 수분양자가 가지는 불법행위에 기한 손해배상채권이 비록 위자료청구권이라 할지라도 '신탁사무의 처리상 발생한 채권'에 해당한다고 판단하였다). 이 판결은 요즘 늘고 있는 신탁회사에 대한 분양형 토지신탁이나 개발신탁 또는 신탁을 이용한 재개발이나 재건축사업에서 수분양자가 분양자인 수탁자에 대하여 손해배상채권을 가지는 경우 신탁재산에 대하여도 강제집행할 수 있다는 여지를 판시한 것으로서 매우 중요하고 의미가 크다.

4) 가압류등기, 환매특약의 등기가 있는 부동산

채무자 소유의 부동산에 관하여 제3자를 위한 가압류등기 또는 환매특약의 등기가 되어 있어도 이러한 등기가 있다는 사실만으로는 경매의 개시나 진행을 방해할 사유가 될 수 없으므로 경매신청이 가능하다.

가압류채권자가 채무자 소유의 부동산에 대하여 가압류집행을 한 후 채무자가 그 부동산을 제3자에게 양도하여 소유권이전등기가 된 경우에는 가압류의 효력에 의하여 가압류채권자는 피보전채권에 관하여 집행권원을 얻어 경매신청을 할 수 있다. 채무자가 소유권을 이전한 후에 가압류채권자 이외의 채권자는 가압류의 효력의 이익을 받을 수 없으므로 경매신청을 할 수 없다.

5) 최선순위의 처분금지가처분등기 또는 순위보전의 가등기가 있는 부동산

가) 강제집행과의 우열

처분금지가처분이나 소유권이전청구권보전의 가등기가 매각에 의하여 소멸하는 근저당권 등 타물권이나 가압류의 등기보다 후에 경료된 경우에는 가처분권자는 매수인에게 대항할 수 없고 대금납부 후 그 가처분등기나 가등기를 말소하게 되므로(대결 96마231 등), 경매의 개시나 진행을 방해할 사유가 되지 않는다.

그러나 처분금지가처분이나 소유권이전청구권보전의 가등기가 매각에 의하여 소멸하는 근저당권 등 타물권이나 가압류의 등기보다 먼저 경료된 경우에는 가처분권자나 가등기권자는 매수인에게 대항할 수 있으므로(단 담보가등기는 최선순위라 하더라도 경매로 인하여 말소된다)[28] 매수인의 지위는 매우 불안정해지고, 이는 곧 경매절차의 불안정을 초래한다.

나) 집행법원의 조치(사실상 중지)

처분금지가처분이나 소유권이전청구권보전의 가등기가 매각에 의하여 소멸하는 근저당권 등 타물권이나 가압류의 등기보다 먼저 경료된 경우에 어떻게 처리할 것인가를 살펴본다.

(1) 처분금지가처분등기의 경우

가처분채권자는 매각절차가 개시되었다는 이유로 제3자이의 등 집행이의를 신청할 권한은 없으나, 후에 본안소송에서 승소판결을 얻은 때에 비로소 그 강제집행의 결과를 부인할 수 있다(가처분상대적우위설, 대결 92마903). 따라서 최선순위의 처분금지가처분등기가 있는 경우에는 그 가처분등기가 매각허가에 의하여 소멸되지 않으므로, 가처분채권자가 본안소송에서 승소하게 되면 경매의 효력을 가지고 가처분채권자에게 대항할 수 없게 되므로 매수인은 소유권을 상실하게 되고, 가처분채권자는 경매로 인하여 그 권리행사에 지장을 받지 아니할 것이다. 반대로 만약 가처분채권자가 본안소송에서 패소하여 그 가처분이 취소되면 그 경매는 완전히 유효하게 될 것이다. 최선순위의 처분금지가처분등기가 되어 있다는 이유만으로 경매신청을 기각할 수는 없으므로, 이 경우에는 경매개시결정 후 경매개시결정등기만을 촉탁한 단계에서 그 이후의 절차를 사실상 중지하고 가처분 또는 본안소송의 결과에 따라 처리하는 것이 타당하다.

---

28) 가담법 제15조 (담보가등기권리의 소멸) 담보가등기를 마친 부동산에 대하여 강제경매등이 행하여진 경우에는 담보가등기권리는 그 부동산의 매각에 의하여 소멸한다.[전문개정 2008.3.21]

(2) 소유권이전등기청구권보전을 위한 가등기의 경우

① 최선순위의 소유권이전등기청구권보전을 위한 가등기가 되어 있는 부동산에 대하여도 그 가등기는 순위보전의 효력밖에 없으므로 그 부동산에 대하여 압류의 등기를 하고 강제경매절차를 속행할 수 있으나, 매각절차 중에 그 가등기에 기한 본등기가 된 때에는 가등기의 순위보전의 효력에 의하여 결국 압류 이전에 소유권이 제3자에게 이전된 경우와 마찬가지로 그 매각절차를 속행할 수 없게 되므로, 집행법원은 집행법 96조 1항에 의하여 매각절차를 취소하여야 한다.

따라서 매각대금 납부 전에 이미 본등기가 된 경우 이러한 사정이 대금납부 전에 밝혀진 때에는 매각절차를 취소하여 매수인으로 하여금 대금납부의무를 면하게 하여야 한다. 매각대금 납부 후 매각부동산에 관해 가등기에 기한 소유권이전의 본등기가 경료되어 매수인이 소유권을 상실한 경우 집행법 96조의 매각절차취소 사유에 해당하지 않지만, 매각대금 배당 전인 경우 매수인의 구제는 민법 578조, 576조를 유추적용하여 담보책임을 추급할 수는 있다고 보아 집행법 96조를 유추적용하여 집행법원에 대하여 경매에 의한 매매계약을 해제하고 납부한 매각대금의 반환을 청구하는 방법으로 담보책임을 추급할 수 있다(대결 96그64).

결국 최선순위의 가등기(담보가등기는 제외)가 있는 경우도 경매개시결정 후 개시결정등기를 마친 단계에서 매각절차를 사실상 중지하는 것이 타당하다. 다만 "가등기담보 등에 관한 법률" 15조는 담보가등기가 된 부동산에 대하여 경매 등이 행하여진 때에는 담보가등기권리는 그 부동산의 매각에 의하여 소멸한다고 규정하고 있는바, 집행법원으로서는 그 가등기가 소유권이전등기청구권보전을 위한 가등기인지 아니면 담보가등기(경매에서 담보가등기는 저당권과 동일하게 취급하고 있다)인지 알 수 없으므로, 일단 소유권이전등기청구권보전을 위한 가등기로 취급하되, 가등기권자가 채권신고서를 제출하면서 그 가등기가 담보가등기라는 소명자료를 제출할 경우 담보가등기로 보아 매각절차를 계속 진행한다.

② **그러나 소유권이전등기청구권을 보전하기 위한 가등기가 되어있다고 하더라도 소유권이전등기청구권은 채권으로서 소멸시효의 완성으로 소멸되고, 변론주의 원칙상 항변으로 제출하여야 할뿐 그 소멸의 효과는 절대적이며(절대적 소멸설),[29] 소유자가 임의로 가등기권자에게 본등기절차에 협력하더라도 이는 압류 이후의 처분행위로 압류에 대항할 수 없는 것이므로 압류 당시에 이미 소멸시효가 완성되어 있다면 그냥 매각절차를 진행할 수 있고,** 또한 가등기에 기한 소유권이전등기청구권이 시효의 완성으로 소멸되었다면 그 가등기 이후에 그 부동산을 취득한 제3자는 그 소유권에 기한 방해배제청구로서 그 가등기권자에 대하여 본등기청구권의 소멸시효를 주장하여 그 등기의 말소를 구할 수 있다(대판 90다카27570).

따라서 통상 등기된지 10년(상사채권인 경우에는 5년)이 지났고, 달리 가등기권자가 본안의 소를 제기하였다거나 이미 압류 전에 채무자가 시효이익의 포기 또는 채무승인 등 시효중단의 효력이 있는 행위를 한 것이 있는지를 조사한 후 그러한 사실이 없으면 그대로 진행하는 것이 실무이다.

(3) 담보가등기의 악용에 대한 대처

① 담보가등기는 그 순위 상관없이 매각으로 말소되어야 함에도 불구하고, 가등기 자체는 담보가등기인지 소유권이전등기청구권을 보전하기 위한 가등기인지 표시되지 않으므로 담보가등기임에도 마

---

29) 신민법상 당사자의 원용이 없어도 시효완성의 사실로서 채무는 당연히 소멸하고, 다만 소멸시효의 이익을 받는 자가 소멸시효 이익을 받겠다는 뜻을 항변하지 않는 이상 그 의사에 반하여 재판할 수 없을 뿐이다(대판 78다2157; 79다1863).

치 소유권이전등기청구권을 보전하기 위한 가등기인 것처럼 주장하면서 경매절차를 방해하는 경우가 있다. 매각절차 진행 중에 본등기를 해서 중간처분인 경매개시결정등기까지 모두 직권말소되도록 하는 것이 대표적인 경우이고, 심지어 매각절차가 종료된 후에 본등기를 해서 경매사실 및 매수인의 소유권을 박탈하기도 한다.

② 실질상 담보가등기임을 증명할 수 있는 경우 이에 대한 대처방안이 될 수 있는 법리를 정리해본다.

㉠ 담보가등기를 마친 부동산에 대하여 강제경매 등의 개시 결정이 있는 경우에 그 경매의 신청이 청산금을 지급하기 전에 행하여진 경우(청산금이 없는 경우에는 청산기간이 지나기 전)에는 담보가등기권리자는 그 가등기에 따른 본등기를 청구할 수 없다(가담법 14조). 이 경우 청구란 반드시 소송상의 청구를 의미하는 것이 아니므로 채무자가 임의로 본등기에 협력하여 본등기가 이루어졌다고 하더라도 그 본등기는 무효이고, 위 가등기에 기하여 된 본등기 및 타인 명의의 가등기도 원인무효이다.

㉡ 담보가등기가 된 후에 매매에 의하여 그 소유권을 취득한 제3자가 채무원리금을 변제함으로써 피담보채무가 전부 소멸하였음에도 불구하고 등기부상 가등기가 그대로 남아있음을 이용하여 가등기 명의자가 가등기에 기한 소유권이전의 본등기를 경료하고 나아가 타인 명의로 가등기까지 하였다 하더라도 피담보채무 소멸 후의 위 담보가등기는 무효이고, 위 가등기에 기하여 된 본등기 및 타인 명의의 가등기도 원인무효이며, 나아가 위 가등기에 기한 본등기가 됨으로써 등기공무원이 직권으로 한 가등기 후의 위 제3자 명의의 소유권이전등기의 말소등기 역시 원인무효이어서 위 제3자는 여전히 소유권자로서의 지위를 잃지 않으므로, 위 제3자로서는 위 말소등기의 회복 여부에 관계없이 소유권에 기한 방해배제 청구로서 직접 등기 명의자를 상대로 무효인 위 각 가

등기 및 가등기에 기한 본등기의 말소를 청구할 수 있고, 그 등기가 말소되면 등기공무원이 다시 직권으로 말소된 위 제3자 명의의 소유권이전등기의 회복등기를 할 수 있다(대판 97다29097).[30)]

이러한 법리는 경매의 경우에도 동일하다. 다만 경매의 경우에는 담보가등기권자는 오로지 경매절차에서 배당(변제)을 받아야 하고, 설령 전혀 배당을 받지 못하였더라도[31)] 담보가등기권은 무조건 소멸하는 것이므로[32)] 매수인이 변제를 할 여지도 없는 것이다.

다) 선순위 가등기권자나 가처분권자 앞으로 그 후 매매 등을 원인으로 소유권이전등기가 되어 있는 경우의 처리

소유권이전등기청구권 보전을 위한 가등기를 경료한 후 가등기와는 상관없이 소유권이전등기를 넘겨받은 경우 가등기에 기한 본등기청구권이 혼동으로 소멸되지 않는다(대판 95다29888). 따라서 원칙적으로 이 경우도 매각절차를 진행하지 않으나 소유자 앞으로의 소유권이전등기가 사실상 위 가등기에 기하여 이루어진 경우가 대부분이므로 매각물건명세서에 “말소되지 않는 선순위 가등기 있음(단, 가등기권자가 현재의 소유자임)”이라고 기재한 후 진행하기도 한다. 선순위 가처분의 경우도 마찬가지이다.

실무에서는 매각허가결정선고시 매수인에게 “이러한 가등기나 가처분은 사실상 이에 기하여 본등기가 이루어졌기 때문에 효력이 없을 가능성이 아주 높고, 위 기입등기 후 10년이 경과하였다면 가등기의 경우는 소멸시효 완성을 이유로 그 말소를 구할 수 있고, 가처분의 경우는 집행법 288조

30) 따라서, 위 제3자 명의로 된 소유권이전등기가 잘못 말소되었다 하여 이미 목적달성으로 소멸한 전 소유자에 대한 소유권이전등기청구권이 다시 발생한다고는 할 수 없으므로 위 제3자에게는 전 소유자를 대위하여 위 각 가등기 및 본등기의 말소를 청구할 피보전권리가 없다.

31) 담보가등기권자는 가담법 16조 1항의 채권신고를 한 경우에만 경매절차에서 매각대금을 배당받거나 변제금을 받을 수 있다(가담법 16조 4항).

32) 가담법 제15조 (담보가등기권리의 소멸) 담보가등기를 마친 부동산에 대하여 강제경매등이 행하여진 경우에는 담보가등기권리는 그 부동산의 매각에 의하여 소멸한다.

1항 3호,[33] 301조에 따라 보전처분집행 후 3년간 본안소송을 제기하지 않았다는 이유로 채무자나 제3취득자가 사정변경에 의한 가처분취소를 구할 수 있으나, 경우에 따라서는 소유권을 상실하고 채무자나 배당받은 채권자를 상대로 추급권을 행사하여야 하는 위험성이 있다"는 취지를 설명한 다음 매수인으로부터 이와 같은 내용을 충분히 숙지하였다는 확인서를 받아 기록에 첨부하기도 한다.

라) 말소방법

① 선순위 가등기의 말소방법

가등기에 기한 소유권이전등기청구권이 시효의 완성으로 소멸되었다면 그 가등기 이후에 그 부동산을 취득한 제3자는 그 소유권에 기한 방해배제청구로서 그 가등기권자에 대하여 본등기청구권의 소멸시효를 주장하여 그 등기의 말소를 구할 수 있다(대판 90다카27570).

최선순위이어서 매각절차에서 말소되지 않은 가등기라 할지라도 그것이 후에 담보가등기였고 그 피담보채무가 소멸했음에도 가등기에 기한 본등기가 되고 그에 따라 가등기 후 매수인의 소유권이전등기가 직권말소된 경우 매수인은 소유권에 기한 방해배제 청구로서 직접 가등기 및 그에 기한 본등기의 말소등기를 청구할 수 있다(대판 97다29097). 가등기권자가 매각절차에서 배당요구신청을 하지 아니하였거나 배당금을 수령하지 아니하였어도 마찬가지이다(대판 91다41996).

② 선순위 가처분의 말소방법 : 가처분의 경우는 집행법 288조 4항, 301조에 따라 보전처분집행 후 3년간 본안소송을 제기하지 않았다는 이유로 채무자나 제3취득자가 사정변경에 의한 가처분취소를 구할 수

33) 민사집행법이 2005.1.27.개정되기 전에는 보전처분집행 후 5년간 본안소송을 제기하지 않았을 때 보전처분의 취소를 구할 수 있었다(구 민사집행법 288조 4항). 보전처분 집행 후 몇 년간 본안소송을 제기하지 않았을 때 이를 이유로 보전처분의 취소를 구할 수 있는가는 그 보전처분 발령시의 민사집행법에 의한다. 따라서 민사집행법의 개정시기와 보전처분의 발령시기를 잘 살펴야 한다.

있다.

6) 체납처분에 의한 압류등기가 있는 부동산

국세체납절차와 민사집행절차는 별개의 절차로서 그 절차 상호간의 관계를 조정하는 법률의 규정이 없으므로 한쪽의 절차가 다른 쪽의 절차에 간섭을 할 수 없는 반면 쌍방절차에서의 각 채권자는 서로 다른 절차에서 정한 방법으로 그 다른 절차에 참여할 수밖에 없고(대판 88다카42), 국세체납처분에 의한 공매절차가 진행 중에 있는 경우에도 법원은 그 부동산에 대하여 강제경매나 임의경매의 절차를 별도로 진행할 수 있으며, 이 경우 양 매수인 중 먼저 그 소유권을 취득한 자가 진정한 소유자로 확정된다.

7) 파산, 회생절차개시결정의 등기가 된 부동산

“채무자 회생 및 파산에 관한 법률”이 적용되는 경우에는 그 내용에 따라 집행절차가 중요한 영향을 받게 되는데, 우선 민사집행절차와 회생 또는 파산절차의 관계를 이해할 필요가 있다.

앞에서도 본 바와 같이, 광의의 집행은 물적 집행의 대상이 되는 채무자의 재산의 범위에 따라 개별집행과 일반집행으로 구별된다.

개별집행은 채무자의 개개의 재산에 대하여 집행이 개별적으로 실시되는 것이며, 일반집행은 채무자의 전재산에 대하여 포괄적으로 실시되는 집행이다. 전자는 집행법이 채용하고 있는 방법이며 후자는 파산절차에서 행하여진다.

민사집행과 파산절차가 개별집행과 일반집행의 관계에 있다는 점은 우리 법제상 민사집행과 파산절차의 관계를 이해하는 핵심적인 법리이다. 일반적으로 大는 小를 포함한다는 법리에 따라, 小에 해당하는 민사집행은 大에 해당하는 일반집행이 개시되면 절차가 정지되거나 실효되는 관계에 있는 것이다. 이러한 점을 기초로, 파산절차의 진행단계에 따라 민사집행절차가 어떠한 영향을 받는지를 염두에 두고 두 절차의 관계를 이해하면 두 절차의 관계가 쉽게 이해된다.

다른 한편, 회생절차는 채무자를 회생시키기 위한 제도이므로 집행절차와는 상충되는 제도로서 택일적 관계에 있고, 제도의 목적상 회생절차가 더욱 강력한 절차적 힘을 발휘한다. 따라서 회생절차가 확정되면 집행절차는 그 힘을 잃게 되는 것이니, 이것도 회생절차의 진행단계에 따라 집행절차가 단계적으로 그 절차적 힘을 잃어가는 과정을 주목하여 보면 된다.

이러한 기본적 법리를 염두에 두고, "채무자 회생 및 파산에 관한 법률"에 규정된 파산 및 회생절차와 민사집행과의 관계를 각 단계별로 나누어 살펴본다.

가) 회생절차의 경우

회생절차는 "신청 ➟ 개시결정 ➟ 계획인가"의 단계로 진행되며, 이에 대응하여 강제집행절차는 "별도의 중지(취소)명령이 있어야 중지(취소)-별도명령 없이도 중지-별도명령 없이도 실효"로 대응하게 된다.

(1) 법원은 회생절차개시의 신청이 있는 경우 필요하다고 인정하는 때에는 이해관계인의 신청에 의하거나 직권으로 회생절차개시의 신청에 대한 결정이 있을 때까지 ① 회생채권 또는 회생담보권에 기한 강제집행, 가압류, 가처분 또는 담보권실행을 위한 경매절차로서 채무자의 재산에 대하여 이미 행하여지고 있는 것, ② 채무자의 재산에 관한 소송절차, ③ 국세징수법 또는 지방세기본법[34]에 의한 체납처분, 국세징수의 예(국세 또는 지방세 체납처분의 예를 포함한다)에 의한 체납처분 또는 조세채무담보를 위하여 제공된 물건의 처분절차의 중지를 명할 수 있고, 채무자의 회생을 위하여 특히 필요하다고 인정하는 때에는 채무자(보전관리인이 선임되어 있는 때에는 보전관리인을 말한다)의 신청에 의하거나 직권으로 중지된 회생채권 또는 회생담보권에 기한 강제집행 등의 취소를 명할 수 있다(44조1, 4항, 개인회생의 경우 593조1, 4항).

34) 2010.12.31.까지는 지방세법, 그 이후부터는 지방세기본법으로 법명 변경.

또한 법원은 회생절차개시의 신청이 있는 경우 44조 1항의 규정에 의한 중지명령에 의해서는 회생절차의 목적을 충분히 달성하지 못할 우려가 있다고 인정할 만한 특별한 사정이 있는 때에는 이해관계인의 신청에 의하거나 직권으로 회생절차개시의 신청에 대한 결정이 있을 때까지 모든 회생채권자 및 회생담보권자에 대하여 회생채권 또는 회생담보권에 기한 강제집행등의 금지를 명할 수 있고, 이 포괄적 금지명령이 있는 때에는 채무자의 재산에 대하여 이미 행하여진 회생채권 또는 회생담보권에 기한 강제집행등은 중지되며,[35] 법원은 채무자의 사업의 계속을 위하여 특히 필요하다고 인정하는 때에는 채무자(보전관리인이 선임되어 있는 때에는 보전관리인을 말한다)의 신청에 의하여, 포괄적 금지명령에 의하여 중지된 회생채권 또는 회생담보권에 기한 강제집행 등의 취소를 명할 수 있다(45조1, 3, 5항). 이 경우 법원은 담보를 제공하게 할 수 있다.

(2) 회생절차개시결정이 있는 때에는 ① 회생채권 또는 회생담보권에 기한 강제집행등, ② 국세징수의 예에 의하여 징수할 수 있는 청구권으로서 그 징수우선순위가 일반 회생채권보다 우선하지 아니한 것에 기한 체납처분을 할 수 없고, ① 파산절차, ② 채무자의 재산에 대하여 이미 행한 회생채권 또는 회생담보권에 기한 강제집행등, ③ 국세징수의 예에 의하여 징수할 수 있는 청구권으로서 그 징수우선순위가 일반 회생채권보다 우선하지 아니한 것에 기한 체납처분은 중지된다(58조1, 2항, 개인회생의 경우 600조1, 2항).

(3) 회생계획인가결정이 있은 때에는 58조2항의 규정에 의하여 중지한

35) 다만, 법원은 포괄적 금지명령이 있는 경우 회생채권 또는 회생담보권에 기한 강제집행등의 신청인인 회생채권자 또는 회생담보권자에게 부당한 손해를 끼칠 우려가 있다고 인정하는 때에는 그 회생채권자 또는 회생담보권자의 신청에 의하여 그 회생채권자 또는 회생담보권자에 대하여 결정으로 포괄적 금지명령의 적용을 배제할 수 있다. 이 경우 그 회생채권자 또는 회생담보권자는 채무자의 재산에 대하여 회생채권 또는 회생담보권에 기한 강제집행등을 할 수 있으며, 포괄적 금지명령이 있기 전에 그 회생채권자 또는 회생담보권자가 행한 회생채권 또는 회생담보권에 기한 강제집행등의 절차는 속행된다(47조1항).

파산절차, 강제집행, 가압류, 가처분, 담보권실행 등을 위한 경매절차는 그 효력을 잃는다(256조1항, 개인회생의 경우 615조3항).

(4) 다만 공익채권은 회생절차에 의하지 아니하고 수시로 변제하고, 또한 회생채권과 회생담보권에 우선하여 변제한다(180조1, 2항). 따라서 강제집행이 가능하다. 다만 법원은 일정한 경우 관리인의 신청에 의하거나 직권으로 담보를 제공하게 하거나 담보를 제공하게 하지 아니하고 공익채권에 기하여 채무자의 재산에 대하여 한 강제집행 또는 가압류의 중지나 취소를 명할 수 있고, 또 이 명령을 취소할 수 있다(180조3, 4항).

나) 파산절차의 경우

(1) 파산선고가 있는 경우 파산채권에 기하여 파산재단에 속하는 재산에 대하여 행하여진 강제집행 · 가압류 또는 가처분은, 파산관재인은 파산재단을 위하여 강제집행절차를 속행한 경우가 아니면, 파산재단에 대하여는 그 효력을 잃는다(348조1항).

(2) 면책신청이 있고, 파산폐지결정의 확정 또는 파산종결결정이 있는 때에는 면책신청에 관한 재판이 확정될 때까지 채무자의 재산에 대하여 파산채권에 기한 강제집행 · 가압류 또는 가처분을 할 수 없고, 채무자의 재산에 대하여 파산선고 전에 이미 행하여지고 있던 강제집행 · 가압류 또는 가처분은 중지되고(557조1항), 면책결정이 확정된 때에는 제1항의 규정에 의하여 중지한 절차는 그 효력을 잃는다(557조2항).

(3) 별제권이나 준별제권을 가지는 저당권자의 임의경매신청은 파산절차의 개시에 의하여 방해되지 않으므로 경매개시장애사유가 되지 않는다(법 412, 414조). 별제권이나 준별제권의 전제가 되는 담보권은 바로 채무자의 파산과 같은 변제불능상황에 대비하기 제도이므로 파산상황이라 하여 담보권을 제한하게 되면 이는 담보제도의 본질에 반하는 것이다.

다) 등 기

법원사무관 등은 법인이 아닌 채무자에 대하여 회생절차개시의 결정이 있는 경우 그 채무자의 재산에 속하는 권리 중에 등기 또는 등록된 것이 있는 때에는 직권으로 지체 없이 촉탁서에 결정서의 등본 또는 초본을 첨부하여 회생절차개시의 등기를 촉탁하여야 하고(24조1항1호, 27조), 또한 법인이 아닌 파산선고를 받은 채무자에 관한 등기 또는 등록이 있는 것을 안 때에는 직권으로 지체 없이 촉탁서에 파산결정서의 등본을 첨부하여 파산등기를 촉탁하여야 하며, 파산재단에 속하는 권리로서 등기 또는 등록된 것이 있음을 안 때에도 또한 같다(24조3항, 27조).

라) 집행절차에서의 처리

위와 같은 등기가 된 부동산에 대하여는 개별적인 강제집행이 금지되므로 이에 대한 경매신청은 각하된다.

위와 같은 등기가 되지 아니하였더라도 그 사유가 증명된 경우에는 역시 집행장애사유가 된다.

이미 경매가 개시된 경우, 위 각 사유 중 중지사유에 해당하는 결정서 또는 중지를 명하는 결정서가 제출된 경우에는 그 서류를 집행법 49조 2호의 서류로 보아 집행절차를 정지하는 등의 조치를 취하여야 하고, 취소사유에 해당하는 결정서 또는 취소를 명하는 결정서(강제집행이 효력을 잃는다고 규정한 서류는 취소서류에 해당한다)가 제출된 경우에는 그 서류를 집행법 49조 1호의 서류로 보아 이미 행한 집행처분을 취소하는 등의 조치를 취한다. 그러나 별제권이나 준별제권을 가지는 저당권자의 임의경매신청은 파산절차의 개시에 의하여 방해되지 않으므로 경매개시장애사유가 되지 않는다(412, 414조).

다. 경매개시결정에 의한 압류의 효력

강제경매개시결정에 의한 압류의 효력은 그 결정이 채무자에게 송달된 때 또는 경매개시결정의 기입등기가 된 때에 발생한다(법 83조 4항). 개시결정이 채무자에게 송달된 시기와 경매개시결정등기가 된 시기 중 먼저 된 시기에 경매개시결정의 효력, 즉 부동산압류의 효력이 발생한다. 압류의 효력이 생기면 경매신청시로 소급하여 집행채권에 관하여 시효중단의 효과가 생긴다.

압류에는 처분금지효가 있으나, 처분금지에 위반되는 채무자의 처분행위는 경매신청채권자에 대해서만 대항할 수 없을 뿐이다. 즉 처분제한의 효력은 상대적 효력만을 갖는다(개별상대효). 따라서 압류후의 채무자의 처분행위는 당사자간에서는 유효하고 압류채권자가 행하는 집행절차와의 관계에 있어서만 효력이 없게 된다.

채무자는 압류 후에도 매수인이 소유권을 취득할 때까지 부동산의 교환가치를 감소시키지 않는 한도 내에서 목적물을 관리·사용·수익할 수 있다(법 83조 2항).

2. 경매개시결정등기의 촉탁

법원이 경매개시결정을 하면 법원사무관 등은 즉시 그 사유를 등기부에 기입하도록 등기관에게 촉탁하여야 한다(법 94조 1항).

채무자에게 부동산경매개시결정이 송달되기 전에 기입등기가 이루어진 경우에는 그 등기 시점이 압류의 효력발생시기의 기준이 된다.

3. 부동산 멸실 등으로 말미암은 경매취소

가. 총 설

부동산이 없어지거나 매각 등으로 말미암아 권리를 이전할 수 없는 사정이 명백하게 된 때에는 법원은 강제경매의 절차를 취소하여야 한다(법 96조 1항).

나. 취소사유

1) 부동산의 멸실

경매부동산이 멸실되면 경매를 진행할 수 없게 된다. 경매개시결정 후 매각부동산의 현상이 다소 다르더라도(예컨대, 구조, 면적 등에 다소 차이가 있는 경우) 절차의 진행을 방해할 사유가 되지는 않지만 그 정도가 심하여 부동산의 동일성을 잃게 할 정도이면 경매절차를 취소하여야 한다.

2) 채무자의 소유권상실

(가) 매각부동산이 제3자의 소유인 경우

매각부동산이 제3자의 소유인 경우에는 경매개시결정을 할 수 없게 되므로 경매개시결정 후에 매각부동산이 채무자의 소유가 아님이 판명되면 경매절차를 취소하여야 한다. 예를 들면 경매신청시 제출된 등기부등본의 작성일 이후 경매개시결정등기 사이에 제3자에게 소유권이전등기가 된 경우가 있다.

(나) 가등기에 기한 본등기 또는 가처분권자의 본안승소판결에 기한 등기가 이루어 진 경우

제3자를 위하여 가등기가 되어 있는 부동산에 관하여 경매개시결정을 한 후 그 가등기권리자가 본등기를 하면 그 본등기의 효력이 가등기시에 소급하는 것은 아니지만, 가등기의 순위보전의 효력에 의하여 마치 가등기시에 이미 본등기를 한 것과 같게 되므로 이는 경매절차개시에 장애될 사실에 해당한다.

가등기에 기한 본등기가 있으면 등기관은 가등기 이후의 경매개시결정등기를 직권 말소할 수 있으므로(등기예규 1041호 2조 가. 7호), 이 경우 등기관은 부동산등기법 175조에 의하여 집행법원에 대하여 가등기에 기하여 본등기가 경료되었다는 취지 및 일정기간 내에 이의가 없으면 경매개시결정등기를 직권 말소하겠다는 취지를 통지하여야 한다(등기예규 416호). 집행

법원은 그 통지를 받으면 경매절차를 취소한다.

대금납부 후에 가등기권자나 가처분권자 앞으로 소유권이전등기가 경료됨으로써 매수인이 소유권을 상실하게 된 경우에는 본조에 따라 경매절차의 취소결정을 받을 수 없고, 민법 578조, 576조를 유추적용하여 담보책임을 추급할 수 있을 뿐이다(대결 96그64).

다. 경매절차의 취소

집행법원은 본조에 의한 경매절차를 취소할 사유가 명백하게 된 때에는 직권으로 결정으로써 경매절차를 취소한다. 당사자에게 신청권이 없으므로 이해관계인이 한 경매절차의 취소신청은 직권발동의 촉구에 불과하다고 할 것이나, 집행법원이 이를 하지 아니한 때에는 집행법 16조에 정한 집행에 관한 이의에 의하여 불복을 신청할 수 있다(대결 96그64).

라. 취소결정에 대한 불복방법

이 취소결정은 채권자, 채무자에게 고지한다(규칙 7조 1항 2호). 실무에서는 최고가매수신고인 또는 매수인도 취소결정에 이해관계가 있는 사람으로 보아 취소결정을 고지하고 있다. 이 결정에 대하여 불복이 있는 사람은 즉시항고를 할 수 있다(법 96조 2항). 절차를 취소하여야 할 사유가 명백함에도 불구하고 집행법원이 취소결정을 하지 않을 때에는 채무자 그 밖의 이해관계인은 집행에 관한 이의로써 불복을 신청할 수 있다.

마. 경매개시결정등기의 말소

경매절차의 취소결정이 확정된 때에는 법원은 경매개시결정등기의 말소를 등기관에게 촉탁하여야 한다.

4. 강제경매개시결정의 송달

가. 채무자에 대한 송달

1) 직권으로 정본 송달

부동산의 압류는 채무자에게 강제경매개시결정이 송달된 때 또는 경매개시결정등기가 된 때에 그 효력이 생기므로(법 83조 4항) 직권으로 그 결정 정본을 채무자에게 송달하여야 한다(법 83조 4항, 23조 1항, 민소 174조).

민사집행법상의 각종 절차는 원래 적당한 방법으로 고지하면 족한 것이지만, 경매개시결정은 반드시 그 정본을 송달하여야 한다.

2) 매각절차진행의 유효요건

경매개시결정은 비단 압류의 효력을 발생시키는 것일 뿐만 아니라 매각절차의 기초가 되는 재판이어서 그것이 채무자에게 송달되지 않으면 효력이 있다고 할 수 없다. 따라서 경매개시결정등기가 되어 따로 압류의 효력이 발생하였더라도 경매개시결정의 송달 없이는 유효하게 매각절차를 속행할 수 없고(대결 91마239), 채무자가 아닌 이해관계인도 채무자에 대한 경매개시결정 송달의 흠을 매각허가결정에 대한 항고사유로 삼을 수 있다(대결 97마814).

같은 법리로, 집행법원이 강제경매개시결정을 채무자에게 송달하지도 않고 그 기입등기만 경료한 채 매각절차를 진행하여 매각대금을 납부받은 경우 그 압류의 효력발생 여부에 관계없이 경매개시결정의 효력이 발생하지 아니한 상태에서 매각절차를 속행한 경우이어서 위법하므로, 매각대금 완납에 의한 매수인으로서의 소유권 취득이라는 매각허가의 효력은 부정될 수밖에 없으며 집행법원이 매각대금의 완납 후에 사후적으로 경매개시결정을 채무자에게 송달하더라도 결론은 마찬가지이다(대판 93다9477).

3) 송달방법

민사집행법상 특별한 규정이 있는 경우를 제외하고는 민사소송법상의 송달에 관한 규정이 그대로 준용된다(법 23조). 민사집행법상 특례규정은 집행의 신속성을 위하여 민사소송법에 의한 송달보다 완화한 것이다.

(가) 이사불명으로 송달불능된 경우

강제경매개시결정이 이사불명으로 송달불능이 된 경우에는 일단 채권자에게 주소보정을 명하여 될 수 있는 대로 경매개시결정이 채무자에게 송달될 수 있는 방법을 강구할 것이나 보정된 주소로도 송달이 안 되고 달리 송달할 장소를 알 수 없는 경우에는 당사자의 신청 또는 직권으로 공시송달의 방법에 의하여 송달한다. 채무자가 법인인 경우에는 법인등기부상 법인주소지와 대표이사 개인 주소지 두 곳 모두 송달이 되지 아니하는 경우에만 공시송달한다(대판 97다31267).

(나) 주소불명, 외국거주의 경우

집행법 12조는 채무자의 주소지가 분명하지 아니하거나 외국에 있는 때에는 집행행위에 속한 송달이나 통지를 하지 아니하여도 된다고 규정하고 있으나 경매개시결정의 송달은 집행법원의 집행행위인 재판의 고지방법으로서 행해지는 것으로서 여기서 말하는 집행행위에 속한 송달이라고 할 수 없으므로 동법 12조는 적용되지 아니한다. 따라서 채무자의 주소불명이나 외국에 있는 경우에도 반드시 송달하여야 한다.

다만 외국에 주소를 둔 경우에는 동법 13조의 외국송달의 특례가 적용된다(아래 별도의 항으로 후술함).

(다) 발송송달 불가

집행기록에 표시된 이해관계인의 주소에 등기우편으로 발송할 수 있다는 매각기일과 매각결정기일의 통지에 관한 집행법 104조 3항도 적용되지 않는다.

(라) 선행사건이 공시송달로 진행되던 중 후행사건이 송달된 경우

선행사건이 공시송달로 진행되던 중 이중경매신청이 들어와 그 후행사건의 경매개시결정이 채무자나 소유자에게 송달된 경우에는 선행사건의 공시송달명령을 취소하고(공시송달을 취소하기 전까지의 공시송달에 의하여 이루어진 송달의 효력은 그대로 유지된다) 통상의 송달을 한다. 그 후에 다시 송달이 안 되면 발송송달을 한다.

4) 당사자가 외국에 주소를 두고 있는 경우

(가) 외국송달의 방법

국제민사사법공조법, 동 규칙 및 예규가 정하는 바에 따른다. 당사자가 대한민국 국민으로서 '헤이그송달협약에 가입한 외국'에 거주하고 있는 경우에는 그 외국에 거주하는 대한민국 영사에게 촉탁한다.

민사소송법 194조의 외국 공시송달의 요건을 갖춘 경우에는 동법 195조에 따라 법원게시판에 게시하거나, 그 밖에 대법원규칙이 정하는 방법에 따라서 하여야 한다. 내국공시송달의 효력은 게시 후 2주가 지난 때에 발생하지만, 외국공시송달의 효력은 게시 후 2월이 지난 때에 발생(동법 196조 2항)함을 주의하여야 한다.[36)]

(나) 외국송달의 특례

채무자에 대한 외국송달의 경우 집행행위에 속하는 매각기일 및 매각결정기일의 통지 등은 하지 아니하여도 된다(법 12조). 다만 이 규정이 채무자에 대한 경매개시결정의 송달에는 적용되지 않음은 이미 설명한 바와 같다. 그런데 외국으로 송달이나 통지를 하는 경우에는 송달이나 통지와 함께 대한민국 안에 송달이나 통지를 받을 장소와 영수인을 정하여 상당한 기간 내에 신고하도록 명할 수 있고, 그 기간 내에 신고가 없는 경우에

---

36) 간혹 내국동시송달과 동일하게 2주간만 게시하고 게시를 중지하는 경우가 있는데, 이 경우에는 송달의 효력이 없다고 할 것이다.

는 그 이후의 송달이나 통지를 하지 아니할 수 있다(법 13조 1항, 2항). 송달이나 통지를 받을 자가 외국에 있는 경우 외국으로 송달이나 통지를 함으로 인하여 절차가 현저하게 지연됨으로써, 절차의 신속한 진행에 커다란 장애가 되는 것을 막기 위하여 외국송달의 특례를 두고 있는 것이다.

신고하여야 할 송달장소는 집행법원의 소재지로 국한되지 않고, 대한민국 내라면 어느 곳도 가능하다.

사법공조체계에 의하는 최초의 송달에 있어서는, 국내에 송달 장소를 신고하지 아니하면 그 이후의 송달·통지가 생략될 수 있다는 점을 미리 알려 주는 것이 바람직하다.

5) 주소보정명령에 불응한 경우의 조치

경매개시결정이 채무자에게 송달되지 아니하여 채권자에게 주소보정을 명하였으나 채권자가 이에 불응하는 경우 경매개시결정을 취소하고 경매신청을 각하한다.

나. 채권자에 대한 송달

경매개시결정은 일반의 결정, 명령과 마찬가지로 당사자에게 고지되어야 하므로 채권자에 대하여도 실무에서는 고지의 방법으로 그 정본을 송달하지만, 송달에 의하지 아니하고 적당한 방법으로 고지하여도 무방하다.

다만 채권자에게 송달하지 않고 절차를 진행하여도 매각허가의 효력에 아무런 영향이 없다(임의경매에 관한 대결 69마231 참조).

5. 경매절차의 이해관계인

> 第90조(경매절차의 이해관계인) 경매절차의 이해관계인은 다음 각 호의 사람으로 한다.
> 1. 압류채권자와 집행력 있는 정본에 의하여 배당을 요구한 채권자
> 2. 채무자 및 소유자

3. 등기부에 기입된 부동산 위의 권리자
4. 부동산 위의 권리자로서 그 권리를 증명한 사람

가. 이해관계인제도의 의의

부동산에 대한 강제경매절차에서는 그 부동산에 이해관계를 가진 자가 많이 있고 이러한 이해관계를 가진 자는 강제경매가 적법하게 실시되는 것에 관하여 자기의 이해에 중대한 영향을 받으므로 이러한 자의 권리보호를 위하여 집행법은 이해관계를 가진 자 중에서 특히 보호할 필요가 있는 자를 이해관계인으로 규정하여(법 90조) 강제경매절차의 전반에 걸쳐서 관여할 자격을 주고 있다.

나. 이해관계인의 권리

이해관계인은 자기의 권리에 관하여 보호를 받는 방법으로서 집행법원의 절차에 관하여 권리행사를 할 수 있다. 이러한 권리행사는 공익적 절차규정 위배 및 자기의 권리에 관한 절차위배에 관하여서만 행사할 수 있으므로 다른 이해관계인의 권리에 관한 이유를 들어 할 수는 없다(법 122조).

채무자 이외의 이해관계인에게는 경매개시결정 정본을 송달할 필요가 없다(대결 86마70). 이해관계인이 사망하여 절차에 관여할 수 없게 되더라도 그것 때문에 매각절차가 중단되지도 아니한다.

다. 이해관계인의 범위

법은 다음의 자만을 이해관계인으로 본다(법 90조).

이 규정은 제한적 열거규정이므로(대판 98다53240), 위 조항에 열거된 이해관계인의 범위에 속하지 않는 자는 그 매각절차에 어떠한 이해관계가 있는 사람이라도 매각절차에서 이해관계인으로서 인정받을 수 없다(한정적 의미).

가압류권자{대판 98다53240. 심지어 경매개시전의 가압류권자는 배당요구하지 않았더라도 당연히 배당요구를 한 것과 동일하게 취급되지만(대판 94다57718), 이해관계인은 아니다}, 가처분권자(대결 94마1534), 예고등기권리자(대결 67마947, 대결 67마1024), 재매각을 실시하는 경우 전의 매수인은 이해관계인이 아니다.

1) 압류채권자와 집행력 있는 정본에 의한 배당요구채권자(1호)

① 압류채권자라 함은 경매신청을 한 채권자를 말한다.

압류가 경합된 후 배당요구의 종기까지 경매신청을 한 뒤의 압류채권자는 집행력 있는 정본에 의한 배당요구채권자이지만, 선행사건이 정지되어 후행사건에 의하여 진행될 경우에는 압류채권자에 해당하므로, 어느 모로 보나 본호의 이해관계인이 된다(대결 75마332 참조).

국세체납에 의하여 압류등기를 한 압류권자도 본호의 이해관계인이다. 압류가 경합된 강제경매신청자와 동일하게 취급되어야 하기 때문이다.

② 배당요구를 한 채권자 중에는 집행력 있는 정본에 의하여 배당요구를 한 채권자만이 이해관계인에 해당한다. 따라서 임금채권자나 주택임대차보호법 또는 상가건물임대차보호법상의 임차인은 집행력 있는 정본에 의하여 배당요구를 한 경우에만 이해관계인이 되고, 집행력 있는 정본에 의하지 아니하고 배당요구를 한 이해관계인이 아니다(임금채권자의 경우 대결 2001마785).

2) 채무자 및 소유자(2호)

① 여기서 채무자라 함은 집행채무자를 가리킨다.

임의경매에 있어서 경매신청되지 아니한 저당권의 피담보채권의 채무자는 여기서 말하는 채무자에 해당하지 아니한다(대결 68마716). 또 저당권설정등기에 채무자로 표시되지 아니한 다른 공동채무자도 이에 포함되지 아니한다.

② 소유자라 함은 경매개시결정등기 당시의 매각부동산의 소유자를 말한다. 경매개시결정등기 후에 소유권이전등기를 마친 자는 여기서 말하는 소유자에는 해당하지 않으나, 그 권리를 증명하면 본조 4호의 이해관계인이 된다(대결 64마525). 이 경우 소유권을 양도한 전소유자는 채무자가 아닌 한 경매목적물에 대한 소유권의 상실과 동시에 매각절차상 이해관계인의 지위도 상실한다(대결 67마615).

가압류등기 후 본압류에 의한 경매신청 전에 소유권의 이전등기를 받은 자는 여기서 말하는 소유자에 해당한다.

파산선고 후에 저당권자가 별제권자(채무자 회생 및 파산에 관한 법률 411조, 412조)로서 파산재단에 속하는 부동산에 대하여 매각절차를 개시한 때에는 파산관재인만이 이해관계인인 소유자로 된다.

3) 등기부에 기입된 부동산 위의 권리자(3호)

① '등기부에 기입된 부동산 위의 권리자'라 함은 경매개시결정 시점이 아닌 경매개시결정등기 시점을 기준으로 그 당시에 이미 등기가 되어 등기부에 나타난 자를 말하며 용익권자(전세권자, 지상권자, 임대차등기를 한 임차권자), 담보권자(저당채권에 대한 질권자, 저당권자) 등이 이에 해당한다(대결 99마5901). 경매개시전의 가압류권자는 배당요구하지 않았더라도 당연히 배당요구를 한 것과 동일하게 취급되지만(대판 94다57718), 이해관계인은 아니다.

② 부동산의 공유지분의 강제경매에 있어서 다른 공유자는 이해관계인이다(대결 97마962). 다만 누가 공유자가 되더라도 이해관계가 없다고 판단되는 공유관계, 예컨대 아파트, 상가 또는 다세대주택 등 구분소유적 공유의 경우에는 전유부분의 대지권에 해당하는 '대지권의 목적인 토지의 공유지분'에 관하여 누가 소유자가 되더라도 이해관계가 없다 할 것이므로 공유자통지를 할 필요가 없다(법 139조 1항 단서).

③ 가등기담보등에 관한 법률의 시행으로 가등기담보권은 완전한 담보

권으로서의 실체를 갖게 되었으므로, 가등기담보권자도 이해관계인이다. 소유권이전에 관한 순위보전의 가등기권리자도 이해관계인이다(가담법 16조 3항).

④ 그러나 등기하지 아니한 임대차의 임차권자는 제3자에게 대항할 수 없으므로 그 임차인은 본호의 이해관계인이 아니고(대결 96마548), 다만 그 임차권이 주택임대차보호법이나 상가건물임대차보호법의 대항요건을 갖춘 경우에는 아래 제4호의 이해관계인이 된다.

4) 부동산 위의 권리자로서 그 권리를 증명한 자(4호)

① 부동산 위의 권리자라 함은 경매개시결정등기 이전에 매각부동산에 대하여 등기 없이도 제3자에게 대항할 수 있는 물권 또는 채권을 가진 자를 말한다.

이에 해당하는 자로서는 유치권자, 점유권자, 특수지역권자(입회권), 건물등기 있는 토지임차인(민법 622조), 주택임대차보호법 3조 1항에 따라 인도 및 주민등록을 마친 주택임차인(대결 94마2134), 법정지상권자(민법 305조, 366조, 187조) 등이 있다.

그러나 압류채권자에게 대항할 수 있는 권리를 가지지 못한 자라도 매각절차의 진행에 절실한 이해관계를 가지고 있으나 달리 편리한 구제절차가 없는 관계로 그를 이해관계인으로 참가시키는 것이 필요하고 타당할 경우에는 이해관계인으로 취급함이 상당하다. 이러한 예로서는 경매개시결정등기 후의 제3취득자(대결 64마525), 같은 경우의 담보권자, 용익권자, 지상권자, 임차권등기명령에 의한 등기권자 등인데. 다만 이들은 그 권리의 등기 있는 등기부등본이나 주민등록등본 등을 제출하여 그 권리를 증명하여야 이해관계인으로 취급된다.

② 부동산 위에 위와 같은 권리를 가지고 있다는 것만으로 당연히 이해관계인이 되는 것은 아니고 집행법원에 스스로 그 권리를 증명한 자만이 비로소 이해관계인이 된다(대결 94마1455). 따라서 권리증명 이외

의 사유로 집행법원이 알게 된 경우 예컨대 집행관의 현황조사의 결과 이해관계인으로 판명되었다는 사실 또는 압류가 경합된 후행의 강제경매신청기록에 이해관계인으로 표시되었다거나 다른 권리자가 제출한 등기부등본에 권리자로 등재되어 있다는 사실만으로써는 스스로 집행법원에 권리를 증명하여 신고한 것이라고는 볼 수 없으므로 이해관계인이 될 수 없다.

③ 동 증명은 매각허가결정이 있을 때까지 할 수 있다(대결 94마1342 참조). 매각허가결정이 있은 후 항고를 제기하면서 그 권리를 주장한 자는 이해관계인이 될 수 없다(대결 87마1198 등).

④ 전세금반환청구권 또는 임차보증금반환청구권을 압류 및 전부받은 자가 권리신고한 경우에 이러한 자는 본호의 이해관계인에 해당된다. 다만 전세권자 또는 임차권자도 압류 및 전부명령을 받은 채권자의 채권에 대하여 다툼이 있을 수 있으므로 이해관계인에서 제외할 것은 아니다.

등기 없는 진정한 소유자는 이해관계인이 아니므로, 소유권 회복의 등기를 할 수 있는 확정판결이 있다 하더라도 이에 기한 등기를 갖추고 이를 집행법원에 권리신고를 하여야 이해관계인이 될 수 있다(대결 94마1465, 1466).

6. 이중경매개시결정

제87조(압류의 경합) ① 강제경매절차 또는 담보권 실행을 위한 경매절차를 개시하는 결정을 한 부동산에 대하여 다른 강제경매의 신청이 있는 때에는 법원은 다시 경매개시결정을 하고, 먼저 경매개시결정을 한 집행절차에 따라 경매한다.
② 먼저 경매개시결정을 한 경매신청이 취하되거나 그 절차가 취소된 때에는 법원은 제91조 제1항의 규정에 어긋나지 아니하는 한도 안에서 뒤의 경매개시결정에 따라 절차를 계속 진행하여야 한다.

> ③ 제2항의 경우에 뒤의 경매개시결정이 배당요구의 종기 이후의 신청에 의한 것인 때에는 집행법원은 새로이 배당요구를 할 수 있는 종기를 정하여야 한다. 이 경우 이미 제84조 제2항 또는 제4항의 규정에 따라 배당요구 또는 채권신고를 한 사람에 대하여는 같은 항의 고지 또는 최고를 하지 아니한다.
> ④ 먼저 경매개시결정을 한 경매절차가 정지된 때에는 법원은 신청에 따라 결정으로 뒤의 경매개시결정(배당요구의 종기까지 행하여진 신청에 의한 것에 한한다)에 기초하여 절차를 계속하여 진행할 수 있다. 다만, 먼저 경매개시결정을 한 경매절차가 취소되는 경우 제105조 제1항 제3호의 기재사항이 바뀔 때에는 그러하지 아니하다.
> ⑤ 제4항의 신청에 대한 재판에 대하여는 즉시항고를 할 수 있다.

가. 이중경매개시결정

강제경매절차 또는 담보권 실행을 위한 매각절차를 개시하는 결정을 한 부동산에 대하여 다른 강제경매의 신청이 있는 때에는 법원은 다시 경매개시결정(아래에서는 '이중경매개시결정'이라 한다)을 하고, 먼저 경매개시결정을 한 집행절차에 따라 경매한다(법 87조 1항).

나. 이중경매개시결정의 요건

1) 이미 경매개시결정이 되어 있을 것

강제경매신청이 경합되는 경우뿐만 아니라 임의경매신청과 강제경매신청이 경합되는 경우에도 집행법 87조 1항이 준용된다(대결 91마131).

그러나 다른 채권자에 의하여 가압류가 되어 있는 부동산에 대하여 한 경매개시결정은 이중경매개시결정이 아니다.

2) 경매신청의 요건을 구비할 것

뒤에 한 경매신청도 독립하여 강제경매신청의 제 요건 즉 강제집행의 요건, 강제집행개시의 요건 등을 구비하여야 한다. 뒤에 한 경매신청이 임의경매신청인 경우에는 임의경매신청의 제 요건을 구비하여야 함은 물론이다.

3) 부동산이 동일한 채무자의 소유일 것

① 매각절차진행 중(압류의 효력발생 후)에 매각부동산의 소유자가 변경되고 그 새로운 소유자의 채권자가 그 부동산에 관하여 경매신청을 한 경우에도 이중경매신청에 해당된다는 견해가 있으나, 이중경매신청은 동일한 소유자에 대한 경매신청을 전제로 하므로 앞에 한 경매신청과 뒤에 한 경매신청은 별개 독립의 것이어서 집행법 87조가 적용될 여지가 없다.
위와 같은 경우 뒤에 한 경매신청에 대하여는 별도로 새로운 소유자를 채무자로 하여 경매개시결정을 하여 경매개시결정등기만을 하고 선행경매 사건이 완결될 때까지 절차의 진행을 유보하여 두었다가 선행사건이 취소 또는 취하에 의하여 경매 없이 종결된 때에는 후행사건의 절차를 진행하고 선행사건의 절차가 진행되어 매수인 앞으로 소유권이 넘어가면 동법 96조에 의하여 후행의 매각절차를 취소한다.

② 가압류 후에 채무자가 목적물을 제3자에게 양도한 경우에 있어서 제3자에 대한 채권자가 매각절차를 개시한 후에 가압류채권자가 본집행으로서 경매를 신청한 때에도 동법 87조가 적용될 여지가 없다. 이 경우에는 오히려 선행의 매각절차는 사실상 정지되고 가압류채권자의 신청에 기한 집행절차에 따라 경매가 진행되며, 그 후의 처리는 위에서 본 경우와 같다. 즉 매수인 앞으로 소유권이 이전되면 선행의 매각절차는 취소되고 후행의 매각절차가 취소 등으로 실효되면 선행의 절차가 다시 진행된다.

다. 이중경매신청을 할 수 있는 시기

이미 개시결정이 된 부동산에 대하여 언제까지 다른 경매신청을 할 수 있는가에 관하여는 배당요구의 종기까지만 할 수 있다는 견해가 있으나, 매각허가결정선고 후에도 먼저 한 경매신청이 취하되거나 그 절차가 취소되는 경우도 있으므로 매수인이 대금을 완납하여 그 부동산의 소유권이 채무자로부터 매수인에게 이전될 때까지는 이중경매신청을 할 수 있다고 봄이 상당하다(대결 78마285 등 참조). 다만 배당요구의 종기 이후에 이중경매신청을 한 경우에는 선행의 경매사건으로 절차가 진행되는 한 뒤의 압류채권자는 매각대금의 배당에 참가할 수 없다(법 148조 1호).

라. 이중경매개시결정절차

이중경매신청에 대한 개시결정의 형식과 내용은 본래의 개시결정의 그것과 똑같다. 따라서 압류도 다시 명하여야 하고(법 83조 1항), 직권으로 그 개시결정의 기입등기를 촉탁하여야 한다(법 94조 1항).

이중경매개시결정도 채무자에게 송달한다(법 83조 4항). 후행사건으로 절차를 속행하면서 이중경매신청에 기한 경매개시결정을 채무자에게 송달함이 없이 매각절차를 진행하였다면 그 경매는 경매개시결정이 효력을 발생하지 아니한 상태에서 이루어진 것이어서 당연히 무효이고 매각대금 납부의 효력도 인정할 수 없으며(대결 95마147), 매각대금의 완납 후에 사후적으로 이중경매개시결정을 채무자에게 송달하였다고 하여 그 결론이 달라지지 않는다(대판 93다9477). 이때 집행법원은 채무자의 집행에 관한 이의신청을 받아들여 대금납부명령이 무효임을 선언하는 의미에서 이를 취소할 수 있다.

마. 이중경매개시결정의 효력

1) 효 력

가) 선행사건 기준

이중경매개시결정도 통상의 개시결정과 마찬가지로 채무자에게 그 결정이 송달되거나 또는 집행법 94조 1항의 규정에 의한 경매개시결정등기가 되면 압류의 효력이 생긴다.

그러나 매각절차는 먼저 개시결정한 선행사건의 집행절차에 따라 진행하여야 한다. 따라서 이해관계인의 범위, 매각기일의 통지, 이의, 항고 등의 적부 등도 선행의 경매사건을 기준으로 정하여야 한다.[37)]

나) 이중경매에서 남을 가망의 판단기준

강제경매개시 후 압류채권자에 우선하는 저당권자 등이 경매신청을 하여 이중경매개시결정이 되어 있는 경우에는 집행법 102조 소정의 최저매각가격과 비교하여야 할 우선채권의 범위를 정하는 기준이 되는 권리는 그 절차에서 경매개시결정을 받은 채권자 중 최우선순위권리자의 권리로 본다(대결 2001마2094).

다) 선행사건에의 배당요구 효력

이중경매신청채권자도 선행경매사건의 배당요구의 종기까지 경매신청한 경우에는 배당에 참가할 수 있으나, 그 후에 경매신청을 한 경우에는 배당에 참가할 수 없다(법 148조 1호) 이중경매신청을 배당요구와 같은 것으로 본다면 배당요구는 신청에 의하여 효력이 발생하는 것이므로, 여기서 말하는 경매신청이란 '신청서 접수시'를 의미한다.

2) 선행사건의 경매신청이 취하되거나 그 절차가 취소된 경우

가) 후행사건에 기한 절차의 진행

① 먼저 경매개시결정을 한 경매신청이 취하되거나 그 절차가 취소된

37) 선행사건이 있음에도 뒤의 경매개시결정에 의하여 매각절차를 진행하는 것은 위법이지만(이는 집행법 121조 1호의 "집행을 계속 진행할 수 없을 때"에 해당하여 매각허가에 대한 이의사유가 된다), 후행사건이 그대로 진행되어 매각허가결정이 확정되고 그 대금까지 완납되었다면 매각부동산의 소유권은 매수인에게 적법하게 이전된다(대결 2000마603).

때에는 법원은 집행법 91조 1항의 규정에 어긋나지 아니하는 한도 안에서 뒤의 경매개시결정에 따라 절차를 계속 진행하여야 하며(법 87조 1항), 이 경우에 뒤의 경매개시결정이 배당요구의 종기 이후의 신청에 의한 것인 때에는 집행법원은 새로이 배당요구를 할 수 있는 종기를 정하여야 한다(법 87조 3항).

② 이 후행절차는 후행압류채권자를 위한 매각절차이므로 압류에 대항할 수 있는 권리의 범위는 이중경매개시결정에 의한 압류의 발효시(단, 강제경매의 경우에 한함. 담보권실행을 위한 경매의 경우에는 저당권설정등기시점을 기준으로 한다)를 기준으로 한다.

③ 한편, 후행절차는 선행절차의 속행이라는 성격을 가지므로, 선행의 경매신청이 취하되거나 그 절차가 취소된 경우(단 집행법 91조 1항의 규정에 어긋나지 않아야 함) 또는 정지된 경우(단 선행매각절차가 취소되더라도 동법 105조 1항 3호의 기재사항이 바뀌지 않는 경우에 한함)에는 후행의 경매신청인을 위하여 그때까지 진행되어 온 선행의 매각절차를 인계하여 당연하게 매각절차를 속행하여야 하는 것이고, 이 경우에 선행한 매각절차의 결과는 후행한 매각절차에서 유효한 범위에서 그대로 승계되어 이용되는 것이다(대판 2000다66010). 따라서 선행절차에 있어서 행해진 현황조사라든가 감정평가 등은 특별히 원용절차를 밟지 아니하여도 후행절차에 그대로 이용할 수 있으며 후행사건에서는 나머지 절차만 속행하면 되고(대결 91마131 등), 선행한 매각절차에서 경매채무자가 주소변경신고를 하였다면 선행절차가 취소되었다고 하더라도 그 주소변경신고는 후행절차에 의하여 속행된 매각절차에서 당연히 효력이 있다.

나) 배당요구의 종기 이후에 이중경매를 신청한 경우의 특칙

먼저 경매개시결정을 한 경매신청이 취하되거나 그 절차가 취소되어 뒤의 경매개시결정에 따라 절차를 계속 진행할 경우 뒤의 경매개시결정이 배당요구의 종기 이후의 신청에 의한 것인 때에는 집행법원은 새로이 배당요구를 할 수 있는 종기를 정하여야 한다(법 87조 3항 전문). 이 경우 이미 집행법 84조 2항 또는 4항의 규정에 따라 배당요구 또는 채권신고를 한 사람에 대하여는 고지 또는 최고를 하지 아니한다(법 87조 3항 후문).

3) 선행사건의 매각절차가 정지된 경우

가) 이중경매개시결정후의 정지의 통지

① 먼저 경매개시결정을 한 매각절차가 정지된 때에 뒤의 경매개시결정(배당요구의 종기까지 행하여진 신청에 의한 것에 한한다. 집행법 87조 4항)에 기초하여 절차를 계속하여 진행하려면 먼저 법원은 신청에 따라 뒤의 경매개시결정에 기초하여 절차를 계속 진행한다는 취지의 결정을 하여야 하는데, 이 신청권은 뒤의 경매개시결정에 관한 압류채권자만이 갖는 것이다. 따라서 이중경매개시결정이 있은 후 먼저 개시결정을 한 경매절차가 정지된 경우에 뒤의 개시결정에 관한 압류채권자에게 그 취지를 통지함으로써 뒤의 압류채권자로 하여금 절차속행신청권을 행사할 수 있는 기회를 부여할 필요가 있으므로, 법원사무관 등은 뒤의 경매개시결정에 관한 압류채권자에게 먼저 경매개시결정을 한 매각절차가 정지되었다는 취지를 통지하여야 한다(규칙 47조). 배당요구의 종기 후에 신청을 한 압류채권자는 절차속행의 신청권이 없기 때문에(법 87조 4항 괄호안), 그 사람에 대하여 위 통지를 할 필요는 없다.

② 이 신청에 대한 재판에 대하여는 즉시항고를 할 수 있으므로(법 87조 5항), 신청인과 상대방인 채무자에게 고지하여야 하며(규칙 7조 1항 2호), 신청을 기각하는 결정은 신청인에게만 고지하면 된다(규칙 7조 2항).

③ 여기서 말하는 “정지된 때”라 함은 집행법 49조 2호, 4호 문서의 제출에 의하여 정지된 때를 말하고, 동조에 기재된 다른 문서의 제출(동조 1호, 3호, 5호, 6호 문서)에 의하여 정지된 경우는 포함하지 아니한

다. 후자의 문서가 제출된 경우에는 먼저 개시결정을 한 매각절차가 취소되므로(법 50조 1항), 동법 87조 2항이 적용되어 당연히 뒤의 경매개시결정에 따라 절차가 속행되고, 동법 87조 4항이 적용될 여지는 없기 때문이다.

나) 후행사건의 진행

① 먼저 경매개시결정을 한 매각절차가 정지된 때에는 법원은 신청에 따라 결정으로 뒤의 경매개시결정(배당요구의 종기까지 행하여진 신청에 의한 것에 한한다)에 기초하여 절차를 계속하여 진행할 수 있다(법 87조 4항 본문).

또한 먼저 경매개시결정을 한 매각절차가 취소되는 경우 집행법 105조 1항 3호(물건명세서의 기재사항 중 등기된 부동산에 대한 권리 또는 가처분으로서 매각으로 효력을 잃지 아니하는 것)의 기재사항이 바뀔 때에는 뒤의 경매개시결정에 기초하여 절차를 계속하여 진행할 수는 없다(법 87조 4항 후문).

② 선행의 매각절차가 정지된 경우 아직 그 절차가 실효된 것은 아닐지라도 속행되는 것은 후행절차이고 선행절차가 아니다. 이 경우 이미 선행절차에서 행해진 현황조사라든가 평가로서 유용한 것은 후행절차에 그대로 이용할 수 있다.

③ 또 절차가 정지되더라도 압류의 효력자체는 남아 있으므로 중간의 담보권자의 지위는 선행의 압류를 기준으로 하여 결정한다.

④ 다만 선행절차의 정지사유가 해소되지 않은 채 배당을 실시하게 될 경우에는 선행절차의 압류채권자에게 배당할 금액은 공탁한다(법 160조 참조).

바. 이중경매신청의 취하

압류가 경합되어 이중경매개시결정이 있더라도 선행매각절차가 정지,

취소되기 전까지는 뒤의 개시결정에 의한 집행절차는 잠정적인 것에 불과하여, 선행매각절차에서의 최고가매수신고인 등을 동시에 후행절차에서의 최고가매수신고인 등으로 볼 수 없으므로 이 경우에는 집행법 93조[38]가 적용될 여지가 없다. 따라서 후행경매신청인 등은 선행매각절차에서의 최고가매수신고인 등의 동의 여부와 관계없이 경매신청을 취하할 수 있고, 그 취하 후 선행매각절차가 정지, 취소 또는 취하되면 이 후의 모든 절차를 정지 또는 종료하여야 한다(재민 91-3 참조).

7. 경매개시결정에 대한 이의

가. 강제경매개시결정에 대한 이의

> 第86조(경매개시결정에 대한 이의신청) ① 이해관계인은 매각대금이 모두 지급될 때까지 법원에 경매개시결정에 대한 이의신청을 할 수 있다.
> ② 제1항의 신청을 받은 법원은 제16조제2항에 준하는 결정을 할 수 있다.
> ③ 제1항의 신청에 관한 재판에 대하여 이해관계인은 즉시항고를 할 수 있다.

1) 총 설

강제경매개시결정에 대하여는 경매개시결정에 대한 이의로 불복신청을 할 수 있고(법 86조 1항), 이의의 재판에 대하여는 다시 즉시항고를 할 수 있다(법 86조 3항).

2) 이의신청의 방법과 시한

① 경매개시결정에 대한 이의신청은 개시결정을 한 집행법원에 한다(법

38) 第93조(경매신청의 취하) ① 경매신청이 취하되면 압류의 효력은 소멸된다.
② 매수신고가 있은 뒤 경매신청을 취하하는 경우에는 최고가매수신고인 또는 매수인과 제114조의 차순위매수신고인의 동의를 받아야 그 효력이 생긴다.
③ 제49조제3호 또는 제6호의 서류를 제출하는 경우에는 제1항 및 제2항의 규정을, 제49조제4호의 서류를 제출하는 경우에는 제2항의 규정을 준용한다.

86조 1항). 매각허가여부에 대한 항고로 인하여 기록이 항고심에 있는 경우에도 이의신청은 개시결정을 한 집행법원에 제기한다.

이의신청권자는 매각절차의 이해관계인이다(법 86조 1항). 이해관계인의 범위는 집행법 90조에서 규정하고 있다. 부동산 위의 권리자(법 90조 4호)는 그 권리를 증명함과 동시에 개시결정에 대한 이의를 제기할 수 있다. 이의신청권자의 채권자가 신청권자를 대위하여 이의할 수 없다.

② 이의신청은 '매각대금이 모두 지급될 때'까지 할 수 있다(법 86조 1항).

3) 이의사유

가) 절차상의 하자

강제경매개시결정에 대한 이의신청은 집행법 16조의 집행에 관한 이의의 성질을 가지고 있으므로(대결 77마263 등), 임의경매의 경우와는 달리 경매신청요건의 흠, 경매개시요건의 흠 등 개시결정에 관한 '절차상의 하자'를 이유로 하는 경우에만 할 수 있고 실체상의 하자를 이의사유로 삼을 수 없다(대결 94마147). 경매신청방식의 적부, 신청인의 적격여부, 대리권의 존부, 매각부동산 표시의 불일치, 집행력 있는 정본의 불일치, 집행채권의 기한미도래 등은 이의사유로 되나, 집행채권의 소멸 등 강제경매의 기초가 된 집행권원의 실체적 권리관계에 관한 사유는 이의사유가 되지 못한다(대결 90그66).

나) 경매개시결정 전의 하자

이의사유는 원칙적으로 경매개시결정 전의 것이어야 하므로, 개시결정 후에 발생한 매각절차상의 하자(최저매각가격의 결정, 매각기일의 공고·통지 등의 위법)는 원칙적으로 개시결정에 대한 이의사유로 할 수 없다.

그러나 가령 강제경매의 기초가 되는 집행권원이 청구이의의 소 등의 절차에서 실효되었을 때에는 비록 개시결정 후에 실효되었다 하더라도 개시결정에 대한 이의사유로 할 수 있다 할 것이다.

채무자가 실체상 이유로 다툴 경우에는 개시결정에 대한 이의신청을 하여서는 아니 되고, 청구이의의 소(법 44조)를 제기한 후 그 본안재판부로부터 집행정지결정(잠정처분)을 받아 그 정본을 집행법 49조 2호의 서류로 집행법원에 제출하면 집행법원은 매각절차를 정지하게 된다. 그 후 본안에서 승소하여 받은 판결정본을 동법 49조 1호의 서류로 집행법원에 제출하면 된다.

4) 심리와 재판

가) 임의적 변론과 당사자심문

이의의 재판은 변론을 열거나 열지 아니하고 결정의 형식으로 한다(법 3조 2항). 변론을 열지 아니하는 경우에도 당사자, 이해관계인 그 밖의 참고인을 심문할 수 있다(민소 134조 2항, 집행규칙 2조). 실무에서는 변론을 여는 경우는 거의 없다. 이의신청에 대한 재판은 대금납부 전까지 할 수 있다.

나) 판단시기

심리결과 이의신청이 이유 있는 경우 경매개시결정을 취소하고 경매신청을 기각 또는 각하한다. 이의신청이 부적법하거나 이유 없는 경우 이의신청을 각하 또는 기각한다. 실무상으로는 이의신청이 부적법하거나 이유 없는 경우에는 신청각하 또는 기각의 결정을 매각허가결정 선고시까지 보류하여 두었다가 허가결정과 동시에 하는 예가 많다. 이는 이의신청인의 항고로 인한 매각절차의 지연을 방지하기 위함이다.

다) 재판의 고지

위 재판은 상당한 방법으로 고지한다(민소 221조 1항, 집행법 23조 1항). 통상 결정정본을 송달하는 방법으로 고지하고 있다. 이의신청을 각하 또는 기각하는 경우에는 신청인에게만 고지하면 되지만, 경매개시결정을 취소하는 경우에는 반대의 이해관계인에게도 고지하여야 한다(규칙 7조 1항 2호).

5) 잠정처분

이의신청은 집행정지의 효력이 없다. 다만 집행법원은 이의에 대한 재판에 앞서 채무자에게 담보를 제공하게 하거나 제공하게 하지 아니하고 집행을 일시정지하도록 명하거나, 채권자에게 담보를 제공하게 하고 그 집행을 계속하도록 명하는 등 잠정처분을 할 수 있다(법 86조 2항, 16조 2항).

6) 즉시항고

① 신청권자 : 이의신청에 관한 재판에 대하여 이해관계인은 즉시항고를 할 수 있다(법 86조 3항).

② 즉시항고기간 : 이 항고는 이의신청에 관한 재판을 고지(선고 또는 송달)받은 날부터 1주의 불변기간 이내에 제기하여야 한다(법 15조 2항). 즉시항고는 원심법원(법원)에 항고장을 제출하여야 한다(법 15조 2항).

③ 즉시항고의 효력 : 즉시항고는 집행정지의 효력을 가지지 아니한다(법 15조 6항 본문). 경매개시결정을 취소하는 결정에 대하여 즉시항고가 제기된 경우 그 취소결정은 확정되어야 효력이 있으므로(법 17조 2항), 이에 대하여 항고가 있으면 그 취소결정이 확정될 때까지는 이론상 그 집행을 계속할 수 있다.

이 경우 법원이 취소결정을 하기에 앞서 집행법 86조 2항에 의한 집행정지결정을 하는 것이 바람직하나, 실무상으로는 이러한 결정을 하지 않은 채 사실상 집행을 정지하고 있다. 이의신청을 기각하거나 각하하는 결정에 대하여 즉시항고가 제기된 경우에는 항고에 관계없이 그 집행을 계속할 수 있다.

7) 취소결정확정 후의 법원의 조치

이의신청에 의하여 경매개시결정이 취소되고, 그 취소결정이 확정되면 법원사무관 등은 직권으로 경매개시결정등기를 말소하도록 등기관에게 촉탁하여야 한다(법 141조).

나. 임의경매개시결정에 대한 이의

제265조(경매개시결정에 대한 이의신청사유) 경매절차의 개시결정에 대한 이의신청사유로 담보권이 없다는 것 또는 소멸되었다는 것을 주장할 수 있다.

1) 총 설

임의경매개시결정에 대한 이의에도 강제경매개시결정에 대한 이의에 관한 집행법 86조의 규정이 준용되고(동법 268조), 특별규정으로는 이의사유로서 절차상의 하자 외에 담보권이 없다는 것 또는 소멸되었다는 것을 주장할 수 있다는 동법 265조가 있다. 따라서 여기서는 동법 265조를 중심으로 임의경매개시결정에 대한 이의에 관하여 몇 가지 문제점만을 살펴보기로 하고, 그 밖의 것은 강제경매개시결정에 대한 이의에 관한 부분과 같다.

2) 이의 사유

임의경매개시결정에 대한 이의는 강제경매개시결정에 대한 이의와는 달리 절차상의 하자뿐만 아니라 실체상의 하자도 이의사유로 주장할 수 있다(법 265조).

가) 절차상의 이의사유

절차상의 이의사유라 함은 경매신청방식의 적부, 신청인 적격의 유무, 대리권의 존부, 매각부동산 표시의 불일치 등 경매신청의 형식적 요건과 개시결정 자체의 형식적 효력이 흠결되었음을 주장하는 것을 말한다. 그러나 개시결정후의 절차상의 위법, 즉 매각부동산의 가격평가절차나 최저매각가격결정절차 또는 매각준비단계에 있어서의 매각기일공고·통지 등에 관한 위법사유는 개시결정에 대한 이의사유로 삼을 수 없다(대결 71마467).

나) 실체상의 이의사유

① 실체상의 이의사유로는 경매의 기본이 되는 저당권의 부존재·무효(저당권설정등기의 원인무효), 피담보채권의 불성립, 무효 또는 변제, 변제공탁 등에 의한 소멸, 피담보채권의 이행기 미도래(대결 68마300) 또는 이행기의 유예(연기) 등이 있다(다만 이행기 미도래는 절차상의 이의사유라는 설도 있다). 개시결정전의 담보권의 소멸은 물론 개시결정 후 매각대금의 납부시까지 발생한 담보권의 소멸도 이의사유로 될 수 있음은 민사집행법 265조상 명백하다(대판 87다카671). 또한 채무자가 피담보채무에 관하여 이행제공을 하였음에도 불구하고 채권자의 수령거절로 채권자지체에 빠진 경우도 이의할 수 있다(대결 72마991).

② 위와 같은 실체상의 이의사유 중 저당권이 당초부터 부존재 또는 원인무효인 경우 또는 개시결정 이전에 피담보채권이 소멸됨에 따라 저당권이 소멸된 경우에는 매수인은 적법하게 매각부동산의 소유권을 취득할 수 없으므로(대판 98다51855 등) 개시결정에 대한 이의로써 다투지 아니하더라도 매각절차 종료 후에 매수인을 상대로 소유권에 관한 별소를 제기하여 그 권리의 구제를 받을 수 있다.

그러나 그 이외에 압류 후의 변제, 변제기 미도래, 변제기 유예 등의 사유는 반드시 매수인의 대금납부 전까지 개시결정에 대한 이의로써 그 권리를 구제받아야 하며, 매수인의 대금납부 후에는 별소에서 위와 같은 실체상의 사유로 매수인의 소유권취득을 다툴 수 없다(법 267조, 대결 92마719).

③ 신청채권자로부터 변제유예를 받았음을 원인으로 한 임의경매개시결정에 대한 이의신청의 경우 그 이의신청의 기한은 매각대금이 모두 지급될 때까지이고, 매수의 신고가 있은 후에는 그 이의신청에 최고가매수인 등의 동의를 필요로 하지 않는다(대결 99마7385).

④ 경매개시결정에 표시된 피담보채권액의 과다는 배당이의절차에 의하여 그 시정을 구할 수는 있어도 경매개시결정에 대한 이의사유는 되지 않는 것이다(대결 72마991 등). 따라서 피담보채권의 일부가 부존재 또는 소멸하여도 나머지 일부가 잔존하고 있는 한 법원은 저당목적물 전부에 대하여 개시결정을 하여야 하는 것이고, 청구채권이 일부만 존재한다거나(대결 63마224), 실제의 채권액보다 많은 금액을 청구금액으로 기재하는 등(대결 63마181)으로 개시결정에 표시된 피담보채권액이 실제의 채권액과 상이하다 하더라도 이를 이유로 경매개시결정에 대한 이의를 할 수 없다(대결 71마96).

3) 근저당권의 피담보채무를 변제한 자의 경매개시결정에 대한 이의

피담보채권을 변제한 경우 이를 이유로 경매개시결정에 대한 이의가 가능하다. 다만 집행법원에서 변제 여부에 관한 실체적 사유를 심리하는데 시간이 소요되므로, 통상 피담보채권의 변제자는 변제를 한 후 경매개시결정에 대한 이의를 하기 보다는 경매신청채권자의 근저당권을 말소한 다음 근저당권이 말소된 등기부등본을 집행취소서류로 제출하고 있다(법 266조 1항 1호, 2항).

피담보채권의 변제자가 누구인가에 따라 다음과 같이 변제의 범위가 달라진다.

가) 채무자 겸 근저당권설정자

채무자의 채무액이 근저당권의 채권최고액을 초과하는 경우, 채무의 일부인 최고액과 지연이자 및 집행비용을 변제하더라도 채무전액을 변제할 때까지 근저당권의 효력이 잔존채무에 미치므로 위 일부변제만으로는 근저당권의 말소를 구할 수 없다(대판 80다2712). 따라서 위와 같은 경우 채권최고액의 변제만으로는 개시결정에 대한 이의를 신청할 수 없다.

나) 채무자 아닌 근저당권설정자

① 이 경우 근저당권에 의하여 부담하는 채무액의 범위는 청산기에 이르러 확정되는 채권 중 채권최고액을 한도로 하는 것이므로, 근저당권설정자는 최고액을 변제함으로써 근저당권의 말소를 구할 수 있다(대판 74다998 참조).

② 이러한 법리에 따라서 담보권실행절차가 개시된 후에도 채권최고액의 변제만으로 이의를 신청할 수 있다는 견해가 있다.
그러나 실무는 채권자가 예납하여 실제로 지출된 집행비용도 변제하도록 유도한 후 비로소 경매개시결정을 취소하고 경매신청을 기각하고 있다.
이러한 실무는 정당한가? 민법 357조 2항은 근저당권의 경우 채무의 이자는 최고액 중에 산입한 것으로 본다고 규정하고 있을 뿐 담보권실행 비용도 최고액 중에 산입한 것으로 본다고 규정하고 있지는 않다. 그런데 근저당권이 확정되면 일반 저당권으로 전환되는 것이므로 이 경우 채권최고액에 산입되는 채권이 무엇인가가 문제되는데, 민법 360조는 "저당권은 원본, 이자, 위약금, 채무불이행으로 인한 손해배상 및 저당권의 실행비용을 담보한다. 그러나 지연배상에 대하여는 원본의 이행기일을 경과한 후의 1년분에 한하여 저당권을 행사할 수 있다."고 규정하고 있다. 즉 저당권의 경우 저당권의 실행비용은 당연히 저당권에 의하여 제한없이 담보되는 것이고, 근저당권이라고 하여 채권최고액 범위내에서만 담보되는 것이 아니며, 이는 채무자가 아닌 물상보증인이라고 하여 달리 볼 것이 아니다. 아래에서 보는 바와 같이, 저당부동산의 제3취득자가 채권최고액과 집행비용의 변제를 요하는 것(대결 71마251)[39]도 같은 법리이다. 즉 매각절차가 그대로 진행되면 집행비용도 결국 매각대금에서 최우선 변제를 받게

39) 근저당권의 실행비용(경매비용)은 채권최고액에 포함되지 아니한다(대판 71다26 등 참조).

되므로 어차피 물상보증인이 부담하게 되는 것이다.

따라서 담보권실행비용까지 변제하여야 한다고 생각하며, 이러한 점에서 실무는 정당한 것이다.

다) 제3취득자

채권최고액과 집행비용의 변제를 요한다(대결 71마251).

4) 매각절차의 집행정지를 구하는 방법 – 일반 가처분의 배제

① 이의신청은 집행정지의 효력이 없다. 다만 집행법원은 그 이의에 대한 재판 전에 집행법 16조 2항에 준하는 결정을 할 수 있다(법 86조 2항, 268조).

개시결정에 대한 이의신청이 제기되었다 하더라도 그 매각절차의 진행이 정지되지 않고 그대로 진행된 결과 매수인이 대금지급기한까지 대금을 납부하면 그 이후에 있어서는 이의사유의 존부에 불구하고 개시결정을 취소할 수 없게 되며 그 이의신청은 부적법하게 되므로(대결 79마246 등), 매수인의 대금납부를 저지하기 위해서는 동법 86조 2항에 의한 매각절차의 일시정지를 명하는 가처분(잠정처분) 결정을 받아야 한다. 다만 담보권실행을 위한 경매의 경우, 경매개시결정 후 담보권의 소멸의 경우에는 위와 같지만, 경매개시결정 전에 담보권이 이미 소멸한 경우에는 부종성에 따라서 이미 무효인 담보권에 기한 경매로 되어 경매 절차 자체가 무효이므로 경매개시결정에 대한 이의 자체가 없었더라도 매수인은 소유권을 취득할 수 없음을 유의하여야 한다.

② 집행법원이 위 집행정지결정을 하여 그 결정이 성립되었다면 그 결정이 아직 당사자에게 고지되지 아니하였다 하더라도 집행법원은 매각대금을 납부받을 수 없으므로 위 결정에는 집행법원이 매각대금납부기한을 변경한다는 의사가 포함되었다 할 것이다(대결 70마4).

③ 임의경매를 신청할 수 있는 권리에 대한 존부를 다투는 자는 위와 같이 동법 86조 2항에 의한 매각절차의 일시정지를 명하는 가처분(잠정처분) 결정을 받는 방법 외에 청구이의의 소에 준하는 채무에 관한 이의의 소(통상 채무부존재확인이나 저당권부존재확인 또는 저당설정등기말소청구의 소를 본안으로 한다)를 제기하고 동법 46조 2항에 의하여 정지를 명하는 가처분(잠정처분) 결정을 받아 그 매각절차를 정지시킬 수 있다(대결 93그40 등). 그 후 승소확정판결을 받아 근저당권을 말소한 다음 근저당권이 말소된 등기부등본을 집행취소서류로 제출하면 된다(법 266조 1항 1호, 2항).

그러나 집행법 300조의 일반 가처분절차에 의하여 임의경매절차를 정지할 수는 없으며(대결 92그35 등), 별개의 소로써 경매의 불허를 구하는 청구도 허용되지 않는다(대판 86다152).

8. 경매목적물의 가치보전을 위한 방안

가. 저당권자의 방해배제가처분

(1) 저당권은 경매절차에 있어서 실현되는 저당부동산의 교환가치로부터 다른 채권자에 우선하여 피담보채권의 변제를 받는 것을 내용으로 하는 물권으로, 부동산의 점유를 저당권자에게 이전하지 않고 설정되고, 저당권자는 원칙적으로, 저당부동산의 소유자가 행하는 저당부동산의 사용 또는 수익에 관하여 간섭할 수 없으나 대지의 소유자가 나대지 상태에서 저당권을 설정한 다음 대지상에 건물을 신축하기 시작하였으나 피담보채무를 변제하지 못함으로써 저당권이 실행에 이르렀는데도 공사가 계속 진행되는 경우 경매절차는 상당한 지장을 받는다.[40]

40) 그리하여 거래계에서는 토지에 관하여 저당권을 취득함과 아울러 그 저당권의 담보가치를 확보하기 위하여 지상권을 취득하는 경우가 많고(이를 거래계에서는 담보지상권이라 부른다), 이 지상권에 관하여 대법원은 특별한 사정이 없는 한 당해

(2) 이러한 점에 관하여 대법원 2005. 4. 29. 선고 2005다3243 판결은 '저당부동산에 대한 점유가 저당부동산의 본래의 용법에 따른 사용·수익의 범위를 초과하여 그 교환가치를 감소시키거나, 점유자에게 저당권의 실현을 방해하기 위하여 점유를 개시하였다는 점이 인정되는 등, 그 점유로 인하여 정상적인 점유가 있는 경우의 경락가격과 비교하여 그 가격이 하락하거나 경매절차가 진행되지 않는 등 저당권의 실현이 곤란하게 될 사정이 있는 경우에는 저당권의 침해가 인정될 수 있다'고 판단한바 있고, 여기서 더 나아가, 대법원 2006. 1. 27. 선고 2003다58454 판결은, 저당권자는 저당권 설정 이후 환가에 이르기까지 저당물의 교환가치에 대한 지배권능을 보유하고 있으므로 저당목적물의 소유자 또는 제3자가 저당목적물을 물리적으로 멸실·훼손하는 경우는 물론 그 밖의 행위로 저당부동산의 교환가치가 하락할 우려가 있는 등 저당권자의 우선변제청구권의 행사가 방해되는 결과가 발생한다면 저당권자는 저당권에 기한 방해배제청구권을 행사하여 방해행위의 제거를 청구할 수 있다고 전제하고, 대지의 소유자가 나대지 상태에서 저당권을 설정한 다음 대지상에 건물을 신축하기 시작하였으나 피담보채무를 변제하지 못함으로써 저당권이 실행에 이르렀거나 실행이 예상되는 상황인데도 신축공사가 진행되는 경우, 저당권자가 지배하는 교환가치의 실현을 방해하거나 방해할 염려가 있는 사정에 해당한다고 보아 저당권자의 방해배제청구를 인용한 원심을 확정하였다.

지상권은 저당권이 실행될 때까지 제3자가 용익권을 취득하거나 목적 토지의 담보가치를 하락시키는 침해행위를 하는 것을 배제함으로써 저당 부동산의 담보가치를 확보하는 데에 그 목적이 있다고 할 것이므로, 그와 같은 경우 제3자가 비록 토지소유자로부터 신축중인 지상 건물에 관한 건축주 명의를 변경받았다 하더라도, 그 지상권자에게 대항할 수 있는 권원이 없는 한 지상권자로서는 제3자에 대하여 목적 토지 위에 건물을 축조하는 것을 중지하도록 요구할 수 있다고 판단한 바 있다(대결 2003마1753). 그러나 위와 같은 담보지상권까지 확보하지 못한 저당권의 경우에도 그 보호의 필요성은 여전하다.

나. 유치권의 성립제한

① 위 판결과 더불어 매각대상 부동산의 교환가치를 보전하기 위한 법리로써 주목해야 할 것은 경매개시후의 점유취득과 유치권의 인정여부이다.

경매실무에서는 공사대금채권자가 공사대금의 미지급을 이유로 경매개시 후에 건물 또는 토지의 점유를 취득한 후 유치권을 행사하는 경우를 자주 본다.

② 이 경우 유치권이 정당한가가 실무에서는 중대한 쟁점이었는데, 이에 대하여 대법원은, 채무자 소유의 부동산에 경매개시결정의 기입등기가 경료되어 압류의 효력이 발생한 이후에 채권자가 채무자로부터 위 부동산의 점유를 이전받고 이에 관한 공사 등을 시행함으로써 채무자에 대한 공사대금채권 및 이를 피담보채권으로 한 유치권을 취득한 경우, 이러한 점유의 이전은 목적물의 교환가치를 감소시킬 우려가 있는 처분행위에 해당하여 집행법 92조 1항, 83조 4항에 따른 압류의 처분금지효에 저촉되므로, 위와 같은 경위로 부동산을 점유한 채권자로서는 위 유치권을 내세워 그 부동산에 관한 경매절차의 매수인에게 대항할 수 없고, 이 경우 위 부동산에 경매개시결정의 기입등기가 경료되어 있음을 채권자가 알았는지 여부 또는 이를 알지 못한 것에 관하여 과실이 있는지 여부 등은 채권자가 그 유치권을 매수인에게 대항할 수 없다는 결론에 아무런 영향을 미치지 못한다고 판단하였다(대판 2005다22688, 2006다22050).

③ 그러나 근저당권설정 후 경매로 인한 압류의 효력 발생 전에 취득한 유치권으로 경매절차의 매수인에게 대항할 수 있다. **대법원 2009. 1. 15. 선고 2008다70763 판결은 "부동산 경매절차에서의 매수인은 민사집행법 91조 5항에 따라 유치권자에게 그 유치권으로 담보하는 채권을 변제할 책임이 있는 것이 원칙이나, 채무자 소유의 건물 등**

부동산에 경매개시결정의 기입등기가 경료되어 압류의 효력이 발생한 후에 채무자가 위 부동산에 관한 공사대금 채권자에게 그 점유를 이전함으로써 그로 하여금 유치권을 취득하게 한 경우, 그와 같은 점유의 이전은 목적물의 교환가치를 감소시킬 우려가 있는 처분행위에 해당하여 민사집행법 92조 1항, 83조 4항에 따른 압류의 처분금지효에 저촉되므로 점유자로서는 위 유치권을 내세워 그 부동산에 관한 경매절차의 매수인에게 대항할 수 없다. 그러나 이러한 법리는 경매로 인한 압류의 효력이 발생하기 전에 유치권을 취득한 경우에는 적용되지 아니하고, 유치권 취득시기가 근저당권 설정 후라거나 유치권 취득 전에 설정된 근저당권에 기하여 경매절차가 개시되었다고 하여 달리 볼 것은 아니다."라고 판단하였다.

Ⅳ. 경매의 준비

1. 경매절차의 준비

① 경매개시결정등기가 기입되고, 채무자에게 경매개시결정정본이 송달되어 압류의 효력이 발생하면, 본격적인 매각절차를 진행하게 된다.

② 매각절차는 우선 ㉠ 당해 매각절차에서 배당을 받을 자를 확정하고 (배당요구의 종기결정 및 공고와 채권신고의 최고), ㉡ 매각부동산의 현황조사를 명하고, ㉢ 감정인으로 하여금 목적물을 평가하게 하여 최저매각가격을 정하게 된다. ㉣ 최저매각가격으로 우선채권자의 채권을 변제하고 나면 남을 가망이 없게 될 경우에는 집행법 102조가 규정하는 바에 따라 매각절차를 취소하며, ㉤ 남을 가망이 있으면 직권으로 매각기일과 매각결정기일을 지정, 공고, 통지하고 절차를 진행한다.

이하에서 압류 이후의 매각절차에 대하여 살펴본다.

2. 배당요구의 종기결정 및 공고

가. 취 지

경매개시결정에 따른 압류의 효력이 생긴 때(그 경매개시결정전에 다른 경매개시결정이 있은 경우는 제외)에는 집행법원은 절차에 필요한 기간을 감안하여 배당요구를 할 수 있는 종기를 첫 매각기일 이전으로 정한다(법 84조 1항).

매수참가를 희망하는 사람이 매수신고 전에 권리의 인수 여부를 판단할 수 있고 또한 법원으로서도 매각기일 전에 무잉여 여부를 판단할 수 있도록 함으로써 매각절차의 불안정을 해소하기 위하여 배당요구의 종기를 정하도록 하고 있다.

나. 공고 및 고지

법원은 배당요구의 종기가 정하여진 때에는 경매개시결정을 한 취지 및 배당요구의 종기를 공고하여야 하고(법 84조 2항), 그 공고는 경매개시결정에 따른 압류의 효력이 생긴 때부터 1주 이내에 하여야 한다(법 84조 3항).

저당권·압류채권·가압류채권에 대항할 수 있는 최선순위 전세권은 매각으로 소멸되지 않고 매수인이 인수하지만 전세권자가 집행법 88조에 따라 배당요구를 하면 매각으로 소멸된다(법 91조 3항, 4항). 이처럼 최우선순위의 전세권자에게는 '매수인에 의한 전세권의 인수'와 '배당요구'의 선택권을 부여하고 그 전세권자에게는 배당요구의 종기를 고지하여 그 기간 안에 선택권을 행사할 수 있는 기회를 보장할 필요가 있으므로, 법원은 배당요구의 종기를 공고하는 외에 최우선순위의 전세권자에게 이를 고지하여야 한다(법 84조 2항).

또한 집행법 88조 1항[41]의 채권자는 배당요구를 하여야만 배당받을 수 있으므로, 이들에게 배당에 참여할 수 있는 공평한 기회를 보장하기 위하여 법원은 매각절차 진행과정에서 알게 된 위 채권자에게도 배당요구의 종기를 고지하여 주어야 한다(법 84조 2항).

다. 배당요구 종기의 연기

① 배당요구의 종기는 첫 매각기일 이전으로 정하여야 하지만 적어도 감정평가와 현황조사가 완료되어 매각물건명세서가 작성될 수 있게 된 시점 이후로 하여야 한다. 그런데 특별한 경우에는 감정평가나 현황조사가 예상보다 늦어지는 경우도 있을 수 있고, 촉탁이나 통보과정에서 절차가 누락되거나 지연되는 경우도 있을 것이며, 절차상 하자로 인하여 다시 절차를 밟아야 할 경우도 생길 수 있다.

이러한 경우에까지 최초에 정해진 배당요구의 종기를 고수하는 것은 부당하므로, 이와 같은 특별한 사정이 있는 경우에는 법원은 배당요구의 종기를 연기할 수 있다(법 84조 6항).

배당요구의 종기는 채권자 등의 이해관계에 커다란 영향을 미치므로 위와 같은 특별한 사정이 없는 한 함부로 연기하여서는 안 된다.

② 이중경매개시결정이 된 경우에 먼저 경매개시결정을 한 경매의 신청이 취하되거나 그 절차가 취소됨으로써 뒤의 강제경매개시결정에 의하여 절차를 속행하게 된 때에 있어서 뒤의 강제경매개시결정이 배당요구의 종기후의 신청에 의한 것인 때에는 집행법원은 새로이 배당요구를 할 수 있는 종기를 정하여야 한다(법 87조 3항 전단). 뒤의 강제경매개시결정이 배당요구의 종기후의 신청에 의한 것인 때에는 당초의 배당요구종기를 기준으로 보면 뒤의 강제경매신청인은 배당을 받을 수 없으므로 무익한 경매절차를 진행하는 셈이므로, 뒤의 경매

---

41) 第88조(배당요구) ① 집행력 있는 정본을 가진 채권자, 경매개시결정이 등기된 뒤에 가압류를 한 채권자, 민법・상법, 그 밖의 법률에 의하여 우선변제청구권이 있는 채권자는 배당요구를 할 수 있다.

개시결정에 따른 진행인 이상 새로 배당요구의 종기를 종하도록 한 것이다.

이 경우 이미 집행법 84조 2항 또는 4항의 규정에 따라 배당요구 또는 채권신고를 한 사람에 대하여는 배당요구 종기의 고지나 채권신고의 최고를 하지 아니한다(법 87조 3항 후단). 이중경매개시결정이 된 경우에 먼저 경매개시결정을 한 경매의 신청이 취하되거나 그 절차가 취소됨으로써 뒤의 강제경매개시결정에 의하여 진행하는 것은 취하 또는 취소된 선행경매사건의 속행으로서 이미 행하여진 배당요구의 효력은 그대로 유지되므로 다시 배당요구를 할 필요가 없기 때문이다.

3. 채권신고의 최고

가. 취 지

법원사무관 등은 ① '첫 경매개시결정등기 전에 등기된 가압류채권자'(법 148조 3호), ② '저당권 · 전세권, 그 밖의 우선변제청구권으로서 첫 경매개시결정등기전에 등기되었고 매각으로 소멸하는 것을 가진 채권자'(법 148조 4호) 및 ③ '조세, 그 밖의 공과금을 주관하는 공공기관'에 대하여 채권의 유무, 그 원인 및 액수(원금 · 이자 · 비용, 그 밖의 부대채권을 포함한다)를 배당요구의 종기까지 법원에 신고하도록 최고하여야 한다(법 84조 4항). 이 규정은 임의경매의 경우에도 준용된다(법 268조).

이는 우선변제청구권 있는 채권의 유무와 그 금액에 관하여 신고를 받아 남을 가망(법 91조, 102조 참조)이 있는지 여부를 확인함과 동시에 매각조건을 결정하고, 그들에게 배당요구(또는 교부청구)를 할 수 있는 기회를 부여하여 채권회수나 조세징수를 용이하게 하려 함에 그 목적이 있다.

다만 이 규정은 훈시규정이므로 이에 위반하였다 하여 매각절차가 무효로 되는 것은 아니고, 매각허가결정에 아무런 영향이 없으므로(대결 79마 299), 매각허가결정에 대한 항고사유도 되지 않는다.

나. 최고의 상대방

1) 148조 3호, 4호의 채권자

① '첫 경매개시결정등기 전에 등기된 가압류채권자'(법 148조 3호), ② '저당권·전세권, 그 밖의 우선변제청구권으로서 첫 경매개시결정등기 전에 등기되었고 매각으로 소멸하는 것을 가진 채권자'(법 148조 4호)가 그 대상이다. 첫 경매개시결정등기 전에 임차권등기를 마친 임차인에 대하여도 전세권자에 준하여 채권신고 최고서를 발송하여야 한다.

2) 최고대상공무소

① 국세 : 경매할 부동산의 소유자의 주소지를 관할하는 세무서(재민 82-3).
② 지방세 : 부동산소재지의 시(자치구가 없는), 구(자치구), 군, 읍, 면사무소
③ 관세 : 관세청장-공장저당법상 저당권자의 신청에 의한 임의경매사건의 경우와 집행채무자(임의경매에 있어서는 소유자)가 회사인 경우에는 관세청장에게도 통지하여야 한다(재민 82-1).

다. 불신고의 효과

① '첫 경매개시결정등기 전에 등기된 가압류채권자'(법 148조 3호)와 저당권·전세권, 그 밖의 우선변제청구권으로서 첫 경매개시결정등기 전에 등기되었고 매각으로 소멸하는 것을 가진 채권자(법 148조 4호)가 최고에 대한 신고를 하지 아니한 때에는 그 채권자의 채권액은 등기부등본 등 집행기록에 있는 서류와 증빙에 따라 계산한다(법 84조 5항 전문). 경매개시결정등기 전에 등기된 근저당권자가 채권신고서를 제출하지 않았다고 하더라도 배당에서 제외할 수 없을 것이며, 경매기록상 달리 특별한 자료가 없으면 등기부에 기재된 채권최고액을 배

당할 수밖에 없다. 실무에서도 근저당권자가 채권신고를 하지 않은 경우 채권최고액을 배당하고 있다.

② 공과주관 공무소는 부동산에 관한 경매개시결정등기 이전에 체납처분에 의한 압류등기 또는 국세징수법 24조 2항에 의한 보전압류의 등기를 하지 않은 한 배당요구의 종기까지 배당요구로서 교부청구를 하여야만 배당받을 수 있다(대판 2000다21154 참조).[42)]

공과주관 공무소에서 채권신고서만 제출하고 별도의 교부청구를 하지 않은 경우에도 배당요구의 원인사실 및 액수 등을 특정하기에 충분한 정도의 내용을 기재한 채권신고서를 배당요구의 종기 이전에 집행법원에 제출하였다면 이로써 적법한 방식에 의한 배당요구를 하였다고 봄이 상당하고, 그 채권신고서에 배당요구신청서라는 제목을 달지 않았다거나 소정의 인지를 첩부하지 아니하였다는 사정만 가지고 적법한 방식에 의한 배당요구를 하지 아니한 것으로 볼 수는 없다.

체납처분의 압류등기가 되어 있는 경우 조세채권자가 배당요구의 종기까지 세액을 계산할 수 있는 증빙서류를 제출하지 않았더라도 집행법원은 압류등기촉탁서에 의한 체납세액을 조사하여 배당하여야 한다(대판 96다51585).

③ 그런데 집행법 84조 5항 후문[43)]에서 말하는 '이 경우 다시 채권액을 추가하지 못한다'는 규정과 관련하여, 경매개시결정의 등기 즉, 압류의 등기 전에 등기된 가압류권자나 근저당권자가 배당요구의 종기 전에 제출한 채권신고서에 기재한 채권액을 배당요구의 종기 후에

42) 교부청구의 의사표시가 담긴 교부청구서가 당해 경매사건이 계속되고 있는 법원에 접수된 이상 그 교부청구 행위는 당해 집행법원에 대하여 이루어진 것으로 보아야 한다(대판 99다45604).

43) ⑤ 제148조 제3호 및 제4호의 채권자가 제4항의 최고에 대한 신고를 하지 아니한 때에는 그 채권자의 채권액은 등기부등본 등 집행기록에 있는 서류와 증빙에 따라 계산한다. 이 경우 다시 채권액을 추가하지 못한다.

확장하는 것이 허용되는지에 관하여 부정설, 제한적 긍정설, 긍정설로 나뉘는데, 긍정설이 타당하다. 첫 경매개시결정등기 전에 등기된 가압류채권자 또는 담보권자의 경우 이들이 채권계산서를 제출하지 않는다고 하더라도 집행법원으로서는 배당에서 제외할 수 없고 직권으로 배당할 금액을 조사하여야 하는바, 채권계산서를 제출하였다 하여 제출하지 않은 것보다 더 불리하게 취급할 수는 없기 때문이다. 따라서 압류등기 전에 등기된 가압류채권자 또는 저당권자의 경우에는 배당요구의 종기 전에 일단 채권계산서를 제출하였다고 하더라도 그 후 배당표가 작성될 때까지 그 금액을 보정하는 채권계산서를 다시 제출할 수 있으며, 이 경우 배당법원으로서는 특별한 사정이 없는 한 배당표 작성 당시까지 제출한 채권계산서와 증빙 등에 의하여 가압류청구금액이나 등기부상 기재된 채권최고액의 범위 내에서 배당받을 채권액을 산정하여야 한다(대판 2001다11055 등).[44]

라. 가등기담보 등에 관한 법률 16조 1항에 의한 최고

① 담보가등기가 경료된 부동산에 대하여 경매가 개시된 경우 담보가등기권리자는 다른 채권자보다 자기 채권의 우선변제를 받을 권리가 있다. 이 경우 그 순위에 관하여는 그 담보가등기권리를 저당권으로 보고, 그 담보가등기가 경료된 때에 그 저당권의 설정등기가 행하여진 것으로 본다(동법 13조).

그러나 등기부상 소유권이전에 관한 가등기가 되어 있는 경우, 집행법원으로서는 그 가등기가 담보가등기인지 아니면 순수한 소유권이전청구권보전을 위한 가등기인지, 또 담보가등기인 경우 피담보채권

44) 부정설에 의할 경우에도 이자채권의 경우에는 배당요구의 종기 이전에 제출된 채권신고서에 이자채권이 기재되어 있는 한 배당요구의 종기 이후 추가로 배당기일까지의 이자를 계산하여 오면 그 부분 이자는 배당한다. 이자채권을 신고하지 않고 있다가 배당요구의 종기 이후에 비로소 청구하는 것은 허용되지 않는다.

의 유무와 그 액수를 알 수 없다. 그러므로 소유권이전에 관한 가등기가 되어 있는 부동산에 대하여 경매개시결정이 있는 경우에는 법원은 가등기권리자에 대하여 그 가등기가 담보가등기인 때에는 그 내용 및 채권(이자 그 밖의 부수채권을 포함한다)의 존부, 원인 및 액수를, 담보가등기가 아닌 경우에는 그 내용을 법원에 신고할 것을 상당한 기간을 정하여 최고하여야 한다(가담법 16조 1항). 이 최고를 하여 담보가등기라면 채권을 신고토록 함으로써 매각절차상 이해관계인으로 취급받음과 동시에 배당에 참여할 수 있도록 하기 위하여 이 제도를 둔 것이다.

② 담보가등기권리자가 집행법원이 정한 기간 안에 채권신고를 하지 아니한 경우, 매각대금의 배당받을 권리를 상실한다(대판 2007다25278).

③ 담보가등기가 경료된 부동산에 대하여 경매 등이 행해진 때에는 담보가등기권리는 그 부동산의 매각에 의하여 소멸한다(동법 15조). 따라서 권리신고가 되지 않아 담보가등기인지 일반가등기인지 알 수 없는 경우에는 일단 순위보전을 위한 가등기로 보아 그 가등기가 최선순위이면 매수인에게 그 부담이 인수되므로 말소하여서는 아니 되고, 그 가등기보다 선순위의 담보권이나 또는 가압류가 있으면 함께 말소된다.

압류등기 전에 경료된 담보가등기권리가 매각에 의하여 소멸된 때에는 위의 채권신고를 한 때에 한하여 채권자는 매각대금으로부터 배당을 받을 수 있다(동법 16조 2항).

4. 공유자에 대한 통지

가. 통 지

공유부동산의 지분에 관하여 경매개시결정을 하였을 때에는 다른 공유자에게 그 경매개시결정이 있다는 것을 통지하여야 한다(법 139조 1항). 각 공유자는 누가 공유자의 1인으로 되는가에 관하여 이해관계를 가지기 때문이다. 공유자에게는 법원사무관 등 명의로 통지를 한다. 이 통지는 실무상 채무자에 대한 송달과 마찬가지로 경매개시결정등기완료 후에 실시한다.

나. 예 외

그러나 상당한 이유가 있는 때에는 통지하지 아니할 수 있다(법 139조 1항 단서). 따라서 누가 공유자가 되더라도 이해관계가 없다고 판단되는 공유관계, 예컨대 아파트, 상가 또는 다세대주택 등 구분소유적 공유의 경우에는 전유부분의 대지권에 해당하는 '대지권의 목적인 토지의 공유지분'에 관하여 누가 소유자가 되더라도 이해관계가 없다 할 것이므로, 공유자통지를 할 필요가 없다. 실무에서는 이들에게는 매각기일의 통지도 하지 않고 있다.

공유물분할판결에 기하여 공유물 전부를 경매에 붙여 그 매득금을 분배하기 위한 현금화의 경우에는 위 통지가 필요 없다(대결 91마239).

다. 통지결여의 효력

이 통지는 채무자에 대한 경매개시결정의 송달과는 성질을 달리 하는 것이므로 이 통지가 없었다 하더라도 경매개시결정의 효력에는 영향이 없다. 그러나 공유자에게 매각기일과 매각결정기일을 통지하여야 하고, 이를 하지 않았을 경우 매각허가결정에 대한 항고사유가 된다(대결 97마962).

5. 현황조사

가. 현황조사명령

법원은 경매개시결정을 한 뒤에 바로 집행관에게 부동산의 현상, 점유관계, 차임 또는 보증금의 액수, 그 밖의 현황에 관하여 조사하도록 명하여야 한다(법 85조 1항). 이것을 일반적으로 현황조사명령이라고 부르는데, 그 성질은 결정이며, 집행관에게 발하여지는 직무명령이다.

나. 조사사항

현황조사에 있어서 조사할 사항은 부동산의 현상, 점유관계, 차임 또는 보증금의 액수, 그 밖의 현황이다(법 85조 1항).

다. 현황조사보고서

1) 조사사항

집행관은 현황을 조사한 때에는 ⓐ 사건의 표시, ⓑ 부동산의 표시, ⓒ 조사의 일시·장소 및 방법, ⓓ 집행법 85조 1항에 규정된 사항과 그 밖에 법원이 명한 사항 등에 대하여 조사한 내용을 기재한 현황조사보고서를 정하여진 날까지 집행법원에 제출하여야 한다(규칙 46조 1항).

현황조사의 대상이 주택인 경우에 임대차관계의 확인을 위하여 경매·입찰 목적물 소재지에 주민등록 전입신고 된 세대주 전원에 대한 주민등록 등·초본을 발급 받고, 임대차계약서 사본도 가능한 한 취득하여 현황조사보고서에 붙여야 한다(재민 97-8). 집행관의 조사보고는 현실로 존재하는 임대차의 실체를 있는 그대로 보고하면 족하고 그 임대차가 제3자에게 대항할 수 있는 것인가 여부의 법률적 판단까지 할 필요는 없다.

2) 현황조사보고서의 비치

법원은 현황조사보고서의 사본을 매각물건명세서 및 평가서의 사본과 함께 비치하여 누구든지 볼 수 있도록 하여야 한다(법 105조 2항). 비치시기는 매각기일(기간입찰의 방법으로 진행하는 경우에는 입찰기간의 개시일)마다 그 1주 전까지이다(규칙 55조 본문). 매각기일의 1주 전부터 매각실시일까지 계속하여 비치하여야 함은 물론이다. 다만 법원은 상당하다고 인정하는 때에는 현황조사보고서의 기재내용을 전자통신매체로 공시함으로써 그 사본의 비치에 갈음할 수 있다(규칙 55조 단서).

라. 임차인에 대한 통지

① 집행법원은 집행관의 현황조사보고서 등의 기재에 의하여 주택임차인으로 판명된 자, 주택임차인인지 여부가 명백하지 아니한 자 또는 주택임차인으로 권리신고를 하고 배당요구를 하지 아니한 자에 대하여 별지 통지서 양식을 송부하여 주택임대차보호법 3조 1항 소정의 대항요건과 임대차계약서상의 확정일자를 구비한 임차인 또는 동법 8조 1항 소정의 소액임차인이라도 배당요구의 종기까지 배당요구를 하여야만 우선변제를 받을 수 있음을 고지하여야 한다(재민 98-6).

② 이 통지를 받은 임차인은 배당요구의 종기까지 배당요구를 하여야 배당을 받을 수 있다.

③ 그러나 부동산 현황조사 과정에서 임대차관계를 제대로 확인하지 않은 집행관의 직무상 잘못은 우선변제권의 행사에 필요한 조치를 취하지 못함으로써 손해를 입은 임차인에 대하여 불법행위를 구성하지 않는다(대판 2008다43976). 대법원예규에 따른 경매절차 진행사실의 주택임차인에 대한 통지는 법률상 규정된 의무가 아니라 당사자의 편의를 위하여 경매절차와 배당제도에 관한 내용을 안내하여 주는 것에 불과하므로, 이해관계인 아닌 임차인은 위와 같은 통지를 받지 못하였다고 하여 경매절차가 위법하다고 다툴 수 없는 바, 경매법원의 명령에 따른 집행관의 현황조사 과정에서 임대차관계를 제대로 확인하지 않은 직무상 잘못이 있고, 그 결과 임차인이 경매법원으로부터 경매절차의 진행에 관한 통지를 받지 못하여 우선변제권의 행사에 필요한 조치를 취하지 못해 손해를 입었다 하더라도, 그러한 사정만으로는 집행관의 위 직무상 잘못이, 민사집행법 90조에 따른 권리신고절차를 취하지 아니하여 경매절차상 이해관계인이 아닌 임차인에 대한 관계에서 불법행위를 구성한다고 할 수 없고, 스스로 우선변제권의 행사에 필요한 법령상 조치를 취하지 아니함으로써 발생한

임차인의 손해와 위 잘못 사이에 상당인과관계가 있다고 할 수도 없기 때문이다.

마. 농지에 대한 집행법원의 사실조회

① 농지를 취득하고자 하는 자는 원칙적으로 농지취득자격증명을 발급받아야 한다(농지법 8조 1항).
농지취득자격증명은 등기요건이고(대판 97다49251), 효력발생요건은 아니지만, 경매절차에서 농지에 대한 매수인의 농지취득자격증명의 취득 여부는 매각허가요건이다(대판 97다42991 등).

② 매매는 물론이고 경매, 입찰, 공매, 명의신탁해지의 경우에도 농지취득자격증명을 발급받아야 농지를 취득할 수 있다. 따라서 경매목적물인 토지가 농지법 2조 소정의 농지인지 조사할 필요가 있다.
어떤 토지가 농지법 소정의 농지인지의 여부는 공부상의 지목 여하에 불구하고 당해 토지의 사실상의 현상에 따라 가려져야 할 것이다(대판 97누256, 대결 98마2604 등). 경매목적인 토지의 지목이 전으로 되어 있지만 사실상 대지화되어 농경지로 사용되지 아니하고 있어 객관적인 형상으로 보아 농지법의 적용대상인 농지가 아니라면, 토지의 최고가매수신고인이 농지법 소정의 농지취득자격증명을 제출하지 아니하였다는 이유만으로 매각불허를 할 수 없다(대결 86마1095).
따라서 집행관은 등기부상의 지목이 전, 답, 과수원에 해당하지만 그 현황지목이 농지법 2조 소정의 농지에 해당하는지 여부에 대하여 의문이 있는 경우에는 이를 즉시 집행법원에 보고하여야 한다(재민 97-1).
보고를 받은 집행법원은 재민 97-1 예규 별지 양식 1기재 '사실조회서'에 의하여 농지소재지 관할 시장, 군수, 자치구청장에 대하여 경매목적물인 토지의 현황이 농지법 2조 소정의 농지인지 여부, 토지현황이 농지가 아닌 경우에는 농지전용허가가 이루어졌는지 여부(농지법 36조), 농지전용허가가 이루어진 경우에는 그 허가 연월일, 허가조항, 전용목적 및 허가신청자의 주소와 이름, 농지전용허가를 얻지 않고 토지현황이 변경된 경우에는 향후 원상회복명령이 발하여질 가능성이 있는지 여부 등에 관하여 사실조회를 함과 동시에 감정인에 대하여는 사실조회를 하였다는 취지와 감정평가서의 작성을 유보할 것을 통지하여야 한다. 집행법원은 시장, 군수, 자치구구청장으로부터 경매목적물에 대한 위 사실조회회보서가 도착한 경우에는 그 사본을 매각물건명세서의 사본에 첨부하여 함께 비치한다(재민 97-1).

6. 부동산의 평가와 최저매각가격의 결정

가. 최저매각가격의 의의

집행법원은 감정인에게 매각부동산을 평가하게 하고 그 평가액을 참작하여 최저매각가격을 정하여야 한다(법 97조 1항). 최저매각가격이란 그 사건의 매각기일에서 당해 부동산을 그 가격보다 저가로 매각할 수 없고, 그 액 또는 그 이상으로 매각함을 요하는 기준매각가격을 말한다.

나. 매각부동산의 평가절차

1) 평가명령

경매목적 부동산의 평가는 집행법원의 직권에 의한 평가명령에 기하여 감정인이 행한다.

2) 평가서의 비치

법원은 이 평가서 사본도 물건명세서 사본과 함께 일반인이 열람할 수 있도록 비치하여야 한다(규칙 55조 본문). 다만 법원은 상당하다고 인정하는 때에는 평가서의 기재내용을 전자통신매체로 공시함으로써 그 사본의 비치에 갈음할 수 있다(동조 단서).

다. 평가의 대상

평가의 대상은 매각부동산 및 매수인이 그 부동산과 함께 취득할 모든 물건 및 권리에 미친다. 매수인이 취득할 물적 범위는 압류의 효력이 미치는 물적 범위와 일치한다.

1) 부동산 자체

부동산 자체의 평가는 평가 당시의 현황을 기준으로 하고, 토지의 지목, 지적, 건물의 구조, 바닥면적 등에 관하여 현황과 공부상의 표시에 차이가 있는 경우에는 현황에 따라 평가하여야 한다. 등기부표시와 실제 건물의 동일 여부에 대한 결정 기준은 등기부에 표시된 소재, 지번, 종류, 구조와 면적 등이 실제 건물과 사이에 사회통념상 동일성이 인정될 정도로 합치되는지의 여부에 따라 결정된다(대판 94다53006).

2) 부 합 물

부동산의 부합물은 당연히 평가의 대상이 된다. 그러나 타인의 권원(지상권, 전세권, 임차권 등을 말한다)에 의하여 부속(부합된 물건이 어느 정도의 독립성을 갖춘 경우를 말한다)된 것은 평가의 대상이 되지 않는다(민법 256조 단서). 또 임의경매에 있어서는 법률에 특별한 규정(예를 들면 공장 및 광업재단저당법 3조, 4조, 수산업법 20조)이 있는 경우에는 부합물이 아닌 경우에도 평가의 대상이 됨을 주의하여야 한다. 설정행위에 다른 약정이 있는 경우에는 부합물이라도 평가의 대상이 되지 않는다(민법 358조 단서).

가) 토지에의 부합물

정원수, 정원석, 석등 등이 있을 수 있으나 대표적인 부합물로는 수목을 들 수 있다. 수목은 '입목에 관한 법률에 따라 등기된 立木'과 '명인방법을 갖춘 수목'이 아닌 한 부합물로서 평가의 대상이 된다(대결 98마1817 등).

타인의 토지상에 권원 없이 식재한 수목의 소유권은 토지소유자에게 귀속하고 권원에 의하여 식재한 경우에는 그 소유권이 식재한 자에게 있다(대판 97도3425 등).

어떤 물건이 부합물인지 여부는 매우 중요하므로 개별적인 사례를 조사할 필요가 있다.[45)]

토지에 대한 매각절차에서 그 지상 건물을 토지의 종물 내지 부합물로 보고 경매를 진행하여 매각허가되었다 하여도 매수인이 건물에 대한 소유권을 취득할 수 없다(대판 97다10314).

나) 건물에의 부합물

① 증축 또는 개축되는 부분이 독립된 구분소유권의 객체로 거래될 수 없는 것일 때에는 기존건물에 부합한다(대판 80다2643, 2644). 1동 건물의 증축 부분이 구분건물로 되기 위해서는 구조상・이용상의 독립성과 소유자의 구분행위가 필요하다(대판 98다32540). 건물이 증축된 경우에 증축 부분의 기존 건물에 부합 여부는 증축 부분이 기존 건물에 부착된 물리적 구조뿐만 아니라, 그 용도와 기능면에서 기존 건물과 독립한 경제적 효용을 가지고 거래상 별개의 소유권의 객체가 될 수 있는지의 여부 및 증축하여 이를 소유하는 자의 의사 등을 종합하여 판단하여야 한다(대판 94다53006 등). 따라서 증축부분에 대한 평가를 누락한 평가액을 최저매각가격으로 정한 것은 잘못이다(대결 81마151).

② 어떤 부분이 부합된 것인지 여부도 매우 중요하므로 개별적인 사례를 참조할 필요가 있다.[46)] 건물의 증축부분이 축조 당시는 본건물의

45) 교량, 도랑, 돌담, 도로의 포장 등도 부합물로서 평가의 대상이 된다. 지하굴착공사에 의한 콘크리트 구조물은 토지의 구성부분으로서 토지의 일부로 간주될 뿐만 아니라 부동산에 건축공사를 시행할 경우에 이를 활용할 수 있는 것으로서 객관적으로 부동산의 가액을 현저히 증가시키는 것이므로 평가시 이를 고려하여야 한다(대결 93마719). 지하구조물(대결 95마540, 97마2157)이나 주유소 땅 속에 부설된 유류저장탱크(대판 94다6345)는 토지의 부합물이 되는 경우가 많다.

46) 낡은 가재도구 등의 보관장소로 사용되고 있는 방과 연탄창고 및 공동변소가 본

구성 부분이 됨으로써 독립의 권리의 객체성을 상실하여 본건물에 부합되었다고 할지라도 그 후 구조의 변경 등으로 독립한 권리의 객체성을 취득하게 된 때에는 본건물과 독립하여 거래의 대상이 될 수 있다(대판 81다519).

③ 기존건물에 부합된 증축부분이 기존건물에 대한 매각절차에서 경매목적물로 평가되지 아니한 경우에도 매수인이 증축부분의 소유권을 취득한다(대판 92다26772, 26789).

다) 건물의 종물

① 압류의 효력은 종물에 미치므로 종물도 평가의 대상이 된다. 압류 후나 저당권설정등기후의 종물도 평가의 대상이 된다(대결 71마757). 다만 제3자의 소유인 종물에는 종물이론이 적용되지 않으므로 평가의 대상이 되지 않는다. 종물은 주물의 상용에 이바지하는 관계에 있어야 하고, 주물의 상용에 이바지한다 함은 주물 그 자체의 경제적 효용을 다하게 하는 것을 말하는 것으로서 주물의 소유자나 이용자의 상용에 공여되고 있더라도 주물 그 자체의 효용과 직접 관계가 없는 물건은 종물이 아니다(대판 97다3750 등).[47)]

② 종물이 평가의 대상으로 된다 하더라도 반드시 매각부동산과 별도로 평가액을 산출할 필요는 없다. 그러나 고가의 종물은 독립하여 평가하여야 할 것이다.

또한 임의경매에 있어서는 법률에 특별한 규정이 있는 경우에는 종물이 아닌 경우에도 평가의 대상이 되고, 설정행위에 다른 약정이 있

채에서 떨어져 축조되어 있기는 하나 본채의 종물이라고 본 사례가 있고(대판 91다2779), 건물의 임차인이 그 권원에 의하여 벽, 천정에 부착시킨 석재, 합판 등도 부착과 동시에 건물에 부합된다(대판 84도1549).

47) 건물이 경매목적건물과 동일지번상에 있다는 사실이나 가옥대장상에 경매목적건물의 부속건물이라고 기재되어 있다는 사실만으로써는 그것이 곧 종물인 부속건물이라 단정할 수 없다(대결 66마222).

는 경우에는 종물이라도 평가의 대상이 되지 않는다(민법 358조 단서).

③ 일정한 건물에 대하여 저당물건과는 별개의 등기부가 존재하고 있다고 하더라도 저당건물의 종물로 볼 수 있을 경우에는 그 건물도 평가의 대상이 된다. 그러나 독립된 건물을 경매신청건물의 부합물이나 종물로 오인하여 진행된 경우 매수인은 위 독립된 건물에 대한 소유권을 취득할 수 없다(대판 87다카600).

부동산의 종물 중 동산인 것은 보일러시설, 지하수펌프, 주유소의 주유기(대판 94다6345), 백화점 건물의 지하 2층 기계실에 설치된 전화교환설비(대판 92다43142), 농지에 부속한 양수시설 등이 있고, 부동산인 것은 별동으로 되어 있으되 주물의 경제적 효용을 보조하기 위하여 계속적으로 이바지되는 화장실, 목욕탕, 창고, 정화조(대판 93다42399) 등이 있다.

3) 종된 권리

압류 및 저당권의 효력은 매각부동산의 종된 권리에도 미치고(대판 94다12722) 매수인은 종된 권리도 취득한다. 부동산의 종된 권리에는 토지에 관하여는 지역권(경매목적토지가 요역지인 경우, 민법 292조), 건물에 관하여는 지상권이 있다. 건물에 대한 저당권의 효력은 그 건물의 소유를 목적으로 한 지상권(대판 95다52864 등), 건물의 소유를 목적으로 한 토지의 임차권에도 미친다(대판 92다24950).

4) 집합건물과 대지권의 경매

가) 대지권등기 없는 집합건물에 대하여만 경매신청이 있는 경우

대지권등기 없는 집합건물에 대하여만 경매신청이 있는 경우 대지사용권을 매각목적물에 포함되는 것으로 보고 그에 대한 감정평가액을 최저매각가격에 포함시킬지 여부가 문제된다. 대지사용권은 원칙적으로 전유부분 건물의 종된 권리이다(집합건물법 20조 1항 참조). 따라서 임의경매든 강제경매든 구별없이 전유부분의 소유자가 대지사용권을 취득하고 있다면, 비록 그것이 등기되어 있지 아니하다 할지라도 그 대지사용권은 '대지사용권의 분리처분이 가능하도록 규약으로 정해져 있는 경우가 아닌 한' 종된 권리로서 당연히 경매목적물에 포함되고, 경매개시결정의 효력이 대지사용권에도 미치는 것으로 보아야 하며, 여기의 대지사용권에는 지상권 등 용익권 이외에 대지소유권도 포함된다(대판 2001다22604).

나) 집합건물의 대지만이 매각될 경우 매각방법

나대지인 상태에서 (근)저당권이 설정된 후 그 지상에 집합건물에 건축되었는데, 어떠한 이유로든 대지에 대해서만 경매가 진행되게 된 경우에 그 대지를 1필지로 단일물건으로 매각하는 경우가 많은데, 이것이 위법하다고까지 볼 수 있는지는 의문이나 합리적인 방법은 결코 아니다. 왜냐하면 집합건물법 7조는 "대지사용권을 가지지 아니한 구분소유자가 있을 때에는 그 전유부분의 철거를 구할 권리를 가진 자는 그 구분소유자에 대하여 구분소유권을 시가로 매도할 것을 청구할 수 있다."고 규정하고 있으므로, 위와 같은 매각은 필연적으로 대지를 매수한 자와 전유부분 소유자들 사이의 분쟁을 야기하기 때문이다. 따라서 이 경우에는 지상의 집합건물의 대지권비율로 분할하여 지분으로 매각하여 전유부분의 소유자들이 대지권을 취득할 수 있도록 함이 타당하다.

5) 공장저당의 목적인 토지, 건물에 관한 평가

공장저당의 목적이 된 부동산과 이에 설치된 기계, 기구, 그 밖의 공용물은 임의경매나 강제경매절차에서 이를 일괄매각하지 아니하면 아니 되므로(대결 92마576) 배당관계가 동일한 경우에는 일괄평가만으로 족하나 배당관계가 동일하지 않은 경우에는 부동산과 기계, 기구, 그 밖의 공용물에 대하여 각각 평가를 하여야 한다. 여기서 평가의 대상이 되는 기계, 기구, 그 밖의 공용물의 범위는 공장의 토지 또는 건물에 대하여 공장저당권이 설정되어 있는 경우에 이에 부가되어 일체를 이루는 물건[48]과 공장 및 광업재단저당법 6조 소정의 기계·기구목록에 기재된 것에 한정되므로(대결 93마116) 감정인으로서는 기계·기구목록을 확인하여 정확히 평가할 것을 요한다.

6) 미분리의 천연과실

① 부동산강제경매에 관계되는 천연과실에는 과수의 열매, 곡물, 광물, 석재, 토사 등이 있다. 미분리의 천연과실은 원래 토지의 구성부분이므로 명인방법을 구비하여 제3자에게 양도된 경우가 아니면 원칙적으로 평가의 대상이 되나, 그것이 매각허가결정시까지 수확기에 달하여 채무자에 의하여 수취될 것이 예상되거나 채굴이 예상되는 경우에는 평가의 대상에서 제외된다(법 83조 2항 참조).

② 그러나 임의경매의 경우에는 강제경매와 달리 민법 359조가 "저당권의 효력은 저당부동산에 대한 압류가 있은 후에 저당권설정자가 그 부동산으로부터 수취한 과실 또는 수취할 수 있는 과실에 미친다"고 규정하고 있으므로 항상 천연과실까지 고려하여 평가를 하여야 한다.

7) 법정과실

물건의 사용대가로 받는 금전 그 밖의 물건이 법정과실인바(민법 101조 2항), 부동산 경매와 관련된 법정과실에는 토지사용의 대가인 지료, 가옥사용의 대가인 집세 등이 있다.

압류 및 저당권의 효력이 법정과실에 미치지 않으므로 법정과실은 평가의 대상이 되지 않는다.

8) 구분소유적 공유지분에 대한 평가

매각허가에 의한 소유권취득은 성질상 승계취득이므로 하나의 토지 중

48) 그 공장건물이나 토지의 종물 또는 부합물. 대판 94다6345 참조

특정부분에 대한 구분소유적 공유관계를 표상하는 공유지분등기에 근저당권이 설정된 후 그 근저당권의 실행에 의하여 위 공유지분을 취득한 매수인은 구분소유적 공유지분을 그대로 취득한다고 할 것이므로(대판 91다3703), 집행법원은 평가명령에 있어서 구분소유적 공유일 때는 이를 명시하여 토지의 지분에 대한 평가가 아닌 특정 구분소유목적물에 대한 평가를 명할 것이고(대결 2000마2633), 감정인으로서는 평가명령서에 이러한 기재가 없을 때에도 평가를 위한 조사결과 현황이 구분소유적 공유일 때에는 집행법원에 이를 알리고 필요한 지시를 받아 그에 따라 평가할 것이다.

9) 법정지상권 등 부동산상의 부담

① 매수인이 인수하게 되는 부동산상의 부담은 매각부동산의 가격을 감액하게 하는 요인이 된다. 저당권(법 91조 2항) 및 저당권·압류채권·가압류채권에 대항할 수 없는 지상권·지역권·전세권 및 등기된 임차권(법 91조 3항)은 매각허가로 인하여 소멸하고, 담보가등기가 경료된 부동산에 대하여 경매 등이 행하여진 때에는 담보가등기 권리는 그 부동산의 매각에 의하여 소멸하므로(가담법 15조) 감가적 평가대상이 아니다.

그러나 지상권의 존재로 인하여 매수인이 매수토지의 사용가치를 향유할 수 없음으로 인한 손해액 상당은 감액한다.

매각부동산 위에 매수인이 인수하여야 할 담보권이 있는 경우, 예컨대 유치권이 존재하고 있는 경우, 또는 매각부동산 위에 매수인에 대하여 대항할 수 있는 용익권이 존재하는 경우에는 그 부담이 있는 부동산가격을 평가하여야 한다는 견해가 있으나, 실무에서는 이러한 평가를 하지 않은 채 최저매각가격을 정하고 있고, 그 대신에 매각물건명세서에 이에 관한 기재를 함으로서 입찰참가자에게 그 정보를 제공하고 있다.

법원은 감정인에게 부동산을 평가하게 하고 그 평가액을 참작하여 최저매각가격을 정하면 되므로(법 97조 1항), 감정인은 부동산의 시가와 집행규칙 51조 1항 각호에 기재된 사항을 참작하여 감정하면 될 뿐이다. 대항력 있는 임차권이나 유치권 등의 사적 제한 규정은 집행규칙 51조 1항 각호에 당연히 해당하는 것이 아니고, 단지 8호의 '그 밖에 법원이 명한 사항'에 해당될 때만 감정하면 되는 것이다.

② 법정지상권은 부동산을 평가할 당시에는 아직 발생하지 않았고 매각에 의하여 비로소 발생하는 경우에도 매수인이 매각허가로 인하여 토지소유권을 취득할 때에는 그 토지의 부담으로 성립되기 때문에 매수신청가격의 기준을 제시하는 의미를 가지는 최저매각가격의 취지로 미루어 그러한 것도 부동산을 평가할 때 고려하여야 한다(대결 91마608 참조).

법정지상권이 성립하는 경우에 토지의 매수인이 지료를 받게 된다는 점과 지상권의 존속기간을 고려하여 법정지상권에 의한 부담을 평가하여 감가한다.

라. 대지권등기 없는 구분소유건물에 대한 경매시 대지사용권의 경매목적물 포함 여부

① 저당권설정 당시에 저당권설정자가 대지사용권을 취득하고 있었으나 대지권등기만을 경료하지 않고 있어 집합건물의 전유부분에만 저당권설정등기가 경료된 경우 저당권의 효력이 대지사용권에 미침은 물론 저당권설정 이후라도 대지사용권을 취득함으로써 전유부분과 대지권이 동일 소유자의 소유에 속하게 되었다면 저당권의 효력이 그 대지사용권에까지 미친다(대판 94다12722 등).

따라서 대지권등기 없는 구분소유건물에 대한 경매신청이 있는 경우에 집행법원은 신청채권자에 대한 보정명령이나 감정인에 대한 사실조회 등을 통하여 저당권설정자가 대지사용권을 취득하고 있었는지 여부를 조사하여 저당권설정자가 대지사용권을 취득하고 있었다면 저당권의 효력이 대지사용권에도 미치므로 대지사용권을 경매목적물에 포함시키고 그에 대한 감정평가액을 포함하여 최저매각가격을 정하여야 한다.[49]

② 감정인은 평가명령서상 평가대상부동산이 집합건물임에도 대지권의 표시가 없는 경우에도 저당권설정자가 대지사용권을 취득하고 있었는지 여부를 조사하여 위와 같은 경우는 물론 집합건물의 분양자에게 대지사용권이 있고 수분양자가 대지사용권까지 분양받은 경우 등에는 대지사용권을 평가대상에 포함시켜 평가하고 이를 감정평가액에 포함시키고 이러한 취지를 평가서에 기재하여 제출할 것이다.

③ 집행법원은 대지권이 있음이 밝혀진 경우 최저매각가격은 건물과 대지권을 포함한 가격으로 결정하고 신문공고의 '부동산의 표시'란에는 건물만을 기재하나 '비고란' 등에 "미등기대지권 있음"이라고 기재하는 등으로 최저매각가격에 대지권가격이 포함되었음을 나타낸다. 하지만 대지권유무를 집행법원이 가려 판단하는 데는 한계가 있으므로 통상은 매각물건명세서나 신문공고에 '대지권 미등기이며, 대지권 유무는 알 수 없음'이라고 기재하고, 최저매각가격은 안전하게 건물과 대지권을 포함한 가격으로 결정하여 진행하기도 한다.

마. 최저매각가격의 결정

① 법원은 감정인의 평가액을 참작하여 최저매각가격을 정한다(법 97조 1항). 실무에서는 원칙적으로 감정인의 평가액을 그대로 최저매각가격으로 정하고 있는 것이 통례이다.

---

49) 대법원 1997.6.10.자 97마814 결정은,'적어도 저당권설정시에 저당권설정자가 대지사용권을 취득하고 있었다면 저당권의 효력이 대지사용권에도 미치므로 대지사용권을 경매목적물에 포함시키고 그에 대한 감정평가액을 포함하여 최저매각가격을 정하여야 한다'고 판시하고 있으나, 저당권설정 이후라도 대지사용권을 취득함으로써 전유부분과 대지권이 동일 소유자의 소유에 속하게 되었다면 저당권의 효력이 그 대지사용권에까지 미치는 것이다(대판 94다12722 등).

② 최저매각가격의 결정에는 집행에 관한 이의를 신청할 수 있다(법 16조 1항).[50] 다만 이에 대한 집행에 관한 이의는 매각기일까지로 한정하고 매각허가 이후에는 매각허가에 대한 이의 또는 매각허가결정에 대한 항고로 다툴 수 있다.

7. 매각물건명세서

가. 취 지

1) 취 지

법원은 매각물건명세서·현황조사보고서 및 평가서의 사본을 법원에 비치하여 누구든지 볼 수 있도록 하여야 한다(법 105조 2항). 이는 매수희망자들에게 사려는 부동산에 관한 정확한 정보를 제공함으로써 예측하지 못한 손해를 입는 것을 방지하고 매각에의 참여를 유도하여 강제집행제도의 기능을 제고시키려는 것이다.

2) 기 능

① 매각물건명세서의 기재는 이중경매의 경우, 먼저 된 매각절차가 정지된 때 뒤의 매각절차에 따라 속행할 것인가의 표준이 된다. 즉, 먼저 개시결정한 매각절차가 정지된 때에 그 매각절차가 취소되면 집행법 105조 1항 3호의 기재사항(등기된 부동산에 대한 권리 또는 가처분으로서 매각으로 효력을 잃지 아니하는 것)이 바뀔 때에는 동법 87조 2항(먼저 개시결정한 경매신청의 취하 또는 그 절차의 취소와 뒤에 개시결정한 매각절차의

50) 집행법 121조 5호를 들어 매각허가에 대한 이의나 항고사유로 삼을 수 있으므로 집행에 관한 이의를 인정할 필요가 없다는 반대설 있으나, 최저매각가격의 결정에 위법이 있는 경우 굳이 매각허가시까지 기다릴 것이 아니라 그 전에라도 집행에 관한 이의를 인정하여 위법을 시정할 수 있도록 함이 타당하다. 다만 매각허가결정이 있은 후에는 그러한 위법은 매각허가결정에 대한 항고사유가 되므로 집행에 관한 이의를 이익이 없어 부적법하게 될 것이다.

속행 규정)에 불구하고 뒤의 경매개시결정에 의하여 절차를 속행하여서는 안 된다(법 87조 4항).

② 매각물건명세서의 작성에 중대한 하자가 있는 때에는 매각허가에 대한 이의(법 121조 5호) 및 매각허가결정에 대한 즉시항고(법 130조 1항)의 사유가 된다.

③ 매각물건명세서 등의 사본이 비치된다는 사실은 매각기일공고내용 중에도 포함시켜야 한다.

나. 매각물건명세서의 비치

① 매각물건명세서 사본의 비치는 매각기일(기간입찰의 방법으로 진행하는 경우에는 입찰기간의 개시일)마다 그 1주일 전까지 하여야 하므로(규칙 55조 본문) 1주일 전까지 작성하여 그 원본을 경매기록에 가철하여야 하고, 다른 문서의 내용을 인용하는 방법(예컨대, 현황조사보고서 기재와 같음)으로 작성하여서는 아니 된다(재민 2004-3, 7조).

② 다만 법원은 상당하다고 인정하는 때에는 매각물건명세서의 기재내용을 전자통신매체로 공시함으로써 그 사본의 비치에 갈음할 수 있다(규칙 55조 단서).

다. 기재사항

매각물건명세서에는 집행법 105조에 규정된 각 사항을 기재한다.

1) 부동산의 표시(1호)

2) 점유관계와 관계인 진술(2호)

3) 매각으로 효력을 잃지 아니하는 부동산 위의 권리 또는 가처분(3호)

① 매각으로 그 효력을 잃지 아니하는 가처분 등

등기된 부동산에 관한 권리 또는 가처분으로서 매각으로 그 효력을 잃지 아니하고 매수인에게 인수되는 것을 매각물건명세서에 기재한다. 매각목적물에 설정된 최선순위 타물권(또는 가압류)을 기준으로 하므로, 예컨대 저당권·압류채권·가압류채권에 대항할 수 있는 지상권·지역권·전세권 및 등기된 임차권(단 전세권 중 배당요구한 것은 제외, 집행법 91조 3, 4항) 등을 기재하게 된다.

가처분의 경우에는 가처분의 내용과 집행 연월일을 기재하면 되고 피보전권리까지 기재할 필요는 없다. 가처분 중에서 주의할 것은 토지소유자가 건물의 소유자를 상대로 건물을 철거하고 토지를 인도하라는 내용을 피보전권리로 하여 가처분을 한 경우에는 그 가처분이 건물에 관한 경매개시결정등기 또는 담보권설정등기 이후의 것이라도 매각으로 말소되지 아니하므로 매각물건명세서에 반드시 기재를 하여야 한다.

유치권은 매수인에게 인수되나(법 91조 5항), 등기된 부동산에 관한 권리가 아니므로 본호에 따른 기재사항이 아니다. 다만 유치권자라고 주장하는 자도 점유를 하고 있는 경우에는 유치권의 존부와 관계없이 2호에서 정한 점유자로 기재한다.

예고등기도 부동산에 관한 권리관계를 공시하는 등기가 아니므로, 물건명세서에 기재하지 않는다(대결 99마4849).

등기된 부동산상의 부담이 매각으로 효력을 잃지 않고 매수인에게 인수될 것인지 여부가 불명인 경우에는 그 효력을 잃을지 여부가 불분명하다고 기재한다.

[매각물건명세서 양식]

○ ○ 지 방 법 원
매각물건명세서

<table>
<tr><td>사 건</td><td colspan="2">타경 부동산강제(임의)경매
(타경 중복)</td><td>매각물건
번 호</td><td></td><td>작성일자</td><td>. .</td><td>담임법관</td><td>㊞</td></tr>
<tr><td colspan="3">부동산의 표시, 감정평가액 최저매각가격, 매수신청의 보증금액과 보증제공방법</td><td>별지 기재와 같음</td><td>최선순위 설정</td><td colspan="4"></td></tr>
<tr><td colspan="9">부동산의 점유자와 점유의 권원, 점유할 수 있는 기간, 차임 또는 보증금에 관한 관계인의 진술 및 임차인이 있는 경우 배당요구 여부와 그 일자, 전입신고일자 또는 사업자등록신청일자와 확정일자의 유무와 그 일자</td></tr>
<tr><td>점유부분</td><td>점유자의 성 명</td><td>점유의 권 원</td><td>임대차기간 (점유기간)</td><td>보 증 금</td><td>차 임</td><td>전입신고 일자·사업자등록신청일자</td><td>확정일자</td><td>배당요구여부 (배당요구일자)</td></tr>
<tr><td></td><td></td><td></td><td></td><td></td><td></td><td></td><td></td><td></td></tr>
<tr><td></td><td></td><td></td><td></td><td></td><td></td><td></td><td></td><td></td></tr>
<tr><td></td><td></td><td></td><td></td><td></td><td></td><td></td><td></td><td></td></tr>
<tr><td colspan="9">※ 위 최선순위 설정일자보다 대항요건을 먼저 갖춘 주택·상가건물 임차인의 임차보증금은 매수인에게 인수되는 경우가 발생할 수 있고, 대항력과 우선변제권이 있는 주택·상가건물 임차인이 배당요구를 하였으나 보증금 전액에 관하여 배당을 받지 아니한 경우에는 배당 받지 못한 잔액이 매수인에게 인수되게 됨을 주의하시기 바랍니다.</td></tr>
<tr><td colspan="9">등기된 부동산에 관한 권리 또는 가처분으로서 매각으로 그 효력이 소멸되지 아니하는 것</td></tr>
<tr><td colspan="9"></td></tr>
<tr><td colspan="9">매각에 따라 설정된 것으로 보는 지상권의 개요</td></tr>
<tr><td colspan="9"></td></tr>
<tr><td colspan="9">비고란</td></tr>
<tr><td colspan="9"></td></tr>
</table>

※ 1. 매각목적물에서 제외되는 미등기건물 등이 있을 경우에는 그 취지를 명확히 기재한다.
2. 매각으로 소멸되는 가등기담보권, 가압류, 전세권의 등기일자가 최선순위저당권등기일자보다 빠른 경우에는 그 등기일자를 기재한다.

② 매수인에게 대항할 수 있는 등기된 임차권등기명령권자의 임차권 내용 기재 여부

예규에서 정한 매각물건명세서 양식에 "등기된 부동산에 관한 권리 또는 가처분으로서 매각에 의하여 그 효력이 소멸되지 않는 것"을 기재하는 란이 있고, 집행법 105조 1항에서 이러한 권리관계를 직접 적도록 규정하고 있으므로, 매수인에게 대항할 수 있는 임차권은 보증금이 전액 변제되지 아니하는 한 말소되지 아니하고, 매수인이 인수하게 됨을 적어야 한다.

기재대상은 매수인에게 대항할 수 있는 임차인 중 보증금이 전액 변제되지 아니한 자에 한하지만 매각진행 중에는 임차인이 전액 변제 받을지 여부를 알기 어려우므로 일단 대항력 있는 등기된 임차권자가 있으면 매각물건명세서에 "매수인에게 대항할 수 있는 임차인이 있음(임대차보증금 ○○○만원, 전입일 20 . . ., 확정일자 20 . . .) 배당에서 보증금이 전액 변제되지 아니하면 잔액을 매수인이 인수함"이라고 기재한다.

매수인에게 대항할 수 있는 임차인의 경우는 그 임차권의 내용이 비록 등기부에 공시되어 있다 하여도 매각물건명세서에 기재하며, 매수인에게 대항할 수 있는 임차인이 경매기입등기 후에 임차권등기를 한 다음 권리신고를 하는 경우 '배당요구여부'란에 권리신고 여부를 기재(예를 들어, '20 . . . 권리신고' 등)하는 것이 바람직하다.

③ 배당요구하지 아니한 최선순위 전세권의 기재

매각으로 인하여 소멸되지 않는 최선순위 전세권의 경우 전세권자가 배당요구를 하지 않으면 매수인이 그 전세권을 인수하여야 하므로(법 91조 3항, 4항), 그 취지를 적어야 한다(법 105조 1항 3호).

④ 최선순위 저당권설정일자 등의 기재

매각목적물에 설정된 최선순위저당권 설정일자(또는 가압류등기일자)를 기준으로 임차인의 매수인에 대한 대항력 여부가 결정되므로, 매수

인이 예기치 않게 임차보증금을 인수하여야 하는 불이익을 받지 않도록 하기 위하여, 최선순위저당권 설정일자(또는 가압류등기일자)를 기재하고, 그 일자보다 먼저 전입신고를 마치고 거주하고 있는 임차인의 보증금은 매수인이 인수하는 경우가 생길 수 있다는 주의 문구를 기재한다.

토지에 대하여 1순위 저당권이 설정되고, 그 후 임차인이 대항력을 갖춘 다음 건물에 1순위 저당권이 설정된 경우 건물의 매수인에게 대항할 수 있는지의 여부는 건물만을 기준으로 하므로, 이 경우의 임차인은 건물의 매수인에게 대항할 수 있다. 따라서 최선순위저당권 설정일자를 기재할 때 건물과 토지의 일자가 다를 때에는 모두 기재하고, 매각부동산이 여러 개인 경우에 설정일자가 다르면 모두 기재한다.

건물의 일부를 목적으로 하는 전세권은 그 목적물인 건물 부분에 한하여 그 효력을 미치므로, 건물 중 일부(2층 부분)를 목적으로 하는 전세권이 임차인이 대항력을 취득하기 이전에 설정되었다가 매각으로 인하여 소멸하였다고 하더라도, 임차인의 임차권이 전세권의 목적물로 되어 있지 아니한 주택 부분(1층의 일부)을 그 목적물로 하고 있었던 이상 매각으로 인하여 소멸한다고 볼 수는 없다(대판 96다53628).

4) 지상권의 개요(4호)

① 토지·건물의 임의경매의 경우에 관해서는 민법 366조에서, 입목에 대한 강제경매와 임의경매에 관해서는 '입목에 관한 법률' 6조 1항에서 법정지상권에 관한 규정을 두고 있으나, 토지·건물의 강제경매에 기한 매각허가로 인하여 생기는 법정지상권에 관하여는 현행법상 규정하는 바가 없다. 그러나 판례는 저당권이 없는 동일인 소유의 토지 또는 건물의 강제경매로 각 소유자가 달라지게 된 경우에 관하여 관습상의 법정지상권의 성립을 인정하고 있다(대판 95다9075, 9082 등).

따라서 매각물건명세서에는 매각에 따라 설정된 것으로 보게 되는 지상권의 개요를 적어야 한다. 토지가 매각목적물이 되어 지상권을 부담하게 되는 경우는 물론, 건물이 매각목적물이 되어 지상권을 취득하게 되는 경우에도 모두 기재대상이 된다.

② 매각물건명세서에 기재할 것은 지상권의 '개요'이므로 "이 사건 물건을 위하여 그 대지에 법정지상권이 성립한다" 또는 "지상건물을 위하여 이 사건 토지의 대지 부분에 법정지상권이 성립한다"는 식으로 간결하게 기재하면 족하다.

토지의 일부에 대해서만 법정지상권이 성립하는 경우에는 그 뜻을 기재하면 되고, 구체적으로 그 범위를 특정해서 표시할 필요는 없다.

지상권이 설정된 것으로 보게 될 가능성은 있으나 확실히 밝혀지지 않는 경우에는 "별지도면 표시 미등기건물을 위하여 이 사건 토지의 대지부분에 지상권이 설정된 것으로 보게 될 여지가 있음" 또는 "법정지상권이 성립할 여지가 있음" 등으로 그 취지를 그대로 기재한다.

③ 토지에 관하여 저당권이 설정될 당시 그 지상에 토지소유자에 의하여 건물이 건축 중이었을 경우, 그것이 사회관념상 독립된 건물로 볼 수 있는 정도에 이르지 않았다 하더라도 건물의 규모 및 종류를 외형상 예상할 수 있는 정도까지 건축이 진전되어 있었다면 법정지상권의 성립을 인정하는 것이 상당하므로(대판 92다7221 참조), 현황조사보고서나 감정평가서를 통하여 위 사실을 확인한 경우 그 법정지상권의 성립 유무에 관하여 판단할 것을 요한다.

라. 열람을 위한 비치

1) 비치 · 열람에의 공여

매각물건명세서가 작성되면 그 원본은 경매기록에 순서에 따라 철하고, 그 사본을 만들어 집행관의 현황조사보고서, 감정인의 평가서의 각 사본 1부와 같이 사건별로 분철한 후, 경매계 사무실 등 적당한 곳에 일반인이 열람할 수 있도록 비치하되, 그 장소 부근에 매각물건명세서 비치장소를 표시하고, 사건별·기일별로 구분하여 비치한다(법 105조 2항, 재민 2004-3, 7조).

3-4회의 매각기일 및 매각결정기일을 일괄하여 지정한 경우에도 매각물건명세서는 매각기일마다 1주일 전까지 작성, 비치하여야 한다(재민 98-11).

다만 법원은 상당하다고 인정하는 때에는 매각물건명세서, 현황조사보고서 및 평가서의 기재 내용을 전자통신매체로 공시함으로써 그 사본의 비치에 갈음할 수 있다.

2) 비치기간

매각물건명세서 사본은 매각기일(기간입찰의 방법으로 진행하는 경우에는 입찰기간의 개시일)마다 그 1주일 전까지 비치하되(규칙 55조), 각 매각기일까지 계속 비치하며, 매각대금이 납부되면 적당한 방법으로 이를 폐기한다.

3) 열 람

비치기간 중은 누구라도 또 집무시간 내에는 언제라도 무료로 자유로이 열람할 수 있다. 그러나 비치문서의 등사권은 인정되지 않는다. 다만 타인의 열람에 방해가 되지 않는 한 자비로 복사하는 것은 열람방법의 연장으로서 인정해도 무방할 것이다.

마. 위반의 효과

물건명세서의 작성에 중대한 하자가 있는 때에는 매각허가에 대한 이의사유가 되며 나아가 직권에 의한 매각불허가사유가 된다(법 121조 5호, 123조 2항).

물건명세서를 비치하지 않았거나 또는 비치기간을 지키지 않은 경우에도 이에 준하여 봄이 상당하다.

8. 경매기록의 열람과 복사

매각기일공고 전에는 매각절차의 이해관계인(법 90조, 268조) 또는 부동산등에 대한 경매절차 처리지침(재민 2004-3) 53조 1항 각호에 해당하는 자(당사자와 이해관계를 소명한 제3자)[51]에 한하여 기록의 열람·복사를 허용하고, 그 밖의 자에 대하여는 열람·복사를 허용하지 아니한다(재민 2004-3).

9. 남을 가망이 없는 경우의 경매취소

가. 총 설

집행법원은 법원이 정한 최저매각가격으로 압류채권자의 채권에 우선하는 부동산상의 모든 부담(우선부담)과 절차비용(이하 위 부담과 절차비용을 포함

---

51) 제53조(경매기록의 열람・복사) ① 경매절차상의 이해관계인(민사집행법 제90조, 제268조) 외의 사람으로서 경매기록에 대한 열람・복사를 신청할 수 있는 이해관계인의 범위는 다음과 같다.

1. 파산관재인이 집행당사자가 된 경우의 파산자인 채무자와 소유자
2. 최고가매수신고인과 차순위매수신고인, 매수인, 자기가 적법한 최고가 매수신고인 또는 차순위매수신고인임을 주장하는 사람으로서 매수신고시 제공한 보증을 찾아가지 아니한 매수신고인
3. 민법・상법, 그 밖의 법률에 의하여 우선변제청구권이 있는 배당요구채권자
4. 대항요건을 구비하지 못한 임차인으로서 현황조사보고서에 표시되어 있는 사람
5. 건물을 매각하는 경우의 그 대지 소유자, 대지를 매각하는 경우의 그 지상 건물 소유자
6. 가압류채권자, 가처분채권자(점유이전금지가처분 채권자를 포함한다)
7. 「부도공공건설임대주택 임차인 보호를 위한 특별법」의 규정에 의하여 부도임대주택의 임차인대표회의 또는 임차인 등으로부터 부도임대주택의 매입을 요청받은 주택매입사업시행자

② 경매기록에 대한 열람・복사를 신청하는 사람은 제1항 각호에 규정된 이해관계인에 해당된다는 사실을 소명하여야 한다. 다만, 이해관계인에 해당한다는 사실이 기록상 분명한 때에는 그러하지 아니하다.

③ 경매기록에 대한 복사청구를 하는 때에는 경매기록 전체에 대한 복사청구를 하여서는 아니되고 경매기록 중 복사할 부분을 특정하여야 한다.

하여 우선채권이라 한다)을 변제하면 남는 것이 없다고 인정한 때에는 이를 압류채권자에게 통지하여 압류채권자가 우선채권을 넘는 가격으로 매수하는 자가 없을 경우에는 스스로 매수할 것을 신청하고 충분한 보증을 제공하지 않는 한 매각절차를 취소하여야 한다(법 102조).

이는 압류채권자가 집행에 의하여 변제를 받을 가망이 전혀 없는데도 불구하고 무익한 경매가 행해지는 것을 막고, 또 우선채권자가 그 의사에 반한 시기에 투자의 회수를 강요당하는 것과 같은 부당한 결과를 피하게 하기 위한 것으로서 우선채권자나 압류채권자를 보호하기 위한 규정이다(대결 87마861).

나. 남을 가망이 없어 경매취소가 적용될 경우

① 매각절차의 시초부터 최저매각가격이 우선채권 총액에 미달하는 경우, ② 매각기일에 매수신고가 없어 새 매각에 있어서 최저매각가격을 저감한 결과 우선채권 총액에 미달하는 경우, ③ 압류가 경합된 경우 먼저 개시결정한 경매신청이 취하되거나 매각절차가 취소되어 뒤의 개시결정에 의하여 경매가 진행되는 경우에 뒤의 경매신청인에 대한 관계에 있어서의 우선채권 총액이 최저매각가격을 초과하는 경우, ④ 매수인이 대금지급기한에 대금을 납부하지 아니하여 재매각을 하게 되는 경우에도 최저경매가액과 전의 매수인이 제공한 보증금의 합계액이 우선채권 총액을 넘지 않을 때 등과 같이, 최저매각가격 결정시부터 매각결정기일 종료시까지의 사이에 어떤 사유에 의해서이든 압류채권자의 채권에 대한 우선채권의 총액이 최저매각가격을 상회하는 경우에는 집행법 102조가 적용된다.

그러나 압류채권자의 집행권원상의 채권이 우선채권과 동일한 경우(예컨대, 피담보채권에 대하여 집행권원을 따로 가지고 있는 경우)에는 그 적용이 배제된다. 이 점은 뒤에서 다시 설명한다.

다. 우선채권의 범위

남을 가망의 여부는 선순위 물권자의 채권액(채권신고서가 제출되지 아니한 경우에는 채권최고액), 우선변제권이 있는 임차보증금, 임금채권 및 예상되는 집행비용 등을 참작하여 판단한다. 우선채권이란 압류채권자(경매신청자)의 채권에 우선하여 매각대금에서 변제받게 될 채권을 말한다. 부동산상의 부담과 절차비용(집행비용)이 포함된다.

강제경매개시 후 압류채권자에 우선하는 저당권자 등이 경매신청을 하여 이중경매개시결정이 되어 있는 경우에는 절차의 불필요한 지연을 막기 위해서라도 집행법 102조 소정의 최저매각가격과 비교하여야 할 우선채권의 범위를 정하는 기준이 되는 권리는 그 절차에서 경매개시결정을 받은 채권자 중 최우선순위권리자의 권리로 보아야 한다(대결 2001마2094 등).

1) 부동산상의 부담

집행법 102조에서 말하는 압류채권자의 채권에 우선하는 부동산상의 모든 부담이라 함은 매각부동산의 매득금에서 압류채권자에 우선하여 변제받을 수 있는 채권으로서 당해 매각절차에서 밝혀진 것을 말한다.

이에 속하는 것으로서는 다음과 같은 것이 있다.

가) 저당권

부동산상의 저당권은 매각에 의하여 소멸하고 매득금으로부터 배당을 받을 수 있으므로(법 91조 2항 참조) 선순위의 저당권에 의한 피담보채권은 우선채권에 해당한다.

근저당권자가 집행권원을 가지고 강제경매를 신청한 경우에는, 먼저 경매개시결정을 송달하면서 채권자에게 근저당권의 피담보채권과 집행권원상의 채권의 동일성 여부를 밝혀야 한다. 법원은 이 경우 보정명령을 하고, 그 결과 집행권원상의 채권과 근저당권의 피담보채권이 동일한 채권인 경우에는 근저당권의 피담보채권액을 선순위채권액의 계산에서 제외하여 남을 가망 여부를 판단하며, 그 근저당권에 의하여 배당을 받을 수 있는 한 경매를 그대로 진행한다. 그러나 집행권원상의 채권과 근저당권의 피담보채권이 별개인 경우에는 근저당권의 피담보채권액을 선순위채권액의 계산에 포함시켜 잉여 여부를 판단하고, 집행권원상의 채권에 관하여 배당을 받을 수 없다면 남을 가망이 없다는 통지를 한다.

나) 전세권

전세권자는 부동산 전부에 대하여 전세금의 우선변제를 받을 권리가 있다(민법 303조). 따라서 매각부동산에 관하여 선순위의 전세권등기가 있는 경우 그것이 집행법 91조 3항의 적용을 받아 매각으로 인하여 소멸하게 될 전세권인 경우에는 그 전세금반환채권도 여기의 우선채권에 해당한다.

최선순위 전세권은 매각으로 인하여 소멸하지 않으므로(법 91조 4항 본문) 우선채권에 포함시키지 않으나, 그 전세권자가 배당요구의 종기까지 배당요구를 한 경우에는 매각으로 소멸하므로(동항 단서) 우선채권에 포함된다.

다) 가등기담보권

선순위 가등기담보권에 의하여 담보되는 채권은 본조의 우선채권의 범위에 들어간다. 그러나 그 권리자가 채권을 증명하여 집행법원에 신고하지 않으면 순수한 순위보전을 위한 가등기인지 또는 담보를 위한 가등기인지 알 수 없으므로 채권자의 신고가 있어야 본조의 우선채권의 범위에 들어간다.

라) 국세, 지방세, 산업재해보험료, 지방자치단체의 사용료, 수수료 등 공과금

이러한 공과금은 실체적 우선권이 인정되므로 그 순위가 압류채권자의 권리에 우선하는 때에는 우선채권에 해당한다. 당해세인가 여부를 묻지 아니한다.

부동산에 관한 경매개시결정등기 이전에 체납처분에 의한 압류등기 또는 국세징수법 24조 2항에 의한 보전압류의 등기가 마쳐져 있는 경우에는 우선채권에 해당하나, 이러한 압류의 등기가 없거나 경매개시결정등기 이후에야 체납처분에 의한 압류등기가 마쳐진 경우에는 교부청구 또는 참가압류를 하여야만 배당에 참가할 수 있으므로(대판 2000다21154), 교부청구 또는 참가압류를 하지 아니한 것은 우선채권에 포함되지 아니한다.

우선채권으로 되는 액은 교부청구서 또는 참가압류통지서에 기재된 금액이다.

마) 임금채권 등 노무관계로 인한 채권

임금, 퇴직금, 재해보상금 그 밖의 근로관계로 인한 채권도 본조의 우선채권의 범위에 들어간다(근로기준법 38조,[52] 근로자퇴직급여보장법 11조[53]).

다만 우선채권으로 인정받기 위해서는 채권자의 배당요구가 필요하다.

바) 임차보증금

① 주택임대차보호법 8조의 요건을 갖춘 임차보증금 중 일정액 및 주택임대차보호법 3조의2 2항의 요건을 갖춘 임차보증금은 여기의 우선

---

52) 제38조 (임금채권의 우선변제) ① 임금, 재해보상금, 그 밖에 근로 관계로 인한 채권은 사용자의 총재산에 대하여 질권(質權) 또는 저당권에 따라 담보된 채권 외에는 조세·공과금 및 다른 채권에 우선하여 변제되어야 한다. 다만, 질권 또는 저당권에 우선하는 조세·공과금에 대하여는 그러하지 아니하다.
② 제1항에도 불구하고 다음 각 호의 어느 하나에 해당하는 채권은 사용자의 총재산에 대하여 질권 또는 저당권에 따라 담보된 채권, 조세·공과금 및 다른 채권에 우선하여 변제되어야 한다.
1. 최종 3개월분의 임금
2. 재해보상금

53) 제11조 (퇴직금의 우선변제) ① 퇴직금은 사용자의 총재산에 대하여 질권 또는 저당권에 의하여 담보된 채권을 제외하고는 조세·공과금 및 다른 채권에 우선하여 변제되어야 한다. 다만, 질권 또는 저당권에 우선하는 조세·공과금에 대하여는 그러하지 아니하다.
② 제1항의 규정에 불구하고 최종 3년간의 퇴직금은 사용자의 총재산에 대하여 질권 또는 저당권에 의하여 담보된 채권, 조세·공과금 및 다른 채권에 우선하여 변제되어야 한다.
③ 제2항의 규정에 의한 퇴직금은 계속근로기간 1년에 대하여 30일분의 평균임금으로 계산한 금액으로 한다.

채권에 해당된다.[54] 임대차가 종료되지 않은 임차인도 배당요구를 하면 그 자체로 임대차는 종료되고 우선변제를 받게 된다.

물론 이들 채권도 배당요구가 없으면 우선배당을 받을 수 없으므로, 현황조사보고서의 기재에 의하여 그 보증금의 액수가 판명되었다고 하여도 아직 이들 채권자로부터 배당요구가 없다면 본조의 남을 가망의 유무를 판단함에 있어서는 압류채권자의 채권에 우선하는 부동산상의 부담에 포함시켜서는 아니 된다.

주택임차인이 임차보증금에 관한 집행권원에 기하여 강제경매를 신청한 경우에는 채권자(임차인)는 우선변제권 있는 임차보증금반환채권과 집행권원상의 채권의 동일성 여부 및 우선변제권 있는 주택임차인임을 소명하는 자료를 제출하는 것이 필요하다.

② 상가건물임대차보호법상의 임대차보증금도 주택임대차보호법상의 우선변제권과 법리는 동일하다.

2) 절차비용

매각절차비용은 항상 매각대금으로부터 우선변제받으므로 이것도 우선채권에 해당한다.

3) 압류채권자가 우선채권액을 다투는 방법

집행법원의 우선채권 인정이 부당한 경우 집행법 102조 2항의 취소결정을 받은 후 그 결정에 대한 항고로 다툴 수 있을 뿐 그 이전에는 불복방법이 없다. 그러나 당해 우선채권이 이미 변제되었다거나 감소되었다는 사실

---

54) 주택 또는 주택겸용 건물의 임차인은 보증금 중 일정액에 관하여는 주택에 관한 경매개시결정등기 전에 주택임대차보호법 3조의 대항요건(주택의 인도와 주민등록)을 갖춘 때에는 다른 담보권자보다 우선하여 변제받을 권리가 있고(동법 8조, 12조, 동법시행령 3조, 4조), 한편 동법 소정의 대항요건과 임대차계약증서상의 확정일자를 갖춘 임차인은 임차주택(대지포함)의 현금화대금에서 후순위 권리자 그 밖의 채권자보다 우선하여 보증금을 변제받을 권리가 있다(동법 3조의2 2항).

등을 증명하는 자료를 제출하여 법원 스스로 다시 판단을 할 수 있도록 촉구할 수 있음은 별문제이다.

라. 남을 가망이 없다는 취지의 통지

집행법원은 최저매각가격을 정한 후 매각기일을 공고하기 전에 우선채권 총액을 인정하여 최저매각가격으로 우선채권 총액을 변제하고 남는 것이 없다고 인정되는 때에는 압류채권자에게 그 취지를 통지하여야 한다.

마. 남을 가망이 있음을 증명한 때의 조치

집행법 102조 1항의 규정에 따른 통지를 받은 압류채권자가 통지를 받은 날부터 1주일 안에 최저매각가격으로 압류채권자의 채권에 우선하는 부동산의 모든 부담과 절차비용을 변제하고 남을 것이 있다는 사실을 증명한 때에는 법원은 경매절차를 속행하여야 한다(규칙 53조).

바. 매수신청과 보증의 제공

1) 매수신청

① 압류채권자가 위 통지를 받은 날부터 1주 이내에 압류채권자의 채권에 우선하는 부동산의 모든 부담과 절차비용을 변제하고 남을 만한 가격을 정하여 그 가격에 맞는 매수신고가 없을 때에는 자기가 그 가격으로 매수하겠다고 신청하면서 충분한 보증을 제공하지 아니하면, 법원은 경매절차를 취소하여야 한다(법 102조 2항). 위 기간 경과 후에도 경매절차취소결정이 있기 전에 매수신청 및 보증제공이 되면 경매절차를 취소하지 말고 속행하여야 한다(대결 75마64).

집행법원이 1주의 기간경과를 이유로 경매절차를 취소하는 결정을 한 이후에도 압류채권자가 이 결정에 대하여 즉시항고를 제기하고(법 102조 3항) 매수신청과 보증을 제공하면 항고법원은 경매절차를 속행하게 하기 위하여 원결정을 취소하여야 할 것이다.

② 매수신청을 함에 있어서는 우선채권 총액을 넘은 일정한 액을 매수신청금액으로 명시하여야 한다.

③ 압류채권자는 매수신청 및 보증제공을 하더라도 매각기일까지는 이를 철회할 수 있다. 철회를 한 경우에는 보증의 반환을 청구할 수 있다.

2) 보증의 제공

압류채권자가 매수신청을 함에 있어서는 충분한 보증을 제공하여야 한다(법 102조 2항).

실무에서는 '저감된 최저매각가격'과 '매수신청액(우선하는 부담과 비용을 변제하고 남을 가격)'의 차액을 보증액으로 하고 있다.

사. 매수신청 및 보증제공에 따른 경매절차의 속행

① 압류채권자가 매수신청을 한 경우에 그 매수신청금액 이상의 가격이 아니면 매각허가가 되지 않는다는 점에서 매수신청가격은 최저매각가격의 의미를 가지므로, 압류채권자로부터 매수신청이 있었다는 취지 및 그 매수신청금액을 매각기일의 공고에 기재함이 상당하다. 다만 그 기재가 없더라도 집행법 121조의 매각허가에 대한 이의사유로는 되지 않는다.

② 매각기일에서 압류채권자의 매수신청금액 이상의 액으로 매수가격의 신고가 없으면 그 신고가격이 최저매각가격을 초과하더라도 매각허가를 하여서는 아니 되므로, 집행관은 특별매각조건이 있는 경우에 준하여 매수신청금액을 고지하고 매수가격신고를 최고하여야 한다(법 112조).

위 금액 이상의 매수가격의 신고가 없는 경우에는 압류채권자가 매각기일에 출석하였는지 여부를 불문하고 압류채권자를 최고가매수신고인으로 하여 그 이름과 가격을 부른 후 매각기일을 종결한다고 고지하여야 한다(법 115조 1항).

압류채권자는 집행법 113조의 매수신청의 보증을 제공할 필요가 없다. 이미 제출한 보증이 매수신청의 보증이 되기 때문이다. 다만 압류채권자도 매각기일에 출석하여 매수신청액보다 고가로 매수가격을 신고할 수 있으므로 이와 같이 하여 최고가매수신고인이 된 경우에 앞서 제공한 보증액이 집행법원이 정한 금액(최저매각가격의 10분의 1)에 미달하면 그 금액에 달할 만큼의 보증을 추가로 제공하여야 한다.

③ 최고매수신고가격이 압류채권자의 매수신청금액과 동액인 경우에는 그 매수신청인이 최고가매수신고인으로 된다. 더 높은 가격으로 매수신고한 사람이 나오면 압류채권자의 매수신청은 그 효력을 잃게 된다.

아. 경매절차의 취소

압류채권자가 남을 가망이 없다는 통지를 받고 1주 이내(또는 신장된 기간 내)에 적법한 매수신청 및 보증제공이 없을 때에는 법원은 결정으로 경매절차를 취소한다(법 102조 2항). 다만 위 기간경과 후라 할지라도 취소결정 전에 적법한 매수신청 및 보증제공이 있으면 경매절차를 속행하여야 한다. 위 취소결정은 채권자에게 고지하되, 통상 송달의 방법을 취한다. 압류채권자는 위 취소결정에 대하여 즉시항고할 수 있다(법 102조 3항).

자. 본조 위반의 효과

① 최저매각가격이 압류채권자의 채권에 우선하는 채권과 절차비용에 미달하는데도 불구하고 집행법원이 이를 간과하고 집행법 102조에서 정한 조치를 취하지 아니한 채 경매절차를 진행한 경우에, 최고가매수신고인의 매수가격이 우선채권 총액과 절차비용을 초과하는 한 그 절차 위반의 하자가 치유된다.

그러나 그 매수가액이 우선채권 총액과 절차비용에 미달하는 때에는 집행법원은 동법 121조 7호, 123조 2항 본문을 적용하여 매각을 불허가하는 결정을 하여야 하며, 집행법원이 절차를 그대로 진행하였다고 하여 매수가액이 우선채권 총액과 절차비용에 미달함에도 불구하고 그 법조항 위반의 하자가 치유된다고는 할 수 없다(대결 95마1143). 다만 남을 것이 없음을 간과한 채 그대로 경매가 진행되어 매각허가결정이 확정되면 그 하자는 치유되므로, 매각결정기일까지도 그 과오를 발견하지 못하여 매각허가결정이 확정되고 매수인이 대금을 지급하였으면 그 후에는 그 하자를 이유로 매수인의 소유권취득을 부정할 수 없다.

② 남을 가망이 없음에도 매각허가결정을 한 경우 즉시항고를 할 수 있는 자는 압류채권자와 우선채권자에 한하고, 채무자와 소유자는 항고할 수 없다(대결 87마861 등).

③ 집행법원이 매각허가여부의 결정 단계에서 남을 가망이 없음을 알게 된 경우에는 직권으로 매각불허가결정을 하여야 한다. 집행법 121조 1호(잉여주의에 반하여 집행을 계속 진행할 수 없는 때) 또는 7호(경매절차에 그 밖의 중대한 잘못이 있는 때)에 해당하기 때문이다.

V. 매각기일 및 매각결정기일의 지정 · 공고 · 통지

1. 매각방법

가. 3가지 방법

부동산의 매각은 ㉠ 매각기일에 하는 호가경매, ㉡ 매각기일에 입찰 및 개찰하게 하는 기일입찰, ㉢ 입찰기간 내에 입찰하게 하여 매각기일에 개찰하는 기간입찰의 세 가지 방법으로 한다(법 103조 2항).

나. 입찰과 호가경매의 차이

① 방식 : 호가경매는 타인의 매수가격을 알고 말로 호가하는 방식이고 (규칙 72조 1항), 입찰은 타인의 입찰가격을 모르고 입찰표라는 서면에 기재하는 방식으로 한다(규칙 62조 1항, 69조).

② 매수가격의 표시 : 호가경매는 타인이 신고한 매수가격에 '1할 增', '100만원 高'와 같이 비례로 표시할 수 있으나, 입찰은 일정한 금액으로 표시하여야 하고 다른 입찰가격에 대한 비례로 표시하지 못한다(규칙 62조 2항).

호가경매는 동산경매에서만 사용할 뿐 부동산경매에서는 실제로 사용되지 않는다. 따라서 이 책은 주로 입찰을 기준으로 서술한다.

다. 입찰방식

입찰이라 함은 각 매수신청인이 서면(입찰표)으로 매수가격을 신청하여 그 중 최고가격을 신청한 사람을 매수인으로 정하는 방법을 말한다.

① 기일입찰 : 집행관이 법원의 입찰명령에 의하여 실시하는 매각기일에 입찰장소에서 입찰자에게 봉함한 입찰표에 입찰가격을 기재하여 제출하게 하여 그 중에서 최고가의 신고를 한 자를 최고가매수신고인으로 정한 다음 매각결정기일에서 매각허가결정을 하는 방법

② 기간입찰 : 일정한 입찰기간을 정하여 그 기간 내에 입찰표를 직접 또는 우편으로 법원에 제출하게 하면서 법원이 정한 보증금을 일률적으로 법원의 은행 계좌에 납입한 뒤(따라서 보증금액은 모든 매수신청인에게 동일함) 그 입금표를 입찰표에 첨부하게 하거나 또는 지급보증위탁계약체결증명서를 첨부하게 하며, 입찰기간 종료 후 일정한 날짜 안에 별도로 정한 개찰기일에 개찰을 실시하여 최고가매수신고인, 차순위매수신고인을 정한 다음 매각결정기일에서 매각허가결정을 하는 방법.

라. 매각방법의 지정

어느 방법을 선택하여 시행할 것인지는 집행법원이 정한다. 실무에서는 매각명령을 발하면서 매각방법을 함께 지정하고 있다.

2. 매각기일

가. 매각기일의 지정

법원이 부동산을 매각하기 위해서는 우선 매각기일과 매각결정기일(기간입찰의 경우에는 입찰기간 포함, 이하 같다)을 지정하고, 이를 공고하여야 한다.

매각기일과 매각결정기일의 지정은 원칙적으로 입찰을 실시할 때마다 하여야 하나, 3-4회 정도의 기일을 일괄하여 지정할 수도 있다(재민 98-11).

법원이 매각기일을 지정하면 매각명령을 발한다.

나. 매각기일의 취소, 변경

1) 직권에 의한 경우

법원은 일단 매각기일을 정한 후에도 이를 변경할 수 있다. 특히 법원은 경매절차 과정에 위법한 점이 있음을 발견하였다든지 불가피한 사정이 발생하여 매각기일에 경매를 실시할 수 없는 경우에는 매각기일을 취소하거나 변경하여 적법한 경매절차가 이루어지도록 하여야 한다.

2) 당사자의 신청에 의한 경우

① 수회 매각기일과 매각결정기일을 일괄 지정하는 방식에 의하여 부동산 경매절차를 진행하는 경우에는 부득이한 사유가 없는 한 당사자의 기일변경신청을 허용하여서는 아니 된다(재민 98-11).

이는 집행절차의 부당한 지연을 방지하기 위한 것이므로 경매의 지연으로 이익을 얻는 자가 아닌 자의 신청에 대해서는 유연하게 대응하여야 한다. 따라서 실무에서는 경매신청채권자가 연기신청한 경우에는 1회의 연기기간을 2개월 이내로 하여 2회까지 허용하고 있고, 채무자 또는 소유자가 연기신청할 경우에는 채권자의 동의가 없는 한 허가하지 않고 있다.

② 집행법 49조 4호가 변제유예증서의 제출을 집행정지사유로 규정하고 있기 때문에 그 서류가 제출된 경우에는 매각기일을 연기하고 2개월간 정지한다(법 51조 1항). 그 정지는 2회에 한하며 통산하여 6월을 넘길 수 없다(동조 2항).

3. 매각결정기일

매각이 실시되어 최고가매수신고인이 있을 때 법원이 출석한 이해관계인의 진술을 듣고 매각절차의 적법여부를 심사하여 매각허가 또는 불허가의 결정을 선고하는 기일을 매각결정기일이라 한다.

매각결정기일은 매각기일로부터 1주 이내로 정하여야 한다(법 109조 1항). 이 규정은 훈시규정이다.

4. 매각기일의 공고(법 104조 1항)

매각기일의 공고는 ① 법원게시판 게시, ② 관보·공보 또는 신문 게재, ③ 전자통신매체를 이용한 공고 중 어느 하나의 방법으로 한다(규칙 11조 1항 가 호).

법원은 사정에 따라 각 공고방식의 장단점을 감안하고, 아울러 장차 전자통신매체를 이용한 공고가 주된 공고방식으로 도입될 때를 대비하여 각 호에 기재된 방법 중 적당한 방법을 선택할 수 있다.

매각기일의 공고는 입찰기일(기간입찰의 방법으로 진행할 경우에는 입찰기간의 개시일)의 2주일 전까지 하여야 한다(규칙 56조).

공고는 적어도 2주 이상 계속하여 게시하여야 한다.

5. 매각기일의 통지

가. 취 지

법원은 매각기일과 매각결정기일을 이해관계인에게 통지하여야 한다(법 104조 2항).

나. 통지방법의 특칙(등기우편송달)

이 통지에는 집행법 12조, 13조가 적용되는 외에도, 집행기록에 표시된 이해관계인의 주소(예, 등기부등본, 권리신고서 또는 배당요구신청서상의 주소 등)에 등기우편으로 발송할 수 있다(규칙 104조 3항, 규칙 9조).

여기서 말하는 이해관계인의 주소는 집행기록에 의하여 알 수 있는 주소 중 최근의 주소여야 한다(대결 93마549).

다. 통지를 하지 않은 하자

이해관계인에 대한 기일 통지의 누락은 집행법 121조 1호에서 정한 매각허가에 대한 이의사유인 '집행을 속행할 수 없는 때'에 해당한다(대결 99마5256).

위 통지가 없더라도 불복없이 매각허가결정이 확정되면 하자는 치유된다(대판 91다40160).

6. 특별매각조건에 관한 재판

가. 총 설

매각조건이란 법원이 부동산을 매각하여 그 소유권을 매수인에게 이전시키는데 있어서 지켜야 할 조건, 즉 경매의 성립과 효력에 관한 조건을 말한다.

나. 매각조건의 종류

1) 법정매각조건

모든 매각절차에 있어서 공통적으로 적용되도록 강제집행법이 미리 정하여 놓은 매각조건을 법정매각조건이라 한다.

2) 특별매각조건

법정매각조건 중에서 공공의 이익이나 경매의 본질에 관계되지 않는 조건들은 이해관계인 전원의 합의에 의하여 또는 법원의 직권으로 이를 변경할 수 있는데, 이와 같이 각개의 매각절차에 있어서 이해관계인의 합의 또는 법원의 직권으로 변경한 매각조건을 특별매각조건이라 한다.

다. 특별매각조건의 내용고지와 매각허가결정에의 기재

특별매각조건이 있는 경우에는 집행관이 매각기일을 개시할 때에 그 내용을 고지하여야 하고(법 112조), 특별매각조건으로 매각한 때에는 매각허가결정에 그 조건을 적어야 한다(법 128조 1항).

라. 특별매각조건

1) 이해관계인의 합의에 의한 특별매각조건

최저매각가격 이외의 법정매각조건은 이해관계인 전원의 합의에 의하여 변경할 수 있다(법 110조 1항). 합의는 배당요구의 종기까지 할 수 있다(동조 2항).

합의할 이해관계인은 집행법 90조 각 호 소정의 자 중 당해 매각조건의 변경에 의하여 자기의 권리에 영향을 받는 자이다.

2) 직권에 의한 특별매각조건

① 거래의 실상을 반영하거나 매각절차를 효율적으로 진행하기 위하여

필요한 경우에 법원은 배당요구의 종기까지 매각조건을 바꾸거나 새로운 매각조건을 설정할 수 있다(법 111조 1항). 합의변경조건 및 직권변경조건을 다시 직권으로 변경할 수 있다.

② 실무에서 저당권부 별도등기 있는 집합건물에 관하여 경매신청이 있는 경우 토지(대지권)에 대한 저당권을 인수할 것을 조건으로 매각한다는 특별매각조건을 다는 경우가 많다.

3) 특별매각조건의 고지

특별매각조건은 매각기일 공고에 기재할 필요적 기재사항은 아니나 매각기일의 공고 전에 변경하였으면 공고에 기재하는 것이 바람직하며 매각기일에 집행관이 매수가격의 신고를 최고하기 전에 고지하여야 한다(법 112조).

7. 분할매각과 일괄매각

가. 분할매각의 원칙

1) 분할매각(개별매각)과 일괄매각

하나의 매각절차에서 여러 개의 부동산을 매각하는 경우에 최저매각가격의 결정과 매각의 실시를 각 부동산별로 하는 방법과 여러 개의 부동산 전부에 관하여 일괄하여 하는 방법이 있는 바, 전자를 분할매각 또는 개별매각이라 하고, 후자를 일괄매각이라 한다.

2) 분할매각의 원칙

집행법은 개별매각을 원칙으로 하고 있다.[55] 따라서 여러 개의 부동산을 동시에 매각하는 집행법원이 일괄매각결정을 한 바 없었다면 그 부동산들은 개별매각되는 것이다(대결 94마1150).

---

55) 집행법 124조 1항 참조.

나. 서로 다른 부동산의 일괄매각

① 여러 개의 부동산의 위치·형태·이용관계 등을 고려하여 이를 일괄매수하게 하는 것이 알맞다고 인정하는 경우에는 직권으로 또는 이해관계인의 신청에 따라 일괄매각하도록 결정할 수 있다(법 98조 1항).

② 일괄매각의 결정이 없어도 법에 의하여 당연히 일괄매각하여야 하는 경우가 있다.

대지권등기가 되어 있는 집합건물은 대지권의 분리처분이 불가능하고 전유부분 및 공용부분(건물부분)에 대한 경매개시결정의 효력이 대지사용권에 미치므로 건물부분과 대지사용권에 관하여 일괄매각결정을 할 필요가 없다(대결 97마814).

공장저당법에 의한 저당권의 실행으로 매각이 이루어지는 경우에 공장저당 물건인 토지 또는 건물과 그에 설치된 기계, 기구 그 밖의 공장의 공용물과는 유기적인 일체성이 있으므로 반드시 일괄매각하여야 한다(대결 92마576).

③ 민법 365조에 기한 일괄매각청구권은 토지의 저당권자가 토지에 대하여 경매를 신청한 후에도 그 토지상의 건물에 대하여 토지에 관한 매각기일 이전까지는 일괄매각의 추가신청을 할 수 있고(법 98조 3항), 이 경우에 집행법원은 두 개의 경매사건을 병합하여 일괄매각절차를 진행함이 상당하다.

다. 부동산과 다른 종류의 재산의 일괄매각

① 법원은 부동산을 매각할 경우에 그 위치·형태·이용관계 등을 고려하여 다른 종류의 재산(금전채권을 제외한다)을 그 부동산과 함께 일괄매수하게 하는 것이 알맞다고 인정하는 때에는 직권으로 또는 이해관계인의 신청에 따라 일괄매각하도록 결정할 수 있다(법 98조 2항).

② 부동산과 다른 종류의 재산이 일괄매각되는 경우에는 가장 엄격한

절차인 부동산매각절차에 따른다. 다만 부동산 외의 재산의 압류는 그 재산의 종류에 따라 해당되는 규정에서 정하는 방법으로 행하고, 그 중에서 집행관의 압류에 따르는 재산의 압류는 집행법원이 집행관에게 이를 압류하도록 명하는 방법으로 행한다(법 101조 1항).

라. 분할매각과 일괄매각의 위법성

1) 일괄매각결정의 위법

① 분할매각이 원칙이지만, 법원은 재량으로 일괄매각을 할 것을 결정할 수 있다(대결 64마444). 따라서 법원은 이해관계인의 합의가 없어도 일괄매각을 명할 수 있고, 또 일단 정한 매각방법을 재량으로 다른 방법으로 변경할 수도 있다.

② 그러나 일괄매각의 결정에 중대한 흠이 있는 것은 매각허가에 대한 이의사유가 되고, 나아가 매각허가결정에 대한 항고사유가 된다(법 121조 5호, 130조).

위 규정은 일괄매각의 결정에 중대한 흠이 있는 것을 규정하고 있으나, 일괄매각하여야 함에도 불구하고 분할매각을 한 경우도 포함된다고 해석하는 것이 일반적이다.

2) 일괄매각이 허용되지 아니하는 경우(개별매각을 하여야 할 경우)

여러 개의 재산을 일괄매각하는 경우에 그 가운데 일부의 매각대금으로 모든 채권자의 채권액과 강제집행비용을 변제하기에 충분하면 다른 재산의 매각을 허가하지 아니한다(법 101조 3항 본문). 이 경우에 채무자는 그 재산 가운데 매각할 것을 지정할 수 있다(법 101조 4항). 다만 ㉠ 토지와 그 위의 건물을 일괄매각하는 경우, ㉡ 재산을 분리하여 매각하면 그 경제적 효용이 현저하게 떨어지는 경우, ㉢ 채무자의 동의가 있는 경우에는 과잉매각금지의 원칙이 적용되지 않는다(법 101조 3항 단서).

Ⅵ. 매각의 실시

1. 매각의 개시

집행법원의 사무관 등은 집행관으로 하여금 매각을 실시하게 하기 위하여 매각기일 전에 매각명령이 가철된 경매기록을 집행관에 교부한다. 매각절차는 담임집행관이 주재하여야 하다(재민 84-12, 4항).

2. 매수의 신청

가. 자격의 제한

① 매수신청은 권리능력과 행위능력이 필요하다(법 121조 2호).

② 경매목적물을 취득하는 데에 관청의 증명이나 허가를 필요로 하는 경우(예컨대, 농지의 경우 농지취득자격증명, 어업권의 경우 어업권이전의 인가) 그 증명이나 허가는 매각허가결정시까지 보완하면 되므로 매수신청시에 그 증명이나 허가가 있음을 증명할 필요는 없다(재민 97-1, 5항).

③ 법원은 법령의 규정에 따라 취득이 제한되는 부동산에 관하여는 매수신청을 할 수 있는 사람을 정하여진 자격을 갖춘 사람으로 제한하는 결정을 할 수 있다(규칙 60조).

법원이 이러한 결정을 하면, 법원사무관 등은 매수신고를 할 수 있는 자의 자격제한을 매각기일의 공고 중에 명시하여야 한다(규칙 56조 2호).

나. 대리인에 의한 매수신청

매수신청은 임의대리인에 의하여서도 할 수 있다. 매수신청은 민사소송법 87조에서 말하는 재판상의 행위라고는 할 수 없으므로(대결 85마613) 매수신청의 대리인은 변호사가 아니더라도 무방하며 법원의 허가를 얻을 필요도 없다.

다. 공동입찰신청

1) 지분표시

여러 사람이 공유 또는 합유를 목적으로 공동하여 입찰신청을 할 수 있다. 공동으로 입찰하는 때에는 입찰표에 각자의 지분을 분명하게 표시하여야 한다(규칙 62조 5항).

공동으로 입찰을 하면서 입찰표에 각자의 지분을 표시하지 아니한 경우에는 실무에서는 지분표시가 없으면 평등한 비율로 취득(민법 262조 2항)하는 것으로 취급하고 있다.

2) 공동입찰인 상호간의 관계

공동입찰인은 각자 매수할 지분을 정하여 입찰하였더라도 일체로서 그 권리를 취득하고 의무를 부담하는 관계에 있으므로, 그 공동입찰인에 대하여는 일괄하여 매각허가여부를 결정하여야 하고 공동입찰인 중의 일부에 매각불허가 사유가 있으면 전원에 대하여 매각을 불허하여야 한다(대결 2001마1226). 공동입찰인 각자는 입찰보증금 및 입찰대금의 지급에 관하여 불가분채무를 부담하고 대금이 전액 지급되지 않으면 전부에 대하여 재입찰을 명하게 된다.

라. 집행절차상의 지위에 기한 매수신청의 제한(규칙 59조)

채무자, 매각절차에 관여한 집행관, 매각 부동산을 평가한 감정인(감정평가법인이 감정인인 때에는 그 감정평가법인 또는 소속 감정평가사)은 매수의 신청을 할 수 없다(규칙 59조).

실질적으로는 채무자 등이 매수하면서 다른 사람을 내세워 매수신고를 하는 것은 매각불허가사유가 된다(법 123조 2항, 121조 3호).

3. 매수신청의 방법

부동산의 매각은 ① 매각기일에 하는 호가경매, ② 매각기일에 입찰 및 개찰하게 하는 기일입찰 또는 ③ 입찰기간 내에 입찰하게 하여 매각기일에 개찰하는 기간입찰의 세 가지 방법으로 한다(법 103조 2항). 어느 방법으로 하는지는 집행법원이 정한다(동조 1항).

가. 기일입찰

기일입찰은 매각기일에 본인 또는 대리인이 매각장소에 출석하여 입찰표를 집행관에게 제출하는 방식에 의하여 진행되는 것을 말한다(규칙 62조 1항).

1) 동시입찰의 원칙

같은 매각기일에 입찰에 부칠 사건이 두 건 이상이거나 매각할 부동산이 두 개 이상인 경우에는 각 부동산에 대한 입찰을 동시에 실시하여야 한다(규칙 61조 2항 본문). 사건별로 개별적으로 입찰절차를 진행하는 경우에는, 매각기일에 참석한 사람들이 특정 사건별로 응찰자의 수를 쉽게 알 수 있으므로 이에 따라 응찰여부나 응찰가격을 정함으로써 입찰가격이 왜곡될 우려가 있고, 이른바 경매브로커 등에 의한 응찰방해 등의 사태가 벌어질 우려도 있기 때문이다. 다만 이와 같은 위험성이 없다고 인정하는 경우나 그밖에 동시입찰을 실시함이 상당하지 아니하다고 인정하는 경우에 집행법원의 판단에 따라 개별 사건별로 입찰을 실시할 수 있다(동조 2항 단서).

2) 입찰표의 기재사항

입찰표에는 ㉠ 사건번호와 부동산의 표시, ㉡ 입찰자의 이름과 주소, ㉢ 대리인을 통하여 입찰을 하는 때에는 대리인의 이름과 주소, ㉣ 입찰가격을 적어야 한다(규칙 62조 2항 전문).

3) 입찰의 취소 · 변경 또는 교환의 금지(규칙 62조 6항)

가) 입찰의 취소 · 변경 또는 교환의 금지

① 입찰의 취소란 입찰의 의사표시를 철회하는 것을 말한다. 변경이란 입찰표의 기재내용을 정정 · 추가하는 것을 말하며, 교환은 입찰표 자체를 바꾸는 것을 의미한다.

② 기일입찰에서 입찰은 취소 · 변경 또는 교환할 수 없다(규칙 62조 6항). 이것을 인정하면 절차가 혼란하게 되고, 입찰자 상호간에 분쟁이 생길 우려가 있기 때문이다. 또 다른 사람의 매수신고에 대응하여 매수신고의 액을 순차 변경시켜 나가는 경매와는 달리, 비밀을 유지한 상태에서 매수신고액의 고저를 상호 비교하여 최고가매수신고인을 결정하는 입찰제도의 본질에 비추어 볼 때 입찰의 취소 · 변경 또는 교환은 허용하지 아니하는 것이 마땅하다.[56)]

실무상 입찰표상의 금액의 기재는 그것이 착오에 기한 경우라도 수정할 수 없고, 이러한 경우에는 새 용지를 사용하도록 되어 있으며, 입찰가액의 기재가 정정되어 있는 경우에는 정정인 날인 여부를 불문하고 무효로 처리하고 있음은 앞서 본 바와 같다.[57)]

나) 입찰표의 이중 제출

이미 행한 입찰의 취소 · 변경 또는 교환이 금지됨은 물론이고 이미 행한 입찰은 그대로 둔 채 동일인이 다시 입찰표를 제출하는 것도 허용되지 않는다. 동일인이 두 개의 다른 매수의 신고를 하는 경우에는 만일 두 번째 입찰을 유효한 것으로 하게 되면 실질적으로 민사집행규칙 62조 6항에 위반되어 부당하다. 따라서 동일인이 2개의 다른 매수신고를 한 경우에는

---

56) 호가경매는 입찰표의 제출이 없으므로, 위 규정이 준용될 여지가 없다.

57) 일괄매각결정이 없었던 입찰절차에서 1장의 입찰표에 여러 개의 부동산을 입찰가액의 총액만을 기재하여 제출하였다가 매각기일 종결 후 집행관의 보완지시를 받고 부동산별로 입찰표를 다시 작성, 제출한 경우 그 입찰표는 무효이다(대결 94마1150).

2개의 입찰 모두를 무효로 보아야 한다.

나. 기간입찰(법 103조 2항)

1) 기간입찰의 의의

기간입찰은 특정한 매각기일에 특정한 입찰장소에서 입찰을 실시하는 기일입찰제도와는 달리 일정한 입찰기간을 정하여 그 기간 내에 입찰표를 직접 또는 우편으로 법원에 제출하게 하면서 법원이 정한 최저매각가격의 1할을 일률적으로 법원의 은행 계좌에 납입한 뒤(따라서 보증금액은 모든 입찰자에게 동일함) 그 입금표를 입찰표에 첨부하게 하거나 또는 지급보증위탁계약체결증명서를 첨부하게 하며, 입찰 기간 종료 후 일정한 날짜 안에 별도로 정한 매각기일(개찰기일)에 개찰을 실시하여 최고가매수신고인, 차순위매수신고인을 정하고, 매각결정기일에서 매각허가결정을 하는 매각방법으로서, 법이 정하고 있는 부동산에 대한 매각방법의 하나이다(법 103조 2항).

2) 입찰기간 등의 지정(규칙 68조)

① 법원은 기간입찰의 방법으로 매각하는 경우에는 '입찰기간'을 지정하여 공고하고, 이를 이해관계인에게 통지하여야 한다(법 104조 4항).

② 집행법원이 입찰기간과 개찰기일을 정하는 방법은 다음과 같다(규칙 68조).

첫째, 입찰기간은 1주 이상 1월 이내의 범위 안에서 정하여야 한다. 기간입찰에서는 우송에 의한 입찰을 인정하고 있으므로(규칙 69조), 우편사정을 고려하면 입찰기간은 적어도 1주 이상이 되지 않으면 안될 것이고, 다른 측면에서는 절차의 신속한 처리와 관리상의 문제점 등을 고려하여 1월 이내의 범위로 한정한 것이다. 이 범위 내에서는 입찰기간을 어떻게 정할지는 법원의 재량에 맡겨져 있다.

둘째, 매각기일(개찰기일)은 입찰기간이 끝난 후 1주 안의 날로 정하여야 한다. 매각기일은 입찰기간이 끝난 후 되도록 빠른 시일 안에 여는 것이 여러 가지 측면에서 바람직하다. 다만 기간입찰에서는 집행법원의 계좌에 입금하는 방법에 의하여도 매수신청의 보증을 제공할 수 있기 때문에 실제로 계좌에 입금이 되었는지 여부를 개찰 전에 확인하여야 하고, 또 우송입찰을 인정하고 있기 때문에 입찰표가 동봉된 봉투가 집행관이 근무하는 법원의 총무과 등을 거쳐 실제로 집행관의 수중에 들어가는 것은 입찰기간이 끝난 후인 경우도 생길 수 있으므로, 이와 같은 점을 고려하여 매각기일은 입찰기간이 끝난 후 1주 안의 날로 정하도록만 규정하여, 각 법원의 실정에 맞추어 입찰기간의 만료일과 매각기일과의 간격을 정할 수 있도록 하고 있다. 입찰기간이 개시된 이후에는 매각기일의 변경, 연기는 허용되지 않는다.

한편 매각결정기일은 매각기일(개찰기일)부터 1주 이내로 정하여야 한다(법 109조 1항).

3) 두 가지 입찰방법

기간입찰에서는 1주 이상의 입찰기간 내에 입찰이 이루어지므로(규칙 68조), 입찰표를 넣고 봉함을 한 봉투의 겉면에 매각기일을 적어 집행관에게 제출하는 방법 외에 그 봉투를 등기우편으로 부치는 방법도 허용된다(규칙 69조).

기간입찰에서도 입찰(입찰표)은 취소·변경 또는 교환할 수 없다(규칙 62조 6항, 71조).

다. 호가경매(법 103조 2항, 규칙 72조 1항)

호가경매는 호가경매기일에 매수신청의 액을 서로 올려가는 한 가지 방법으로 한다(규칙 72조 1항).[58]

58) 민사집행법 및 동 규칙은 부동산매각의 원칙적인 방법으로서 입찰을 먼저 규정한 다음 호가경매에 관하여는 그 규정을 준용하는 방식으로 처리하고, 호가경매에 특유한 몇 가지 점에 관하여만 별도의 규정을 두고 있다(규칙 72조).

라. 차순위매수신고(법 114조)

① 최고가매수신고인 외의 매수신고인은 매각기일을 마칠 때까지 집행관에게 최고가매수신고인이 대금지급기한까지 그 의무를 이행하지 아니하면 자기의 매수신고에 대하여 매각을 허가하여 달라는 취지의 신고(차순위매수신고)를 할 수 있다(법 114조 1항).

② 차순위매수신고는 그 신고액이 최고가매수신고액에서 그 보증액을 뺀 금액을 넘는 때에만 할 수 있다(법 114조 2항).

③ 차순위매수신고인은 매수인이 대금을 모두 지급한 때에야 비로소 매수의 책임을 벗게 되고, 매수신청의 보증을 돌려 줄 것을 요구할 수 있다(법 142조 6항).

④ 최고가매수신고인이 매각대금을 납부하지 아니할 경우에는 다시 재매각을 실시하지 않고 바로 차순위매수신고인에게 매각허가결정을 한다.

⑤ 매수신고가 있은 뒤 경매신청을 취하하는 경우에는 최고가매수신고인 또는 매수인뿐만 아니라 차순위매수신고인의 동의도 받아야 그 효력이 생긴다(법 93조 2항).

4. 매수신청의 보증금(매수보증금, 법 113조)

가. 기일입찰에서의 매수보증금

1) 기일입찰에서의 매수신청의 보증액

기일입찰에서 매수신청의 보증금액은 최저매각가격의 10분의 1로 한다(규칙 63조 1항).

다만 법원은 상당하다고 인정하는 때에는 최저매각가격의 10분의 1로 하는 보증금액을 달리 정할 수 있도록 하고 있다(규칙 63조 2항).

실무에서는 매수인이 대금을 지급하지 아니한 경우에 하는 부동산의 재매각(법 138조)의 경우 그 보증액을 증액(보통은 최저매가가격의 10분의 2)하고 있다.

2) 보증의 제공과 반환

① 재매각절차에서는 전의 매수인은 매수신청의 보증을 돌려 줄 것을 요구하지 못하며(법 138조 4항), 이는 배당할 금액에 산입된다(법 147조 1항 5호). 그러나 재매각절차가 취소되거나 경매신청이 취하되면 매수신청의 보증을 반환받을 수 있다.

② 최고가매수신고인과 차순위매수신고인을 제외한 다른 매수신고인은 매각기일 종결의 고지에 따라 매수의 책임을 벗게 되고, 즉시 매수신청의 보증을 돌려 줄 것을 신청할 수 있다(법 115조 3항).

나. 호가경매, 기간입찰에서의 매수보증금

기일입찰에서의 매수신청의 보증금액을 규정하고 있는 집행규칙 63조의 규정은 호가경매와 기간입찰에도 준용된다(규칙 71조, 72조 4항).

5. 매수신청보증의 제공방법[59]

가. 기일입찰에서 매수신청보증의 제공방법(규칙 64조)

① 보증의 제공은 입찰표를 제출하는 때에 함께 집행관에게 제출하여야 한다.

② 보증은 금전, 금융기관이 발행한 자기앞수표, 지급보증위탁계약이 체결되었다는 사실을 증명하는 문서 가운데 어느 하나로 제출할 수 있

59) 호가경매에서 매수신청보증의 제공방법은, 경매를 시작하기 전에 매수신청을 희망하는 사람 전원에 대하여 금전, 자기앞수표, 지급보증위탁계약이 체결된 사실을 증명하는 문서 중 어느 하나를 제출시키는 방법에 의하나(규칙 64조, 72조 4항), 실제로 부동산을 호가경매로 매각할 가능성은 없다.

는데, 본조 단서의 규정에 따라 집행법원이 보증의 제공방법을 제한한 경우가 아니면 위의 것들을 함께 사용하는 방법(예컨대, 일부는 현금, 나머지 금액 부분에 대하여 지급보증위탁계약을 체결하는 방법 등)도 허용된다.

나. 기간입찰에서 매수신청보증의 제공방법(규칙 70조)

① 법원의 예금계좌에 일정액의 금전을 입금한 후에 그 사실을 증명하는 금융기관 증명서를 집행관에게 제출하는 방법(규칙 70조 1호).

② 은행 등과 사이에 지급보증위탁계약을 체결한 후에 이것을 증명하는 문서(규칙 64조 3호의 문서)를 집행관에게 제출하는 방법(규칙 70조 2호).

③ 위 두 가지 보증의 제공방법은 양자를 병용할 수 있다.

다. 기일입찰에서의 보증의 제공과 반환

① 재매각절차에서는 전의 매수인은 매수신청의 보증을 돌려 줄 것을 요구하지 못하며(법 138조 4항), 이는 배당할 금액에 편입된다(법 147조 1항 5호). 그러나 재매각절차가 취소되거나 경매신청이 취하되면 매수신청의 보증을 반환받을 수 있다.

② 남을 가망이 없는 경우 압류채권자가 충분한 보증을 제공한 경우에는(법 102조 2항) 그 보증이 매수신청의 보증이 되므로 별도로 민사집행법 113조에서 정한 보증을 제공할 필요가 없다.

③ 최고가매수신고인과 차순위매수신고인을 제외한 다른 매수신고인은 매각기일 종결의 고지에 따라 매수의 책임을 벗게 되고, 즉시 매수신청의 보증을 돌려 줄 것을 신청할 수 있다(법 115조 3항).
차순위매수신고인은 매수인이 대금을 모두 지급한 때 매수의 책임을 벗게 되고 즉시 매수신청의 보증을 돌려 줄 것을 요구할 수 있다(법 142조 6항).

④ 매수인은 원칙적으로 매수신청한 금액 전액을 현금으로 납입하여야

한다. 다만 매수신청의 보증으로 현금 또는 자기앞수표를 제공한 경우에는 그 보증으로 제공된 금액을 뺀 나머지(단 자기앞수표 추심에 수수료가 든 경우에는 수수료를 추가한 금액)만 납입하면 된다(법 142조 3항, 4항).

⑤ 매수신청의 보증 없는 최고가매수신고인에 대한 호창은 매각허가에 대한 이의사유(법 121조 7호) 및 매각허가결정에 대한 즉시항고사유가 된다(법 129조 1항).

6. 매각의 진행절차

가. 기일입찰 기일의 절차

민사집행규칙 65조에서는 기일입찰 기일에 집행관이 행할 절차를 규정하고 있다. 입찰자가 행할 입찰행위에 관하여는 동규칙 62조에서 규정하고 있다.

입찰기일의 절차에 관하여는 이 규칙 이외에 재판예규인 '부동산등에 대한 경매절차 처리지침(재민 2004-3)'에 자세히 규정하고 있다.

이하 매각기일의 진행과 관련하여 적용규정을 정리해 본다.

1) 매각기일의 시작과 종결{규칙 65조 1항, 매각장소의 질서유지에 관한 예규(재민 92-3)}

2) 1기일 2회 입찰(115조 4항)

3) 개찰(규칙 65조 3항)

4) 개찰후의 절차

① 최고가매수신고인 및 차순위매수신고인의 결정(115조)

② 2인 이상이 동액 입찰한 경우 : 이 경우 집행관은 그 사람들에게 다시 입찰하게 하여 최고가매수신고인을 정한다(규칙 66조 1항 본문).

5) 입찰의 무효사유

① 입찰표상의 금액의 기재를 수정한 경우

② 입찰보증금이 부족한 경우

③ 동일사건에 관하여 입찰자이면서 다른 입찰자의 대리인이 된 경우(민법 124조)

④ 동일물건에 관하여 이해관계가 다른 2인 이상의 대리인이 된 경우(위 3항과 동일 근거)

⑤ 자격증명서면을 제출하지 않은 경우

⑥ 한 장의 입찰표에 여러 개의 사건번호나 물건번호를 기재한 경우

⑦ 채무자, 매각절차에 관여한 집행관이나 매각부동산을 평가한 감정인(규칙 59조) 또는 재매각절차에서 전의 매수인(138조 4항)이 응찰한 경우

⑧ 입찰가격이 최저매각가격 미만인 경우

그 밖의 입찰표의 기재에 불비가 있는 경우의 처리기준에 관하여는 재민 93-2 10조의2에서 구체적으로 규정하고 있다.

나. 기간입찰에서 매각기일(개찰기일)의 절차

① 매각기일(개찰기일)의 절차에 관하여는 집행규칙 65조 2항, 3항이 준용된다(규칙 71조).

② 최고가매수신고 또는 차순위매수신고를 한 사람이 둘 이상 있는 경우의 최고가·차순위매수신고인의 결정에 관하여는 집행규칙 66조가 준용된다.

7. 경매절차상의 우선매수권

가. 공유자의 우선매수(법 140조)

1) 취 지

집행법 140조에 규정된 공유자의 우선매수권 제도는 우리나라에 특유한

것으로서, 공유자는 공유물 전체를 이용관리하는 데 있어서 다른 공유자와 협의하여야 하고(민법 265조), 그 밖에 다른 공유자와 인적인 유대관계를 유지할 필요가 있기 때문에, 공유지분의 매각으로 인하여 새로운 사람이 공유자로 되는 것보다는 기존의 공유자에게 우선권을 부여하여 그 공유지분을 매수할 수 있는 기회를 주는 것이 타당하다는 데 그 입법취지가 있다.

2) 우선매수권을 행사할 수 있는 시한(규칙 76조 1항)

공유자는 집행법 113조에 따른 보증을 제공하고 최고매수신고가격과 같은 가격으로 채무자의 지분을 우선매수할 것을 신고할 수 있는데, 공유자의 우선매수의 신고는 집행관이 매각기일을 종결한다는 고지를 하기 전까지 할 수 있다(규칙 76조 1항).

실무에서, 집행관이 최고가매수신고인을 결정하고 입찰을 종결하는 때에는 집행관은 "○○○호 사건에 관한 최고가매수신고인은 금○○○원으로 응찰한 ○○(주소)에 사는 ○○○(이름)입니다. 차순위매수신고를 할 사람은 신고하십시오"라고 한 후, 차순위매수신고가 있으면 차순위매수신고인을 정하여 "차순위매수신고인은 입찰가격 ○○○원을 신고한 ○○(주소)에 사는 ○○○(이름)입니다"라고 한 다음, "이로써 ○○○호 사건에 관한 입찰절차가 종결되었습니다"라고 고지한다(재민 2004-3, 35조 1항). 여기서 "이로써 ○○○호 사건에 관한 입찰절차가 종결되었습니다"라고 고지하기 전까지 우선매수신고를 할 수 있다는 것이다.

3) 매각기일 전의 우선매수권행사

공유자는 매각기일 전에 미리 매각을 실시할 집행관 또는 집행법원에 집행법 113조에 따른 보증을 제공하고 최고매수신고가격과 같은 가격으로 우선매수권을 행사하겠다는 신고를 함으로써 우선매수권을 행사할 수도 있다.

미리 우선매수권을 행사하였다고 하여도 매각기일 종결의 고지 전까지 보증을 제공하지 않으면 우선매수권행사의 효력이 발생하지 않는다.

4) 공유자의 우선매수신청은 있었지만 다른 매수신고인이 없는 경우의 처리(규칙 76조 2항)

① 공유자가 집행법 140조 1항의 규정에 따른 우선매수신고를 하였으나 다른 매수신고인이 없는 때에는 최저매각가격을 동법 140조 1항의 최고매수신고가격으로 보아(규칙 76조 2항), 우선매수를 인정한다. 최고가매수신고인이 없는 때에는 최저매각가격을 상당히 낮추어 새 매각기일을 진행하게 될 것인바(법 119조), 그것보다는 공유자가 최저매각가격으로 매수하는 것이 경매의 당사자나 이해관계인에게 유리하기 때문이다.

② 그런데 실무에서는 이 경우 공유자가 매수를 하지 아니하고, 차회기일에 또다시 우선매수신고를 하는 경우가 있는데, 이 경우에는 공유자가 우선매수신고를 하고도 결국 매수를 하지 아니한 이상 우선매수권이 그 행사로 소멸[60]된 것으로 보아 우선매수권을 인정하지 않는 것이 실무이다.

5) 공유자우선매수권의 인정여부가 문제되는 경우

공유자우선매수제도는 입법취지에도 불구하고, 입법적으로는 전근대적인 제도로 평가받고 있다. 그리하여 해석론으로 그 우선권을 제한하는 방향으로 해석되고 있다.

이하에서 개별적인 사례를 살펴보자.

가) 일괄매각부동산 중 일부의 공유자의 우선매수권 인정여부

집행법원이 여러 개의 부동산을 일괄매각하기로 결정한 경우, 집행법원이 일괄매각결정을 유지하는 이상 매각대상 부동산 중 일부에 대한 공유

---

60) 이 경우 우선매수권을 포기한 것으로 본다는 견해도 있으나 이는 공유자가 우선매수권을 행사하여 소멸된 것이지 포기한 것으로 볼 것은 아니다.

자는 특별한 사정이 없는 한 매각대상 부동산 전체에 대하여 공유자의 우선매수권을 행사할 수 없다(대결 2005마1078).

나) 채무를 상속한 공유자의 경우

대법원 2009. 10. 5.자 2009마1302 결정은, 甲이 남편인 乙과 부동산을 공유하던 중 乙이 사망하자 乙의 재산을 상속한 후, 乙이 생전에 위 부동산의 공유지분에 설정한 근저당권의 실행으로 매각절차가 진행되자 위 부동산의 공유자로서 우선매수신청을 한 사안에서, 甲은 위 매각절차에서의 채무자로서 매수신청이 금지된 자이므로 민사집행법 121조 2호에 정한 '부동산을 매수할 자격이 없는 자'에 해당한다고 판단하였다.

6) 차순위매수신고인의 지위 포기(규칙 76조 3항)

공유자가 집행법 140조 1항의 규정에 따라 우선매수신고를 한 경우에는 최고가매수신고인은 절차상 차순위매수신고인으로 본다(법 140조 4항).

다만 최고가매수신고인은 집행관이 매각기일을 종결한다는 고지를 하기 전까지 차순위매수신고인의 지위를 포기할 수 있다(규칙 76조 3항).

나. 건설임대주택경매시 임차인의 우선매수권(임대주택법 22조)

임대사업자가 주택법 16조에 따라 사업계획승인을 받아 건설한 주택 중 주택법 60조에 따라 국민주택기금의 자금을 지원받아 건설하거나 공공사업으로 조성된 택지에 건설한 건설임대주택을 집행법에 따라 경매하는 경우 21조에 따라 우선분양전환을 받을 수 있는 임차인[61)]은 매각기일까지 같

61) 1. 입주일 이후부터 분양전환 당시까지 해당 임대주택에 거주한 무주택자인 임차인
2. 건설임대주택에 입주한 후 상속·판결 또는 혼인으로 인하여 다른 주택을 소유하게 된 경우 분양전환 당시까지 그 주택을 처분하여 무주택자가 된 임차인
3. 제19조 단서에 따라 임차권을 양도받은 경우에는 양도일 이후부터 분양전환 당시까지 무주택자인 임차인
4. 선착순의 방법으로 입주자로 선정된 경우에는 분양전환 당시까지 무주택자인 임차인

은 법 113조에 따른 보증을 제공하고 최고매수신고가격과 같은 가격으로 채무자인 임대사업자의 임대주택을 우선매수하겠다는 신고를 할 수 있고, 이 경우에 법원은 최고가매수신고가 있더라도 1항의 임차인에게 매각을 허가하여야 하며, 임차인이 우선매수신고를 하면 최고가매수신고인을 집행법 114조의 차순위매수신고인으로 본다.

이 임대주택법상의 임차인의 우선매수권의 실무상 운용절차는 공유자우선매수권의 경우와 같다.

8. 새 매각

가. 허가할 매수가격의 신고가 없는 경우의 새 매각

1) 새 매각의 요건

허가할 매수가격의 신고가 없이 매각기일이 최종적으로 마감된 때에는 법원은 최저매각가격을 상당히 낮추고 새 매각기일을 정하여야 한다(법 119조).

매각기일이 적법하게 열린 경우에 한하므로, 적법한 매각기일의 공고가 없었던 경우나 매각기일이 변경된 경우에는 최저매각가격을 낮출 수 없다.

2) 새 매각의 절차

① 최저매각가격의 저감(법 119조) : 현재 실무는 20%씩 저감하고 있다.

② 계속저감 : 새 매각기일에서도 매수가격의 신고가 없으면 매수가격의 신고가 있을 때까지 순차로 최저매각가격의 저감 및 새 매각기일의 지정 절차를 되풀이 할 수 있다. 다만 최저매각가격을 계속 저감한 결과 압류채권자에 우선하는 부동산상의 부담과 절차비용을 변제하고 남을 가망이 없게 된 경우에는 법원은 집행법 102조의 절차를 취하여야 한다.

5. 분양전환 당시 해당 임대주택의 임차인인 국가기관 또는 법인

나. 매각불허가를 한 경우의 새 매각

① 집행법원이 매각결정기일에 집행법 121조 소정의 매각허가에 대한 이의사유가 있음을 이유로 이해관계인의 이의신청(법 123조 1항)에 따라 또는 직권으로(법 123조 2항) 매각불허가결정을 한 경우에 그 사유가 종국적으로 매각을 불허하거나 일시정지하여야 할 사유가 아니고, 다시 매각을 허용할 수 있는 때에는 직권으로 새 매각기일을 정하여야 한다(법 125조).

② 최저매각가격 저감 불가 : 위의 사유로 새 매각을 하는 경우에는 최저매각가격을 저감할 수 없다. 매각기일이 적법하게 열린 경우에 해당하지 않기 때문이다.

다. 부동산의 훼손이나 권리변동으로 매각불허가 등을 한 경우의 새 매각

매수가격의 신고 후에 천재지변, 그밖에 자기가 책임을 질 수 없는 사유로 부동산이 현저하게 훼손된 사실 또는 부동산에 관한 중대한 권리관계가 변동된 경우 최고가매수신고인은 매각허가에 대한 이의신청(법 121조 6호)을, 매수인은 대금을 낼 때까지 매각허가결정의 취소신청(법 127조 1항)을 할 수 있는바, 이에 따라 법원이 매각불허가결정을 하거나 매각허가결정을 취소한 때에는 다시 감정인으로 하여금 평가를 하게 하여 최저매각가격결정부터 새로 한 후 새 매각기일을 지정한다(법 134조, 97조).

Ⅶ. 매각결정절차

1. 매각결정기일

가. 이해관계인의 진술(법 120조 1항)

여기서 이해관계인이라 함은 법 90조의 이해관계인보다 넓은 개념으로서 동조가 규정하는 이해관계인뿐만 아니라 최고가매수신고인 또는 자기에게 매각을 허가할 것을 구하는 그 외의 매수신고인도 포함한다.

나. 매각허가에 대한 이의

1) 이의사유

매각허가에 대한 이의사유는 법 121조에 열거된 것에 한정되므로 그 이외의 사유(예컨대 법 112조, 116조 2항)에 기하여 이의를 진술할 수는 없다. 법 121조 소정의 이의사유는 다음과 같다.

① 강제집행을 허가할 수 없거나 집행을 계속 진행할 수 없을 때(1호)

② 최고가매수신고인이 부동산을 매수할 능력이나 자격이 없는 때(2호)
여기서 '매수할 능력이 없는 때'는 미성년자, 금치산자, 한정치산자와 같이 독립하여 법률행위를 할 수 있는 능력이 없는 경우를 의미하고, '매수할 자격이 없는 때'는 법률의 규정에 의하여 매각부동산을 취득할 자격이 없거나 그 부동산을 취득하려면 관청의 증명이나 인·허가를 받아야 하는 경우를 의미하는 것으로서, 부동산을 매수할 경제적 능력을 의미하는 것이 아니다(대결 2009마1302).[62]

62) 갑이 남편인 을과 부동산을 공유하던 중 을이 사망하자 을의 재산을 상속한 후, 을이 생전에 위 부동산의 공유지분에 설정한 근저당권의 실행으로 매각절차가 진행되자 위 부동산의 공유자로서 우선매수신청을 한 사안에서, 갑은 위 매각절차에서의 채무자로서 매수신청이 금지된 자이므로 민사집행법 제121조 제2호에 정한 '부동산을 매수할 자격이 없는 자'에 해당한다고 한 사례이다.

③ 부동산을 매수할 자격이 없는 사람이 최고가매수신고인을 내세워 매수신고를 한 때(3호)

④ 최고가매수신고인, 그 대리인 또는 최고가매수신고인을 내세워 매수신고를 한 사람이 집행법 108조 각호[63] 가운데 어느 하나에 해당되는 때(4호)

⑤ 최저매각가격의 결정, 일괄매각의 결정 또는 매각물건명세서의 작성에 중대한 흠이 있는 때(5호)

⑥ 천재지변, 그 밖에 자기가 책임을 질 수 없는 사유로 부동산이 현저하게 훼손된 사실 또는 부동산에 관한 중대한 권리관계가 변동된 사실이 매각절차의 진행 중에 밝혀진 때(6호)

⑦ 매각절차에 그 밖의 중대한 잘못이 있는 때(7호)

2) 이의의 제한

매각허가에 대한 이의는 이의진술자인 이해관계인 자신의 권리에 관한 이유에 의하여야 하고 다른 이해관계인의 권리에 관한 이유로 신청하지 못한다(법 122조). 따라서 다른 이해관계인이 매각기일의 통지를 받지 못하였다는 것은 적법한 이의사유가 아니다. 그러나 경매절차를 무효로 만드는 채무자에 대한 개시결정의 송달흠결은 제1호의 사유로서 모든 이해관계인이 주장할 수 있다.

---

63) 제108조(매각장소의 질서유지) 집행관은 다음 각호 가운데 어느 하나에 해당한다고 인정되는 사람에 대하여 매각장소에 들어오지 못하도록 하거나 매각장소에서 내보내거나 매수의 신청을 하지 못하도록 할 수 있다.
1. 다른 사람의 매수신청을 방해한 사람
2. 부당하게 다른 사람과 담합하거나 그 밖에 매각의 적정한 실시를 방해한 사람
3. 제1호 또는 제2호의 행위를 교사(교사)한 사람
4. 민사집행절차에서의 매각에 관하여 형법 제136조·제137조·제140조·제140조의2·제142조·제315조 및 제323조 내지 제327조에 규정된 죄로 유죄판결을 받고 그 판결확정일부터 2년이 지나지 아니한 사람

3) 이의에 대한 재판

법원은 이의신청이 정당하다고 인정한 때에는 매각을 허가하지 아니한다(법 123조 1항).

정당하지 않다고 인정한 때에는 이의의 진술이 있었음을 매각조서에 기재함으로써 족하고 이의신청 자체에 대하여 응답을 할 필요는 없으며 매각허가의 결정을 선고하면 된다.

2. 매각허가여부에 관한 재판

① 집행법원은 매각결정기일에 출석한 이해관계인에게 매각허가에 관한 의견을 진술하게 하여(법 120조 1항) 이를 참고로 하는 외에 직권으로 매각불허가사유(법 123조 2항)의 유무를 기록에 의하여 조사한 다음 매각허가여부의 재판을 한다.

② 실무에서는 매각기일을 집행하는 집행관이 진정한 최고가매수신고인은 A인데도 B를 최고가매수신고인으로 호창하는 경우가 있다. 이러한 경우 집행법원이 B에 대한 매각불허결정을 하는 것은 당연한데, A에 대한 매각허가결정까지 하여야 하는가에 대하여 의문을 가지는 경우가 있다.

이러한 경우에 관하여 대법원은, 집행법원은 집행보조기관인 집행관의 매각기일진행에 잘못이 있더라도 이에 구속되지 않고 그 잘못을 시정하여 최고가매수신고인임이 명백한 A에 대하여 매각허가여부의 결정을 하여야 하는 것이고, 집행법원이 A에 대하여 아무런 결정을 하지 않고 있는 경우에는 A는 집행에 관한 이의로 불복할 수 있다고 판단하였다**(대결 2008그205)**.

③ 매각허가여부에 대하여서는 결정으로 재판하고 매각결정기일에 선고하여야 한다(법 126조 1항). 매각허가결정을 반드시 선고하도록 한 것은, 이해관계인들의 출석 여부에 관계없이 선고에 의하여 즉시항고기

간이 일률적으로 진행되도록 하기 위한 것이다. 즉, 매각을 허가하거나 허가하지 아니하는 결정은 선고한 때에 고지의 효력이 생긴다(규칙 74조).

매각허가결정 또는 불허가결정은 확정되어야 효력이 있다(법 126조 3항).

3. 매각불허가결정

가. 매각불허가결정을 하여야 할 경우

1) 이해관계인의 이의가 정당하다고 인정할 때(법 123조 1항)

2) 직권으로 매각불허가할 사유가 있을 때

매각결정기일에 이해관계인의 매각허가에 대한 이의가 없더라도 법원이 직권조사의 결과 민사집행법 121조에 열거된 이의사유가 있다고 인정되는 때에는 직권으로 매각을 허가하지 아니한다(법 123조 2항 본문). 다만 동법 121조 2호 또는 3호의 경우에는 능력 또는 자격의 흠이 제거되지 아니한 때에 한한다(법 123조 2항 단서). 따라서 매각기일 당시에 존재하였던 최고가매수신고인의 행위능력 또는 부동산취득자격의 흠이 그 후 매각결정허가여부의 재판시까지에 법정대리인의 추인이나 법령이 정한 관청의 증명, 인·허가(예컨대 농지의 경우 농지취득자격증명, 어업권경매의 경우 이전인가 등)로 말미암아 추후보완된 경우에는 불허가결정을 하여서는 아니 된다.

3) 과잉매각으로 되는 때

(가) 과잉매각의 금지(법 124조 1항 본문)

여러 개의 부동산을 매각하는 경우에 한 개의 부동산의 매각대금으로 모든 채권자의 채권액과 강제집행비용을 변제하기에 충분하면 다른 부동산의 매각을 허가하여서는 아니된다(법 124조 1항 본문).

여기서 각 채권자의 채권이라 함은 경매신청채권자와 그에 우선하는 선순위채권자는 물론이고 배당요구채권자 중 경매신청인과 동순위로 배당을 받을 자의 채권도 포함한다. 압류가 경합된 경우 뒤의 압류채권자의 채권도 포함된다. 그러므로 경매신청채권자가 우선권이 없는 일반채권자인 때에는 배당요구를 한 모든 채권자의 채권이 포함된다.

과잉매각금지에 관한 민사집행법 124조는 여러 개의 부동산을 개별매각하는 경우뿐 아니라 일괄매각하는 경우에도 적용되지만, 동법 101조 3항 단서에 다른 일괄매각의 경우에는 적용되지 아니한다(동법 124조 1항 단서). 토지와 지상건물을 동시에 매각하여 동일인이 그 전부에 관하여 최고가매수신고인으로 정하여진 경우에 일괄매각의 결정이 없었다고 할지라도 토지와 그 지상건물은 동일인에게 귀속시키는 것이 부동산의 경제적 효용을 발휘시키는데 유리하므로 일괄매각의 경우에 준하여 취급할 것이고 과잉매각을 이유로 매각불허할 것은 아니다(대결 69마88).

(나) 채무자의 매각할 부동산 지정

과잉매각의 경우에는 채무자는 그 부동산 가운데 매각할 것을 지정할 수 있다(법 124조 2항).

채무자는 서면(매각부동산지정신청서)으로 지정하여야 한다(규칙 52조). 채무자의 지정권 행사는 이해관계인들에게 중대한 영향을 미칠 뿐 아니라 경매절차의 진행방향을 좌우하게 되므로, 지정권의 행사 여부와 지정 내용을 절차상 명확하게 하기 위함이다.

채무자는 매각허가결정이 선고되기 전까지 지정권을 행사하여야 하고(규칙 52조), 매각허가결정선고 후에는 이를 행사할 수 없다.

채무자가 지정권을 행사하지 아니한 때에는 법원은 자유재량에 의하여 매각허가를 할 부동산을 선택할 수 있다.

(다) 과잉매각의 금지 위반의 효과

과잉매각의 금지에 위반하여 매각허가결정을 한 경우에는 이 결정에 의하여 불이익을 입는 이해관계인은 즉시항고를 할 수 있다(법 129조 1항, 121

조 7호). 채무자의 적법한 지정권 행사가 있었는데 집행법원이 이를 무시하고 매각허가를 한 경우라든가, 또는 과잉매각의 금지를 부당하게 적용하여 매각을 허가하지 아니한 경우에 채무자(전자의 경우) 또는 채권자 및 매수신고인등(후자의 경우)이 각 그 결정에 대하여 즉시항고할 수 있다.

4) 집행정지결정 정본이 제출된 경우

매각기일 종료 후 매각허가결정 선고 전에 집행법원에 집행법 49조[64] 2호 소정의 집행정지결정 정본이 제출된 경우에는 동법 121조[65] 1호 후단에

---

64) 제49조(집행의 필수적 정지・제한) 강제집행은 다음 각 호 가운데 어느 하나에 해당하는 서류를 제출한 경우에 정지하거나 제한하여야 한다.
1. 집행할 판결 또는 그 가집행을 취소하는 취지나, 강제집행을 허가하지 아니하거나 그 정지를 명하는 취지 또는 집행처분의 취소를 명한 취지를 적은 집행력 있는 재판의 정본
2. 강제집행의 일시정지를 명한 취지를 적은 재판의 정본
3. 집행을 면하기 위하여 담보를 제공한 증명서류
4. 집행할 판결이 있은 뒤에 채권자가 변제를 받았거나, 의무이행을 미루도록 승낙한 취지를 적은 증서
5. 집행할 판결, 그 밖의 재판이 소의 취하 등의 사유로 효력을 잃었다는 것을 증명하는 조서등본 또는 법원사무관등이 작성한 증서
6. 강제집행을 하지 아니한다거나 강제집행의 신청이나 위임을 취하한다는 취지를 적은 화해조서(화해조서)의 정본 또는 공정증서(공정증서)의 정본
제50조(집행처분의 취소・일시유지) ① 제49조제1호・제3호・제5호 및 제6호의 경우에는 이미 실시한 집행처분을 취소하여야 하며, 같은 조 제2호 및 제4호의 경우에는 이미 실시한 집행처분을 일시적으로 유지하게 하여야 한다.

65) 제121조 (매각허가에 대한 이의신청사유) 매각허가에 관한 이의는 다음 각호 가운데 어느 하나에 해당하는 이유가 있어야 신청할 수 있다.
1. 강제집행을 허가할 수 없거나 집행을 계속 진행할 수 없을 때
2. 최고가매수신고인이 부동산을 매수할 능력이나 자격이 없는 때
3. 부동산을 매수할 자격이 없는 사람이 최고가매수신고인을 내세워 매수신고를 한 때
4. 최고가매수신고인, 그 대리인 또는 최고가매수신고인을 내세워 매수신고를 한 사람이 제108조 각호 가운데 어느 하나에 해당되는 때
5. 최저매각가격의 결정, 일괄매각의 결정 또는 매각물건명세서의 작성에 중대한 흠이 있는 때
6. 천재지변, 그 밖에 자기가 책임을 질 수 없는 사유로 부동산이 현저하게 훼손

해당하므로 매각불허가결정을 하여야 한다.

매각허가결정이 있은 뒤에 동법 49조 2호의 서류가 제출된 경우에는 매수인은 매각대금을 낼 때까지 매각허가결정의 취소신청을 할 수 있다(규칙 50조 2항 전문).

이 신청에 관한 결정에 대하여는 즉시항고를 할 수 있다(동조 2항 후문).

나. 부동산의 훼손 또는 권리관계의 변동이 있는 경우

1) 시기에 따른 두 가지 구제방법

매수가격의 신고 후에 천재지변, 그밖에 자기가 책임을 질 수 없는 사유로 부동산이 현저하게 훼손된 사실 또는 부동산에 관한 중대한 권리관계가 변동된 경우 ㉠ 매각허가결정확정 전에는 최고가매수신고인(또는 매수인)은 매각허가에 대한 이의신청(법 121조 6호)을 하거나 매각허가결정에 대한 항고(법 129조)를 할 수 있고, ㉡ 매각허가결정 확정 후 대금을 낼 때까지는 매수인은 매각허가결정의 취소신청(법 127조 1항)을 할 수 있다.

현저한 훼손이어야 하므로 그 손상 정도가 경미한 경우에는 위와 같은 신청을 할 수 없다.

2) 매각허가결정의 취소신청

① 매각허가결정단계에서 부동산의 현저한 훼손이나 중대한 권리관계의 변동을 간과하여 매각허가결정이 되고 매수인도 이를 모르고 즉시항고를 제기하지 않아 매각허가결정이 확정된 경우에는 법 127조 1항에 의하여 매각허가결정의 취소신청을 할 수 있다.

선순위 근저당권의 존재로 후순위 임차권의 대항력이 소멸하는 것으로 알고 부동산을 낙찰받았으나, 그 이후 선순위 근저당권의 소멸로

된 사실 또는 부동산에 관한 중대한 권리관계가 변동된 사실이 경매절차의 진행 중에 밝혀진 때

7. 경매절차에 그 밖의 중대한 잘못이 있는 때

인하여 임차권의 대항력이 존속하는 것으로 변경됨으로써 매각부동산의 부담이 현저히 증가하는 경우에는, 매수인으로서는 법 127조 1항에 의하여 매각허가결정의 취소신청을 할 수 있다(대결 98마1031).

② 위 규정의 취지는 매수인에게 매각허가결정의 취소신청을 할 수 있도록 허용함으로써 매수인의 불이익을 구제하려는 데 있는 점, 집행법 138조 1항에 의하면 재매각명령이 나면 확정된 매각허가결정의 효력이 상실되는 점, 집행법 138조 3항의 취지는 재매각절차가 전 매수인의 대금지급의무 불이행에 기인하는 것이어서 전 매수인이 법정의 대금 등을 완전히 지급하려고 하는 이상 구태여 번잡하고 시일을 요하는 재매각절차를 반복하는 것보다는 최초의 매각절차를 되살려서 그 대금 등을 수령하는 것이 경매의 목적에 합당하다는 데에 있는 점 등을 종합하여 보면, 매수인이 매각대금을 내지 않아 재매각명령이 난 이후에는 매수인은 매각허가결정의 취소신청을 할 수 없다(대결 2008마1270).

다. 부동산의 훼손 등으로 인한 매각목적물의 하자와 담보책임

담보책임은 매각절차 밖에서 별소로 청구할 수 있지만, 매각절차진행 중에 담보책임의 사유가 발생할 수 있으므로 매각절차 내에서 청구하는 것도 가능하다.

1) 매수의 목적을 달할 수 없는 경우

매수인이 매각부동산의 권리에 흠이 있어 매수의 목적을 달할 수 없기 때문에 담보책임을 추구하려고 할 때에는 ㉠ 최고가매수신고인은 매각허가에 대한 이의신청(법 121조 6호)을, 매수인은 대금을 납부할 때까지 매각허가결정의 취소신청(법 127조 1항)을 할 수 있고, ㉡ 대금납부 후 배당 전인 때에는 집행법원에 대하여 매각허가결정에 의한 매매를 해제하여 납부한 대금의 반환을 청구할 수 있다(대결 96그64).

2) 대금감액을 구할 경우

해제를 하지 않고 대금의 감액만을 청구하고자 할 때에는 ㉠ 대금납부시까지는 집행법원에 대하여 대금의 감액 주장을 할 수 있을 것이며(대결 78마248 등), ㉡ 대금납부 후 배당실시 전인 때에는 감액분의 대금의 반환을 청구할 수 있다.

라. 매각불허 후의 절차

1) 집행법 123조에 의한 매각불허의 경우

가) 종국적 장애에 의한 불허가의 경우

그 불허가가 종국적으로 매각을 불허할 사유에 기한 것이어서 다시 매각을 명할 것이 아닌 경우에는 그 불허가결정이 확정되면 경매신청 자체를 포함한 그 이후의 매각절차는 모두 소멸하여 매각절차는 이로써 종결되어야 한다.

나) 종국적 불허사유가 아닌 경우

법 123조에 의하여 매각을 불허하는 경우에 그 불허가 종국적으로 매각을 불허할 사유에 기한 것이 아니고, 다시 매각을 명하여야 할 경우에는 매각불허가결정이 확정된 후 직권으로 새 매각기일을 정한다(법 125조 1항).

2) 과잉매각을 이유로 매각부동산의 일부를 매각불허한 경우

그 불허가결정이 확정되더라도 매각이 허가된 부동산에 대한 매각대금이 완납될 때까지 그대로 두었다가 대금이 완납된 후 매각불허된 부동산에 대하여 경매개시결정등기의 말소촉탁을 한다(법 141조).

3) 집행법 127조에 의한 매각불허의 경우

재평가를 명하여 최저매각가격부터 새로 정하여 경매를 속행한다(법 134조). 다만 매각부동산의 훼손이 심하여 부동산으로서의 존재를 상실한 때에는 법 96조 1항에 의하여 매각절차를 취소하고, 취소결정이 확정되면 경매개시결정등기의 말소를 촉탁한다.

마. 매수신청보증의 반환

매각을 허가하지 아니한 결정이 확정된 때에는 매수인과 매각허가를 주장한 매수신고인은 매수에 관한 책임이 면제되므로(법 133조), 즉시 보증금 반환청구권이 생긴다. 그 반환절차는 법원보관금취급규칙 13조에서 규정하고 있고, 법원보관금취급규칙에 의한 법원보관금의 납부·출급·환급절차와 그 취급방법 및 이에 따른 업무처리요령 등에 관하여 필요한 사항을 규정함을 목적으로 '법원보관금취급규칙의 시행에 따른 업무처리지침(재일 97-2)' 있다.

4. 매각허가결정(법 126조 1항)

가. 매각허가결정의 기재사항

매각허가결정에는 매각한 부동산, 매수인과 매각가격을 적고 특별매각조건으로 매각한 때에는 그 조건을 적어야 한다(법 128조 1항).

나. 매각허가결정의 선고 및 공고

① 선고 : 매각허가결정은 매각결정기일에 법정에서 반드시 선고하여야 한다(법 126조 1항).
매각허부결정은 이해관계인들의 출석 여부에 관계없이 선고에 의하여 일률적으로 그 고지의 효력이 생기게 되므로 결정정본을 이해관계인에게 송달할 필요가 없다(대결 99마6589).

② 공고 : 매각허가결정은 선고하는 외에 공고하여야 한다(법 128조 2항).

5. 매각허가여부에 대한 즉시항고

가. 매각허가여부의 결정에 대한 불복방법

매각허가여부의 결정에 대한 불복방법으로는 즉시항고만이 인정된다.

나. 항고기간

매각허가여부의 결정은 이해관계인이 매각결정기일에 출석하였는지 여부를 묻지 않고 이를 선고한 때에 고지의 효력이 발생하므로(규칙 74조) 1주의 즉시항고기간은 매각허가여부의 결정선고일부터 일률적으로 진행된다. 위 기간은 불변기간이다(법 15조 2항).

다. 항고각하결정과 항고장각하명령

① 항고이유서의 기간내 부제출, 항고이유의 기재방법위반, 항고가 부적법하고 이를 보정할 수 없음이 분명한 때(법 15조 5항)에는 항고각하결정을 한다. '항고기간을 도과한 것이 명백한 경우'는 '항고가 부적법하고 이를 보정할 수 없음이 분명한 때'에 해당하므로 항고각하결정을 한다.

② 항고장의 기재사항에 흠이 있거나, 인지를 붙이지 아니하여 집행법원에서 보정을 명하였음에도 그 흠을 보정하지 아니한 경우(민소 399조, 443조, 법 15조 10항), 보증공탁이 없는 때(법 130조 4항)에는 항고장각하명령을 한다.

라. 항고의 제기방식

1) 항고장의 제출

즉시항고는 매각허가여부의 결정을 선고한 원심법원에 대하여 항고장을 제출하여야 한다(법 15조 2항).

즉시항고장에 반드시 상대방의 표시가 있어야 하는 것도 아니고, 항고장을 상대방에게 송달하여야 하는 것도 아니다(대결 97스4 등).

2) 항고이유의 기재

항고장에 항고이유를 적지 아니한 때에는 항고인은 항고장을 제출한 날부터 10일내에 항고이유서를 원심법원에 제출하여야 한다(법 15조 3항). 항고이유서를 내지 아니하거나 항고이유를 대법원규칙이 정하는 바에 따라 적지 아니한 때에는 원심법원은 결정으로 그 즉시항고를 각하하여야 한다(법 15조 5항). 즉시항고의 이유는 원심재판의 취소 또는 변경을 구하는 사유를 구체적으로 적어야 한다(규칙 13조 1항).

마. 항고권자

매각을 허가하거나 허가하지 아니하는 결정에 대하여는, ① 그 결정에 따라 손해를 보는 이해관계인, ② 매각허가에 정당한 이유가 없거나 결정에 적은 것 외의 조건으로 허가해야 한다고 주장하는 매수인, ③ 매각허가를 주장하는 매수신고인이 즉시항고를 할 수 있다(법 129조).

바. 매각허가결정에 대한 항고에 있어서 보증의 제공

1) 보증의 공탁

① 매각허가결정에 대하여 항고를 하고자 하는 사람은 보증으로 매각대금의 10분의 1에 해당하는 금전 또는 법원이 인정한 유가증권을 공탁하여야 한다(법 130조 3항).
위 규정은 매각허가결정에 대한 항고시에 적용되는 것이므로 매각불허가결정에 대하여는 보증의 제공을 요하지 않는다.

② 매각허가결정에 대하여 즉시항고를 제기하는 항고인이 2인 이상인 경우에는, 그들이 경매절차에서의 이해관계의 기초가 되는 권리관계를 공유하는 등의 특별한 사정이 없는 한, 항고인 별로 각각 매각대금의 10분의 1에 해당하는 금전 또는 유가증권을 공탁하여야 한다.[66]

2) 항고가 기각 또는 각하된 경우 보증금의 처리 – 배당할 금액에 편입

① 매각허가결정에 대한 항고가 기각되어 확정된 경우의 보증금의 처리에 관하여, ㉠ 채무자 및 소유자가 한 항고가 기각된 때에는 그 전액을 배당할 금액에 편입시키고, ㉡ 채무자 및 소유자 외의 사람이 한 항고가 기각된 때에는 금전이나 유가증권을 현금화한 금액 가운데 항고를 한 날부터 항고기각결정이 확정된 날까지의 매각대금에 대한 연 2할의 이율(규칙 75조)에 의한 금액(보증으로 제공한 금전이나, 유가증권을 현금화한 금액을 한도로 한다)을 배당할 금액에 포함시키고 나머지는 보증제공자에게 반환한다.

② 법 130조 6, 7항의 규정은 항고가 기각된 경우뿐만 아니라 항고심에서 항고가 각하되거나 항고장이 각하된 경우에도 적용된다.

3) 항고가 인용된 경우

항고가 인용된 경우에는 확정증명을 제출하여 바로 보증금을 회수할 수 있으며, 따라서 담보취소절차를 밟을 필요가 없다.

4) 항고인이 항고를 취하한 경우

항고인이 항고를 취하한 경우에도 항고가 기각된 경우와 같이 취급하므

66) 대결 2006마513 : 위 규정의 입법 취지는 매각허가결정에 불복하는 모든 항고인에 대하여 보증금을 공탁할 의무를 지움으로써 무익한 항고를 제기하여 절차를 지연시키는 것을 방지하고자 하는 데에 있는 점, 매각허가결정에 대한 항고는 이해관계인이 매각허가에 대한 이의신청사유가 있는 경우 등에만 할 수 있는데, 그 이의에 대하여 집행법 제122조는 다른 이해관계인의 권리에 관한 이유로 이의를 신정하지 못한다고 규정하고 있는 점, 집행법 제90조에서 경매절차의 이해관계인이 될 수 있는 사람을 제한적으로 열거하고 있는 점, 복수의 항고인이 매각허가결정에 대하여 항고를 제기하는 경우 항고장을 함께 제출하는지 별도로 제출하는지 라는 우연한 사정에 따라 제공할 보증의 액이 달라지는 것은 불합리한 점 등을 종합하여 보면, 매각허가결정에 대하여 즉시항고를 제기하는 항고인이 2인 이상인 경우에는, 그들이 경매절차에서의 이해관계의 기초가 되는 권리관계를 공유하는 등의 특별한 사정이 없는 한, 항고인 별로 각각 매각대금의 10분의 1에 해당하는 금전 또는 유가증권을 공탁하여야 한다고 봄이 상당하다.

로, 법 130조 6항, 7항의 준용(법 130조 8항)에 의하여 위와 같이 보증의 반환이 제한된다.

재항고를 취하한 경우에는 항고기각으로 확정되고, 따라서 항고가 기각된 경우(법 130조 6항, 7항)에 따라 처리하게 되므로, 역시 보증의 반환이 제한된다.

사. 항고이유

1) 매각허가결정의 경우

① 매각허가결정에 대한 항고는 집행법에 규정한 매각허가에 대한 이의신청사유가 있다거나, 그 결정절차에 중대한 잘못이 있다는 것을 이유로 드는 때에만 할 수 있다(법 130조 1항).

② 다른 이해관계인의 권리에 관한 것을 이유로 하는 이의가 허용되지 않는 것과 같은 이유로, 다른 이해관계인의 권리에 관한 것을 이유로 하는 항고도 허용되지 아니한다(법 122조, 131조 3항). 채무자에 대한 경매개시결정의 송달 없이는 유효하게 매각절차를 속행할 수 없으므로 채무자에 대한 경매개시결정 송달의 흠을 매각허가결정에 대한 항고사유로 삼을 수 있는 반면, 다른 이해관계인에 대한 매각기일통지의 송달에 하자가 있음을 항고이유로 주장할 수 없다(대결 97마814 등).

2) 매각불허가결정의 경우

매각불허가결정에 대한 항고는 그 매각불허가결정에 기재된 사유에 대하여 다투면 족하고, 집행법에 규정한 모든 불허가원인(법 96조, 121조, 123조, 124조)이 없음을 이유로 하는 때에 한하여 할 수 있는 것은 아니다. 따라서 항고법원은 항고인의 그 주장이 정당하다고 인정되면 항고를 인용하면 족하고, 나아가 직권으로 법에 규정된 다른 매각불허가원인이 없는지를 살펴본 다음 불허가의 원인이 발견되면 이를 이유로 항고를 기각할 필요는 없다.

3) 재심사유가 있는 경우

매각허가 또는 불허가결정에 재심사유(민소 451조 1항 각 호의 사유)가 있는 경우에는 그 자체로 항고사유가 된다(법 130조 2항). 매각허가여부에 대한 결정이 확정된 후에는 재심사유를 주장하여 준재심을 신청할 수 있다(민소 461조).

아. 임의경매에서 실체상의 이유에 의한 항고

① 강제경매에 있어서는 집행채권의 부존재·소멸·이행기의 연기 등과 같은 실체상의 하자는 청구이의의 소로써만 이를 주장할 수 있고, 경매개시결정에 대한 이의사유나 매각허가에 대한 이의사유 및 매각허가결정에 대한 항고사유가 되지 못한다.

② 그런데 임의경매에 있어서 담보권의 부존재·소멸, 피담보채권의 불발생·소멸·이행기의 연기 등 실체상의 하자를 매각허가결정에 대한 항고사유로 삼을 수 있는가 즉 그와 같은 실체상의 이유가 집행법 121조 1호의 "강제집행(여기서는 담보권의 실행을 위한 경매)을 허가할 수 없거나 집행을 계속 진행할 수 없을 때"에 해당하는가에 관하여 판례는 이를 긍정한다(대결 90마946 등).

자. 즉시항고에 대한 집행법원의 조치

1) 즉시항고의 효력

집행절차에 관한 집행법원의 재판에 대한 즉시항고에는 이심의 효력과 확정차단의 효력이 있을 뿐이고, 집행정지의 효력은 없다(법 15조 6항 본문).[67]

그러나 매각허가결정은 확정되어야 효력이 있는데(법 126조 3항), 항고된 경우 매각허가결정은 확정되지 아니하므로 그 허가결정에 따른 후속조치

---

67) 민사소송법상의 즉시항고에는 원칙적으로 집행정지의 효력이 있다.
민사소송법 제447조(즉시항고의 효력) 즉시항고는 집행을 정지시키는 효력을 가진다.

(대금지급기한의 지정 등)를 할 수 없게 되어 사실상 정지의 효과가 생긴다.

2) 항고장 심사를 통한 항고장각하명령 또는 항고각하결정

① 항고장에 기재사항의 흠이 있거나 법률의 규정에 의한 인지를 붙이지 아니한 경우에는 집행법원은 항고인에게 상당한 기간을 정하여 그 기간 내에 그 흠을 보정할 것을 명하고, 항고인이 흠을 보정하지 아니한 때에는 항고장을 각하하여야 한다(민소 399조, 443조, 법 15조 10항). 항고장 각하명령에 대하여는 즉시항고를 할 수 있다(민소 399조 3항).

② 한편 항고이유서 기간내 부제출, 항고이유의 기재방법에 위반한 경우, 항고가 부적법하고 이를 보정할 수 없음이 분명한 때(법 15조 5항)에는 항고각하결정을 한다. 항고기간을 도과한 것임이 명백한 때에는 종전에는 항고장각하명령을 하였지만, 신법 하에서는 '항고가 부적법하고 이를 보정할 수 없음이 분명한 때'에 해당하므로 항고각하결정을 하여야 한다.

이해관계인 등이 아닌 자가 제기한 즉시항고는 부적법하므로 이 경우에도 원심법원은 항고각하결정을 한다.

3) 보증의 제공이 없는 경우

항고장에는 보증을 제공하였음을 증명하는 서류(공탁서)를 붙여야 한다(130조 4항). 만일 위 서류를 붙이지 아니한 때에는 원심법원은 그 항고장을 받은 날부터 1주 이내(즉시항고기간이 도과된 직후)에 결정으로 항고장을 각하하여야 하며(법 130조 4항), 이 경우에 법원이 서류를 첨부할 것을 내용으로 하는 보정명령을 하여야 하는 것은 아니다(대결 90그71).

즉시항고기간 내에는 그 하자를 보완할 수 있으므로 항고제기기간 내에는 항고장을 각하할 수 없는 점에 주의하여야 한다. 항고제기기간 경과 후에라도 각하결정을 하기 전에 보증을 공탁하면 하자가 치유되는 것으로 보아 항고법원으로 기록을 송부한다.

차. 항고심의 절차

매각허가여부의 결정에 대한 항고심의 심리절차에도 강제집행편에 따로 규정을 둔 몇 가지 특칙(법 131조, 132조)을 제외하고는 일반항고에 관한 민사소송법 3편 3장의 규정이 그대로 적용된다(법 15조 10항). 따라서 매각허가여부의 결정에 대한 항고사건의 심리에 있어서 변론의 여부와 항고인 그 밖의 이해관계인의 심문여부는 항고법원의 자유재량에 속하고(민소 443조 1항, 134조), 반드시 변론 내지 심문의 방법에 의한 사실심리를 하여야 하는 것은 아니다(대결 2000마6319).

6. 대금지급의무불이행과 법원의 조치

가. 차순위매수신고인에 대한 매각허가여부의 결정(법 137조 1항 본문)

법원은 매각결정기일을 새로 지정하여 차순위매수신고인에 대한 매각허가여부의 결정을 하고 매각허가결정이 확정되면 대금지급기한을 지정하여 이후의 매각절차를 진행하고, 매각불허가결정이 확정되면 재매각을 실시한다.

나. 재 매 각

1) 재매각의 요건

① 매수인이 매각대금지급의무를 완전히 이행하지 아니하였을 것

② 매수인이 대금지급기한 또는 법 142조 4항의 다시 정한 기한까지 이행하지 아니하였을 것

③ 차순위매수신고인이 없을 것. 차순위매수신고인이 있는 경우에는 그에 대한 매각불허가결정이 확정되거나, 차순위매수신고인에 대하여 매각허가결정이 확정되었지만 차순위매수신고인도 대금지급기한까지 대금을 지급하지 않은 때에 비로소 재매각을 실시할 수 있다.

2) 재매각명령

① 집행법원은 재매각의 요건이 구비되면 그 사유발생일부터 3일 이내에 직권으로 재매각을 명하여야 한다(부동산경매사건의 진행기간 등에 관한 예규. 재민 91-5).

② 재매각명령에 대하여는 이해관계인이 집행에 관한 이의신청으로서 불복할 수 있다. 이 불복은 재매각기일이 종결될 때까지 할 수 있다.

3) 재매각절차

① 매각조건 : 재매각절차에도 종전에 정한 최저매각가격, 그 밖의 매각조건을 적용한다(법 138조 2항). 그러나 법원은 직권으로 매각조건을 변경할 수 있다. 실무에서는 재매각의 경우 직권으로 매수신청의 보증금액을 변경하여 최저매각가격의 10분의 2로 정한 금액을 보증으로 보관하게 하고 있다(규칙 63조 2항).

② 재매각기일의 지정・공고・통지・실시 : 일반의 매각절차와 같다. 재매각기일에 매수신고가 없는 때에는 일반 매각절차의 경우와 마찬가지로 집행법 119조의 규정에 따라 새 매각기일을 지정한다.

4) 재매각절차에서 전의 매수인에 대한 효력

① 매수신청의 불허

② 매수신청보증의 불반환

③ 취하에 대한 동의권 상실

④ 차순위매수신고인에 대한 매각허가결정 후부터는 전의 매수인의 매각대금납부의 불허

⑤ 집행법 127조 1항에 의한 매각허가결정의 취소신청 불가 : 천재지변, 그 밖에 자기가 책임을 질 수 없는 사유로 부동산이 현저하게 훼손된 사실 또는 부동산에 관한 중대한 권리관계가 변동된 사실이 매각허가결정의 확정 뒤에 밝혀진 경우에는 매수인은 대금을 낼 때까지

매각허가결정의 취소신청을 할 수 있는바(집행법 127조 1항, 121조 6호), 이 취지는 매수인에게 매각허가결정의 취소신청을 할 수 있도록 허용함으로써 매수인의 불이익을 구제하려는 데 있는 점, 집행법 138조 1항에 의하면 재매각명령이 나면 확정된 매각허가결정의 효력이 상실되는 점, 집행법 138조 3항의 취지는 재매각절차가 전 매수인의 대금지급의무 불이행에 기인하는 것이어서 전 매수인이 법정의 대금 등을 완전히 지급하려고 하는 이상 구태여 번잡하고 시일을 요하는 재매각절차를 반복하는 것보다는 최초의 매각절차를 되살려서 그 대금 등을 수령하는 것이 경매의 목적에 합당하다는 데에 있는 점 등을 종합하여 보면, 매수인이 매각대금을 내지 않아 재매각명령이 난 이후에는 매수인은 매각허가결정의 취소신청을 할 수 없다(대결 2008마1270).

다. 재매각절차의 취소

1) 의 의

매수인이 재매각기일의 3일 이전까지 대금, 그 지급기한이 지난 뒤부터 지급일까지의 대금에 대한 연 2할(규칙 75조)의 비율에 의한 지연이자와 절차비용을 지급한 때에는 재매각절차를 취소하여야 한다(법 138조 3항). 재매각취소결정이 있으면 일단 효력이 상실된 매각허가결정이 부활하고 매수인은 확정적으로 소유권을 취득하게 된다.

2) 취소의 요건

가) 재매각기일의 3일 이전까지 지급할 것

① '재매각기일의 3일 이전까지'라 함은 재매각기일의 전일부터 소급하여 3일이 되는 날까지를 의미한다(대결 91마500). 예컨대 재매각기일이 1월 10일이면 1월 9일부터 역산하여 3일이 되는 날은 1월 7일이 되므

로 1월 7일까지 대금 등을 납부한 때에는 재매각절차를 취소한다. 한편 지연이자 계산기간은 본래의 대금지급기한 다음날부터 실제의 대금납부일까지이다.

② 위 3일 전의 이후라도 재매각기일 전에 매수인이 대금납부를 원할 경우 재매각기일을 변경하여 대금납부를 허가하는 것이 다수의 실무례이다. 이때, 재매각기일의 통지를 위한 송달을 이미 하였다면 절차비용을 포함시켜 납부받아야 한다.

나) 매수인이 대금, 지연이자와 절차비용을 지급하였을 것

3) 차순위매수신고인도 대금지급을 하지 않은 경우

차순위매수신고인이 매각허가결정을 받아 매수인이 되었으나 차순위매수신고인도 대금을 지급하지 아니하여 재매각을 하는 경우에는 최고가로 매수인이 된 자와 차순위로 매수인이 된 자 모두 같은 입장이기 때문에 둘 중 먼저 대금을 지급한 매수인이 매매목적물의 권리를 취득한다(법 138조 3항 후문).

7. 부동산관리명령

매수인이 매각허가결정을 받은 후 대금을 지급하고 그 부동산의 인도를 받을 때까지 사이에 채무자인 그 부동산의 소유자의 법률상의 처분행위 또는 사실상의 행위에 의하여 그 부동산의 가치가 감소되어 매수인이나 채권자의 이익을 해할 염려가 있으므로, 매각허가결정이 있은 후 인도할 때까지 매수인이나 채권자의 신청이 있으면 법원이 관리인을 선임하여 그 관리인으로 하여금 그 부동산을 관리하게 하는 관리명령을 발할 수 있다(법 136조 2항).

매각대금을 다 낸 뒤에는 매수인은 직접 자기에게 인도할 것을 구할 수 있으므로 관리명령을 신청할 수 없다.

Ⅷ. 집행정지서면의 제출

대금의 납부에 의하여 매수인은 부동산의 소유권을 취득한다(법 135조, 268조). 따라서 대금납부 후에는 정지, 취소문서가 제출된다 하더라도 매수인의 소유권취득에 아무런 영향을 주지 못하며 배당절차도 그대로 실시된다. 다만 당해 정지, 취소문서가 제출된 채권자만 배당을 받을 수 없게 되거나 또는 그에게 배당될 금액이 공탁되는데 그칠 따름이다. 그러나 대금납부 전이라 하더라도 정지문서의 종류에 따라 그 제출시한이 다르게 해석된다.

이하에서 강제경매의 경우와 임의경매를 나누어서 살펴본다.

1. 강제경매의 경우

가. 이중경매신청이 없는 경우

매각허가결정이 확정된 후에 법 49조의 서류(아래)가 제출된 경우에는 비록 매각허가결정이 확정된 후일지라도 대금지급기한을 정할 수 없고 대금지급기한을 이미 정한 경우에도 대금을 수령할 수 없다.

민사집행법 49조의 서류를 매각대금을 낸 뒤에 제출한 때에는 집행정지 효력은 없고, 민사집행규칙 50조 3항에 따라 처리하여야 한다.

▶ 법 49조의 서류 ◀

1. 집행할 판결 또는 그 가집행을 취소하는 취지나, 강제집행을 허가하지 아니하거나 그 정지를 명하는 취지 또는 집행처분의 취소를 명한 취지를 적은 집행력 있는 재판의 정본
2. 강제집행의 일시정지를 명한 취지를 적은 재판의 정본
3. 집행을 면하기 위하여 담보를 제공한 증명서류

4. 집행할 판결이 있은 뒤에 채권자가 변제를 받았거나, 의무이행을 미루도록 승낙한 취지를 적은 증서
5. 집행할 판결, 그 밖의 재판이 소의 취하 등의 사유로 효력을 잃었다는 것을 증명하는 조서등본 또는 법원사무관등이 작성한 증서
6. 강제집행을 하지 아니한다거나 강제집행의 신청이나 위임을 취하한다는 취지를 적은 화해조서(화해조서)의 정본 또는 공정증서(공정증서)의 정본

1) 1호의 서류

① 매수인이 매각대금을 내기 전까지 제출하면 된다(규칙 50조 1항).

② 이 서류가 제출된 때에는 매각절차가 정지될 뿐 아니라, 이미 실시한 집행처분을 취소하여야 한다(법 50조 1항 전단). 따라서 대금지급기한을 정할 수 없다.

③ 매수인이 매각대금을 낸 뒤에 이 서류가 제출된 때에는 절차를 계속하여 진행하여야 한다. 따라서 대금이 납부된 이후에 위 서류가 제출되어도 위 서류제출의 상대방이 된 당해 채권자 이외에 달리 배당을 받을 채권자가 있는 때에는 배당을 실시하고, 이 경우 그 당해 채권자를 배당에서 제외한다(규칙 50조 3항 1호).

2) 2호의 서류

① 이 서류도 매수인이 매각대금을 내기 전까지 제출하면 된다(규칙 50조 1항).

② 이 서류가 제출된 경우에는 그 일시정지를 명한 재판이 실효될 때까지 정지하여야 한다. 강제집행의 일시정지를 명하는 재판의 정본이 제출되었음에도 경매절차의 진행을 정지하지 아니한 채 그대로 진행하여 매수인으로부터 매각대금을 지급받는 것은 위법하므로, 법원이 대금지급기한을 정하고 대금을 받는 등 경매절차를 진행하는 경우에 이해관계인은 집행법 16조의 집행에 관한 이의에 의하여, 매수인은

집행규칙 50조 2항에 의한 매각허가결정의 취소신청에 의하여 각 그 시정을 구할 수 있는바, 이러한 불복 절차 없이 경매절차가 그대로 완결된 경우에는 그 집행행위에 의하여 발생된 법률효과를 부인할 수 없다(대판 92다28020). 따라서 매각대금이 완납된 후에는 이해관계인이 이러한 위법한 처분들에 관하여 집행법 16조의 집행에 관한 이의, 나아가 즉시항고에 의하여 그 시정을 구할 수 없으며, 집행법 50조에 의한 집행처분의 취소신청도 할 수 없다(대결 94마1871 참조).

③ 매수신고 이후 매각허가결정기일이 종료되기까지 사이에 위 서류가 제출되면, 이는 집행을 계속 진행할 수 없는 사유(법 121조 1호 후단, 123조 2항, 268조)에 해당하는 것으로 보고 법원은 매각불허가결정을 하게 된다.

④ 매각허가결정이 있은 뒤에 대금이 지급되기 전까지 사이에 2호의 서류가 제출된 경우에는 매수인은 매각대금을 낼 때까지 매각허가결정의 취소신청을 할 수 있다(규칙 50조 2항 전문). 매각허가결정이 있은 뒤에 이 서류가 제출되면 매수인은 매우 불안정한 지위에 놓이게 되므로 매수인이 불안에서 벗어날 수 있도록 한 것이다. 이 신청에 관한 결정에 대하여는 즉시항고를 할 수 있다(규칙 50조 2항 후문).

⑤ 매수인이 매각대금을 낸 뒤에는 서류의 제출만으로는 배당의 실시가 저지되지 아니하므로 절차를 계속하여 진행하여야 한다. 이 경우 그 채권자에 대한 배당액을 공탁한다(법 160조 1항 3호, 규칙 50조 3항 2호).

3) 3, 6호의 서류

① 매수신고가 있기 전까지 제출하여야 하고, 매수신고가 있은 뒤에는 위 서류의 제출에 대하여 최고가매수신고인(차순위매수신고인을 포함한다. 아래에서 위 서류의 제출에 동의를 받아야 하는 경우를 가리킬 때는 매수인등이라 한다) 등의 동의를 받아야 그 효력이 생기게 된다(법 93조 2항, 3항).

'매수신고가 있은 뒤'의 의미는 '매수신고가 된 그 시점 이후'를 의미하는 것으로 보아서는 아니 되고, '집행관이 개찰을 하여 최고가매수신고인이 있게 된 경우에는 이를 정한 시점 이후'로 해석하여야 한다. 매수신고가 있은 뒤에 위 서류들이 제출되었으나 최고가매수신고인 등이 동의하지 아니한 경우에는 매각절차는 계속 진행된다.

매수신고 후 위 서류의 제출에 동의하지 아니하였으나, 그 후 매각허가결정이 취소되거나 매각불허가결정이 확정된 경우에는 매각절차를 정지하여야 하고, 새 매각기일에서의 매수신고가 있기 전까지 다시 위 서류를 제출할 필요는 없다.

② 이 서류들은 매각허가결정이 확정된 후에는 매수인 등의 동의를 받아야 그 효력이 생기므로(법 93조 3항, 2항), 이러한 동의가 없는 동안에는 대금지급기한을 정할 수 있고, 대금도 수령할 수 있다.

③ 다만 3, 6호의 서류를 제출함에 있어 매수인등의 동의를 받지 아니하여 집행정지의 효력이 없더라도 그 서류제출의 효과는 생기는 것이므로, 위 서류가 제출된 이상 집행규칙 50조 3항 1호에 의하여 3, 6호의 서류가 제출된 때에는 그 채권자를 배당에서 제외하여야 한다.

④ 매수인등의 동의를 얻어 3, 6호의 서류가 제출된 때에는 이미 실시한 집행처분을 취소하여야 하고(법 50조 1항 전단) 대금지급기한을 정할 수 없다.

⑤ 다만 매수인이 매각대금을 낸 뒤에 이 서류가 제출된 때에는 절차를 계속하여 진행하여야 한다. 이 경우 그 채권자를 배당에서 제외한다(규칙 50조 3항 1호).

4) 4호의 서류

① 매수신고가 있기 전까지 제출하여야 하고, 매수신고가 있은 뒤에는 위 서류의 제출에 대하여 최고가매수신고인 등의 동의를 받아야 그 효력이 생기게 된다(법 93조 2항, 3항).

'매수신고가 있은 뒤'의 의미는 '매수신고가 된 그 시점 이후'를 의미하는 것으로 보아서는 아니 되고, '집행관이 개찰을 하여 최고가매수신고인이 있게 된 경우에는 이를 정한 시점 이후'로 해석하여야 한다. 매수신고가 있은 뒤에 위 서류들이 제출되었으나 최고가매수신고인 등이 동의하지 아니한 경우에는 매각절차는 계속 진행된다.

매수신고 후 변제증서 등의 제출에 동의하지 아니하였으나, 그 후 매각허가결정이 취소되거나 매각불허가결정이 확정된 경우에는 매각절차를 정지하여야 하고, 새 매각기일에서의 매수신고가 있기 전까지 다시 위 서류를 제출할 필요는 없다.

② 이 서류(단 매수인 등의 동의를 받아야 한다)가 제출된 경우에는 집행을 일시 유지하여야 한다(법 50조 1항 후문).

③ 4호의 서류를 제출함에 있어 매수인 등의 동의를 받지 아니하여 집행정지의 효력이 없더라도 그 서류제출의 효과는 생기는 것이지만, 이 경우에도 그 채권자에 대한 배당액을 지급한다(규칙 50조 3항 3호).

④ 4호의 서류 가운데 변제를 받았다는 취지를 적은 증서를 제출하여 강제집행이 정지되는 경우 그 정지기간은 2월이고(법 51조 1항), 4호의 서류 가운데 의무이행을 미루도록 승낙하였다는 취지를 적은 증서를 제출하여 강제집행이 정지되는 경우 그 정지는 2회에 한하며 통산하여 6월을 넘길 수 없으므로(법 51조 2항), 이 정지기간이 지날 때까지 적법하게 취하·취소되지 아니하거나, 다시 민사집행법 49조 2호의 서류가 제출되어 계속 정지하여야 할 사유가 발생하지 아니한 경우에는 대금지급기한을 정하여(이 경우 대금지급기한을 정한 후에 위 서류가 제출되었더라도 위 정지기간이 진행되는 동안에 그 대금지급기한이 지나는 경우가 대부분일 것이다) 대금을 받을 수 있다.

⑤ 매각대금을 낸 뒤에 이 서류가 제출된 때에는 절차를 계속하여 진행하여야 한다. 이 경우 배당절차가 실시되는 때에는 그 채권자에 대한 배당액을 지급한다(규칙 50조 3항 3호). 이 때 생기는 이중변제 등의 문제는 실체법상 부당이득문제로 해결하게 된다.

5) 5호의 서류

① 이 서류도 매수인이 매각대금을 내기 전까지 제출하면 된다(규칙 50조 1항).

② 이 서류가 제출된 때에는 이미 실시한 집행처분을 취소하여야 하고(법 50조 1항 전문) 대금지급기한을 정할 수 없다.

③ 매수인이 매각대금을 낸 뒤에 이 서류가 제출된 때에는 절차를 계속하여 진행하여야 한다. 따라서 대금이 납부된 이후에 위 서류가 제출되어도 위 서류제출의 상대방이 된 당해 채권자 이외에 달리 배당을 받을 채권자가 있는 때에는 배당을 실시하고, 이 경우 그 당해 채권자를 배당에서 제외한다(규칙 50조 3항 1호).

나. 이중경매신청이 있는 경우

① 이중경매신청이 있는데 선행사건이 취소된 경우에, 법원은 후행사건에 따라 절차를 계속 진행하여야 한다(법 87조 2항).[68]

② 이 경우 후행사건에 따른 진행이 무잉여(법 91조 1항)[69]에 어긋나지 아니하여야 함은 당연하고, 또한 후행사건이 배당요구의 종기 이후의 신청에 의한 것인 때에는 집행법원은 새로이 배당요구를 할 수 있는 종기를 정하여야 한다(법 87조 3항). 후행사건으로 진행할 경우 그 절차는 후행사건의 신청인을 위한 절차인데, 후행사건의 경매신청인이

---

68) 이 규정의 의미는 민사집행법 91조 1항의 규정에 어긋나지 아니하는 한도 안에서 후행사건에 따라 절차를 계속 진행하는 경우 이는 선행사건의 속행이라는 성격을 가지므로, 선행사건이 취소된 경우에는 후행사건의 경매신청인을 위하여 그때까지 진행되어 온 선행의 매각절차를 인계하여 당연하게 매각절차를 속행하여야 하는 것이고, 이 경우에 선행한 매각절차의 결과는 후행한 매각절차에서 유효한 범위에서 그대로 승계되어 이용된다는 것이다(대판 2000다66010).

69) 제91조(인수주의와 잉여주의의 선택 등) ① 압류채권자의 채권에 우선하는 채권에 관한 부동산의 부담을 매수인에게 인수하게 하거나, 매각대금으로 그 부담을 변제하는 데 부족하지 아니하다는 것이 인정된 경우가 아니면 그 부동산을 매각하지 못한다.

배당을 받을 수 없는 이른바 무잉여에 해당하여(특히 후행사건이 배당요구의 종기 이후의 신청에 의한 것인 때에는 무조건 무잉여에 해당한다) 배당을 받을 가능성이 없는데도 그대로 진행하게 하는 것은 민사집행법 91조 1항의 무잉여집행금지의 원칙에 반하는 것이다. 그리하여 민사집행법은 이중경매신청이 있는데 선행사건이 취소된 때에는 법원은 민사집행법 91조 1항의 규정에 어긋나지 아니하는 한도 안에서 후행사건에 따라 절차를 계속 진행하여야 한다고 규정하고 있는 것이다(법 87조 2항).

③ 한편 이중경매신청이 있는 경우에는 매수신고가 있은 뒤 집행을 면하기 위하여 담보를 제공한 증명서류(법 49조 3호)나 강제집행을 하지 아니한다거나 강제집행의 신청이나 위임을 취하한다는 취지를 적은 화해조서(화해조서)의 정본 또는 공정증서(공정증서)의 정본(법 49조 6호)을 제출하더라도 매각부동산에 대한 등기된 권리 또는 가처분으로서 매각으로 효력을 잃지 아니하는 것(법 105조1항 3호)의 기재사항이 바뀌지 아니하는 때, 즉 매수인이 인수하게 될 부담이 변경되지 않는 때에는 매수인등의 동의를 받을 필요가 없고, 후행사건에 의하여 절차를 계속 진행할 수 있다(규칙 49조 1항).[70]

또한 후행사건에 의하여 진행할 경우 매수인이 인수하여야 할 부담이 바뀌는 경우(예를 들어, 먼저의 압류와 뒤의 압류의 중간에 임차권이 설정되어 있는데 선행사건이 취소됨으로써 임차권이 매수인에게 인수되어야 할 부담으로 된 경우 또는 최선순위의 대항력있는 임차인이 강제경매를 신청하였는데 그가 선순위의 확정일자를 갖추지는 아니하여 소액보증금만을 배당받고 나머지는 매수인이 인수할 것으로 예상되었으나, 변제로 인하여 그의 압류가 민사집행법 49조 1호의 서류에 의하여 취소되어 후행사건으로 계속 진행하면 매수

70) 법 제87조제1항의 신청(배당요구의 종기가 지난 뒤에 한 신청을 제외한다. 다음부터 이 조문 안에서 같다)이 있는 경우 매수신고가 있은 뒤 압류채권자가 경매신청을 취하하더라도 법 제105조제1항제3호의 기재사항이 바뀌지 아니하는 때에는 법 제93조제2항의 규정을 적용하지 아니한다.

인의 부담이 감소하는 경우)에도 이미 취소된 사건에서의 매각허가결정의 효력을 그대로 유지하는 것은 부당하다. 그리하여 민사집행법은 이중경매신청이 있는데 선행사건이 취소된 때에는 법원은 후행사건이 배당요구의 종기 이후의 신청에 의한 것인 때에는 집행법원은 새로이 배당요구를 할 수 있는 종기를 정하도록 규정하고 있는 것이다(법 87조 3항).

다. 담보권실행을 위한 경매의 경우

매각허가결정이 선고된 후에 법 266조 1항의 서류(아래)가 제출된 경우는 법 49조의 서류가 제출된 경우에 준한다(275조, 268조).

▶ 법 266조 1항의 서류 ◀

1. 담보권의 등기가 말소된 등기부의 등본
2. 담보권 등기를 말소하도록 명한 확정판결의 정본
3. 담보권이 없거나 소멸되었다는 취지의 확정판결의 정본
4. 채권자가 담보권을 실행하지 아니하기로 하거나 경매신청을 취하하겠다는 취지 또는 피담보채권을 변제받았거나 그 변제를 미루도록 승낙한다는 취지를 적은 서류
5. 담보권 실행을 일시정지하도록 명한 재판의 정본

1) 1호, 2호 및 3호의 서류

① 법 49조 1호와 5호의 서류에 준하여 처리한다. 즉 매수인이 매각대금을 내기 전까지 제출하면 된다(규칙 194조, 50조 1항).

② 위 서류가 제출된 경우 경매법원은 이미 실시한 경매절차를 취소하여야 한다(법 266조 2항 전문).

③ 매수인이 매각대금을 지급한 뒤에 민사집행법 266조 1항의 어느 서

류가 제출된 때에는 경매절차의 진행에 영향을 미치지 아니한다. 따라서 위 1호, 2호, 3호의 서류가 제출된 때에는 절차를 계속 진행하되, 그 채권자를 배당에서 제외한다(규칙 194조, 50조 3항 1호).

④ 매수인이 매각대금을 낸 뒤에 이 서류가 제출된 때에는 절차를 계속하여 진행하여야 한다. 따라서 대금이 납부된 이후에 위 서류가 제출되어도 위 서류제출의 상대방이 된 당해 채권자 이외에 달리 배당을 받을 채권자가 있는 때에는 배당을 실시하고, 이 경우 그 당해 채권자를 배당에서 제외한다(규칙 50조 3항 1호, 194조).

2) 4호의 서류

① 그 내용에 따라 법 49조 4호 또는 6호의 서류에 준하여 처리하면 된다. 즉, 매수신고가 있기 전까지 제출하여야 하고, 매수신고가 있은 뒤에는 위 서류의 제출에 대하여 최고가매수신고인 등의 동의를 받아야 그 효력이 생기게 된다(법 93조 2항, 3항, 268조).

'매수신고가 있은 뒤'의 의미는 '매수신고가 된 그 시점 이후'를 의미하는 것으로 보아서는 아니 되고, '집행관이 개찰을 하여 최고가매수신고인이 있게 된 경우에는 이를 정한 시점 이후'로 해석하여야 한다. 매수신고가 있은 뒤에 위 서류들이 제출되었으나 최고가매수신고인 등이 동의하지 아니한 경우에는 매각절차는 계속 진행된다.

매수신고 후 변제증서 등의 제출에 동의하지 아니하였으나, 그 후 매각허가결정이 취소되거나 매각불허가결정이 확정된 경우에는 매각절차를 정지하여야 하고, 새 매각기일에서의 매수신고가 있기 전까지 다시 위 서류를 제출할 필요는 없다.

② 위 서류가 화해조서의 정본 또는 공정증서의 정본인 경우에는 이미 실시한 집행처분을 취소하여야 한다(법 50조 1항, 266조 2항).

③ 매수인이 매각대금을 지급한 뒤에 위 서류를 제출했을 때는 절차를 계속 진행하되, 4호의 서류 중 '담보권의 실행을 하지 아니하기로 하

거나 경매신청을 취하하겠다는 취지를 기재한 서류'가 제출된 경우는 그 채권자를 배당에서 제외한다(규칙 50조 3항 1호).

④ 한편 49조 4호의 서류와 266조 1항 4호의 서류 중 '피담보채권의 변제를 받았거나 변제의 유예를 승낙한 취지를 기재한 서류'가 제출된 때에는 그 채권자에 대한 배당액을 지급하고(규칙 194조, 50조 3항 3호. 이 때 생기는 이중변제 등의 문제는 실체법상 부당이득문제로 해결하게 된다), 4호의 서류가 화해조서의 정본 또는 공정증서의 정본인 경우에는 배당에서 제외한다(규칙 194조).

3) 5호의 서류

① 법 49조 2호의 서류에 준하여 처리하되{따라서 매수인이 매각대금을 내기 전까지 제출하면 된다(규칙 194조, 50조 1항)}, 그 일시정지를 명한 재판에서 이미 실시한 매각절차를 취소한 때에는 역시 이미 실시한 매각절차를 취소하고(법 266조 2항 후문), 그 재판에 따라 경매절차를 취소하지 아니한 때에만 이미 실시한 경매절차를 일시적으로 유지하게 하여야 한다.

② 매수신고 이후 매각허가결정기일이 종료되기까지 사이에 위 서류가 제출되면, 이는 집행을 계속 진행할 수 없는 사유(법 121조 1호 후단, 123조 2항, 268조)에 해당하는 것으로 보고 법원은 매각불허가결정을 하게 된다.

③ 매각허가결정이 있은 뒤에 대금이 지급되기 전까지 사이에 5호의 서류가 제출된 경우에는 매수인은 매각대금을 낼 때까지 매각허가결정의 취소신청을 할 수 있다(규칙 194조, 50조 2항 전문). 매각허가결정이 있은 뒤에 이 서류가 제출되면 매수인은 매우 불안정한 지위에 놓이게 되므로 매수인이 불안에서 벗어날 수 있도록 한 것이다. 이 신청에 관한 결정에 대하여는 즉시항고를 할 수 있다(규칙 194조, 50조 2항 후문).

④ 매수인이 매각대금을 낸 뒤에는 서류의 제출만으로는 배당의 실시가 저지되지 아니하므로 절차를 계속하여 진행하여야 한다. 이 경우 그 채권자에 대한 배당액을 공탁한다(법 160조 1항 3호, 268조, 규칙 194조, 50조 3항 2호).

IX. 매각대금의 지급

1. 대금지급기한

가. 매수인의 대금지급의무

매수인은 매각허가결정 확정 후에 법원이 정한 기한까지 매각대금을 지급하여야 한다(법 142조 2항).

대금지급기한제도를 채택함으로써, 매수인이 정해진 대금지급기한까지 언제라도 매각대금을 지급하고 그 소유권을 취득할 수 있다.[71]

나. 대금지급기한의 지정

법원은 매각허가결정이 확정되면 매각허가결정일 또는 상소법원으로부터 기록송부를 받은 날부터 3일 안에 대금지급기한을 정하여야 한다(부동산경매사건의 진행기간 등에 관한 예규. 재민 91-5).

대금지급기한은 매각허가결정이 확정된 날부터 1월 안의 날로 정하여야 한다.

71) 민사집행법 제정전의 구 민사소송법은 대금지급기일제도를 채택하였고, 그리하여 법원이 정한 대금지급기일에만 대금을 낼 수 있었고, 미리 낸 것은 무효이며, 그리하여 대금지급기일까지 채무자가 임의로 채무를 변제하고 집행정지결정을 받음으로써 매수인의 지위가 매우 불안하였고, 이것은 매수가격의 하락을 초래하였다. 그리하여 민사집행법은 대금지급기한으로 변경하였다.

다. 집행정지서면의 제출과 대금지급기한의 지정

이에 대해서는 바로 앞 'Ⅷ. 집행정지서면의 제출' 부분 참조

라. 대금지급기한의 통지

매각허가결정이 확정되면 법원은 대금의 지급기한을 정하고, 이를 매수인과 차순위매수신고인에게 통지하여야 한다(법 142조 1항).

공동매수의 경우에 공동매수인의 대금지급의무는 성질상 불가분채무이므로 전원에 대하여 대금지급기한의 통지를 하여야 한다.

2. 지급하여야 할 금액

매수인은 제1항의 대금지급기한까지 매각대금을 지급하여야 하는데(법 142조 2항), 매수인이 지급하여야 할 매각대금은 매각허가결정서에 적힌 매각대금일 것이나 매수신청의 보증(법 102조 2항의 규정에 따라 제공된 보증을 포함한다)으로 받은 금전(매수보증금)은 매각대금에 넣도록 되어 있으므로(법 142조 3항) 매수보증금이 금전일 경우에는 매각대금에서 이를 공제한 잔액만을 실제로 지급하면 된다.

금융기관 발행의 자기앞수표는 금전이 제공된 경우와 같이 보면 될 것이다.

매수신청의 보증으로 금전 외의 것이 제공된 경우로서 매수인이 매각대금중 보증액을 뺀 나머지 금액만을 낸 때에는, 법원은 보증을 현금화하여 그 비용을 뺀 금액을 보증액에 해당하는 매각대금 및 이에 대한 지연이자에 충당하고, 모자라는 금액이 있으면 다시 대금지급기한을 정하여 매수인으로 하여금 내게 한다(법 142조 4항). 다만 실무에서는 법원이 위의 보증을 현금화하기보다는 매수신청의 보증으로 금전 외의 것이 제공된 경우에는 원칙적으로 매각허가결정서에 적힌 매각대금 전액을 지급하도록

하고 있다.

3. 대금지급절차

가. 현금의 지급방법

대금은 현금으로 지급하여야 한다. 금융기관이 발행한 자기앞 수표는 현금에 준한다.

공동매수인은 매각대금 전액에 관하여 불가분채무를 부담하므로 일부 매수인이 자기의 부담부분에 해당하는 금액을 전액 지급하더라도 이는 매각대금 전액에 대하여는 일부지급에 불과하다.

나. 특별한 지급방법

1) 배당액과의 차액지급

① 채권자가 매수인인 경우에는 매각결정기일이 끝날 때까지 법원에 신고하고 배당받아야 할 금액을 제외한 대금을 배당기일에 낼 수 있다(법 143조 2항). 여기서 배당받아야 할 금액이란 매수인이 배당기일에 실제로 배당받을 수 있는 금액을 말하므로 매수인이 배당받을 절차적 요건을 갖추었다고 하더라도 그 배당순위에 비추어 실제로 배당받을 것이 없거나 또는 적법한 배당요구를 하지 못하였을 때는 차액지급은 허용될 수 없다.

② 차액지급은 매수인이 현실적으로 배당액을 수령할 수 있을 것은 전제로 한다. 따라서 나아가 매수인이 배당표에 배당을 받는 것으로 기재되더라도 그 배당금을 현실로 수령할 수 없어 공탁하여야 하는 경우, 즉 법 160조 1항 각 호의 공탁사유[72]에 해당하거나, 매수인인 저

72) 1. 채권에 정지조건 또는 불확정기한이 붙어 있는 때
2. 가압류채권자의 채권인 때
3. 제49조 제2호 및 제266조 제1항 제5호에 규정된 문서가 제출되어 있는 때

당권자의 저당권부채권이 압류 또는 가압류된 경우, 매수인의 채권이 압류, 가압류된 경우에도 차액지급은 허용될 수 없다.

③ 차액지급신고를 하였는데도 불구하고 법원이 대금지급기한을 정한 경우, 매수인은 법원이 차액지급을 인정하지 아니한 것에 대하여 다투기 위하여 대금지급기한을 지정한 결정이나 재매각명령에 대하여 집행에 관한 이의를 할 수 있다고 할 것이다. 다만 집행에 관한 이의를 제기하지 않고 있는 사이에 재매각명령에 따른 매각이 실시되어 매각허가결정이 선고된 경우에는 재매각의 결과 이루어진 매각허가결정에 대한 즉시항고로만 다툴 수 있고, 따로 대금지급기한지정결정 등에 대하여 집행에 관한 이의를 할 수는 없다(대결 2000마7550 참조).

2) 채무의 인수

매수인은 매각조건에 따라 부동산의 부담을 인수하는 외에 배당표의 실시에 관하여 매각대금의 한도에서 관계채권자의 승낙이 있으면 대금의 지급에 갈음하여 채무를 인수할 수 있다(법 143조 1항).

채무인수는 모든 채권자의 채무를 인수하여야 하는 것은 아니고 승낙을 얻은 일부 채권자의 채무만 인수할 수도 있다.

채무인수의 경우에 매각대금과 인수한 채무와의 차액을 지급하면 된다.

다만 인수할 채무에 관하여 적법한 이의가 있으면 매수인은 배당기일이 끝날 때까지 이에 해당하는 대금을 내야하고(법 143조 3항), 이를 내지 아니하면 재매각을 명한다.

---

4. 저당권설정의 가등기가 마쳐져 있는 때
5. 제154조 제1항에 의한 배당이의의 소가 제기된 때
6. 민법 제340조 제2항 및 같은 법 제370조에 따른 배당금액의 공탁청구가 있는 때

X. 매각대금지급 후의 처리(소유권이전등기 등의 촉탁)

1. 소유권의 취득

가. 소유권취득의 시기 및 범위

매수인은 매각대금을 다 낸 때에 매각의 목적인 권리를 취득한다(법 135조).

매수인이 취득하는 부동산 소유권의 범위는 매각허가결정서에 적힌 부동산과 동일성이 인정되는 범위 내에서 그 소유권의 효력이 미치는 범위와 같다. 따라서 매각대상 부동산의 구성부분, 종물 및 종된 권리는 매각허가결정서에 기재되어 있지 않더라도 매수인이 소유권을 취득하는 범위에 포함된다.

나. 경매절차의 하자와 소유권취득 여부

1) 강제경매의 경우

① 경매개시결정이 채무자에게 송달되지 아니한 것과 같이 강제경매절차를 무효로 하는 하자가 아닌 한 경매절차에 하자가 있더라도 매각허가결정이 확정되고 매수인이 대금을 납부한 이상 경매절차 밖에서 별소로 매각허가결정의 무효를 주장하여 매수인의 소유권취득의 효과를 다툴 수 없다.

② 집행권원이 무효인 경우에는 매수인이 대금을 납부하더라도 소유권을 취득할 수 없다(대판 99다31193, 2000다45303, 45310 참조). 또 매수인이 대금을 지급한 후에는 집행권원의 집행력을 배제하는 서류가 제출되더라도 매수인의 소유권취득은 영향을 받지 않는다.

2) 담보권실행을 위한 경매의 경우

① 담보권설정계약이 무효이거나 위조서류에 의하여 담보권설정등기가 된 경우와 같이 당초부터 담보권이 부존재인 경우 또는 담보권은 유

효하게 성립되었으나 경매개시결정전에 담보권이 소멸된 경우에는 이에 기한 경매절차 역시 당연 무효이므로 그 절차에서 매수인이 대금을 납부하였다 하더라도 경매부동산의 소유권을 취득하지 못한다(대판 98다51855). 경매개시결정전에 담보권이 소멸된 이상 저당권설정등기가 말소되지 않고 있었더라도 부종성에 의하여 그 근저당권은 무효이므로 결론은 동일하다.

② 그러나 일단 유효하게 성립되었던 담보권이 경매절차개시 후에 피담보채권의 변제, 담보권의 포기 등의 사유로 인하여 사후적으로 소멸한 경우에는 대금을 모두 지급한 이상 소유권을 취득하는 데 아무런 장애가 되지 않는다(법 267조, 대판 2000다44348 등).

2. 촉탁의 시기

법원사무관 등은 매수인이 대금을 지급하면 바로 매각허가결정의 등본을 첨부하여 매수인 앞으로 소유권을 이전하는 등기, 매수인이 인수하지 아니한 부동산의 부담에 관한 기입을 말소하는 등기, 경매개시결정등기를 말소하는 등기를 등기관에게 촉탁하여야 한다(법 144조 1항).

소유권이전등기 등의 촉탁을 하기 위해서는 주민등록표등본, 등록세영수필통지서 및 영수필확인서, 국민주택채권매입필증 등 촉탁서첨부서류가 필요한데, 부동산경매사건의 진행기간 등에 관한 예규(재민 91-5)는 매수인이 위의 각 촉탁서첨부서류를 제출한 날부터 3일 안에 하도록 규정하고 있다.

3. 촉탁할 등기

가. 소유권이전등기

1) 등기원인

매수인이 대금을 모두 지급하면 매각부동산의 소유권을 취득하므로 매각허가결정을 원인으로 하여 매수인 앞으로 소유권을 이전하는 등기를 관할등기소 등기관에게 촉탁하여야 한다(법 144조 1항 1호).

매각허가결정 확정 후에 매수인이 그 매수인의 지위를 제3자에게 양도하고 그 제3자가 매각대금을 지급한 경우라 하더라도 법원은 매수인을 위하여 이전등기촉탁을 하여야 할 것이며 제3자를 등기권리자로 하여 이전등기촉탁을 하여서는 안 된다. 이는 일종의 중간생략등기에 의한 부동산등기특별조치법을 위반한 행위로서 범죄행위이기 때문이다.

2) 매수인이 사망한 경우의 처리

매각허가결정확정 후 대금지급 전에 매수인이 사망함으로써 그 상속인이 매수인의 지위를 승계하여 매각대금을 지급한 경우에는 사망한 매수인을 위하여 소유권이전등기촉탁을 할 것이 아니라 직접 상속인 명의로 소유권이전등기를 촉탁할 것이다. 이 경우에 등기촉탁서에는 매각허가결정등본 외에 상속을 증명하는 제적등본, 호적등본(현 가족관계증명서) 등의 서면을 첨부하여야 한다. 이 경우 등기촉탁서의 등기권리자로서 '매수인 ○○○의 상속인 ○○○'라고 표시한다.

3) 제3취득자가 매수인이 된 경우

경매개시결정등기 전에 소유권이전등기를 받은 제3취득자가 매수인이 된 경우에는, 경매개시결정등기의 말소촉탁 및 매수인이 인수하지 않는 부담기입의 말소촉탁 외에 소유권이전등기촉탁은 하지 않는다(등기예규 1020호).

반면에 경매개시결정등기(국세체납처분에 의한 압류등기, 매각에 의하여 소멸되는 가압류등기도 같다) 후에 소유권이전등기를 받은 제3취득자가 매수인이 된 경우에는, 경매신청기입등기와 제3취득자 명의의 소유권등기의 말소촉탁과 동시에 매각을 원인으로 한 소유권이전등기촉탁을 한다(위 등기예규).

4) 구분건물의 대지권의 목적인 토지에 대한 이전등기

① 구분건물의 전유부분에 설정된 근저당권 실행에 따른 경매절차에서

전유부분을 매수한 자는 종된 권리인 대지사용권까지 취득하지만, 그 대지사용권이 소유권(공유지분권)인 경우 그 건물 대지에 대한 지분이전등기를 하기 위해서는 부동산등기법 소정의 절차에 부합하여야 하므로 ㉠ 매각허가결정의 부동산 표시에 대지권에 대한 표시가 누락되거나 ㉡ 등기촉탁서에 기재된 등기의무자(경매개시결정등기 당시 전유부분 소유자)의 표시와 토지등기부의 소유자 표시가 불일치한 경우에는 소유권이전등기의 촉탁을 할 수 없다.

② 이와 달리 매각허가결정의 부동산표시에 대지권까지 표시되고 등기의무자와 토지등기부상의 토지소유자가 일치하는 경우에는 토지등기부에 경매개시결정의 등기가 되지 않았다 하더라도 집행법원의 촉탁에 의하여 소유권이전 및 부담등기의 말소등기를 할 수 있는바, 전유부분에 대한 경매개시결정의 등기가 된 이후에 토지등기부의 등기의무자로부터 제3취득자 앞으로 소유권이전등기가 이루어진 경우에는 집행법원으로부터 소유권이전등기촉탁과 동시에 말소등기 촉탁이 있어야 하며, 토지등기부의 소유자가 불일치한 경우에는 이전등기 등을 통하여 등기의무자를 일치시킨 후 경매법원의 촉탁에 의하여 등기할 수 있을 것이다.[73]

나. 매수인이 인수하지 아니한 부동산의 부담에 관한 기입의 말소

매각대금이 지급되면 법원사무관 등은 매각허가결정의 등본을 붙여, 매수인 앞으로 소유권을 이전하는 등기와 함께, '매수인이 인수하지 아니한

---

73) 따라서 매각허가결정에 대지권의 목적인 토지부분에 대한 표시가 없는 경우의 소유권이전등기는 전유부분은 경매법원의 촉탁에 의하여, 토지부분은 종전 소유자와 공동신청에 의할 수밖에 없는바, 이 경우 토지등기부에 경료된 부담등기의 말소 또한 경매법원의 촉탁에 의할 수 없고 통상의 말소등기절차에 의할 수밖에 없다. 아울러 전유부분에 대하여 매수인 앞으로 소유권이전등기가 경료된 경우 그 건물의 대지사용권을 후일 취득하여 이전하기로 약정한 분양자는 대지사용권의 사후취득에 의한 대지권변경등기 신청 절차에 따라 토지에 대한 소유권이전등기를 경료하여 줄 수도 있다(2002.1.25. 등기 3402-65 질의회답).

부동산의 부담에 관한 기입을 말소하는 등기'를 촉탁하여야 한다(법 144조 1항 2호).

1) 말소의 대상이 되는 부동산의 부담의 범위

매수인이 인수하지 아니한 부동산의 부담에 관한 기입이라 함은 매각에 의하여 소멸하는 저당권의 등기뿐만 아니라 매수인에 대항할 수 없는 모든 권리의 등기를 말한다.

원칙적으로 금전채권을 목적으로 하는 모든 부동산상의 부담은 말소된다.

가) 저당권설정등기 등

저당권, 가등기담보권 등은 압류채권자보다 선순위라도 매각에 의하여 소멸되므로(법 91조 2항, 가담법 15조) 각 그 등기는 말소촉탁의 대상이 된다.

설정등기 후에 소유권의 변동이 있어도 저당권자나 가등기담보권자는 모두 배당받을 수 있고 모두 말소의 대상이 된다.

말소될 저당권에 관하여 채권압류의 등기(법 228조)가 되어 있는 경우에는 그 압류의 등기도 말소촉탁을 하여야 한다.[74)]

저당권이전의 부기등기는 주등기인 저당권설정등기에 종속되어 주등기와 일체를 이루는 것이어서 피담보채무가 소멸된 경우 또는 근저당권설정등기가 당초 원인무효인 경우 주등기인 근저당권설정등기의 말소만 구하면 되고 그 부기등기는 별도로 말소를 구하지 않더라도 주등기의 말소에 따라 직권으로 말소되므로(대판 95다7550) 구태여 부기등기의 말소촉탁을 할 필요는 없지만, 실무에서는 당사자가 신청하여 오면 이를 촉탁하고 있다.

한편 담보가등기가 경료된 부동산에 대하여 경매 등이 행해진 때에는

74) 보통의 경우에는 저당권에 채권압류 또는 가압류가 있으면 저당권설정등기의 말소등기를 신청할 경우 압류권자 또는 가압류권자의 승낙서 또는 이에 대항할 수 있는 재판의 등본을 첨부하여야 하나(부등법 171조) 경매에 따른 매각으로 인하여 법원의 촉탁으로 말소하는 경우에는 위와 같은 서면을 첨부할 필요가 없다(대결 84마473 참조).

담보가등기권리는 그 부동산의 매각에 의하여 소멸하나(가담법 15조), 권리신고가 되지 않아 담보가등기인지 일반가등기인지 알 수 없는 경우에는 일단 순위보전을 위한 가등기로 보아 그 가등기가 최선순위이면 매수인에게 그 부담이 인수되므로 말소하여서는 안 되고, 그 가등기보다 선순위의 담보권이나 또는 가압류가 있으면 함께 말소한다.

나) 용익물권의 등기, 임차권의 등기

① 지상권·지역권·전세권 및 등기된 임차권 중 최선순위의 저당권·압류채권·가압류채권에 대항할 수 없는 경우(법 91조 3항)에는 매각으로 소멸되므로 말소촉탁의 대상이 된다.
최선순위의 저당권·압류채권·가압류채권에 대항할 수 있는 권리는 매수인에 대항할 수 있으므로 소멸되지 아니하고 존속하나, 다만 그 중 전세권의 경우에는 전세권자가 법 88조에 따라 배당요구를 하면 매각으로 소멸되므로(법 91조 4항 단서) 이 경우에는 말소촉탁의 대상이 된다.

② 주택이나 상가건물임대차보호법의 적용대상인 상가건물의 임차권은 등기된 여부를 불문하고 임차목적물에 대하여 경매가 행하여진 경우에는 그 임차목적물의 매각에 의하여 소멸하지만(주택임대차보호법 3조의5 본문, 상가건물임대차보호법 8조 본문), 매수인에게 대항할 수 있는 임차권은 보증금이 전액 변제되지 아니하면 그 임차주택의 매각에 의하여 소멸되지 아니한다(주택임대차보호법 3조의5 단서, 상가건물임대차보호법 8조 단서). 여기서 임차권이 매각에 의하여 소멸되는가의 기준이 되는 전액 변제되어야 할 보증금은 대항력 있는 보증금만을 뜻한다. 주의할 것은 임차권등기명령에 의하여 등기된 임차권이 있을 경우 그것이 매수인에 대항할 수 있는 것인지는 등기된 때만을 기준으로 판단할 것이 아니라 실제로 대항력을 갖춘 때를 기준으로 판단하여야 한다는 것이다.

다) 소유권이전등기 · 가등기

압류의 효력발생 후에 제3자 명의로 마쳐진 소유권이전등기는 매수인에게 대항할 수 없으므로 말소촉탁의 대상이 된다. 소유권이전청구권보전의 가등기도 마찬가지이다.

그러나 압류의 효력발생 전에 마쳐진 것은 매수인에게 대항할 수 있으므로 소멸되지 아니하고 존속한다. 다만 이 경우에도 그보다 앞서 선순위로서 매각에 의하여 소멸되는 담보권에 관한 등기가 존재하는 경우에는 그 담보권등기 이후에 기입된 가등기도 말소촉탁의 대상이 된다(대결 84마606 등).

라) 가압류등기

① 가압류는 오로지 금전채권을 보전하기 위한 것이므로 항상 말소의 대상이다. 압류의 효력발생 전에 가압류등기를 한 가압류채권자는 당연히 매각대금으로부터 배당을 받을 수 있으므로(법 160조 1항 2호) 가압류등기는 그 존재이유를 상실하여 매각에 의하여 소멸한다. 또 압류의 효력발생 후에 등기한 가압류채권자는 매수인에 대항할 수 없으므로 매각에 의하여 소멸한다.

② 부동산에 다른 선순위의 부담이 없는 상태에서 가압류등기 후 소유권이 이전되어 현소유자의 채권자가 경매신청을 하여 매각이 된 경우 전 소유자에 대한 가압류는 말소되어야 하고, 다만 그 가압류권자에 대한 배당액은 공탁하여야 한다는 견해와 위 가압류채권자는 배당에 가입할 수 없으므로 그 가압류등기는 말소할 수 없고, 또한 현소유자 명의의 이전등기도 말소할 수 없다는 견해가 대립되어 있다. 가압류는 오로지 금전채권을 보전하기 위한 것에 불과하고, 또한 우리나라의 개별상대효설에 의하면 가압류의 청구금액을 한도로 보전의 물적 효력이 생길 뿐이므로 청구금액을 공탁함으로써 가압류권자의 권리를 완전하게 보전시킬 수 있고, 또한 매수인도 가압류의 제한

없는 부동산을 매수하게 될 뿐 아니라, 가압류권자가 본안에서 패소하게 됨으로써 매수인이 망외의 이득을 얻고 채무자가 손해를 보는 경우도 방지할 수 있으므로 전자의 견해에 의하는 것이 타당하다. 다만 전자의 견해에 의하더라도 위 가압류 후에 된 집행채무자 명의의 소유권이전등기는 말소되어서는 안 될 것이다.

마) 가처분등기

압류의 효력발생 후에 된 처분금지가처분등기는 매수인에 대항할 수 없으므로 말소촉탁의 대상이 되고(등기예규 676-3 참조), 압류의 효력발생 전에 된 가처분등기는 말소되지 아니한다.

다만 압류의 효력발생 전에 된 가처분등기라 할지라도 그보다 선순위로서 매각으로 소멸하는 담보권·압류·가압류 등기가 존재하는 경우에는 역시 말소의 대상이 된다.

바) 국세체납처분에 의한 압류등기

국세체납등기도 금전채권을 목적으로 하는 것이다. 따라서 경매절차에서 국세체납처분에 의한 압류등기에 관계된 국세를 우선변제하고 그 압류등기를 말소하여야 한다. 지방세의 경우도 마찬가지이다.

사) 예고등기

예고등기는 권리에 관한 공시를 목적으로 하는 등기가 아니므로 부동산의 부담으로 되지 아니하여 말소촉탁의 대상이 되지 아니한다.

아) 사용승인을 받지 아니한 건물이라는 취지(부등법 134조 3항 단서)의 말소여부

권리에 관한 공시를 목적으로 하는 등기가 아니어서 부동산의 부담으로 되지 아니하므로 말소촉탁의 대상이 되지 아니하고, 단지 그 건물 소유권의 등기명의자가 그에 대한 말소등기를 신청할 수 있다(부등법 134조 4항, 6항 참조).

2) 말소할 등기의 조사

말소의 대상이 된 권리의 존재를 알지 못하여 말소촉탁에서 누락된 경우에는 법원사무관 등은 소유권이전등기의 촉탁 후라도 누락된 등기의 말소를 추가촉탁하여야 한다.

법원사무관 등이 말소할 등기가 아니라고 인정하여 말소촉탁을 하지 아니한 경우에 관하여는, 매수인은 그 등기명의자를 상대로 말소등기청구의 소를 제기할 수밖에 없다는 견해, 집행법 16조를 유추적용하여 집행에 관한 이의를 할 수 있다는 견해, 그리고 민사소송법 223조를 준용하여 법원사무관 등의 처분에 대한 이의를 제기할 수 있다는 견해가 대립되어 있다.

XI. 부동산인도명령

1. 총 설

법원은 매수인이 대금을 낸 뒤 6월 이내에 신청하면 채무자, 소유자 또는 부동산 점유자에 대하여 부동산을 매수인에게 인도하도록 명할 수 있는바(법 136조 1항) 이를 인도명령이라 한다.

2. 인도명령의 당사자

가. 신청인

인도명령을 신청할 수 있는 자는 매수인과 매수인의 상속인 등 일반승계인에 한한다.

매수인이나 그 승계인이 매각대금을 지급하였음을 요하며 매수인명의로 소유권이전등기가 되었음을 요하지는 않는다.

나. 상 대 방

인도명령의 상대방은 채무자, 소유자 또는 부동산점유자이다(법 136조 1항). 채무자나 소유자의 일반승계인도 인도명령의 상대방이 될 수 있음은 물론이다(대결 73마734).

1) 채 무 자

채무자는 경매개시결정에 표시된 채무자를 말하고 그 일반승계인이 포함되며, 상속인이 여럿인 경우에는 각 공동상속인마다 개별적으로 인도명령의 상대방이 된다.

2) 소 유 자

소유자란 경매개시결정 당시의 소유명의자를 말한다. 따라서 가압류에서 본압류로 이전된 경우에 본압류 당시의 소유명의자는 당연히 본조 소정의 소유자에 해당한다. 경매개시결정 후의 3취득자도 포함시켜야 한다는 견해도 있는데, 인도명령제도의 입법취지상 타당하다(이에 해당하는 자를 소유자로 볼 것인지, 아니면 부동산점유자로 볼 것인지는 문제이나, 설령 소유자로 보지 않더라도 후술하는 부동산점유자로서 매수인에게 대항할 수 있는 권원에 의하여 점유하는 자가 아니므로 어느 견해에 의하든 인도명령의 상대방이 된다는 점에서는 결론에 영향이 없다).

3) 부동산점유자

① 압류의 효력이 발행하기 전에 점유를 시작한 점유자에 대하여도 인도명령을 발령할 수 있다. 따라서 점유를 시작한 때가 압류의 효력발생 전인지 여부와 관계없이, 심지어는 매각으로 인하여 소멸하는 최선순위의 담보권이나 가압류보다 먼저 점유를 시작한 점유자라도 매수인에게 대항할 수 있는 권원에 의하여 점유하고 있는 것으로 인정되는 경우가 아니면 인도명령의 상대방이 된다.

② 점유자가 매수인에게 대항할 수 있는 권원에 의하여 점유하고 있는 것으로 인정되는 경우에는 상대방이 될 수 없다(법 136조 1항 단서).

매수인에게 대항할 수 있는 권원이란 점유자의 채무자에 대한 점유권원으로서 매각에 의하여 효력을 잃지 않고 매수인에게 대항할 수 있는 권원, 즉 ㉠ 매수인에게 인수되는 권리와 ㉡ 매각 후 매수인과의 사이에 새로이 성립한 점유권원의 두 가지로 구별된다. ㉠의 권원에는, 매각으로 인하여 소멸하는 저당권·압류·가압류 등에 우선하는 대항력 있는 용익권(임차권, 지상권)이라든가 유치권이 포함되고, ㉡의 권원에는 법정지상권이라든가 매수인과 점유자의 합의에 의하여 새로 성립한 용익권 등이 포함된다.

주택임대차보호법상의 대항력과 우선변제권을 겸유하고 있는 주택임차인이 우선변제권을 선택하여 임차주택에 대하여 진행되고 있는 경매절차에서 보증금에 관하여 배당요구를 한 경우에, 대항력 있는 보증금 전액을 배당받을 수 있는 때에는 매수인에게 대항하여 보증금을 반환받을 때까지 임대차관계의 존속을 주장할 수는 없다고 하더라도 다른 특별한 사정이 없는 한 임차인이 경매절차에서 보증금 상당의 배당금을 지급받을 수 있는 때, 즉 임차인에 대한 배당표가 확정될 때까지는 매수인에 대하여 임차주택의 명도를 거절할 수 있으므로(대판 97다11195), 대항력과 우선변제권을 겸유하고 있는 임차인이 경매절차에서 배당요구를 하였고 보증금의 액수나 확정일자의 순위로 미루어 전액 배당을 받을 수 있을 것으로 예상되거나 심지어 배당표에 전액 배당받는 것으로 배당표가 작성되었다고 하더라도 배당이의가 없거나 또는 배당이의가 있더라도 그 이의가 완결되어 배당표가 확정될 때까지는 매수인에게 대항할 수 있는 권원에 의하여 점유하고 있는 것이다.

③ 점유자가 매수인에게 대항할 수 있는 권원에 의하여 점유하고 있다는 것은 인도명령을 저지하는 중대한 사유가 되는데, 이에 대한 입증

책임은 점유자에게 있다.

실무상 절대적 인도명령의 상대방인 채무자나 소유자를 상대로 한 인도명령은 문제가 없고, 채무자나 소유자 이외의 점유자를 상대로 한 인도명령의 경우 점유자가 매수인에게 대항할 수 있는 권원이 있는지가 중요한 쟁점이 된다.

4) 가 족

인도명령의 집행력은 인도명령에 기재된 당해 의무자는 물론 그 의무자와 한 세대를 구성하며 독립된 생계를 영위하지 아니하는 가족과 같이 그 의무자와 동일시되는 자에게도 미친다(채무자의 경우, 대판 96다30786).

3. 인도명령의 신청

가. 신청의 방법

채무자, 소유자 또는 현황조사보고서 등 기록상 명백한 점유자를 상대방으로 하여 신청하는 경우에는 특별한 증빙서류의 제출을 요하지 아니하나 가령 채무자의 일반승계인을 상대방으로 하는 경우에는 가족관계증명서 또는 상업등기부등본을 제출하여야 하며 기록상 드러나지 않는 점유자를 상대방으로 하는 경우에는 채무자에 대한 인도명령에 기하여 인도의 집행을 실시하였으나 3자의 점유로 집행불능이 되었다는 집행관이 작성한 집행조서(집행불능조서)등본 또는 주민등록표등본 등 그 점유사실과 점유개시시기(즉 매각대금지급 전에 점유를 개시한 자인 사실)를 증명할 수 있는 서면을 제출하여야 할 것이다.

나. 신청의 시기

인도명령은 매각대금을 낸 뒤 6월 이내에 신청해야 한다. 6월이 지난 뒤에는 소유권에 기한 인도 또는 명도소송을 제기할 수밖에 없다.

4. 인도명령의 재판

법원은 서면심리만으로 인도명령의 허부를 결정할 수도 있고 또 필요하다고 인정되면 상대방을 심문하거나 변론을 열 수도 있다(법 23조 1항, 민소 134조).

그러나 법원이 채무자 및 소유자 외의 점유자에 대하여 인도명령을 하려면 그 점유자를 심문하여야 한다. 다만 그 점유자가 매수인에게 대항할 수 있는 권원에 의하여 점유하고 있지 아니함이 명백한 때 또는 이미 그 점유자를 심문한 때에는 그러하지 아니하다(법 136조 4항).

5. 인도명령의 집행

① 인도명령은 법 56조 1호의 항고로만 불복할 수 있는 재판으로서 집행권원이 되는 것이고 집행을 받을 자에게 집행권원을 송달하는 것이 집행개시요건이므로(법 39조 1항), 신청인 및 상대방에게 인도명령 정본을 송달하여야 하고, 집행문도 필요하다.

② 인도명령은 이른바 확정되어야 효력이 생기는 재판으로는 규정되어 있지 아니하므로 송달만으로 즉시 효력(집행력)이 생기며 즉시항고가 제기되더라도 집행정지의 효력이 생기지 않는다(법 15조 6항).

③ 상대방이 인도명령에 따르지 아니할 때에는 신청인은 집행관에게 그 집행을 위임하여 집행관으로 하여금 집행법 258조에 의하여 인도집행을 하도록 한다(법 136조 6항).

④ 인도명령이 발하여진 뒤에 승계관계가 발생하였을 경우(예컨대 인도명령의 발령 후에 신청인 또는 상대방에 관하여 일반승계사유가 생긴 경우라든가 상대방의 점유가 다른 사람에게 승계된 경우)에는 승계집행문을 부여 받아 집행할 수 있다는 데는 이론이 없다.

6. 인도명령에 대한 불복방법 등

가. 인도명령의 신청에 관한 재판에 대한 불복

인도명령의 신청에 관한 재판에 대하여는 즉시항고할 수 있다(법 136조 5항).

그 밖에 항고제기방식에 관한 사항은 매각허가결정에 대한 즉시항고와 같다.

나. 집행정지

인도명령에 대하여 즉시항고를 제기하더라도 집행정지의 효력이 없고(법 15조 6항) 또한 확정되어야 효력이 생기는 재판도 아니므로, 즉시항고를 제기한 것만으로는 인도명령의 집행을 저지할 수 없고, 오로지 법 15조 6항의 집행정지명령을 받아 이를 집행관에게 제출하여 그 집행을 정지할 수 있고, 청구에 관한 이의의 소나 3자 이의의 소를 제기한 경우에는 집행법 46조의 잠정처분을 받아 이를 집행관에게 제출하여 그 집행을 정지할 수 있다(법 46조, 48조).

이러한 방식으로 집행을 정지시키지 아니한 결과 항고에 대한 결정전에 인도집행이 종료된 경우에는 인도명령에 대한 항고는 항고의 이익이 소멸된다.

XII. 경매신청의 취하

1. 취하의 시기 및 요건

가. 매수신고가 있기 전까지의 취하

경매신청 후 매각기일에 적법한 매수신고가 있기까지는 경매신청인은 임의로 경매신청을 취하할 수 있다. 경매신청인 외의 다른 채권자의 동의를 받을 필요가 없다.

나. 매수신고가 있은 후의 취하

① 매수신고가 있은 뒤 경매신청을 취하하는 경우에는 최고가매수신고인 또는 매수인과 집행법 114조의 차순위매수신고인의 동의를 받아야 그 효력이 생긴다(법 93조 2항).

② 다만 이중경매개시결정이 있는 때에는 선행사건의 경매신청이 취하될 경우 집행법 105조 1항 3호의 기재사항이 바뀌는 경우, 즉 매수인이 인수하여야 할 부담이 바뀌는 경우에는 선행사건의 취하에 최고가매수신고인 등의 동의를 받아야 하고, 반대로 선행사건이 취하되더라도 집행법 105조 1항 3호의 기재사항이 바뀌지 아니하는 경우에는 최고가매수신고인 등의 동의를 받을 필요가 없다(법 93조 2항 및 규칙 49조 1항 참조).

③ 한편 후행사건이 배당요구의 종기가 지난 뒤의 신청에 의한 것인 경우에는 선행사건의 취하에 최고가매수신고인 등의 동의를 받아야 한다(규칙 49조 1항 참조). 후행사건이 배당요구의 종기가 지난 뒤의 신청에 의한 것인 경우에 후행사건에 따라 진행하기 위해서는 다시 배당요구의 종기를 정하는 절차를 밟아야 하는 등(법 87조 3항) 그 절차가 지연되고 복잡하여짐으로써 최고가매수신고인 등의 이익을 해할 우려가 있으므로 그의 동의를 받도록 한 것이다.

2. 취하 후의 처리

가. 경매절차의 종료

경매신청이 유효하게 취하되면 압류는 소멸하고(법 93조 1항), 경매절차는 당연히 종료한다.

취하가 있더라도 최고가매수신고인 등의 동의가 없어 유효한 취하로 되지 못하는 경우에는 그대로 경매절차를 진행한다.

경매신청이 취하되면 그때까지 소요되었던 경매절차의 비용은 경매신청인이 부담하여야 한다. 다만 압류가 경합되어 있어 먼저 개시된 사건의 신청인이 지출한 절차비용 중 뒤에 개시된 사건에 그대로 이용된 절차에 관한 비용은 공익비용으로서 매각대금에서 당연히 우선적으로 상환을 받을 수 있다.

나. 경매개시결정등기의 말소촉탁

경매신청이 취하되면, 이는 경매신청이 매각허가 없이 마쳐진 때에 해당하므로 법원사무관 등은 법 94조와 139조 1항의 규정에 따른 기입을 말소하도록 등기관에게 촉탁하여야 한다(법 141조).

XIII. 담보권의 실행 등을 위한 경매의 특칙

1. 임의경매와 강제경매의 절차상의 이동

가. 강제경매에 관한 규정의 준용범위

1) 집행법의 체계

민사집행법은 부동산에 대한 강제집행 절차를 먼저 규정하고, 집행법 268조에서 담보권의 실행을 위한 부동산에 대한 매각절차에도 부동산에 대한 강제경매에 관한 규정 전부(법 79조 내지 162조)를 준용하도록 하는 한편, 동법 275조에서 42조 내지 44조 및 46조 내지 53조를 준용하도록 하고, 집행규칙 194조에서도 부동산을 목적으로 하는 담보권실행을 위한 경매에도 동규칙 40조 내지 82조를 준용한다고 함으로써 담보권의 실행을 위한 부동산에 대한 경매도 원칙적으로 압류에서 배당에 이르기까지 강제경매와 동일한 절차에 의하여 실시하도록 규정하고 있다.

2) 준용의 개략

가) 매각절차의 개시

집행법원은 경매개시결정을 하고, 압류를 명하며(법 83조 1항), 개시결정을 한 때에는 법원사무관 등은 경매개시결정의 등기를 촉탁하여야 한다(법 94조). 채무자・소유자 또는 부동산의 점유자가 부동산의 가격을 현저히 감소시키거나 감소시킬 우려가 있는 행위를 하는 때에는 집행법원은 그 침해행위를 방지하기 위하여 필요한 조치를 취할 수 있으며(법 83조, 규칙 44조), 경매개시결정을 이중으로 하는 것도 가능하다(법 87조).

나) 매각의 준비절차

배당요구의 종기결정 및 공고(법 84조), 조세, 공과금 및 채권신고의 최고(법 84조 4항), 현황조사(법 85조), 부동산의 평가와 최저매각가격의 결정(법 97조 1항), 인수주의와 잉여주의의 선택 등(법 91조), 일괄매각결정(법 98조), 부동산의 멸실 등으로 말미암은 경매취소(법 96조) 매각물건명세서등(법 105조), 남을 가망이 없을 경우의 경매의 취소(법 102조)도 강제경매의 경우와 똑같다.

다) 매각・매각결정 및 대금지급절차

매각기일의 공고내용(법 106조), 매수신청의 보증(법 113조), 매각결정절차 및 매각허가여부의 결정에 대한 항고절차 등(법 120조 내지 132조), 과잉매각되는 경우의 매각불허가(법 124조), 부동산의 인도명령 등(법 136조), 대금의 지급(법 142조) 등도 강제경매의 경우와 같다.

채무자의 매수신청을 금지한 민사집행규칙 59조도 준용된다. 따라서 채무자는 매수신청을 할 수 없다. 그러나 임의경매의 경우에 채무자 아닌 소유자는 다른 이해관계인을 불리하게 하는 바 없고 특별규정도 없으므로 매수신청인이 될 수 있다.

라) 배당절차 등

임의경매에도 배당요구에 관한 민사집행법 88조, 배당절차인 동법 146조 이하가 준용된다(법 268조).

나. 임의경매와 강제경매의 차이

양자간의 차이점 중 중요한 것을 보면 다음과 같다.

1) 집행권원의 요부

강제경매에 있어서는 집행권원의 존재를 요하며 그 정본에 집행문을 부여한 집행력 있는 정본에 기하여 실시되는 것이므로, 강제경매의 신청에는 집행할 수 있는 일정한 집행권원을 적어야 하고(법 80조 3호), 또 그 신청에는 집행력 있는 정본을 붙여야 한다(법 81조 1항).

그러나 임의경매는 피담보채권의 변제를 받기 위하여 경매의 신청권이 인정되므로(민법 363조 1항) 집행권원의 존재를 요하지 아니하며, 그 신청서에도 집행력 있는 정본은 요구하지 않으며, 담보권의 존재를 증명하는 서류를 내도록 되어 있다(법 264조 1항).

이러한 집행권원의 유무 차이는 바로 배당절차에서 채무자가 채권자의 배당액에 대하여 이의가 있을 경우 배당이의를 할 것인가(집행권원이 없는 경우), 아니면 청구이의를 할 것인가(집행권원이 있는 경우)의 차이로 연결되는 것이다.

2) 공신적 효과의 유무

① 강제경매는 집행력 있는 정본이 존재하는 경우에 한하여 국가의 강제집행권의 실행으로서 실시되므로 일단 유효한 집행력 있는 정본에 기하여 매각절차가 완결된 때에는 후일 그 집행권원에 표상된 실체상의 청구권이 당초부터 부존재? 무효라든가 매각절차 완결시까지 변제등

의 사유로 인하여 소멸되거나 나아가 재심에 의하여 집행권원이 폐기된 경우라 하더라도 매각절차가 유효한 한 매수인은 유효하게 목적물의 소유권을 취득한다. 즉 강제경매에는 공신적 효과가 있다.

② 이에 반하여 임의경매에 있어서는 담보권자의 담보권에 기한 경매의 실행을 국가기관이 대행하는 것에 불과하므로 담보권에 이상이 있으면 그것이 매각허가결정의 효력에 영향을 미치게 되므로 경매의 공신적 효과는 부정된다. 즉 임의경매에 있어서는 강제경매의 경우와는 달리 집행법원은 담보권 및 피담보채권의 존부를 심사하여 담보권의 부존재·무효, 피담보채권의 불발생·소멸 등과 같은 실체상의 하자가 있으면 경매개시결정을 할 수 없으며, 나아가 이러한 사유는 매각불허가사유에 해당하며 또 이를 간과하여 매각허가결정이 확정되고 매수인이 매각대금을 완납하고 소유권이전등기를 경료받았다 하더라도 매수인은 매각부동산의 소유권을 취득하지 못한다(대판 98다51855).

③ 다만 임의경매에 있어서도 예외적으로 경매의 공신적 효과가 인정되는 경우가 있다.

즉 실체상 존재하는 저당권에 기하여 경매개시결정이 있었다면 그 후 저당권이 소멸되었거나(예컨대 저당권설정계약이 해지된 경우) 변제 등에 의하여 피담보채권이 소멸되었더라도 경매개시결정에 대한 이의 또는 매각허가결정에 대한 항고에 의하여 매각절차가 취소되지 아니한 채 매각절차가 진행된 결과 매각허가결정이 확정되고 매각대금이 완납되었다면 매수인은 적법히 매각부동산의 소유권을 취득한다(법 267조, 대판 2000다44348 등).

3) 한국자산관리공사법[75]의 적용여부

위 법은 45조,[76] 45조의2[77]에서 여러 가지 매각절차상의 특례를 인정하

75) 이 법의 원래 명칭은"금융기관부실자산등의 효율적 처리 및 한국자산관리공사의 설립에 관한 법률"이나, 편의상 한국자산관리공사법이라 한다.

고 있는바, 그 중 송달특례에 관한 45조의2는 임의경매절차에만 그 적용이 있고 강제경매절차에는 적용되지 않는다.

2. 임의경매의 신청

가. 신청서에 적어야 할 사항

1) 채권자(규칙 192조 1호)

가) 채권자의 이름, 주소

① 저당권부채권의 양도를 받았으나 아직 저당권이전의 부기등기를 경료받지 못한 자도 비록 채권양도의 대항요건(민법 450조)을 구비하였다 하더라도 저당권을 취득한 것이 아니므로 경매신청을 할 수 없다.

② 그러나 예외적으로 저당권부채권이 법률의 규정에 의하여 이전하는

---

76) 제45조(경매를 위한 담보제공에 관한 특례) 공사는 「민사집행법」에 의한 경매절차에서 매수신고인이 되고자 하거나 제26조제1항제1호의 업무를 수행하기 위하여 채권의 회수를 위탁한 금융기관을 대리하여 매수신고인이 되고자 하는 경우에는 「민사집행법」 제113조의 규정에 불구하고 공사의 지급확약서를 담보로 제공할 수 있다. <개정 2002.1.26, 2006.12.30>

77) 제45조의2(경매에 대한 통지 또는 송달의 특례) ① 법원이 다음 각호의 1에 해당하는 자의 신청에 의하여 진행하는 「민사집행법」에 의한 경매절차(담보권 실행을 위한 경매절차에 한한다)에 있어서의 통지 또는 송달은 경매신청당시 당해 부동산의 등기부에 기재되어 있는 주소(「주민등록법」에 의한 주민등록표에 기재된 주소와 다른 경우에는 주민등록표에 기재된 주소를 포함하며, 주소를 법원에 신고한 때에는 그 주소로 한다)에 발송함으로써 송달된 것으로 보며, 등기부 및 주민등록표에 주소가 기재되어 있지 아니하고 주소를 법원에 신고하지 아니한 때에는 공시송달의 방법에 의하여야 한다.
1. 제26조제1항의 업무를 수행함에 있어서 채권자 또는 채권회수수임인으로서의 공사
2~9호. 삭제 <2009.5.13>
② 제1항의 규정에 의한 경매절차에 있어서 제1항 각호의 1에 해당하는 자는 경매신청전에 경매실행 예정사실을 당해 채무자 및 소유자에게 부동산의 등기부에 기재되어 있는 주소(「주민등록법」에 의한 주민등록표에 기재된 주소와 다른 경우에는 주민등록표에 기재된 주소를 포함한다)로 통지하여야 한다. 이 경우 발송함으로써 송달된 것으로 본다. <개정 2006.12.30>

경우에는 저당권도 이에 따라 등기 없이도 이전되므로 이 경우에는 저당권을 취득한 자는 등기부상에 저당권자로 등기되지 아니 하더라도 경매신청을 할 수 있다.

③ 피담보채권을 저당권과 함께 양수한 자는 저당권이전의 부기등기를 마치고 저당권실행의 요건을 갖추고 있는 한 채권양도의 대항요건을 갖추고 있지 아니하더라도 경매신청을 할 수 있으며, 채무자는 경매절차의 이해관계인으로서 채권양도의 대항요건을 갖추지 못하였다는 사유를 들어 경매개시결정에 대한 이의나 즉시항고절차에서 다툴 수 있고, 이 경우는 신청채권자가 대항요건을 갖추었다는 사실을 증명하여야 할 것이나, 이러한 절차를 통하여 채권 및 근저당권의 양수인의 신청에 의하여 개시된 경매절차가 실효되지 아니한 이상 그 경매절차는 적법한 것이고, 또한 그 경매신청인은 양수채권의 변제를 받을 수도 있다(대판 2004다29279).[78)]

나) 대위변제한 근저당권자의 경매신청

(1) 전액 대위변제의 경우

대위변제자도 채권자를 대위하여 경매신청을 할 수 있다. 다만 변제할 정당한 이익이 없는 자가 변제한 경우에는 채권자를 대위함에 있어서 채권자의 승낙을 필요로 하며, 채권양도와 똑같은 대항요건을 갖추지 않으면 안 된다(민법 480조).

(2) 일부 대위변제의 경우

일부 대위변제한 근저당권자가 자신에게 이전된 담보권을 대위의 범위

---

78) 따라서 저당권이전의 부기등기를 마쳐도 채권양도의 대항요건에 관한 소명자료가 없으면 임의경매신청을 할 수 없다는 법원실무제요의 견해는 수정되어야 한다. 위 판결의 해설에 대해서는, 이우재 대법원판례해설 54호(2005 상반기)(2006.1), 법원도서관 158-180면을, 그밖에 "채무자에 대한 대항요건을 갖추지 못한 경우 채권양수인의 법적지위 "에 대해서는, 문준섭 법조 58권 1호(통권628호)(2009.1), 법조협회 206-239면을 각 참조.

내에서 단독으로 행사할 수 있는지에 관하여 통설은 채권자가 담보권을 행사하는 경우에만 채권자와 함께 그 권리를 행사할 수 있다고 한다.

실무는 다수설에 따라 일부 대위변제자가 단독으로 경매신청을 하는 경우 받아들이지 않고 있다.

2) 채무자 · 소유자(규칙 192조 1호)

3) 담보권의 표시(규칙 192조 2호)

4) 피담보채권의 표시(규칙 192조 2호)

가) 피담보채권의 존재의 소명

실체법상으로는 담보권의 실행에는 피담보채권이 현실로 존재함을 요하나, 피담보채권에 관하여는 신청인이 경매신청서에 이를 기재하고 소명하는 정도로 족한 것이다.

나) 피담보채권의 표시(청구금액의 표시, 규칙 192조 2호, 4호)

다) 피담보채권의 이행지체

라) 전세권자의 경매신청

① 전세권자의 전세목적물인도의무 및 전세권설정등기말소의무와 전세권설정자의 전세금반환채무가 동시이행관계에 있으므로, 전세권자인 채권자가 전세목적물에 대한 경매를 신청하려면 우선 전세권설정자에 대하여 전세목적물의 인도의무 및 전세권설정등기말소의무의 이행제공을 하여 전세권설정자를 이행지체에 빠뜨려야 한다(대결 77마90).

② 그런데 주택임대차보호법이나 상가건물임대차보호법이 적용되는 경우, 임차인이 임차물건에 대하여 보증금반환청구소송의 확정판결 기타 이에 준하는 집행권원에 기한 경매를 신청하는 경우에는 민사집행법 제41조의 규정에 불구하고 반대의무의 이행 또는 이행의

제공을 집행개시의 요건으로 하지 아니하는바(주택임대차보호법 3조의 2 1항 및 상가건물임대차보호법 5조 1항), 전세권등기를 하였으나, 별도로 주택임대차보호법이나 상가건물임대차보호법의 요건을 갖춘 경우, 전세권에 기한 경매신청시에도 주택임대차보호법이나 상가건물임대차보호법이 적용되는지 문제가 있으나, 위 각 법이 비록 '보증금반환청구소송의 확정판결 기타 이에 준하는 집행권원에 기한 경매를 신청하는 경우'로 규정하고 있으나, 보통 전세권등기를 한 자가 별도로 주택임대차보호법이나 상가건물임대차보호법의 요건을 갖추는 것은 자기의 권리를 강화하려는 것이므로, 확정판결 없이 전세권에 기하여 임의경매의 형식으로 경매를 신청하는 경우에도 반대의무의 이행 또는 이행의 제공을 집행개시의 요건으로 하지 아니한다고 봄이 상당하다.

5) 담보권의 실행의 대상이 될 재산의 표시(규칙 192조 3호)

가) 공유지분에 대한 임의경매

부동산의 공유자는 그 지분에 관하여 저당권을 설정할 수 있으므로 저당권자가 그 지분에 관하여 저당권을 실행하는 경우에는 부동산의 표시로서 그 공유부동산 전부를 기재하고 공유자 전원의 이름·주소 및 지분의 비율도 표시하여야 한다.

甲이 단독으로 토지를 소유하고 있다가 근저당권을 설정한 경우에 근저당권자가 임의로 토지의 일부지분에 대하여 경매신청을 하는 것은 저당권 일부실행금지의 원칙에 반하여 허용할 수 없다.

나) 건물 일부에 대한 전세권자의 경매신청

건물 일부의 전세권자에게 건물 전부에 대한 우선변제권은 인정되나(민법 303조 1항), 그 전세권자가 전세권의 목적물이 아닌 나머지 건물부분에 대하여 경매신청을 할 수는 없으므로(대결 2001마212 등), 그 부분만을 분할하지 않는 한 건물전부에 대한 경매는 불가능하다. 따라서 이러한 전세권자가 경매신청을 하기 위해서는 전세금반환청구소송을 제기하여 승소판결을 받은 후 강제경매를 하여야 하고, 그 매각절차에서 전세권에 기한 우선변제를 받을 수 있다.

다) 공장저당권을 실행하는 경우

① 공장저당의 의의 : 공장 및 광업재단저당법은 공장재단저당과는 별도로 재단을 구성하지 않은 채로 공장에 속하는 토지 또는 건물 위에 저당권을 설정함으로써 그 저당권의 목적물에 부가되어 일체를 이루는 물건(부가물), 목적물에 설치된 기계·기구, 그 밖의 공장의 공용물에 그 저당권의 효력을 미치게 하는 제도를 인정하고 있다(공장 및 광업재단저당법 3조, 4조). 이를 협의의 공장저당 또는 단순히 공장저당이라 한다.

이러한 공장저당은 개개의 부동산에 대하여 저당권을 설정하는 것으로서 전일체로서의 공장을 담보로 제공하는 것이 아니고, 또 공업소유권 등의 권리나 다른 부동산에 부가된 기계·기구에는 저당권의 효력이 미치지 않는 점에서 공장재단저당과 구별된다.

② 일괄매각 : 공장저당법에 의한 저당권의 실행으로 경매가 이루어지는 경우에 공장저당물건인 토지 또는 건물과 그에 설치된 기계, 기구 그 밖의 공장의 공용물과는 유기적인 일체성이 있으므로 반드시 일괄하여 경매하여야 한다(대결 92마576).

라) 민법 365조의 일괄경매

① 저당지상의 건물에 대한 경매신청의 경우 : 나대지를 목적으로 저당권을 설정한 후 그 설정자가 그 토지상에 건물을 축조한 때에는 저당권자는 그 토지와 함께 건물에 대하여도 경매신청이 가능하다(민법 365조 본문).[79] 이 경우는 저당권설정자가 건물을 축조하여 소유하고

있는 경우에 한한다(대결 99마146 등). 다만 저당권자는 건물의 경매대가로부터는 우선변제를 받을 권리가 없다(민법 365조 단서).

② 채무자가 대지와 건물에 대하여 근저당권을 설정한 후 건물을 철거하고 대지상에 새로운 건물을 신축한 경우에도 채권자는 위 신축건물에 대하여 민법 365조에 의한 일괄경매신청을 할 수 있다(대결 97마2935).

③ 이 경우 그 건물이 미등기건물인 때에는 그 건물의 표시는 경매신청서에 첨부한 부동산소유증명서의 표시와 부합하도록 표시하여야 한다('미등기 건물에 대한 경매' 부분 참조). 이와 같이 미등기건물에 관하여 경매개시결정을 하면 법원사무관 등의 촉탁에 의하여 등기관은 직권으로 그 건물의 소유권보존등기를 하고 경매개시결정등기를 하여야 하므로 경매신청서 중 부동산표시를 함에 있어서 미등기라는 취지를 부기하여야 한다.

마) 부합물 및 종물

저당권의 효력은 매각부동산에 부합되어 이와 일체를 이루는 물건 및 종물에 미치므로(민법 358조) 이러한 물건도 매각부동산과 함께 경매의 대상이 된다.

그러나 부합물, 종물은 채권자가 미리 조사하여 경매신청서에 일일이 기재하는 것은 곤란하므로 경매신청서에는 등기부의 기재대로만 표시하면 족하고, 존재하는 모든 부합물, 종물을 표시할 필요는 없다.

---

79) 나대지에 근저당권이 설정된 후 건축된 건물의 일부가 인접한 다른 대지에 걸쳐 있는 경우에 건물의 상당부분이 근저당권이 설정된 대지 위에 건립되어 있고 그 건물전체가 불가분의 일체로서 소유권의 객체를 이루고 있다면 위 대지의 근저당권자는 건물전부에 대하여 민법 365조에 의한 경매청구권을 행사할 수 있다(대판 85다카246).

나. 청구금액의 확장

신청채권자가 등록세를 절감하기 위하여 그 신청단계에서는 경매신청서에 집행권원상의 채권 또는 피담보채권 중 일부에 한정하여 기재하였다가 그 후 채권계산서를 제출하면서 당초의 청구금액을 확장하여 기재하는 경우가 있는바, 이를 청구금액의 확장이라고 한다. 강제경매의 경우에도 같은 방식의 청구확장이 가능한가의 문제가 있지만 담보권실행을 위한 경매의 경우에는 더욱 심오한 문제가 있다.

1) 경매신청 후 신청채권자의 청구금액의 확장

대법원은 청구금액의 확장을 인정하지 않는다. 즉 경매신청서에 피담보채권의 원금 중 일부만을 청구금액으로 하여 경매를 신청하였을 경우에는 경매채권자의 청구금액은 그 기재된 채권액을 한도로 확정되고 경매채권자는 채권계산서에 청구금액을 확장하여 제출하는 방법에 의하여 청구 금액을 확장할 수 없고(대판 98다46938 등), 이는 피담보채권 중 일부 채권의 변제기가 도래하지 아니한 경우에도 마찬가지이다(대판 95다15261).

청구금액의 확장이 허용되지 않는 결과 후순위자가 배당을 받은 경우에 그 자를 상대로 한 부당이득반환청구도 허용되지 않는다(대판 96다495).

2) 다른 피담보채권의 추가 또는 교환

경매신청서에 피담보채권으로 기재한 채권이 변제 등에 의하여 소멸하였으나 당해 근저당권의 피담보채권으로서 다른 채권이 있는 경우 신청채권자는 그 청구채권을 소멸된 당초의 채권으로부터 그 다른 채권으로 교환적으로 변경하여 그 다른 채권에 대하여 배당을 구하는 방법으로 당초 청구한 금액의 범위 내에서는 그 다른 채권에 대하여 배당을 받을 수 있다(대판 96다457, 대판 96다39479).

그러나 이 경우에도 경매신청에 의하여 근저당권의 피담보채권이 확정된 이후 발생한 채권으로 청구채권을 변경할 수는 없다(대판 89다카15601).

3) 청구금액에 이자의 기재가 없는 경우

① 피담보채권은 경매신청시 확정되지만, 이자 또는 지연손해금은 확정된 원금채권에서 파생되는 채권으로 원금채권의 확장에 불과하기 때문에 확정된 채권의 범위에 포함되는 것이다. 따라서 경매신청서에 청구금액으로 원리금을 기재한 이상 경매개시결정에 원금만이 기재되었다 하더라도 채권자는 이자나 지연손해금도 변제받을 수 있다(대판 98다46938).

신청채권자가 이자 등 부대채권을 특정액으로 표시하였다가 나중에 채권신고서에 의하여 그 부대채권을 증액하는 방법으로 청구금액을 확장하는 경우 그 확장은 늦어도 채권신고서의 제출시한인 배당요구의 종기까지는 이루어져야 하고, 그 이후에는 허용되지 않는다(대판 99다11526).

다만 경매신청서에 원금을 기재하고 이자, 지연손해금에 관하여는 그 발생일과 이율만을 명기한 다음 그 종기를 '완제시까지' 라고 표시한 경우에는 그 후 신청채권자가 채권신고서를 제출하지 않더라도 집행법 84조 5항에 따라 신청채권자가 제출한 경매신청서 등의 증빙서류에 의하여 배당기일까지의 이자를 계산하여 배당을 해주어야 하므로, 신청채권자 스스로 그에 관하여 배당기일까지의 구체적인 금액을 계산한 채권계산서를 제출하더라도 이는 신청서에 기재된 청구금액의 구체적인 특정에 불과할 뿐(법원의 계산의 수고를 덜어준다는 정도의 의미밖에 없다) 이를 청구금액의 확장이라고 할 수 없으므로 배당기일까지의 이자도 변제받을 수 있다(대판 98다46938). 경매신청서에 청구금액을 "원금 ○○원 및 이에 대한 연체이자(지연이자)"라고 표시한 것도 배당기일까지의 이자를 청구한 것으로 볼 수 있다.

② 그러나 경매신청서에 이자의 기재가 없었는데 후에 채권계산서를 제출하면서 이자를 청구하는 경우 청구금액의 확장으로 보아 이를 받아들일 수 없다 할 것이다.[80] 다만 임의경매의 신청채권자가 경매신

청서의 표지에는 대여금 원금만을 표시하고, 그 내용의 청구금액란에 원금과 연체손해금을 기재한 경우 경매신청서에 기재한 채권액에는 그 연체손해금도 포함된다(대판 98다46938).

4) 청구금액의 확장을 위한 이중경매신청

① 배당요구의 종기까지 이중경매신청 : 신청채권자가 경매신청서에 피담보채권 중 일부만을 청구금액으로 기재하여 경매를 신청하였을 경우에 다른 특별한 사정이 없는 한 신청채권자가 당해 매각절차에서 배당받을 금액이 그 기재된 채권액을 한도로 확정되는 것일 뿐, 피담보채권이 경매신청서에 기재된 청구금액으로 확정되는 것이 아니므로, 경매신청당시 누락된 피담보채권액은 배당요구의 종기까지 이중경매를 신청하여 구제를 받을 수 있다(대판 96다495, 대판 96다39479).

② 단, 근저당권자가 그 피담보채무의 불이행을 이유로 경매신청을 한 때에는 그 때까지 기본계약에 의하여 발생한 채권으로 그 피담보채권이 확정되고 그 이후에 발생한 원금채권은 그 근저당권에 의하여 담보되지 않으므로(대판 87다카545, 대판 92다48567 등), 선행경매의 신청 이후에 발생한 채권은 제외되고, 선행경매신청 당시 이미 발생한 채권 중 누락된 부분만을 이중경매신청할 수 있을 뿐이다.

③ 배당요구 : 임의경매의 신청채권자가 경매신청서에 청구채권으로 기재하지 아니한 피담보채권액을 가지고 집행법 88조 1항에 의하여 배당요구를 하여 배당에 참가할 수는 없다(대판 95다22788). 물론 그 피담보채권이 담보권자가 아닌, 동법 88조 1항 소정의 다른 배당요구의 요건을 갖춘다면(예를 들어 가압류를 하거나 별도로 집행력 있는 정본을 얻은 경우) 배당요구가 가능하다.

---

80) 그러므로, 법원으로서는 신청서에 청구금액으로 특정금액을 구하면서 원금인지 이자인지 적시하지 않은 경우 그것이 원금인지 아니면 이자를 포함한 것인지를 명확히 하도록 보정을 명하여야 할 것이다.

이에 반하여 강제경매의 신청채권자는 집행력 있는 정본을 가진 채권자로서 배당요구를 할 수 있으므로, 배당요구의 종기까지 청구금액을 확장하여 잔액을 청구한 경우 이를 배당요구로 볼 수 있다.

5) 신청채권자 이외의 담보권자의 청구금액의 확장

담보권의 실행을 위한 매각절차에서 신청채권자 이외의 근저당권자는 배당요구의 종기까지 제출한 채권신고서에 기재한 피담보채권액을 그 후에 확장하는 내용으로 보정할 수 있다(대판 98다21946). 신청채권자 이외의 담보권자의 근저당권의 피담보채권의 확정시기는 그 근저당권이 소멸하는 시기, 즉 매수인이 매각대금을 완납한 때이다(대판 99다26085). 따라서 그 소멸시기까지 발생한 채권으로 배당받을 수 있다.

3. 매각절차의 개시

가. 경매개시요건의 심사

경매신청의 형식적·실질적 요건의 심사는 신청서 및 그 첨부서류에 의한 서류심사로써 족하므로 당사자의 심문이나 변론을 열어서 심리할 필요는 없다(법 32조 2항).

나. 경매개시결정

법원은 경매신청을 심사하여 그 형식적, 실질적 요건이 구비되었다고 인정하면 경매개시결정을 한다.

이 개시결정은 소유자에게 송달하여야 하며 채무자에게도 이를 송부해 주는 것이 바람직하다.

다. 경매개시결정등기의 촉탁

법원이 매각절차의 개시결정을 한 때에는 법원사무관 등은 즉시 그 사유를 등기부에 기입하도록 등기관에 촉탁하여야 하며(법 94조, 268조), 등기관은 그 촉탁에 의하여 이를 등기한 후 등기부등본을 법원에 송부하여야 함은 강제경매의 경우와 같다(법 94조, 95조, 268조).

라. 금융기관의 임의경매 신청시 송달의 특례

1) 발송송달

① 한국자산관리공사법 26조 1항의 업무를 수행함에 있어서 채권자 또는 채권회수수임인으로서의 공사의 신청에 의하여 진행하는 민사집행법에 의한 담보권 실행을 위한 경매절차[81]에 있어서의 통지 또는 송달은 경매신청당시 당해 부동산의 등기부에 기재되어 있는 주소(주민등록법에 의한 주민등록표에 기재된 주소와 다른 경우에는 주민등록표에 기재된 주소를 포함하며, 주소를 법원에 신고한 때에는 그 주소로 한다)에 발송함으로써 송달된 것으로 보며, 등기부 및 주민등록표에 주소가 기재되어 있지 아니하고 주소를 법원에 신고하지 아니한 때에는 공시송달의 방법에 의하여야 한다(한국자산관리공사법 45조의2 1항).

② 법인의 경우 법인등기부상의 주소지를 주민등록상의 주소지로 보면 된다.

채무자 또는 소유자의 주민등록이 말소된 경우에는(말소자등본이 제출된 경우) 위 특례를 적용함이 없이(발송송달을 함이 없이) 직권(신청)에 의하여 공시송달을 하여도 무방하다.

③ 일반 매각절차에서도 매각기일 및 매각결정기일의 통지는 등기우편으로 발송송달할 수 있으므로(법 104조 3항, 268조, 집행규칙 9조), 위 특례는 경매개시결정을 송달하는 경우에 특히 의미를 갖는다.

2) 주소가 다른 경우

주소가 법원에 신고가 되지 아니한 경우 등기부상 주소 및 주민등록상

81) 위 특례는 담보권실행을 위한 경매의 경우에 한하고, 강제경매에는 적용되지 않는다.

주소가 다르면 두 곳에 모두 송달하여야 하며, 다만 이후의 기일 통지는 그 중 송달된 곳으로 하되, 모두 송달불능된 경우에는 등기부상 주소와 주민등록상 주소 두 군데 모두 발송송달한다. 다만 어느 곳이 최후의 주소지인지 그 선후관계가 명확하게 밝혀진 경우에 있어서는 최후의 주소지에만 발송송달하면 족하다.

등기부상 주소가 두 곳 이상인 경우에도 원칙적으로 여러 곳 모두에 발송송달하되, 최후의 주소지가 명확하게 밝혀진 경우에는 그 최후의 주소지에만 발송송달하면 된다.

3) 전제조건

① 위 특례를 적용받기 위해서는 경매신청 전에 경매실행 예정사실을 당해 채무자 및 소유자에게 부동산의 등기부에 기재되어 있는 주소(주민등록법에 의한 주민등록표에 기재된 주소와 다른 경우에는 주민등록표에 기재된 주소를 포함한다)로 통지하여야 한다. 이 경우 발송함으로써 송달된 것으로 본다(한국자산관리공사법 45조의2 2항).

통상 경매실행예정사실을 통지하였다는 뜻의 확인서에 특수(내용증명) 우편물수령증 및 경매신청일 1개월 이내에 발급된 주민등록표 초본을 첨부하여, 임의경매신청서와 함께 제출하고 있다. 다만 채무자 또는 소유자의 주소지가 외국에 있는 때에는 특수(내용증명)우편물 수령증 첨부에 갈음하여 경매실행예정사실을 등기우편으로 발송한 특수우편물 수령증과 경매실행 예정사실 통지서사본을 첨부할 수 있다{금융기관의 임의경매 신청시 발송송달에 관한 예규(재민 99-4)}.

주소가 법원에 신고가 되지 아니한 경우 등기부상 주소 및 주민등록상 주소가 다르면 두 곳에 모두 경매실행예정사실을 통지하여야 한다.

실무에서는 일단 등기부상 주소 등으로 경매개시결정을 송달한 다음 송달불능될 경우 주소보정을 명하면서 경매예정사실의 통지를 하였음을 증명하는 서류를 제출하도록 명한다.

② 이미 위와 같은 전제조건을 갖추어 송달특례가 적용되는 경우 통상의 방법으로 송달하는 것만으로 송달이 된 것이므로, 송달불능되어도 다시 발송송달할 필요가 없다.

③ 임의경매 사건을 접수한 이후에 비로소 경매실행 예정사실을 통보하여 그 서류를 제출한 경우에는 위 송달특례를 인정할 수 없다(재민 99-4).

4) 특례가 적용되는 금융기관의 범위

2009. 5. 13. 개정 전의 한국자산관리공사법상 위 특례가 적용되는 금융기관이 많았으나, 위 개정으로 '한국자산관리공사법 26조 1항의 업무를 수행함에 있어서 채권자 또는 채권회수수임인으로서의 공사'만이 위 특례를 인정받게 되었다{동법 45조의2 1항 1호. "금융기관의 임의경매 신청시 발송송달에 관한 예규(재민 99-4)"는 2010.8.13. 개정(2010.9.23.부터 시행)되었으나 이러한 법령의 개정을 반영하지 못하였으므로 주의를 요한다}.

4. 매각절차의 정지, 취소

가. 매각절차의 정지

다음의 문서가 집행법원에 제출되면 매각절차를 정지하여야 한다(법 266조).

별도로 정지결정을 요하지 아니하며 경매신청인에게 통지를 하여야 하는 것도 아니다.

(1) 담보권의 등기가 말소된 등기부의 등본(1호)

(2) 담보권 등기를 말소하도록 명한 확정판결의 정본(2호)

(3) 담보권이 없거나 소멸되었다는 취지의 확정판결의 정본(3호)

(4) 채권자가 담보권을 실행을 하지 아니하기로 하거나 경매신청을 취하하겠다는 취지 또는 피담보채권을 변제받았거나 그 변제를 미루도록 승낙

한다는 취지를 적은 서류(4호)

⑸ 담보권 실행을 일시정지하도록 명한 재판의 정본(5호)

나. 매각절차의 취소

법 266조 1항 1호 내지 3호의 서류의 경우와 4호의 서류가 화해조서의 정본 또는 공정증서의 정본인 경우에는 집행법원은 이미 실시한 매각절차를 취소하여야 한다(법 266조 2항).

위 취소결정에 대하여는 즉시항고를 할 수 없다(법 266조 3항).

다. 정지, 취소문서가 제출된 경우의 처리

이에 대해서는 'Ⅷ. 집행정지서면의 제출' 부분 참조

제4장 배당절차

Ⅰ. 배당요구

1. 배당요구의 의의

① 배당요구란 다른 채권자에 의하여 개시된 집행절차에 참가하여 동일한 재산의 매각대금에서 변제를 받으려는 집행법상의 행위로서 다른 채권자의 강제집행절차에 편승한다는 점에서 종속적인 것이다.

▶ 배당요구는 종속적이다? ◀ [1)]

배당요구는 종속적이라는 말의 의미도 바로 압류의 개별상대효를 이해하여야만 그 뜻을 알 수 있다.

우리나라의 개별상대효에서는 배당요구는 타인에 의하여 개시된 집행절차에 참가하여 만족을 얻으려는 행위로서 절차를 주도할 권한이 없다. 즉 절차의 개시와 종결이 압류권자의 권한일 뿐, 배당요구권자는 압류권자의 개시와 종료에 종속된다, 이 점은 바로 압류의 효력발생 후의 제3취득자가 있을 경우 그 제3취득자와 압류권자 및 배당요구권자의 지위에 중대한 차이를 가져온다. 제3취득자는 부동산을 취득하기 전에 이루어진 압류의 효력은 받지만 배당요구의 효력은 받지 않는다. 따라서 제3취득자는 완전한 권리를 취득하기 위하여 저촉처분이 있기 전까지의 압류·가압류 채권액만 변제하면 되고 그전에 있는 배당요구채권자의 채권을 무시할 수 있다(왜냐하면 압류·가압류권자는 원칙적으로 독단으로 압류·가압류 절차를 취하할 수 있고 제3취득자도 압류·가압류 채권액만 변제하면 가압류결정 또는 경매개시결정을 취소시킬 수 있기 때문이다).

---

1) 강제경매에 있어서 채권의 일부청구를 한 경우에 그 매각절차 개시를 한 후에는 청구금액의 확장은 허용되지 않고 그 후에 청구금액을 확장하여 잔액청구를 하더라도 집행법 88조에 의한 배당요구의 효력밖에는 없다(대결 83마393). 여기서 청구확장은 허용되지 않고 단지 배당요구의 효력만 있다는 것과 같은 설명이 가능하다.

② 배당요구와 대비되는 행위로서 권리신고가 있는데, 권리신고는 부동산 위의 권리자가 집행법원에 신고를 하고 그 권리를 증명하는 것이며, 권리신고를 함으로써 이해관계인이 되지만(법 90조 4호), 권리신고를 한 것만으로는 배당을 받을 수 없으며 별도로 배당요구를 하여야 한다(법 148조 참조).

2. 배당요구하지 않아도 당연히 배당에 참가할 수 있는 자

가. 이중경매신청인

선행사건의 배당요구의 종기까지 이중경매신청을 한 채권자는 별도의 배당요구를 하지 않아도 배당을 받는다(법 148조 1호). 그러나 선행사건의 배당요구의 종기 이후에 이중경매신청을 한 경우에는 이중경매신청이 받아들여진 경우에도 배당받을 수 없다.

나. 첫 경매개시결정등기 전에 등기된 가압류채권자(법 148조 3호)

시기적으로는 첫 경매개시결정등기 전이어야 하고, 가압류결정만으로는 안 되고 가압류에 따른 등기까지 되어야 한다.

다. 첫 경매개시결정등기 전에 등기된 우선변제권자

1) 첫 경매개시결정등기 당시의 등기된 우선변제권자

① 우선변제청구권이 있는 채권자 중 첫 경매개시결정등기 전에 등기되었고 매각으로 소멸하는 것을 가진 채권자는 매각으로 인하여 각 그 권리가 소멸되는 대신 당연히 순위에 따라 배당받을 수 있다(법 148조 4호).

② 본래 위의 등기된 우선변제권자에는 배당요구가 없더라도 당연히 소멸하는 권리를 가진 채권자와 배당요구를 하여야만 비로소 소멸하는

권리를 가진 채권자가 있다.

경매개시결정이 등기되기 전에 등기된 매각부동산 위의 권리 중 담보권(저당권은 물론이고 저당권설정의 가등기가 되어 있는 경우 그 가등기도 당연히 소멸)과 최선순위가 아닌(즉 저당권·압류·가압류에 대항할 수 없는) 전세권이나 등기된 임차권은 매각으로 인하여 당연히 소멸(소멸주의, 법 91조 2항, 3항, 148조 4호)하는 대신, 법률상 배당요구한 것과 동일한 효력이 있어, 별도의 배당요구가 없더라도 순위에 따라 배당받는다.

③ 한편 저당권·압류·가압류에 대항할 수 있는 최선순위의 용익권 중 전세권은 실체법상 존속기간이 지났더라도 그 권리자가 배당요구를 하여야만 매각으로 소멸하므로(법 91조 4항 단서) 이에 해당하는 권리는 비록 첫 경매개시결정등기 전에 등기되어 있더라도 배당요구가 필요하다.

④ 최선순위의 용익권 중 주택이나 상가건물의 등기된 임차권은 실체법상 존속기간이 지났더라도 그 권리자가 배당요구를 하여야만 매각으로 소멸한다는 견해와 배당요구가 없어도 매각으로 당연히 소멸한다는 견해가 대립되어 있는바,[2] 법정갱신이 압류의 효력발생 전에 이미 있었다면 존속중인 임차권이므로 배당요구로만 소멸한다고 보아야 할 것이고, 압류 후에 존속기간이 지났다면 압류의 효력으로 인하여 법정갱신이 아니 되므로 임차권은 소멸하되, 배당요구를 하지 않는 한 배당을 받을 수는 없고, 매수인이 보증금반환의무를 인수하게 된다. 이 경우 임차권이 소멸한 이상 매수인은 즉시 보증금을 반환하고 목적물은 인도받을 수 있다(존속중인 경우에는 존속기간이 지나 소멸할 때까지 반환청구를 할 수 없다).

2) 첫 경매개시결정등기 전의 체납처분에 의한 압류권자

첫 경매개시결정이 등기되기 전에 국가나 지방자치단체, 공공단체 등이

---

2) 주택임대차보호법 3조의5 단서, 상가건물임대차보호법 8조 단서 참조.

체납처분의 절차로서 압류 또는 보전압류등기를 한 경우에는 별도의 배당요구가 없어도 배당(교부)받게 된다.

반면에 첫 경매개시결정등기 후에 체납처분에 의한 압류등기(국세징수법 57조에 의한 참가압류등기도 마찬가지이다)가 된 경우에는 집행법원에 배당요구의 종기까지 배당요구로서 교부청구를 하여야만 배당을 받을 수 있다(대판 99다22311 등).

3. 배당요구가 필요한 채권자(법 88조 1항)

가. 집행력 있는 정본을 가진 채권자

본조의 집행력 있는 정본은 집행권원의 종류에 있어서 판결뿐만 아니라 집행법 56조 각 호의 집행권원이 모두 포함되고, 또한 집행권원에 표시된 급부의 내용이 주된 청구이든 대상청구이든 금전의 지급을 내용으로 하는 것이어야 하며, 강제집행에 집행문이 필요한 것은 집행문을 부여받아야 하지만, 집행문이 필요없는 지급명령(법 58조 1항)이나 이행권고결정(소액 5조의8 1항)은 집행문이 없어도 된다.

본조의 배당요구를 할 때는 배당요구서에 반드시 집행력 있는 정본을 붙일 필요는 없고 그 사본을 붙이는 것도 허용된다(규칙 48조 2항, 1항 참조).

나. 경매개시결정등기 후에 가압류를 한 채권자

경매개시결정등기 후에 동일 부동산에 대하여 가압류를 한 채권자를 말한다. 가압류결정을 받은 것만으로는 아니 되고 반드시 가압류등기가 되어야 배당요구할 수 있다.

위와 같이 집행법 148조 3호가 가압류채권자 중 배당요구가 없어도 배당받게 되는 채권자를 첫 경매개시결정등기 전에 등기된 채권자로 제한하였는데, 여기서 첫 경매개시결정등기란 현재 존속중인 경매사건 중 가장 먼저 개시결정등기된 사건을 뜻한다.

다. 민법·상법, 그 밖의 법률에 의하여 우선변제청구권이 있는 채권자

① 등기 안 된 우선변제권자로서, 주택임대차보호법이나 상가건물임대차보호법이 적용되는 임차권 중 등기 안 된 임차권자의 임대차보증금채권(주택임대차보호법 3조의2, 8조, 상가건물임대차보호법 5조, 14조), 임금채권(근로기준법 38조, 근로자퇴직급여보장법 11조), 사용인의 우선변제권(상법 468조) 등과 같이 우선변제청구권은 인정되고 있으나 등기가 되어 있지 않기 때문에 배당요구하지 않으면 그 채권의 존부나 액수를 알 수 없는 채권을 가진 자

② 저당권, 전세권, 등기된 임차권 등 등기는 되었으나 그 등기가 첫 경매개시결정등기 후에 되었기 때문에 집행법 148조 4호에 따라 당연히 배당받을 수 있는 채권자에 해당되지 아니하는 채권자

라. 조세 기타 체납처분의 예에 따라 징수할 수 있는 공과금채권

배당요구의 종기까지 국세징수법상의 체납처분의 예에 의한 압류·참가압류 또는 교부청구를 하여야만 배당받을 수 있다.

마. 대위변제자의 배당요구

타인의 채권을 대위변제하였거나 또는 공동저당권자에 대한 이시배당(異時配當)의 결과 차순위 채권자가 대위하는 경우(민법 368조 2항)에 대위권자는 피대위자와는 별도로 배당요구를 하여야 하는가에 관하여는, 원칙적으로 피대위자가 배당받기 위하여 배당요구가 필요한 경우에는 대위할 범위에 관하여 대위권자만이 배당요구해도 되고(대판 2000다32475 참조), 대위할 범위에 관하여 피대위자가 이미 배당요구하였거나 배당요구 없이도 당연히 배당받을 수 있는 경우에는 대위권자는 따로 배당요구하지 않아도 배

당기일까지 대위권자임을 소명하면 된다고 할 것이다.

바. 배당요구할 수 있는 채권자의 채권이 제3자에 의하여 압류된 경우 그 압류를 배당요구로 볼 것인지의 문제

배당요구할 수 있는 채권자 본인은 배당요구하지 않았는데도, 그 채권자를 채무자, 국가를 3채무자로 하여 그 채권자에 대한 다른 채권자가 배당금채권을 집행대상으로 삼아 압류한 경우 집행법원은 전언통신으로 압류의 통지를 받게 되는데, 그 압류를 대위에 의한 집행법 88조의 배당요구로 볼 것인가는 문제인바 부정하여야 할 것이다.

4. 배당요구의 방식

① 서면신청 : 배당요구는 채권(이자, 비용, 그 밖의 부대채권을 포함한다)의 원인과 액수를 적은 서면으로 하여야 한다(규칙 48조 1항).

② 첨부서류(소명자료) : 강제집행을 신청할 때는 신청서에 반드시 집행력 있는 정본을 붙여야 하지만, 본조의 배당요구를 할 때는 집행력 있는 정본을 소지한 자라도 배당요구서에 반드시 집행력 있는 정본을 붙일 필요는 없고 그 사본, 그 밖에 배당요구의 자격을 소명하는 서면을 붙이면 된다(규칙 48조 2항, 1항).

③ 배당요구의 시한 : 배당요구는 법원이 정한 배당요구의 종기까지 하여야 한다.

5. 배당요구의 종기

배당요구의 종기는 첫 매각기일 이전으로서 집행법원이 정한 때이다(법 84조 1항).

6. 배당요구에 대한 집행법원의 조치

배당요구가 있으면 집행법원은 신청서에 적힌 내용과 첨부서류에 의하여 배당요구의 형식적 요건에 관하여 심사한다. 심사결과 배당요구의 요건을 갖추지 못하여 부적법한 경우, 예컨대 집행력 있는 정본을 가진 채권자라는 사실에 대한 소명이 없거나, 집행력 있는 정본 없이 배당요구할 수 있는 우선변제청구권이 있는 채권이 아닌 채권으로 배당요구를 한 경우에는, 보정이 가능한 경우에는 일단 보정을 명하고, 보정되지 아니하면 각하한다.

그러나 배당요구의 종기 후의 배당요구는 가령 배당요구의 종기가 연기되거나 새로 정하는 경우에는 배당에 참가할 여지가 있으므로 바로 각하할 것이 아니나 늦어도 배당기일 전에는 각하결정을 하여 이를 배당요구 채권자에게 고지함이 상당하다. 다만 실무에서는 부적법한 배당요구가 있더라도 별도로 각하결정을 하지 않고 관계된 채권자를 배당표에서 제외하고 배당을 실시하는 처리방식을 취하고 있는 예가 많다.

배당요구를 각하한 결정에 대하여는 집행에 관한 이의를 할 수 있다(법 16조). 각하결정을 따로 하지 않고 배당표에서 제외하는 방법으로 배당요구를 받아들이지 않은 경우에도 마찬가지이다.

7. 배당요구서 부제출에 따른 실권효

압류채권자나 집행법 148조 1, 3, 4호의 당연히 배당받는 자에 해당하지 아니하여 배당요구가 필요한 채권자가 배당요구의 종기까지 배당요구하지 아니한 때에는 배당받을 수 없고, 나아가 압류채권자나 배당요구한 채권자도 경매신청 또는 배당요구 당시 채권의 일부금액으로 압류 또는 배당요구한 경우 배당요구의 종기 후에는 배당요구의 종기까지 배당요구하지 아니한 채권을 추가하거나 확장할 수 없다(대판 2001다11055). 이를 실권효라 한다.

8. 배당요구의 철회

배당요구는 채권자가 자유롭게 철회할 수 있으나, 다만 배당요구에 따라 매수인이 인수하여야 할 부담이 바뀌는 경우 배당요구한 채권자는 배당요구의 종기가 지난 뒤에 이를 철회하지 못한다(법 88조 2항). 매수인이 인수하여야 할 부담이 바뀌는 경우에는 인수하여야 할 부담이 새로 생기는 경우와 부담이 감소하는 경우 모두를 포함한다.

예를 들어 최선순위의 전세권자가 임차권자가 배당요구를 하였다가 철회하게 되면 매수인이 이를 인수하는지 여부에 대하여 부담이 바뀌게 되므로 이 경우에는 철회할 수 없다. 유치권의 경우에도 유치권자가 배당요구까지 하였다가 이를 철회하는 경우에도 이러한 제한을 받는다.

9. 계산서의 제출

집행법 84조 4항의 채권신고의 최고 외에, 배당기일이 정하여진 때에는 법원사무관 등은 각 채권자에 대하여, 채권의 원금·배당기일까지의 이자, 그 밖의 부대채권 및 집행비용을 적은 계산서를 1주 안에 법원에 제출할 것을 최고하여야 한다(규칙 81조).

최고는 집행규칙 8조에 정한 바에 따른다. 따라서 최고는 적당한 방법으로 하면 되고 반드시 송달하여야 하는 것은 아니나, 실무에서는 최고서를 채권자들에게 송달하고 있다.

Ⅱ. 배당받을 채권자(법 148조)

1. 배당요구의 종기까지 경매신청을 한 압류채권자의 채권

① 배당요구의 종기까지 중복하여 경매신청을 한 이중압류채권자는 이중경매신청이 배당요구의 종기까지 이루어진 때에는 비록 그에 기한 압류의 효력이 배당요구의 종기 후에 발생하였다고 할지라도 배당받을 채권자로 취급된다.

② 여기의 압류채권자가 배당받을 금액은 배당요구의 종기까지 적법하게 청구된 채권의 원금과 이자 및 집행비용이다.

채권 중 일부만을 청구한 경우에 나머지 부분을 배당받는 방법은 강제경매와 담보권실행을 위한 경매의 경우가 다르다.

강제경매의 경우에는 채권의 일부를 청구금액으로 하여 경매신청을 한 후 나머지 채권에 대하여 배당을 받으려면 이중경매신청을 할 필요없이 배당요구의 종기까지 배당요구를 하면 되고, 이 때 배당요구는 청구채권을 확장한 채권계산서 제출에 의하여도 할 수 있다(대결 83마393). 반면에 담보권실행을 위한 경매의 경우에는 채권계산서에 피담보채권을 확장하는 방법으로 나머지 피담보채권액 전체를 청구할 수 없으므로 배당요구의 종기까지 이중압류를 하여야 한다.

2. (근)저당권 · 가등기담보권의 피담보채권, 전세금반환채권

가. 저당권 · 근저당권의 피담보채권

1) 저당권의 피담보채권

가) 피담보채권의 범위

저당권이 우선변제를 받을 수 있는 범위는 원본, 이자, 위약금, 채무불이행으로 인한 손해배상, 저당권의 실행비용이다(민법 360조).

나) 민법 360조의 제한범위 초과액을 청구한 경우의 처리

저당권자가 경매신청서 또는 채권계산서로써 민법 360조의 제한범위를 초과하는 지연손해금을 청구한 경우에 그 처리방법에 관하여는 경우를 나누어 생각하여야 한다.

목적부동산에 후순위권자(후순위 담보권자·후순위의 조세채권자 등)나 일반채권자의 배당요구가 없는 경우에는 저당권설정자가 채무자인지 물상보증인인지를 불문하고 저당권자는 매각대금으로부터 위 초과액까지도 변제받을 수 있다는 것이 대법원의 판단이지만(대판 90다8855), 제3취득자의 경우 및 근저당권의 경우와 비교하여 물상보증인의 경우에는 의문이다.

한편 목적부동산에 관하여 저당권설정 후에 소유권을 취득한 제3취득자는 그 부동산으로 담보된 채권, 즉 민법 360조에 규정한 범위(지연배상은 이행기일 경과 후 1년분) 내의 금액만을 변제하면 그 저당권의 소멸을 청구할 수 있으므로(민법 364조) 이와 같은 제3취득자가 있는 경우에는 저당권자는 매각대금으로부터 민법 360조의 제한범위를 초과하는 지연손해금을 변제받을 수 없고, 따라서 매각대금으로부터 민법 360조의 제한범위 내의 피담보채권액을 배당하고 잔액이 있으면 그 잔액은 3취득자(소유자)에게 반환하여야 한다는 것이 다수설이다(대결 71마251 참조).

2) 근저당권의 피담보채권

가) 피담보채권의 범위

근저당권이 담보하는 채권의 범위는 등기된 채권최고액을 한도로 하여 그 결산기에 현실적으로 존재하는 채권액의 전부에 미친다.

다만 이자, 채무불이행으로 인한 손해배상, 위약금도 위 채권최고액에 포함되므로(민법 357조. 대판 4289민상401 참조) 원금과 이자, 손해배상(지연손해금), 위약금 등을 합산하여 위 채권최고액의 범위 내에서만 근저당권의 효

력이 미치며 이를 초과하는 부분은 우선변제를 받지 못한다.

그러나 근저당권의 실행비용(경매비용)은 채권최고액에 포함되지 아니한다(대판 71다26 등 참조).

나) 근저당권자가 채권최고액을 초과하는 금액을 청구한 경우의 처리

근저당권설정자가 물상보증인이거나 또는 목적 부동산에 관하여 3취득자가 생긴 경우에는 위 잔액은 근저당권설정자(물상보증인)나 3취득자에게 교부되어야 한다(대판 74다998 등).

그러나 근저당권설정자와 채무자가 동일한 경우에 근저당권의 채권최고액은 집행법 148조에 따라 배당받을 채권자나 저당목적 부동산의 제3취득자에 대한 우선변제권의 한도로서의 의미를 갖는 것에 불과하고, 그 부동산으로써는 그 최고액 범위 내의 채권에 한하여서만 변제를 받을 수 있다는 이른바 책임의 한도라고까지는 볼 수 없다. 그러므로 집행법 148조에 따라 배당받을 채권자나 제3취득자가 없는 한 근저당권자의 채권액이 근저당권의 채권최고액을 초과하는 경우에 매각대금 중 그 최고액을 초과하는 금액이 있더라도 이는 근저당권설정자에게 반환할 것은 아니고 근저당권자의 채권최고액을 초과하는 채무의 변제에 충당하여야 한다(대판 2008다4001).

3) 충당의 순서

매각대금으로써 저당권자가 가지는 원금, 이자, 위약금, 손해배상, 실행비용 등을 전부 만족시킬 수 없는 때에는 민법 479조에 따라 비용, 손해배상, 위약금, 이자, 원금의 순서로 법정충당한다.

나. 가등기담보권의 피담보채권

1) 가등기담보권자의 채권신고

① 소유권이전에 관한 가등기가 되어 있는 부동산에 관하여 경매개시결

정이 있는 경우에는 집행법원은 가등기권리자에 대하여 그 가등기가 담보가등기인 때에는 그 내용 및 채권(이자 기타의 부수채권을 포함한다)의 존부, 원인 및 수액을, 담보가등기가 아닌 경우에는 그 내용을 법원에 신고할 것을 상당한 기간을 정하여 최고하여야 한다(가담법 16조 1항).

② 이 최고를 받은 가등기권리자는 법원이 정한 상당한 기간 내에 채권신고를 한 경우에 한하여 매각대금의 배당을 받을 수 있는데(가담법 16조 2항), 일부 실무에서는 담보목적의 가등기로 밝혀지면 최고기간 내에 채권신고를 하지 않더라도 실권효를 인정하지 아니하고 배당기일까지 배당요구가 들어오면 배당을 하여 주는 처리방식을 취하고 있으나, 이러한 실무는 경매기일을 정하기 전에 잉여의 유무를 판단하는 자료를 수집하여 경매절차의 속행 여부를 결정짓기 위하여 위 최고제도를 둔 본래의 취지에 어긋난다(이러한 실무가 형성된 이유는, 이렇게라도 배당을 해주지 않으면 담보가등기라는 것을 알 수 없는 점을 악용하여 소유권이전등기청구권을 보전하기 위한 가등기라고 주장하면서 경매절차를 방해하기 때문이다. 이러한 우려가 있더라도 배당을 하지 않는 것이 타당하다. 대판 2007다25278도 담보가등기권리자가 집행법원이 정한 기간 안에 채권신고를 하지 아니한 경우, 매각대금의 배당받을 권리를 상실함을 명백히 하고 있다).

2) 배당절차

가등기담보권자가 채권신고를 한 경우에는 집행법 84조의 채권신고서를 제출한 효과가 있고 그 순위에 따라 우선적으로 매각대금에서 배당받을 수 있다.

가등기담보권자의 배당순위는 담보가등기가 된 때에 저당권의 설정등기가 행하여진 것으로 보아(가담법 13조) 저당권의 배당순위를 정하는 것과 같은 판단을 하면 되지만, 권리신고를 하지 않아 담보가등기인지 일반가등기인지 알 수 없는 경우에는 일단 순위보전을 위한 가등기로 보아 처리하는 것이 실무이다. 따라서 그 가등기가 최선순위이면 매수인에게 그 부담이 인수되므로 배당 및 말소하여서는 안 되고, 그 가등기보다 선순위의 담보권이나 또는 가압류가 있으면 함께 말소하되, 가등기가 말소되더라도 채권신고가 없으므로 배당하지 않는다(가담법 16조 2항).

다. 전세금

1) 전세권의 소멸과 인수

지상권・지역권・전세권 및 등기된 임차권은 저당권・압류채권・가압류채권(이하에서는 저당권 등이라 한다)에 대항할 수 없는 것은 매각으로 소멸하고, 대항할 수 있는 것은 매수인이 인수하되, 다만 위의 용익권 중 전세권은 저당권 등에 대항할 수 있더라도 집행법 88조에 따라 배당요구를 하면 매각으로 소멸된다고 규정하였다(법 91조 3항, 4항).

결론적으로 전세권이 언제 종료되었는지, 그리고 전세권의 목적물이 건물인지 토지인지에 상관없이 최선순위의 전세권은 오로지 전세권자의 배당요구에 의하여만 소멸되고, 전세권자가 배당요구를 하지 않는 한 전세권은 매수인에게 인수되며, 반대로 배당요구를 하면 존속기간이 언제이든지 상관없이 전세권은 소멸한다.

2) 전세금의 배당순위

전세권이 매각으로 소멸하는 경우에 전세권자와 저당권자 또는 가등기담보권자 사이의 배당순위는 그 등기의 선후에 의하여 결정된다.

3) 주택임대차보호법 또는 상가건물임대차보호법과의 중첩적 적용

전세권의 목적물이 주택이나 상가건물인 경우, 임차인으로서 우선변제를 받을 수 있는 권리와 전세권자로서 우선변제를 받을 수 있는 권리는 근거규정 및 성립요건을 달리하는 별개의 것이므로, 전세권자가 주택임대차보호법상의 우선변제요건도 갖춘 경우에는 위 법에 의한 보호도 받게 된다(대판 93다39676 등). 전세권자가 상가건물임대차보호법의 우선변제요건을 갖춘 경우에도 달리 볼 이유가 없다.

따라서 전세권등기일자로는 매각으로 소멸하는 것처럼 보이는 전세권이라도 위 각 법 소정의 대항요건을 갖춘 것으로서는 최선순위인 경우에는 임차권자로서 저당권 등에 대항할 수 있게 됨을 유의하여야 한다(대판 93다10552, 10569 참조).

또한 집합건물이 아닌 지상건물과 그 부지 중 건물에만 전세권설정등기를 한 경우라도 전세권자가 주택임대차보호법이나 상가건물임대차보호법상의 우선변제권의 요건을 갖춘 경우에는 그 부지의 매각대금에서도 배당을 받게 되는 경우가 있고, 나아가 전세권설정계약서에 날인된 등기소의 일부인도 확정일자로 보아야 하므로, 부지의 매각대금에 대한 배당순위도 전세권등기일자를 기준으로 판단하여야 하는 경우가 있을 수 있다.

라. 순위의 결정

저당권상호간에는 저당권설정등기의 선후에 의하여 우선순위가 정하여진다(민법 333조, 370조). 저당권자와 전세권 및 등기된 임차권의 순위도 그 등기의 선후(다만 주택임대차보호법 3조의2와 상가건물임대차보호법 5조 소정의 임차권의 경우에는 등기에 앞서 위 각 법조 소정의 각 요건을 갖춘 경우에는 그 요건을 갖춘 때를 기준으로 선후를 판단한다)에 의하며, 저당권설정등기와 가등기담보권의 선후도 그 등기의 선후에 의한다(가담법 13조).

마. 담보권의 효력이 미치는 매각부동산의 범위

집합건물의 전유부분에만 설정된 저당권·전세권자는 대지사용권의 목적인 토지의 전체 매각대금 중 대지사용권에 대한 부분에 대하여도 다른 후순위채권자에 우선하여 변제받을 수 있다(대판 2001다68389 등).

그리고 건물의 일부에 대한 전세권자는 전세권의 목적물이 아닌 나머지 건물부분에 대한 전세권에 기한 경매신청권은 없지만(대결 91마256, 257) 배당에 있어서는 민법 303조에 따라 그 부동산 전부에 대하여 후순위권리자 기타 채권자보다 우선하여 배당을 받는다.

3. 주택 및 상가건물의 임차보증금반환채권

가. 우선변제권의 발생 요건

주택임차인의 임차보증금 우선변제권(주택임대차보호법 3조의2 2항, 8조 1항)이나 상가건물임차인의 임차보증금 우선변제권(상가건물임대차보호법 5조 2항, 14조)은 그 요건이나 효력이 대동소이하고, 다만 임차한 건물이 주거용건물(주택)인지 상가건물인지, 보호대상인 임차보증금의 상한에 제한이 있는지 여부, 소액보증금 최우선변제의 범위가 목적물가액의 2분의 1인지 3분의 1인지 및 법인도 보호대상인지에 차이가 있을 뿐이다.

임차건물의 명도는 우선변제권행사의 요건이 아니며(주택임대차보호법 3조의5, 3조의2 3항, 상가건물임대차보호법 8조, 5조 3항 참조),[3] 한편 아래의 각 우선변제권은 중복하여 행사할 수 있다.

1) 소액보증금 최우선변제권의 요건

① 배당요구의 종기까지 배당요구를 하였을 것

② 보증금 액수가 소액보증금(주택임대차보호법시행령 4조 참조)에 해당할 것.

③ 첫 경매개시결정등기 전에 대항요건(임차목적물의 점유 및 주택의 경우 주민등록, 상가건물의 경우 사업자등록의 신청)을 갖췄을 것.

④ 배당요구의 종기까지 대항력을 유지할 것.

⑤ 임차목적물에 관하여 소유권보존등기가 되어 있어야 하는가에 관하여는 견해가 나뉘나, 최근의 판례는 이를 부정하고 있다(대판 2004다26133).

---

3) 다만 우선변제권의 행사에 따른 배당금을 수령하기 위해서는 명도확인서가 필요하다.

즉 '주택임대차보호법의 관련 규정에 비추어 볼 때, 어느 건물이 국민의 주거생활의 용도로 사용되는 주택에 해당하는 이상 비록 그 건물에 관하여 아직 등기를 마치지 아니하였거나 등기가 이루어질 수 없는 사정이 있다고 하더라도 다른 특별한 규정이 없는 한 같은 법의 적용대상이 된다고 해석함이 상당하며(미등기무허가 건물의 양수인에 대한 대항력을 인정한 대판 86다카164 참조), 대항요건 및 확정일자를 갖춘 임차인과 소액임차인에게 우선변제권을 인정한 같은 법 제3조의 2 및 제8조가 미등기 주택을 달리 취급하는 특별한 규정을 두고 있지 아니하므로 위에서 본 대항요건 및 확정일자를 갖춘 임차인과 소액임차인의 임차주택 대지에 대한 우선변제권에 관한 법리는 임차주택이 미등기인 경우에도 그대로 적용된다고 보아야 한다'고 판시하고 있다(종전에 미등기 주택 대지의 환가대금에 대한 소액임차인의 우선변제권에 관하여, 이와 견해를 달리한 대판 2001다39657은 변경되었다).

2) 확정일자를 갖춘 임차보증금채권의 우선변제권의 요건

위 가의 각 요건 중 ①, ④의 요건과 임대차계약서에 확정일자를 갖춰야 한다. 다만 이 확정일자를 갖춘 임차인으로서 배당을 받는 경우에도 위 ③의 요건, 즉 첫 경매개시결정등기 전에 대항요건을 갖춰야 하는가에 대하여는, 소액보증금 최우선변제권의 경우와는 달리 첫 경매개시결정등기 이후에 갖추어도 된다는 것이 다수설이다.

3) 임차권등기를 한 자의 우선변제권

① 주택임대차보호법 3조의3, 상가건물임대차보호법 6조에 따라 법원의 임차권등기명령에 의하여 등기되었거나 민법 621조의 규정에 의하여 등기된 임차권일 것(주택임대차보호법 3조의3 5항, 3조의4 1항, 상가건물임대차보호법 6조 5항, 7조 1항)

② 첫 경매개시결정등기 후에 등기된 임차인은 배당요구의 종기까지 배

당요구를 하였을 것

등기된 임차권의 경우 법원의 임차권등기명령에 의하여 등기된 임차권인지 민법 621조의 규정에 의하여 등기된 임차권인지를 묻지 아니하고 등기된 때를 기준으로 담보권과 유사한 우선변제권을 취득하며 (다만 임차인이 임차권등기 전에 이미 위 2)항의 우선변제권을 취득한 경우에는 그 우선변제권은 그대로 유지되며, 임차권등기 이후에는 대항요건을 상실하더라도 이미 취득한 우선변제권을 상실하지 아니한다), 위 1)의 각 요건을 갖출 필요가 없다(반대견해 있음).

나. 배당요구

첫 경매개시결정등기 전에 등기된 임차권 중 매각으로 소멸하는 임차권은 집행법 148조 4호에 해당하므로 배당요구가 필요없으나, 그 밖의 경우에는 배당요구의 종기까지 배당요구를 하여야 한다.

각 임차보증금반환채권자가 배당요구서에 붙여야 하는 배당요구의 자격을 소명하는 서면은 주택 또는 상가건물임대차계약서, 주택은 전입신고된 주민등록등·초본, 상가건물은 사업자등록의 신청이 된 서면(사업자등록증이나 신청서면)이면 되고, 집행력 있는 정본이 필요한 것은 아니다.

임대차계약서는 보증금의 변동이 있는 경우에는 그 변동을 소명할 수 있는 모든 계약서를 제출하여야 하고, 확정일자가 있음을 주장하는 경우에는 확정일자가 있는 것을 제출하여야 한다.

임차목적물의 인도, 점유사실은 집행관의 현황조사에 의하여 소명되므로 따로 소명할 필요가 없으나, 집행관의 현황조사보고서에 누락된 경우에는 따로 인도, 점유사실을 소명하여야 할 것이다.

임차인이 이해관계인으로서 권리신고를 한 경우에도 이를 배당요구로는 볼 수 없으므로 다시 배당요구를 하여야 한다.

다. 주택 또는 상가건물의 임차인

1) 임 차 인

① 주택임차인이란 당해 주택을 실제 주거용으로 사용수익하기 위하여 임차한 자를 뜻하는 것이므로, 임대차계약의 주된 목적이 주택을 사용 수익하려는 데 있는 것이 아니고 소액임차인으로 보호받아 기존 채권을 회수하려는 데에 있는 경우에는 주택임대차보호법상의 소액임차인으로 보호받을 수 없다(대판 2001다14733).

상가건물의 임차인에 대하여도 동일하게 판단하여야 할 것이다.

② 임차인이 법인인 경우에도 적용되는가에 관하여, 주택임대차보호법의 경우에는 법인이 대항요건인 같은법 소정의 주민등록을 할 수 없으므로 그 적용대상이 아님이 명백하나, 상가건물임대차보호법의 대항요건인 사업자등록신청은 법인도 할 수 있을 뿐 아니라 상가건물임대차보호법 3조 1항이 대항요건으로 사업자등록신청을 규정하면서 법인세법 111조의 규정에 의한 사업자등록신청을 인정하고 있으므로 법인도 상가건물임대차보호법의 적용대상이다(상가건물임대차보호법 4조 1항 1호 참조).

2) 보증금의 한도

주택의 경우에는 그 보증금의 액수에 제한 없이 주택임대차보호법이 적용되어 우선변제권이 인정되고, 다만 소액보증금의 우선변제권에 관하여만 보증금의 상한에 관한 제한이 있지만, 상가건물의 경우에는 대통령령으로 정한 보증금을 초과한 임차인에 대하여는 처음부터 상가건물임대차보호법의 적용 대상이 아니다.

라. 임차목적물의 인도(점유)

주택임대차보호법상 임차인의 우선변제권의 요건인 주택의 점유(인도)는 법원이 정한 배당요구의 종기까지 위 요건을 유지하여야 할 것이다. 다만 주택임차권등기를 마친 후에는 그렇지 아니하다.

그리고 위의 요건은 주택임대차보호법 8조 1항의 소액보증금뿐 아니라 같은 법 3조의2 2항의 우선변제권에도 그대로 적용된다는 것이 통설인데, 상가건물임대차보호법 14조 1항의 소액보증금과 같은법 5조 2항의 우선변제권에도 그대로 준용된다고 할 것이다.

마. 주민등록(전입신고) 또는 사업자등록신청

1) 주민등록(사업자등록신청) 명의자

주민등록은 임차인 본인의 주민등록만이 아니라 그 배우자나 자녀 등 가족의 주민등록을 포함한다(대판 98다5968 등).

등기부상 소유자로 되어 있던 자가 소유권을 양도한 후에 임차권을 취득한 경우에 소유자로 등기되어 있는 상태에서는 주민등록이 주택임대차보호법 3조 1항의 대항력 인정의 요건이 되는 적법한 공시방법으로서의 효력이 없고(대판 98다32939), 이 경우 새로운 소유자인 임대인 명의의 소유권이전등기가 된 날에야 비로소 유효한 공시방법이 되므로 그 소유권이전등기일 익일부터 임차인으로서 대항력을 갖는다(대판 99다59306).

상가건물에 대한 사업자등록신청에 대하여도 위 각 판례의 취지를 원용할 수 있을 것이다.

우선변제권의 요건인 주민등록의 존속기간에 관하여는 전술한 주택의 인도부분의 그것과 같다.

2) 주민등록할 주소 및 사업자등록할 사업장의 주소

주민등록법시행령 9조 3항은 공동주택의 경우에는 지번 다음에 건축물관리대장에 의한 공동주택의 명칭과 동·호수를 적도록 규정하고 있으므로 공동주택은 위 방식에 따라 전입신고를 하여야 하고, 단독주택은 지번까지만 적으면 된다. 실무상으로는 이른바 다세대주택은 공동주택으로, 다가구주택은 단독주택으로 취급한다.

한편 상가건물이 구분소유의 대상인 경우에 사업자등록을 신청할 사업장의 주소에 관하여도 위와 같다고 볼 것이다.

3) 주민등록일(전입신고일)의 판단 기준

공동주택에 대한 전입시에 동·호수가 누락되었다가 특수주소변경에 의하여 비로소 주민등록등본에 동·호수가 적힌 경우에는, 그 특수주소변경은 어느 때 하는 것이고, 그 내용과 효력은 어떠한 지를 심리하여 판단하여야 한다(대판 96다46033, 46040 등 참조).

4) 상가건물을 임차하고 사업자등록을 마친 사업자가 임차 건물의 전대차 등으로 당해 사업을 개시하지 않거나 사실상 폐업한 경우 임차인이 상가건물임대차보호법상의 대항력 및 우선변제권을 유지하기 위한 요건(대판 2005다64002, 2006다56299)

① 상가건물의 임차인이 임대차보증금 반환채권에 대하여 상가건물임대차보호법 3조 1항의 대항력 또는 같은 법 5조 2항의 우선변제권을 가지려면 임대차의 목적인 상가건물의 인도 및 부가가치세법 등에 의한 사업자등록을 구비하고, 관할세무서장으로부터 확정일자를 받아야 하며, 그 중 사업자등록은 대항력 또는 우선변제권의 취득요건일 뿐만 아니라 존속요건이기도 하므로, 배당요구의 종기까지 존속하고 있어야 한다.

② 그런데 상가건물을 임차하고 사업자등록을 마친 사업자가 임차 건물의 전대차 등으로 당해 사업을 개시하지 않거나 사실상 폐업한 경우 임차인이 상가건물임대차보호법상의 대항력 및 우선변제권을 유지하기 위한 요건은 어찌될까?

이에 대하여 대법원은, 상가건물을 임차하고 사업자등록을 마친 사업자가 임차 건물의 전대차 등으로 당해 사업을 개시하지 않거나 사실상 폐업한 경우에는 그 사업자등록은 부가가치세법 및 상가건물임대차보호법이 상가임대차의 공시방법으로 요구하는 적법한 사업자등록이라고 볼 수 없고, 이 경우 임차인이 상가건물 임대차보호법상의 대항력 및 우선변제권을 유지하기 위해서는 건물을 직접 점유하면서 사업을 운영하는 전차인이 그 명의로 사업자등록을 하여야 한다고 판단하였다.

③ 상가건물임대차보호법과 대비되는 것은 주택임대차보호법인데, 주택임차인이 임차한 주택을 전대한 경우 주민등록전입신고와 관련하여 같은 취지의 판례가 형성되어 있는바, 상가건물임대차보호법과 주택임대차보호법이 동일한 구조로 구성되어 있다는 점에서 아직 판례가 많지 아니한 상가건물임대차보호법의 해석에 주택임대차보호법에 관한 판례가 큰 도움이 될 것이다.

바. 확정일자

① 확정일자란 증서에 관하여 그 작성한 일자에 관한 완전한 증거가 될 수 있는 것으로 법률상 인정되는 일자를 말하며, 당사자가 나중에 변경하는 것이 불가능한 확정된 일자를 가리킨다(대판 98다28879. 민법 부칙 3조 참조).

② 주택임대차보호법 3조의2 2항은 임대차계약서상 확정일자를 갖출 것을 요구하고 있는데 이 법이 확정일자를 요구하는 취지는 임대인과 임차인 사이의 담합으로 임대계약일자를 사후에 변경하는 것을 방지하고자 함에 있으므로, ① 공증인 사무소, 법무법인 또는 공증인가 합동법률사무소 등에서 임대차계약서를 공정증서로 작성하거나, ② 사문서로 된 임대차계약서에 위 공증기관에서 확정일자인을 받거나, 법원이나 등기소, 동사무소의 공무원으로부터 확정일자인을 받은 경우뿐 아니라, ③ 임대차계약서 자체에 확정일자를 받지 않더라도 임대차계약서에 대하여 사서증서의 인증을 받아도 위 요건을 갖춘 것으로 보아야 한다(위 98다28879 판결 및 민법 부칙 3조 참조).

③ 확정일자를 받은 사실은 반드시 임대차계약서로만 입증하여야 하는 것은 아니고 공정증서대장 등 다른 방법으로 입증할 수 있다(대판 96다12474).

④ 주의할 것은, 주택의 임차인이 주택임대차보호법의 우선변제요건을 갖추었을 뿐 아니라 전세권설정등기까지 한 경우에는 위 각 법에 의한 보호뿐 아니라 전세권자로서도 보호를 받게 되는데(대판 2004다69741),[4] 확정일자의 개념을 위와 같이 보는 이상 집합건물이 아닌 지상건물과 그 부지 중 건물에만 전세권설정등기를 한 경우라도 전세권자가 위에서 설명한 주택임대차보호법상의 우선변제권의 요건을 갖춘 경우에는 전세권설정계약서에 날인된 등기소의 일부인도 확정일자로 보아야 하므로, 그 부지의 매각대금에서도 우선변제를 받게 되는 경우가 있다는 점이다.

⑤ 다만 상가건물의 경우에는 확정일자와 관련하여 주의할 점이 있다. 주택임대차보호법에는 확정일자의 부여기관에 관해서는 아무런 규정이 없는데 반하여, 상가건물임대차보호법은 임대차계약서상에 확정일자를 받은 임차인의 보호에 관해서 5조 2항에 '관할 세무서장으로부터 임대차계약서상의 확정일자를 받은 임차인'이라고 규정하고 있는데, 이 취지가 주택의 경우와는 달리 상가건물의 경우에는 확정일자의 부여기관을 관할세무서장으로 한정한 것인지, 아니면 주택의 경우 전입신고를 받는 동사무소에서 확정일자를 받는 것과의 균형상 관할 세무서장으로부터도 확정일자를 받을 수 있도록 한 것인지가 명확하지 않다는 점이다.

---

4) 주택임차인이 그 지위를 강화하고자 별도로 전세권설정등기를 마친 경우, 임차인은 임대차보호법의 보호는 물론 물권인 전세권자로서도 보호를 받는다. 그러나 주택임차인이 주택임대차보호법 3조 1항의 대항요건을 상실하면 이미 취득한 주택임대차보호법상의 대항력 및 우선변제권을 상실한다. 따라서 소액보증금 최우선변제권을 상실하고, 또한 확정일자부임차인으로서의 보호도 상실한다. 물론 전세권 성절등기가 유지되는 한 전세권자로서의 보호는 계속 받는다. 따라서 전세권설정등기일자를 기준으로 순위가 결정된다.

사. 소액임차인

1) 주택임차인의 소액보증금의 범위(주택임대차보호법시행령 4조)

주택임차인은 주택에 대한 경매개시결정의 등기 전에 주택의 인도와 주민등록을 갖춘 때에는 보증금 중 일정액을 다른 담보물권자보다 우선하여 변제받을 권리가 있는데(주택임대차보호법 8조 1항), 우선변제를 받을 임차인 및 보증금 중 일정액의 범위와 기준은 주택가액의 2분의 1의 범위 안에서 수차 변동되었으며 현재까지의 변동내역은 다음과 같다.

◉ **소액임차인의 기준 및 최우선변제액**

시행일자	지 역	소액임차인의 기준 및 최우선변제액
1984. 6. 14.부터 ~ 1987. 11. 30.까지	서울직할시	300만원 이하
	기타 지역	200만원 이하
1987. 12. 1.부터 ~ 1990. 2. 18.까지	서울직할시	500만원 이하
	기타 지역	400만원 이하
1990. 2. 19.부터 ~ 1995. 10. 18.까지	서울직할시	2,000만원 이하 임차인 중 700만원
	기타 지역	1,500만원 이하 임차인 중 500만원
1995. 10. 19.부터 ~ 2001. 9. 14.까지	서울·광역시(군지역은 제외)	3,000만원 이하 임차인 중 1,200만원
	기타 지역	2,000만원 이하 임차인 중 800만원
2001. 9. 15.부터 ~ 2008. 8. 20.까지	수도권 중 과밀억제권역	4,000만원 이하 임차인 중 1,600만원
	광역시(군지역과 인천광역시 제외)	3,500만원 이하 임차인 중 1,400만원
	그 밖의 지역	3,000만원 이하 임차인 중 1,200만원
2008. 8. 21.부터 ~ 2010. 7. 25.까지	수도권 중 과밀억제권역	6,000만원 이하 임차인 중 2,000만원
	광역시(군지역과 인천광역시 제외)	5,000만원 이하 임차인 중 1,700만원
	그 밖의 지역	4,000만원 이하 임차인 중 1,400만원

2010. 7. 26.부터 ~ 현 재	서울특별시	7,500만원 이하 임차인 중 2,500만원
	수도권 중 과밀억제권역(서울특별시는 제외)	6,500만원 이하 임차인 중 2,200만원
	광역시(과밀억제권역에 포함된 지역과 군지역은 제외) 안산시, 용인시, 김포시 및 광주시	5,500만원 이하 임차인 중 1,900만원
	그 밖의 지역	4,000만원 이하 임차인 중 1,400만원

※ 수도권과밀억제권역(수도권정비계획법시행령 9조 별표 1.)은 다음과 같다.
서울특별시, 인천광역시(강화군, 옹진군, 서구 대곡동·불노동·마전동·금곡동·오류동·왕길동·당하동·원당동, 인천경제자유구역 및 남동 국가 산업단지는 제외), 의정부시, 구리시, 남양주시(호평동, 평내동, 금곡동, 일패동, 이패동, 삼패동, 가운동, 수석동, 지금동 및 도농동에 한함), 하남시, 고양시, 수원시, 성남시, 안양시, 부천시, 광명시, 과천시, 의왕시, 군포시, 시흥시(반월 특수지역을 제외)

2) 상가건물임차인의 소액보증금

(1) 상가건물임차인은 상가건물에 대한 경매개시결정의 등기 전에 건물의 인도와 사업자등록신청을 갖춘 때에는 보증금 중 일정액을 다른 담보물권자보다 우선하여 변제받을 권리가 있는데(상가건물임대차보호법 14조 1항), 우선변제를 받을 수 있는 매각대금은 주택과 달리 임대건물가액의 3분의 1(같은 조 3항)이다.

(2) 상가건물임대차보호법시행령(일부개정 2010.7.21)에 의하면, 보호대상 상가임대차는 다음 각호의 임대차이다(상가건물임대차보호법시행령 2조 1항)

1. 서울특별시 : 3억원
2. 수도권정비계획법에 따른 과밀억제권역(서울특별시는 제외한다) : 2억5천만원
3. 광역시(수도권정비계획법에 따른 과밀억제권역에 포함된 지역과 군지역은 제외한다), 안산시, 용인시, 김포시 및 광주시 : 1억8천만원
4. 그 밖의 지역 : 1억5천만원

(3) 보증금 외에 차임이 있는 경우에는 그 차임액에 은행법에 의한 금융기관의 대출금리 등을 감안하여 대통령령이 정하는 비율을 곱하여 환산한 금액을 포함하여야 한다(환산보증금).

이 보증금 외에 차임이 있는 경우의 차임액은 월 단위의 차임액으로 하고, "대통령령이 정하는 비율"이라 함은 1분의 100을 말한다(상가건물임대차보호법시행령 2조 2항 및 3항).

3) 소액보증금 한도의 변동과 선순위 담보물권(제한적 평등배당설)

① 소액보증금의 우선변제권을 인정하는 법률이 제정되기 전에 이미 성립한 담보권에 대하여까지 우선변제권의 소급효가 미치는 것이 아님은 당연하다(대판 89다카13155 참조). 또한 주택임대차보호법 및 같은법 시행령 부칙 ②항은 위와 같이 소액보증금의 액수를 개정함에 있어 소액보증금 액수가 위와 같이 변동되기 전의 담보물권 취득자에 대하여는 종전의 규정에 의하도록 하는 경과규정을 두고 있다. 따라서 현행법하에서는 소액임차인에 해당하나 구법하에서는 소액임차인에 해당하지 아니하는데 담보물권은 구법하에서 발생한 경우에는 구법 기준으로 소액임차인 여부를 판단하여야 하므로 그 담보물권자에 대하여는 소액임차인임을 주장할 수 없다.

② 예컨대 서울특별시 소재 주택에 1997. 1. 1. 설정된 근저당권의 권리자 甲, 2001. 10. 1. 설정된 근저당권의 권리자 乙, 1998. 1. 1. 대항력을 갖춘 보증금 2,500만원의 임차인 丙과 보증금 3,500만원의 임차인 丁이 있는 경우를 보면, 甲에 대하여 丙은 소액임차인임을 주장할 수 있으나 丁은 소액임차인임을 주장할 수 없고, 乙에 대하여는 丙, 丁 모두 소액임차인임을 주장할 수 있으므로 1순위는 丙(소액보증금 1200만원), 2순위는 甲, 3순위는 丙(소액보증금 증가분 400만원), 丁(소액보증금 1,600만원)이 된다.

그런데 위의 경우에 2순위인 甲에게 배당하고 남은 잔액이 2000만원

미만이어서 丙과 丁의 동순위(3순위)채권을 동시에 만족시킬 수 없는 경우에는 丙과 丁에게 평등하게 배당하여야 하는데, 이 경우 배당방법에 관하여는 두 가지 방법이 있다.

㉠ 위의 예에서 甲의 2순위 채권에 배당하고 남은 잔액이 1500만원이라고 가정하면, 하나는 그 1500만원을 丙의 400만원과 丁의 1600만원의 비율로 안분하는 것인데(안분배당설), 이에 따르면 3순위에서 丙은 300만원, 丁은 1200만원을 배당받게 되어 丙과 丁의 최종배당액은 丙은 1500만원, 丁은 1200만원이 된다.

㉡ 다른 하나는 배당순위가 같고 채권금액이 같다면 평등배당함이 원칙인데, 丙과 丁은 현행법상 소액보증금 1,600만원에 대한 동순위의 소액임차인이므로 평등배당함이 원칙이지만, 다만 법과 시행령의 부칙 경과규정에 의하여 甲과 그 甲에게 우선하는 丙의 소액보증금 중 일부가 각각 丙과 丁의 1,600만원인 소액임차인의 배당순위에 앞서게 된 것이므로 丙과 丁이 3순위로 평등배당을 받되 丙은 그 어떤 경우에도 1순위로 우선배당받는 1200만원보다 적은 금액을 배당받는 일이 없어야 한다는 제한을 받을 뿐이라고 한다(제한적 평등배당설).

따라서 이 견해에 의할 경우 3순위 배당에 있어서, 丙이 1순위 배당받은 1200만원에 달할 때까지 丁에게 우선 1200만원을 배당하고, 남은 잔액 300만원은 다시 丙과 丁의 1600만원에 미달하는 각금 400만원의 비율대로(즉 150만원씩) 안분배당하게 되므로 丙과 丁의 총 배당액은 각 1350만원씩이다.

③ 한편 위에서 말하는 담보물권에 저당권이나 가등기담보권은 포함되나 가압류는 포함되지 않는다. 확정일자를 갖춘 임차인이 포함되는지에 대하여는 견해가 나뉘나, 확정일자를 갖춘 임차인은 부동산담보권자에 유사한 지위에 있다는 판례(대판 92다30597)를 근거로 긍정하는 견해가 다수설이다.

④ 상가건물임대차보호법 부칙 ②항은 임차보증금의 우선변제에 관한 같은법 5조, 14조의 규정을 위 법 시행 당시 존속중인 임대차에 대하여도 적용하되, 위 법 시행 전에 물권을 취득한 3자에 대하여는 효력이 없다고 규정하고 있으므로, 주택임대차에 관한 위의 기술내용이 적용될 수 있을 것이다.

4) 소액보증금 해당 여부

하나의 주택에 임차인이 2인 이상이고, 이들이 그 주택에서 가정공동생활을 하는 경우에는 이들을 1인의 임차인으로 보아야 하므로(주택임대차보호법시행령 3조 4항) 이들의 각 보증금을 합산하여 소액임차인에 해당하는지 여부를 판단하여야 한다.

한편 주택임대차보호법 3조의3 6항, 3조의4 1항은 임차권등기명령의 집행에 의한 임차권등기가 되었거나 민법 621조에 의한 임차권등기가 된 주택(임대차의 목적이 주택의 일부분인 경우에는 해당 부분에 한한다)을 그 이후에 임차한 임차인은 소액보증금의 우선변제를 받을 권리가 없다고 규정하고 있고, 상가건물임대차보호법 6조 6항, 7조 1항도 위와 동일한 취지로 규정하고 있다.

또한 주택임대차보호법상의 대항력과 우선변제권의 두 가지 권리를 겸유하고 있는 임차인이 우선변제권을 선택하여 1경매절차에서 보증금 전액에 대하여 배당요구를 하였으나 보증금 전액을 배당받을 수 없었던 때에는 매수인에게 대항하여 이를 반환받을 때까지 임대차관계의 존속을 주장할 수 있을 뿐이고, 임차인의 우선변제권은 매각으로 인하여 소멸하는 것이므로 매각 후 새로 설정된 근저당권에 기한 2경매절차에서는 우선변제권에 의한 배당을 받을 수 없는데(대판 98다4552 등), 상가건물임대차라고 달리 볼 필요가 없다.

주택의 경우 전대차가 적법하고 전대인(즉 임차인) 자신이 우선변제권 있는 소액임차인일 경우에 한하여 전차인도 소액임차인으로 본다(재민 84-10).

아. 등기된 임차권자

주택의 경우 임차권등기명령의 집행에 의한 임차권등기가 되었거나 민법상의 임차권등기가 된 경우에는 임차인은 주택임대차보호법 3조 1항의 규정에 의한 대항력 및 3조의2 2항의 규정에 의한 우선변제권을 취득한다(주택임대차보호법 3조의3 5항 본문). 따라서 임차권등기명령의 집행에 의한 임차권등기를 할 때까지 주택의 인도와 주민등록이라는 요건을 갖추지 못한 경우라도 임차권등기가 됨으로써 등기한 때로부터 같은법 3조 1항의 대항력과 같은법 3조의2 2항의 우선변제권을 취득하며(반대견해 있음), 나아가 같은법 3조 1항의 대항력을 취득하게 됨으로써 같은법 8조의 소액보증금우선변제권도 인정된다. 다만 임차인이 임차권등기 이전에 이미 대항력 또는 우선변제권을 취득한 경우에는 그 대항력 또는 우선변제권은 그대로 유지되며, 임차권등기 이후에는 같은법 3조 1항의 대항요건을 상실하더라도 이미 취득한 대항력 또는 우선변제권을 상실하지 아니한다(같은법 3조의3 5항). 민법 621조의 규정에 의한 주택임대차등기가 된 경우에도 같다(같은법 3조의4 1항).

상가건물의 경우에도 주택의 경우와 동일한 취지로 규정하고 있으므로 위에 기술한 내용이 그대로 적용된다.

자. 우선변제권의 내용

1) 우선변제권 및 최우선변제권

① 주택의 경우, 확정일자를 갖춘 임차인은 후순위 권리자 기타 채권자보다 우선하여 보증금을 변제받을 권리가 있는바, 이는 배당절차에 있어서 확정일자를 갖춘 임차인은 담보물권자와 유사한 지위를 갖는다는 의미이다(대판 92다30597 참조). 따라서 확정일자를 갖춘 임차인이 여러 명 있고 이들이 모두 저당권자에 우선하는 경우에는 각 임차인별로 우선변제권을 인정하되, 그들 상호간에는 대항력 및 확정일자

를 최종적으로 갖춘 순서대로 우열관계를 정하고, 선순위가압류권자가 있는 경우에는 확정일자를 갖춘 임차인은 가압류권자에게 우선권을 주장할 수 없고 평등배당을 받는다(대판 92다30597).

조세와 저당권·전세권의 피담보채권과의 우선순위는 조세의 법정기일과 저당권·전세권의 설정등기일 및 확정일자를 갖춘 임차인의 우선변제권 발생일의 선후를 따져 정한다(대판 92다30597 참조).

② 소액임차인은 소액보증금 중 일정액을 다른 담보물권자나 국세, 지방세보다 우선하여 변제받고(최우선변제권, 주택임대차보호법 8조 1항, 국세기본법 35조 1항 4호, 지방세법 31조 2항 4호), 확정일자를 갖춘 임차인이 소액임차인의 지위를 겸하는 경우에는 양 지위를 모두 인정하여 배당을 한다. 즉, 먼저 소액임차인으로서 일정액을 우선 배당하고 그래도 남은 보증금이 있는 경우에는 그 금액부분에 대하여 확정일자를 갖춘 임차인으로서의 순위에 따라 배당을 한다.

상가건물의 경우에도 위에 기술한 내용이 그대로 적용된다.

2) 우선변제권의 성립 시기

주택의 경우 소액임차인의 최우선변제권은 소액임차인으로서 대항력이 생긴 때, 즉 주택의 인도와 주민등록을 마친 익일(다음날) 오전 영시에 발생한다(대판 99다9981). 상가건물의 경우에도 같다고 해석하여야 할 것이다(상가건물임대차보호법 3조 1항 참조).

소액임차인으로서 우선변제받기 위해서는 첫 경매개시결정등기 전에 위 요건을 갖추어야 하고(주택임대차보호법 8조 1항, 상가건물임대차보호법 14조 1항), 배당요구의 종기까지 위 요건을 유지하여야 한다(주택의 경우, 대판 95다44597).

확정일자를 갖춘 임차인의 우선변제권은 대항요건 및 확정일자를 모두 갖춘 때에 발생한다. 확정일자를 갖춘 후 보증금을 인상한 경우 인상한 보증금에 대하여는 새로 확정일자를 갖춰야 그 때부터 우선변제권이 발생한다. 다만 임차권등기명령의 집행에 의한 임차권등기가 되면 임차인은 그때 대항력과 주택임대차보호법 3조의2 2항 또는 상가건물임대차보호법 5조 2항의 확정일자를 갖춘 임차인으로서의 우선변제권을 취득한다.

주택의 임차인이 임대차계약서에 확정일자를 갖춘 당일 또는 그 후에 주택의 인도와 주민등록을 마친 경우에는 우선변제권은 주택의 인도와 주민등록을 마친 익일 영시에 발생한다(대판 98다46938). 따라서 위와 같은 경우에는 인도와 주민등록을 마친 다음날 설정된 저당권과의 관계에서는 확정일자를 갖춘 임차인이 우선한다. 상가건물의 경우에도 같다고 해석하여야 할 것이다(상가건물임대차보호법 3조 1항 참조).

확정일자를 갖춘 임차인으로서 배당받는 경우에는 소액임차인으로서 배당받는 경우와는 달리 경매개시결정등기 이후 위 요건을 갖추어도 되지만(반대견해 있음), 배당요구의 종기까지 위 요건을 유지하여야 함은 소액임차인의 경우와 같다.

3) 우선변제권이 미치는 매각대금의 범위

가) 대지의 매각대금

주택의 임차인은 주택임대차보호법 3조의2 2항에 따라 대지를 포함한 주택의 환가대금에서 배당받는데, 이는 대지 및 건물에 관하여 경매 신청되었다가 대지 부분만이 낙찰되었거나(대판 96다7595), 대지만이 경매신청된 경우라도(대판 99다25532) 마찬가지이고, 대지와 건물에 대하여 따로 경매절차가 진행 중이라면 양 절차 모두에서 배당받을 수 있다. 또한 소액임차인은 임차건물의 대지의 매각대금에서도 우선변제를 받을 수 있는데, 건물과 대지가 시기를 달리하여 따로 경매되는 경우에 소액임차권자는 각 경매절차에 모두 참가하여 우선변제를 받을 수 있다(재민 84-10).

다만 이러한 법리는 대지에 관한 저당권 설정 당시 이미 그 지상 건물이 존재하는 경우에만 적용될 수 있는 것이고, 저당권 설정 후에 비로소 건물이 신축된 경우에는 소액임차인은 대지의 환가대금에 대하여 우선변제를 받을 수 없다(대판 99다25532). 그러나 토지에 관한 근저당권 설정 당시 그 지상에 건물의 규모, 종류가 외형상 예상할 수 있는 정도까지 건축이 진전되어 있는 경우에는 그 지상 건물의 소액임차인에게 대지의 매각대금에 대한 우선변제권을 인정할 수 있을 것이다(대판 92다7221).

다만 주택임대차보호법 8조의 규정에 의해 건물이나 토지의 매각대금에서 소액보증금의 우선변제를 받기 위해서는 그 임대차의 목적물인 주택에 관하여 그 임대차 후에라도 소유권등기가 되어야 하는가에 관하여는 견해가 나뉘는데, 대법원 2001. 10. 30. 선고 2001다39657 판결은 이를 긍정하고 있다.

상가건물의 임차인에 대하여도 위에 기술한 내용이 그대로 적용된다.

나) 최우선변제권의 경우 주택가액의 2분의 1 및 상가건물가액의 3분의 1의 범위

주택의 경우, 주택임대차보호법 8조 소정의 최우선변제권의 한도가 되는 주택가액의 2분의 1에서 '주택가액'이라 함은 매각대금에다가 매수보증금에 대한 배당기일까지의 이자, 몰수된 매수보증금 등을 포함한 금액에서 집행비용을 공제한 실제 배당할 금액이다(대판 2001다8974). 건물과 대지가 따로 매각되는 경우 소액임차인은 먼저 매각되는 목적물의 매각대금의 1/2 한도 안에서 우선변제를 받고 만일 잔여보증금이 있으면 후에 매각되는 목적물의 매각대금 1/2의 한도 안에서 다시 우선변제를 받는다(재민 84-10).

상가건물의 경우에도 위에 기술한 내용이 그대로 적용된다.

차. 매수인에게 인수되는 보증금의 범위

주택임대차보호법상의 대항력과 우선변제권의 두 가지 권리를 겸유하고 있는 임차인이 먼저 우선변제권을 선택하여 임차주택에 대하여 진행되고 있는 매각절차에서 보증금 전액에 대하여 배당요구를 하였으나 그 순위에 따른 배당이 실시될 경우 보증금 전액을 배당받을 수 없었던 경우 매수인에게 대항할 수 있는 보증금잔액은 보증금 중 매각절차에서 올바른 배당순위에 따른 배당이 실시될 경우의 배당액을 공제한 나머지 금액을 의미하는 것이지 임차인이 배당절차에서 현실로 배당받은 금액을 공제한 나머지 금액을 의미하는 것은 아니라 할 것이므로, 임차인이 배당받을 수 있었던 금액이 현실로 배당받은 금액보다 많은 경우에는 임차인이 그 차액에 관하여는 과다 배당받은 후순위 배당채권자를 상대로 부당이득의 반환을 구하는 것은 별론으로 하고 매수인을 상대로 그 반환을 구할 수는 없다(대판 2000다30165).

그리고 위의 경우에 매수인에게 인수되는 보증금은 대항력 있는 보증금 즉, 보증금이 인상된 경우 후순위의 담보권자나 가압류권자가 생기기 전까지의 보증금을 한도로 함은 당연하다

상가건물의 경우에도 위에 기술한 내용이 그대로 적용된다.

4. 근로자의 우선변제권

가. 관련법의 규정[5)]

1) 1997. 12. 24. 개정되어 2005. 11. 30.까지(근로기준법)

> 第37조(임금채권 우선변제) ① 임금·퇴직금·재해보상금 기타 근로관계로 인한 채권은 사용자의 총재산에 대하여 질권 또는 저당권에 의하여 담보된 채권을 제외하고는 조세·공과금 및 다른 채권에 우선하여 변제되어야 한다. 다만, 질권 또는

5) 헌법재판소는 1997. 8. 21. 구근로기준법 30조의2 2항의 규정 중 '퇴직금' 부분에 대하여, '근로자에게 그 퇴직금 전액에 대하여 질권자나 저당권자에 우선하는 변제수령권을 인정함으로써 결과적으로 질권자나 저당권자가 그 권리의 목적물로부터 거의 또는 전혀 변제를 받지 못하게 되는 경우에는, 그 질권이나 저당권의 본질적 내용을 이루는 우선변제수령권이 형해화하게 되므로 질권이나 저당권의 본질적 내용을 침해할 소지가 생기게 된다'는 취지로 헌법불합치결정을 하였다(헌재 1997. 8.21. 94헌바19, 95헌바34, 97헌가11).

6) 다만 부칙에 경과규정을 두어, 개정법의 시행 전에 퇴직한 근로자의 경우에는 1989.

저당권에 우선하는 조세·공과금에 대하여는 그러하지 아니하다.
② 제1항의 규정에 불구하고 다음 각호의 1에 해당하는 채권은 사용자의 총재산에 대하여 질권 또는 저당권에 의하여 담보된 채권, 조세·공과금 및 다른 채권에 우선하여 변제되어야 한다.
1. 최종 3월분의 임금 2. 최종 3연간의 퇴직금 3. 재해보상금
③ 제2항 제2호의 퇴직금은 계속근로년수 1년에 대하여 30일분의 평균임금으로 계산한 금액으로 한다.[6)]

2) 2005. 12. 1.부터 2007. 4. 10.까지(근로기준법 및 근로자퇴직급여보장법)

가) 근로기준법

제37조 (임금채권 우선변제) ① 임금·재해보상금 기타 근로관계로 인한 채권은 사용자의 총재산에 대하여 질권 또는 저당권에 의하여 담보된 채권을 제외하고는 조세·공과금 및 다른 채권에 우선하여 변제되어야 한다. 다만, 질권 또는 저당권에 우선하는 조세·공과금에 대하여는 그러하지 아니하다. 〈개정 2005.1.27〉
② 제1항의 규정에 불구하고 다음 각호의 1에 해당하는 채권은 사용자의 총재산에 대하여 질권 또는 저당권에 의하여 담보된 채권, 조세·공과금 및 다른 채권에 우선하여 변제되어야 한다. 〈개정 1997. 12.24〉
1. 최종 3월분의 임금 2. 삭제 〈2005.1.27〉 3. 재해보상금
③ 제2항 제2호의 퇴직금은 계속근로년수 1년에 대하여 30일분의 평균임금으로 계산한 금액으로 한다. 〈신설 1997.12.24〉

---

3. 29. 이후의 계속근로년수에 대한 퇴직금을 우선변제의 대상으로 하고(부칙 2조 1항), 개정법 시행 전에 채용된 근로자로서 개정법 시행 후에 퇴직하는 근로자의 경우에는 1989. 3. 29. 이후부터 개정법 시행 전까지의 계속근로년수에 대한 퇴직금에 개정법 시행 후의 계속근로년수에 대하여 발생하는 최종 3년간의 퇴직금을 합산한 금액을 우선변제의 대상으로 하며(부칙 2조 2항), 계속근로년수 1년에 대하여는 30일분의 평균임금으로 하되, 우선변제의 대상이 되는 퇴직금은 250일분의 평균임금을 초과할 수 없도록 하였다(부칙 2조 3항, 4항).

나) 근로자퇴직급여보장법

제11조(퇴직금의 우선변제) ① 퇴직금은 사용자의 총재산에 대하여 질권 또는 저당권에 의하여 담보된 채권을 제외하고는 조세·공과금 및 다른 채권에 우선하여 변제되어야 한다. 다만, 질권 또는 저당권에 우선하는 조세·공과금에 대하여는 그러하지 아니하다.
② 제1항의 규정에 불구하고 최종 3년간의 퇴직금은 사용자의 총재산에 대하여 질권 또는 저당권에 의하여 담보된 채권, 조세·공과금 및 다른 채권에 우선하여 변제되어야 한다.
③ 제2항의 규정에 의한 퇴직금은 계속근로기간 1년에 대하여 30일분의 평균임금으로 계산한 금액으로 한다.

부칙 제4조(퇴직금 우선변제에 관한 경과조치) ① 제11조 제2항의 규정에 불구하고 1997년 12월 24일 전에 퇴직한 근로자의 경우에는 1989년 3월 29일 이후의 계속근로기간에 대한 퇴직금을 우선변제의 대상으로 한다.
② 제11조 제2항의 규정에 불구하고 1997년 12월 24일 전에 채용된 근로자로서 1997년 12월 24일 이후에 퇴직하는 근로자의 경우에는 1989년 3월 29일 이후부터 1997년 12월 23일까지의 계속근로기간에 대한 퇴직금에 1997년 12월 24일 이후의 계속 근로기간에 대하여 발생하는 최종 3년간의 퇴직금을 합산한 금액을 우선변제의 대상으로 한다.
③ 제1항 및 제2항의 규정에 의하여 우선변제의 대상이 되는 퇴직금은 계속근로기간 1년에 대하여 30일분의 평균임금으로 계산한 금액으로 한다.
④ 제1항 및 제2항의 규정에 의한 우선변제의 대상이 되는 퇴직금은 250일분의 평균 임금을 초과할 수 없다.

3) 2007. 4. 11.부터 현재까지(근로기준법 및 근로자퇴직급여보장법)

가) 근로기준법

제38조(임금채권의 우선변제) ① 임금, 재해보상금, 그 밖에 근로관계로 인한 채권은 사용자의 총재산에 대하여 질권(質權) 또는 저당권에 따라 담보된 채권 외에는

> 조세·공과금 및 다른 채권에 우선하여 변제되어야 한다. 다만, 질권 또는 저당권에 우선하는 조세·공과금에 대하여는 그러하지 아니하다.
> ② 제1항에도 불구하고 다음 각 호의 어느 하나에 해당하는 채권은 사용자의 총재산에 대하여 질권 또는 저당권에 따라 담보된 채권, 조세·공과금 및 다른 채권에 우선하여 변제되어야 한다.
> 1. 최종 3개월분의 임금　　2. 재해보상금

나) 근로자퇴직급여보장법 : 변동 없음.

4) 2012. 6. 11.이후(근로기준법 및 근로자퇴직급여보장법)

가) 근로기준법

> 근로기준법 제38조 (임금채권 우선변제) ① 임금, 재해보상금, 그 밖에 근로관계로 인한 채권은 사용자의 총재산에 대하여 질권·저당권 또는 동산·채권 등의 담보에 관한 법률에 따른 담보권에 따라 담보된 채권 외에는 조세·공과금 및 다른 채권에 우선하여 변제되어야 한다. 다만, 질권·저당권 또는 동산·채권 등의 담보에 관한 법률에 따른 담보권에 우선하는 조세·공과금에 대하여는 그러하지 아니하다. 〈개정 2010.6.10〉
> ② 제1항에도 불구하고 다음 각 호의 어느 하나에 해당하는 채권은 사용자의 총재산에 대하여 질권·저당권 또는 동산·채권 등의 담보에 관한 법률에 따른 담보권에 따라 담보된 채권, 조세·공과금 및 다른 채권에 우선하여 변제되어야 한다. 〈개정 2010.6.10〉
> 1. 최종 3개월분의 임금
> 2. 재해보상금

나) 근로자퇴직급여보장법

> 제11조(퇴직금의 우선변제) ① 퇴직금은 사용자의 총재산에 대하여 질권·저당권 또는 동산·채권 등의 담보에 관한 법률에 따른 담보권에 의하여 담보된 채권을

> 제외하고는 조세 · 공과금 및 다른 채권에 우선하여 변제되어야 한다. 다만, 질권 · 저당권 또는 동산 · 채권 등의 담보에 관한 법률에 따른 담보권에 우선하는 조세 · 공과금에 대하여는 그러하지 아니하다. 〈개정 2010.6.10〉
>
> ② 제1항의 규정에 불구하고 최종 3년간의 퇴직금은 사용자의 총재산에 대하여 질권 · 저당권 또는 동산 · 채권 등의 담보에 관한 법률에 따른 담보권에 의하여 담보된 채권, 조세 · 공과금 및 다른 채권에 우선하여 변제되어야 한다. 〈개정 2010.6.10〉
>
> ③ 제2항의 규정에 의한 퇴직금은 계속근로기간 1년에 대하여 30일분의 평균임금으로 계산한 금액으로 한다.
>
> 부칙 제3조(다른 법률의 개정) ①부터 ④까지 생략
>
> ⑤ 근로자퇴직급여 보장법 일부를 다음과 같이 개정한다.
>
> 제11조제1항 본문 · 단서 및 제2항 중 "질권 또는 저당권"을 각각 "질권 · 저당권 또는 동산 · 채권 등의 담보에 관한 법률에 따른 담보권"으로 한다.

나. 배당요구서에 붙여야 할 배당요구의 자격을 소명하는 서면

근로자가 집행법원에 근로기준법 38조에서 정한 임금채권 및 근로자퇴직급여보장법 11조에서 정한 퇴직금채권의 우선변제권에 기한 배당요구를 하는 경우에는, 판결 이유 중에 배당요구 채권이 우선변제권 있는 임금채권이라는 판단이 있는 법원의 확정판결이나 노동부 지방사무소에서 발급한 체불임금확인서 중 하나와 다음에서 열거한 서면 중 하나를 소명자료로 첨부하여야 한다(재민 97-11).

① 사용자가 교부한 국민연금보험료원천공제계산서(국민연금법 77조 참조)

② 원천징수의무자인 사업자로부터 교부받은 근로소득에 대한 원천징수영수증(소득세법 143조 참조)

③ 국민연금관리공단이 발급한 국민연금보험료 납부사실 확인서(국민연금법 75조 참조)

④ 국민건강보험공단이 발급한 국민건강보험료납부사실 확인서(국민건강

보험법 62조 참조)

⑤ 노동부 고용지원센타가 발급한 고용보험피보험자격취득확인통지서(고용보험법 14조 참조)

⑥ 위 ①항 내지 ④항 기재 서면을 제출할 수 없는 부득이한 사정이 있는 때에는 사용자가 작성한 근로자명부(근로기준법 40조 참조) 또는 임금대장(근로기준법 47조 참조)의 사본(다만 이 경우에는 사용자가 사업자등록을 하지 아니하는 등의 사유로 위 ①항 내지 ④항 기재 서면을 발급받을 수 없다는 사실을 소명하는 자료도 함께 제출하여야 함)

다. 다수의 근로자가 임금채권에 대하여 배당요구를 하는 경우의 주의사항(재민 97-11)

1) 근로자 대표자를 선임하여 그의 명의로 배당요구를 하는 경우

집행법원은 근로자들이 대표자를 선임하여 그에게 배당요구 및 임금채권 추심에 관한 일체의 권한을 위임하고 그와 같은 내용의 결의서나 위임장을 첨부하여 대표자 명의로 배당요구를 하는 경우 그 대표자 이외의 근로자의 배당요구로서는 효력이 없다는 사실 및 근로자 대표자가 사용자와 약속어음 공정증서 등을 작성하고 그에 기하여 자신의 명의로 배당요구를 하는 경우 임금채권 우선변제권을 인정할 수 없다는 사실을 적절히 고지하는 것이 바람직하다.

2) 선정당사자 제도를 이용하여 배당요구를 하는 경우

경매절차에서 동일 채무자에 대하여 동종의 임금채권을 가지는 근로자들이 선정당사자를 선정하여 배당요구를 하는 경우 선정당사자를 배당요구채권자로 인정한다.

(1) 적용 범위

(가) 근로자들이 민사소송법 제53조 제1항의 규정에 따라 선정당사자를

선정하여 배당요구를 한 경우

(나) 근로자들이 경매절차가 개시되기 전에 선정당사자 명의로 가압류를 한 경우(다만 이 경우에 집행법원은 직권으로 근로자별 임금채권액을 조사하여야 한다)

(2) 서면의 제출

선정당사자는 배당요구를 할 때 다음에서 열거한 서면을 첨부하여야 한다.

(가) 선정당사자를 포함한 선정자의 성명, 주소가 기재된 당사자선정서

(나) 선정자별 배당요구 임금채권액이 기재된 서면

(다) 선정자별 임금채권이 우선변제권이 있는 임금채권임을 소명하는 제1. 항 기재의 서면

(3) 배당표의 작성

(가) 집행법원은 배당표에 선정당사자를 채권자로 기재하고, 선정자별 임금 합계액을 채권액으로 기재한다.

(나) 배당표에 선정자 및 선정자별 배당채권액 목록{전산양식 A3444}을 첨부한다.

(4) 배당금의 지급

(가) 배당금 출급명령서에도 선정당사자를 채권자로 기재한다.

(나) 선정당사자에게 근로자들의 배당금 수령용 위임장의 제출을 요구하지 아니하고, 선정당사자에게 선정자들의 배당금 전액을 지급한다.

라. 최종 3월분의 임금

1) 최종 3월분의 의의

근로기준법 38조 2항의 최우선변제권이 인정되는 '최종 3월분의 임금' 중 '3월분'의 의미에 관하여는, 연속된 3개월인지와 상관없이 최종 3개월간

근무한 부분의 임금채권을 말한다는 견해(비연속설)와 사용자의 재산을 청산하여야 할 원인사실이 발생한 날(예를 들면 도산하거나 사업폐지한 날)을 기준으로 하여 그 이전의 연속된 최종 3개월 사이에 지급사유가 발생한 임금채권을 말한다는 견해(연속설)[7]의 대립이 있다.

대법원 2008. 6. 26. 선고 2006다1930 판결은, "구 근로기준법(2007.4.11. 법률 제8372호로 전부 개정되기 전의 것, 이하 같다) 37조 2항 1호(현 근로기준법 38조 2항 1호)에 의하여 우선변제의 특권의 보호를 받는 임금채권의 범위는, 당해 임금채권에 대한 근로자의 배당요구 당시 근로자와 사용자와의 근로계약관계가 이미 종료되었다면 그 종료시부터 소급하여 3개월 사이에 지급사유가 발생한 임금 중 미지급분을 말한다고 할 것"이라고 전제하고, "(원심은) 원고는 소외 회사 소유의 이 사건 부동산에 관한 제1순위 근저당권자인 사실, 피고(선정당사자) 및 선정자들을 포함한 23명은 2003. 10.경 근로계약관계가 종료된 사실 등을 인정한 다음, 구 근로기준법 37조 2항 1호에 의하여 우선변제의 대상이 되는 '최종 3월분의 임금'은 근로계약관계 종료 시점으로부터 소급하여 3개월 이내인 2003. 8월분, 9월분 및 10월분 급여 및 상여금이고, 피고 및 일부 선정자들이 2003. 8월분 급여를 소외 회사로부터 지급받았다고 하여 그 이전에 지급사유가 발생한 2003. 7월분 급여가 여기에 포함되는 것은 아니므로, 피고 및 선정자들에 대한 배당금액 중 2003. 7월분 급여에 해당하는 위 별지의 배당이익금액란 기재의 금원에 대한 배당이 위법하다고 판단한 조치는 정당하다"고 판단하여, 당해 임금채권에 대한 근로자의 배당요구 당시 근로자와 사용자와의 근로계약관계가 이미 종료된 경우 우선변제특권의 보호를 받는 임금채권의 범위는, 그 근로관계 종료시부터 소급하여 연속된 3개월 사이에 지급사유가 발생한 임금 중 미지급분을 말한다고 판단함으로써 연속설을 분명히 하였다.

---

7) 김상근, '조세 및 임금채권의 우선권과 배당', 재판자료 72집, 256쪽 이하.

2) 퇴직의 시기

근로자의 최종 3월분의 임금에 대한 우선특권은 사용자의 총 재산에 대하여 일반 담보물권의 효력을 일부 제한하고 임금채권을 우선 변제받을 수 있는 권리로서, 근로자의 최저 생활을 보장하고자 하는 공익적 요청에서 나온 규정이므로, 이에 의하여 보호되는 임금채권의 범위는 퇴직의 시기를 묻지 아니하고 사용자로부터 지급받지 못한 최종 3월분의 임금을 말하고, 반드시 사용자의 도산 등 사업 폐지시로부터 소급하여 3월 내에 퇴직한 근로자의 임금채권에 한정하여 보호하는 취지라고 볼 수 없다(대판 95다48650).

마. 최종 3년간의 퇴직금

1) 1997. 12. 24. 개정 전(근로기준법)

1997. 12. 24. 개정 전의 구 근로기준법하에서는 전체 퇴직금 중 1989. 3. 29.(퇴직금에 관한 우선변제권을 규정한 근로기준법의 시행일) 이후 근무기간에 상응한 퇴직금 부분만이 구근로기준법 30조의2 2항 소정의 우선변제의 대상이었고, 이에 대하여 실무는 입사일부터 퇴직일까지의 총퇴직금을 산정한 다음 입사일부터 1989. 3. 29.까지의 퇴직금을 공제하는 방법으로 우선변제의 대상이 되는 퇴직금을 산정하였다.

2) 1997. 12. 24.부터 2005. 11. 30.까지(근로기준법)

1997. 12. 24.부터 2005. 11. 30.까지 시행된 구 근로기준법하에서는 같은 법 37조 2항, 3항 및 부칙 2조에 의하여 우선변제의 대상이 되는 퇴직금을 산정하여야 한다. 즉 같은 법 시행 전에 채용된 근로자로서 같은 법 시행 후 퇴직하는 근로자의 경우에는 1989. 3. 29. 이후부터 같은 법 시행 전까지의 계속근로년수에 대한 퇴직금에 같은 법 시행 후의 계속근로년수에 대하여 발생하는 최종 3년간의 퇴직금을 합산한 금액을 우선변제받을 수 있

는데(구 근로기준법 부칙 2조 2항), 우선변제의 대상이 되는 퇴직금은 계속근로년수 1년에 대하여 30일분의 평균임금으로 계산한 금액으로 하고 250일의 평균임금을 초과할 수 없다(구 근로기준법 부칙 2조 3항, 4항).

3) 2005. 12. 1.부터 현재까지(근로자퇴직급여보장법)

퇴직금부분이 근로기준법에서 근로자퇴직급여보장법으로 변경되어 규정되었을 뿐 그 내용은 차이가 없으므로, 1997. 12. 24.부터 2005. 11. 30.까지의 내용과 같다.

바. 우선변제권의 효력

편의상 2011년 현재 적용되는 근로기준법 및 근로자퇴직급여보장법의 내용으로 설명한다.

1) 배당순위

① 위에 적은 최종 3월분의 임금, 최종 3년간의 퇴직금, 재해보상금은 질권·저당권 또는 동산·채권 등의 담보에 관한 법률에 따른 담보권(이하 저당권 등이라 한다)에 의하여 담보된 채권, 조세·공과금 및 일반채권에 우선하여 변제되어야 하나(근로기준법 38조 2항, 근로자퇴직급여보장법 11조 2항), 주택임대차보호법 8조에 의한 소액보증금채권과는 다 같은 우선채권으로서 동순위로 배당한다(재민 91-2).

임금·퇴직금 기타 근로관계로 인한 채권 중 위에 적은 것을 제외한 것은 저당권 등에 의하여 담보되는 채권보다는 후순위이고, 당해세를 제외한 조세·공과금 및 일반채권보다는 선순위이다(근로기준법 38조 1항 본문, 근로자퇴직급여보장법 11조 1항, 국세기본법 35조 1항 5호, 지방세법 31조 2항 5호). 다만 조세·공과금이 저당권 등에 우선하는 경우에는 조세·공과금, 저당권 등에 의하여 담보되는 채권, 임금의 순이다(근로기준법 38조 1항 단서, 근로자퇴직급여보장법 11조 1항 단서).

임금 등에 대한 지연손해금에 대하여는 우선변제권을 인정할 수 없으므로, 임금채권자들이 집행력 있는 정본으로써 배당요구를 하는 경우에 원금만을 우선배당하고, 지연손해금은 일반채권자와 안분배당한다(대결 99마5143).

② 우선변제권이 있는 임금채권을 대신 변제한 자는 채무자인 사용자에 대한 임금채권자로서 사용자의 총재산에 대한 강제집행절차나 임의경매절차가 개시된 경우에 배당요구의 종기까지 배당요구를 하여 그 배당절차에서 저당권의 피담보채권이나 일반채권보다 우선하여 변제받을 수 있다(대판 94다21160 참조).

특히 임금채권보장법 7조에 따라 근로복지공단[8]이 대신 지급한 임금(체당금)에 대하여는 근로복지공단이 당해 사업주에 대한 당해 근로자의 미지급임금 등의 청구권을 대위하고, 근로기준법 38조 2항의 규정에 의한 임금의 우선변제권은 대위되는 권리에 존속한다(임금채권보장법 8조).[9]

---

8) 임금채권보장법 7조는 체당금지급주체를 고용노동부장관으로 규정하면서, 4항에서 지급등에 필요한 사항을 대통령으로 정하도록 하고 있고, 임금채권보장법시행령 24조 2항은 법 7조에 따른 체당금의 지급과 법 8조에 따른 청구권 대위와 관련된 권한의 행사 권한을 산업재해보상보험법」에 따른 근로복지공단에 위탁하였다.

9) 제7조 (체불 임금등의 지급) ① 노동부장관은 사업주가 파산 등 대통령령으로 정하는 사유에 해당하는 경우에 퇴직한 근로자가 지급받지 못한 임금등의 지급을 청구하면 제3자의 변제에 관한 「민법」 제469조에도 불구하고 그 근로자의 미지급 임금등을 사업주를 대신하여 지급한다.

② 제1항에 따라 노동부장관이 사업주를 대신하여 지급하는 임금등[이하 "체당금"이라 한다]의 범위는 다음 각 호와 같다. 다만, 대통령령으로 정하는 바에 따라 근로자의 퇴직 당시의 연령 등을 고려하여 그 상한액을 제한할 수 있으며 체당금이 적은 경우에는 지급하지 아니할 수 있다.

1. 「근로기준법」 제38조제2항제1호에 따른 임금 및 「근로자퇴직급여 보장법」 제11조제2항에 따른 최종 3년간의 퇴직금
2. 「근로기준법」 제46조에 따른 휴업수당(최종 3개월분으로 한정한다)

③ 체당금의 지급대상이 되는 근로자와 사업주의 기준은 대통령령으로 정한다.

④ 그 밖에 체당금의 청구와 지급 등에 필요한 사항은 대통령령으로 정한다.

[전문개정 2007.12.27]

그런데 이와 관련하여 근로복지공단이 체당금을 지급함에 있어서 같은 법 7조 단서에 따라 상한액을 제한하여 일부만 대신 지급한 경우, 예컨대 근로기준법 38조 2항의 최종 3월분의 임금, 최종 3년간의 퇴직금(재해보상금은 체당금의 대상이 아니다. 같은법 7조 2항 참조) 중 근로복지공단이 상한액을 제한하여 일부만 대신 지급한 경우에는 잔여부분에 대한 당해 근로자의 임금우선변제권과 근로복지공단의 체당금에 대한 대위권에 기한 우선변제권이 병존하게 된다.

이 경우 당해 근로자의 우선변제권과 근로복지공단의 대위권에 기한 우선변제권 중 어느 것이 우선하는가에 관하여는 당해 근로자의 우선변제권이 우선한다는 견해와 근로복지공단의 대위권에 기한 우선변제권이 우선한다는 견해로 나뉘어져 있었는데, 대법원 2011. 1. 27. 선고 2008다13623 판결은 근로자의 임금채권이 우선한다고 판단하였다.[10)]

제8조 (미지급 임금등의 청구권의 대위) ① 고용노동부장관은 제7조에 따라 근로자에게 체당금을 지급하였을 때에는 그 지급한 금액의 한도에서 그 근로자가 해당 사업주에 대하여 미지급 임금등을 청구할 수 있는 권리를 대위(代位)한다. <개정 2010.6.4>

② 근로기준법 제38조제2항에 따른 임금채권 우선변제권 및 근로자퇴직급여 보장법 제11조제2항에 따른 퇴직금채권 우선변제권은 제1항에 따라 대위되는 권리에 존속한다.

10) 대법원 2011. 1. 27. 선고 2008다13623 판결 : 변제할 정당한 이익이 있는 자가 채무자를 위하여 근저당권의 피담보채무의 일부를 대위변제한 경우, 대위변제자는 변제한 가액의 범위 내에서 종래 채권자가 가지고 있던 채권 및 담보에 관한 권리를 법률상 당연히 취득하게 되지만 이때에도 채권자는 대위변제자에 대하여 우선변제권을 가진다. 이와 같은 법리는 피고(근로복지공단)가 최우선변제권이 있는 최종 3개월분의 임금과 최종 3년분의 퇴직금 중 일부를 체당금으로 지급하고 그에 해당하는 근로자의 임금 등 채권을 대위하여 행사하는 경우에도 그대로 적용되어 최우선변제권이 있는 근로자의 나머지 임금 등 채권이 피고가 대위하는 채권에 대하여 우선변제권을 갖는다고 보아야 한다. 만일 이와 달리 근로자의 나머지 임금 등 채권과 피고가 대위하는 채권이 그 법률적 성질이 동일하다는 이유로 같은 순위로 배당받아야 한다고 해석한다면, 근로자가 피고로부터 최우선변제권이 있는 임금 등 채권의 일부를 체당금으로 먼저 지급받은 후 배당금을 지급받는 경우에는 피고도 같은 순위로 배당받는 결과 피고가 근로자에게 지급한 체당금의 일부를 근로자로

2) 매각부동산이 여러 건인 경우 임금채권의 배당

근로기준법에 규정된 임금 등에 대한 우선특권은 사용자의 총재산에 대하여 저당권 등에 의하여 담보된 채권, 조세 등에 우선하여 변제받을 수 있는 이른바 법정담보물권으로서(대판 2000다32475 등), 사용자의 부동산이 여러 건인 경우에는 마치 그 부동산 전부에 대한 공동저당권자와 유사한 지위에 서게 되므로 사용자 소유의 여러 건의 부동산이 동시에 경매되어 그 매각대금을 동시에 배당하는 때에는 각 부동산의 매각대금에 비례하여 그 채권의 분담을 정하여야 한다.

사. 임금직접지급의 원칙과 배당

① 임금은 직접 근로자에게 그 전액을 지급하여야 한다(근로기준법 43조 1항).[11] 이를 임금직접지급의 원칙이라 한다. 따라서 근로자가 임금채권을 양도한 경우에도 그 임금의 지급에 관하여는 근로기준법 42조 1항에 정한 임금 직접지급의 원칙이 적용되어 사용자는 직접 근로자에게 임금을 지급하지 아니하면 안 되고, 그 결과 비록 적법 유효한 양수인이라도 스스로 사용자에 대하여 임금의 지급을 청구할 수 없으며, 그러한 법리는 근로자로부터 임금채권을 양도받았거나 추심을 위임받은 자가 사용자의 집행재산에 대하여 배당을 요구하는 경우에도 그대로 적용된다(대판 95다2630). 그러나 우선변제권이 있는 임금채권을 변제한 자가 사용자의 총재산에 대한 강제집행절차나 임의경매절차에서 임금채권자를 대위하는 경우에 근로자가 아닌 대위변제자

부터 다시 회수하는 셈이 되어 배당금을 먼저 지급받은 후 피고로부터 체당금을 지급받는 경우에 비하여 근로자가 수령하는 총금액이 적게 되어 체당금의 지급시기에 따라 근로자에 대한 보호의 범위가 달라지는 불합리가 발생할 뿐만 아니라 근로자로 하여금 신속한 체당금 수령을 기피하게 하여 체당금의 지급을 통하여 근로자의 생활안정에 이바지하고자 하는 임금채권보장법의 취지를 몰각시키게 된다.

11) 제43조(임금 지급) ① 임금은 통화(通貨)로 직접 근로자에게 그 전액을 지급하여야 한다. 다만, 법령 또는 단체협약에 특별한 규정이 있는 경우에는 임금의 일부를 공제하거나 통화 이외의 것으로 지급할 수 있다.

에게 임금의 우선변제권을 인정하더라도 근로자에 대하여 임금이 직접 지급된 점에 비추어 이를 근로기준법 42조 1항 소정의 직접지급의 원칙에 위배된다고 할 수 없다(대판 94다21160).

② 또한 위의 직접지급의 원칙은 임금채권 중 압류가 금지되지 아니한 부분(법 246조 1항 4호 참조)에 대하여 근로자의 채권자에 의하여 압류된 경우에는 적용되지 아니하므로, 근로자의 임금우선변제권에 기한 배당요구에 따라 우선 지급할 배당금채권에 대하여 당해 근로자의 다른 채권자가 압류가 금지되지 아니한 부분에 관하여 추심명령이나 전부명령을 얻었을 경우에는 추심권자나 전부명령을 얻은 자에게 지급하여야 한다.

③ 한편 실무상으로는 압류의 범위를 집행법 246조 1항 4호의 범위로 제한하지 아니하고 임금채권 전액에 대하여 압류가 있는 경우에는 압류가 전부무효는 아니고, 집행법 246조 1항 4호의 압류금지에 해당하는 부분에 대하여는 압류가 무효이나 나머지 부분에 대하여 압류가 유효한 것으로 보는 것이 통설이다.

아. 임금우선변제권의 적용 대상

① 임금우선변제권의 적용대상이 되는 사용자의 총재산이라 함은 근로계약의 당사자로서 임금채무를 1차적으로 부담하는 사업주인 사용자의 총재산을 의미한다 할 것이고(대판 97다48388 등), 따라서 사용자가 법인인 경우에는 법인 자체의 재산만을 가리키며, 법인의 대표자 등 사업경영 담당자의 개인 재산은 이에 포함되지 아니한다.

② 한편 사용자가 재산을 취득하기 전에 설정된 담보권에 대하여는 임금우선변제권이 인정되지 않고, 또한 사용자의 재산이 3자에게 양도된 경우 위 우선권은 그 재산에 대해 더 이상 추급할 수 없어 양수인의 양수재산에 대하여는 우선변제권이 인정되지 않는다(대판 93다30938).

자. 우선변제권이 있는 임금채권과 가압류

우선변제권이 있는 임금채권자가 임금채권을 피보전권리로 하여 매각부동산에 관하여 첫 경매개시결정등기 전에 가압류집행을 한 경우에는 가압류권자로서는 배당요구가 있는 것으로 취급되게 되는데, 이 경우 우선변제권이 있는 임금채권자로서의 소명을 언제까지 하여야 하는가에 관하여, 판례는 배당표 확정시까지 소명하면 된다고 한다(대판 2002다4870).

5. 국세 · 지방세 채권

가. 압류 · 교부청구

조세채권자로서 첫 경매개시결정등기 전에 압류를 한 자는 집행법 148조 4호에, 배당요구의 종기까지 새로 교부청구를 한 자는 같은 조 2호에 각 해당한다(조세의 교부청구는 배당요구와 같은 성질의 것이다).

첫 경매개시결정등기 전에 체납처분에 의한 압류등기가 마쳐져 있는 경우와는 달리 첫 경매개시결정등기 전에 압류를 하지 아니한 조세채권자는 첫 경매개시결정등기 후에 체납처분에 의한 압류등기가 마쳐지게 된 경우에도 집행법원에 배당요구의 종기까지 교부청구를 하여야만 배당을 받을 수 있다.

나. 조세채권우선의 원칙

국세, 지방세, 관세 및 그 가산금과 체납처분비는 다른 공과금 기타 채권에 우선하여 징수한다(국세기본법 35조 1항, 지방세기본법 99조,[12] 관세법 3조).

1) 저당권 · 전세권의 피담보채권과 조세의 우선관계

조세와 저당권 · 전세권의 피담보채권(확정일자를 갖춘 임차인의 임차보증금

12) 2010.12.31.까지는 지방세법 31조 1항, 그 이후부터는 지방세기본법 99조

반환채권도 마찬가지로 해석된다. 대판 92다30597 참조) 사이의 우선순위는 조세의 법정기일과 설정등기일(확정일자를 갖춘 임차인 또는 등기된 임차인의 우선변제권 발생일 포함)의 선후를 따져 정한다.

2) 조세 상호간의 우열 - 압류선착주의

가) 개 념

조세는 원칙적으로 교부청구의 선후에 관계없이 동순위로 그 사이에는 우선관계가 없다고 할 것이지만, 1개의 부동산에 대하여 체납처분의 일환으로 압류(참가압류를 포함한다. 대판 94누1944)가 행하여졌을 때 그 압류에 관계되는 조세는 국세나 지방세를 막론하고 교부청구한 다른 조세보다 우선한다(국세기본법 36조 1항, 지방세기본법 101조).[13]이를 압류선착주의라고 한다.

주의할 것은, 압류선착주의는 압류가 된 순서대로 우선한다는 것이 아니라 압류와 교부청구 사이에는 압류가 우선한다는 원칙이다. 즉 1, 2, 3 순위 압류가 차례로 있을 때 압류선착주의라는 말은 1, 2, 3순위의 압류순서대로 우선권이 있다는 말이 아니라, 1순위 압류만이 진정한 압류로서 참가압류권자이자 교부청구권자에 불과한 2, 3순위 압류권자에 우선권이 있다는 의미이다. 2, 3순위 압류는 1순위 압류가 효력이 소멸되지 않는 한 참가압류로서 교부청구의 효력만 있으므로, 1순위 압류는 우선권이 있으나, 2순위와 3순위는 서로 교부청구로서 동순위로 안분배당하여야 한다.

나) 적용범위

압류선착주의가 강제경매나 임의경매절차에서도 그대로 적용되는가에 관하여, 대법원은 이를 긍정하고 있다(대판 2001다83777 등).

압류선착주의가 적용되는 조세의 범위 및 국세의 충당에 관하여, 대법원 2007. 12. 14. 선고 2005다11848 판결은 "압류선착주의에 관한 국세기본법 제36조 제1항 및 국세체납처분의 추급효범위에 관한 국세징수법 제47조

13) 2010.12.31.까지는 지방세법 34조.

제2항의 취지는 한번 압류등기를 하고 나면 동일한 자에 대한 압류등기 이후에 발생한 체납세액에 대하여도 새로운 압류등기를 거칠 필요 없이 당연히 압류의 효력이 미친다는 것이므로, 압류선착주의에서 의미하는 '압류에 관계되는 국세'란 압류의 원인이 된 국세뿐만 아니라 위와 같이 국세징수법 제47조에 의하여 압류의 효력이 미치는 국세를 포함하는 것"이라고 판단하였다.

다) 당해세와 압류선착주의의 관계

(1) 문제점

배당요구채권으로 담보물권, 당해세, 당해세 아닌 조세(압류됨)가 있는 경우, 당해세우선의 원칙에 의하여 당해세를 우선배당하고 그 뒤 담보물권과 당해세 아닌 조세 사이의 우열을 담보물권의 설정일과 당해세 아닌 조세의 법정기일의 선후를 따져 배당한다.

그런데 배당요구채권으로 담보물권이 없이 당해세와 당해세 아닌 조세(압류됨)만 있는 경우는 당해세가 우선하는지 아니면 압류선착주의에 따라 압류한 조세가 우선하는지 문제가 된다.

(2) 당해세에도 압류선착주의가 적용되는지 여부

① 담보물권이 있는 경우

담보물권, 당해세, 당해세 아닌 조세가 있는 경우 그 배당방법은 당해세를 우선배당하고 그 뒤 담보물권과 당해세 아닌 조세 사이의 우열을 담보물권의 설정일과 당해세 아닌 조세의 법정기일의 선후를 따져 배당함으로써, 당해세에는 압류선착주의가 적용되지 아니한다(당해세우선의 원칙 적용).

② 담보물권이 없는 경우

담보물권이 없이 당해세와 당해세 아닌 조세만 있는 경우(예컨대 당해세 아닌 조세채권의 압류가 먼저 있고, 그 후 당해세에 관하여 교부청구를 한 경우), 당해세우선의 원칙에 따라 배당하여야 하는지 아니면 압류선착주의에 따라 배당하여야 하는지 여부에 대하여는 견해대립이 있는바, 대법원 2007. 5. 10. 선고 2007두2197 판결[14]은 당해세우선의 원칙과 압류선착주의의 관계에 관하여 "압류선착주의의 원칙은 당해세에 대하여는 적용되지 않는다"고 명시적으로 판단하여, 당해세우선의 원칙 적용설을 취하고 있다.

3) 본세 · 가산금 · 가산세의 징수순위와 배당순위

① 가산금이란 국세 등을 납부기한까지 납부하지 아니한 때에 국세징수법 등에 의하여 고지세액에 가산하여 징수하는 금액(가산금)과 납부기한 경과 후 일정기한까지 납부하지 아니한 때에 그 금액에 다시 가산하여 징수하는 금액(중가산금)을 말한다(국세기본법 2조 5호).
가산금 채권과 저당권 등에 의하여 담보되는 채권의 우선관계도 역시 가산금 자체의 법정기일을 기준으로 결정한다(대판 2001다74018. 국세기본법 35조 1항 3호, 지방세기본법 99조 1항 3호[15] 참조).

② 가산세는 가산금과는 달리 납세의무자가 세법에 의한 신고의무, 보고의무, 징수의무를 이행하지 아니하거나 위반하는 경우에 그에 대한 행정벌적인 성격으로 부과되는 것으로 본세의 산출세액에 가산하여 본세의 명목으로 징수하는 것이다. 가산세도 가산금과 마찬가지로 본세의 법정기일이 아닌 가산세 자체의 법정기일을 기준으로 담보권과

---

14) 위 사안을 단순화시키면, 당해세인 조세채권(재산세와 종합토지세), 근저당권, 근저당권에 뒤지는 조세채권(부가가치세)이 있는데, 위 근저당권에 뒤지는 조세채권은 당해세보다 압류기일이 빠르다. 공매절차에서는 1순위 당해세, 2순위 근저당권, 3순위 부가가치세로 배정하고, 당해세와 부가가치세 상호간에는 압류선착주의의 원칙에 의하여 부가가치세가 당해세보다 우선한다고 보아, 이른바 순환배당에 의하여 3순위 부가가치세가 1순위 당해세에 대한 배분액을 흡수하는 것으로 배당표를 작성하였다. 원심은 조세채권 상호간에도 당해세 우선의 원칙이 적용된다고 보아, 3순위 부가가치세가 당해세보다 압류기일이 빠르다고 할지라도 당해세보다 우선할 수 없으므로, 위 배당표는 잘못 작성된 것이라고 판단하여 원고 청구를 인용하였다. 위 대법원 판결은 원심과 같이 "압류선착주의 원칙은 당해세에 대하여는 적용되지 않는다"고 판시하여 상고를 기각하고 원심을 확정하였다.

15) 2010.12.31.까지는 지방세법 31조 1항 3호

의 우선관계를 결정한다(대판 97다12037).

4) 부동산의 양도와 조세채권

부동산이 양도되어 3자가 소유권을 취득한 경우 양도 이전에 양도인의 체납국세에 관하여 체납처분 등으로 압류를 한 바 없다면 양도인에 대한 체납국세는 매각대금에서 우선배당을 받을 수 없는 것이 원칙이고(대판 98다24396), 저당권이 설정된 부동산이 양도되었을 경우 양수인인 3자에게 부과된 조세는 그 법정기일이 저당권의 설정 전이라고 하더라도 저당권에 대하여는 우선권이 없다(대판 71다2266).

다. 당해세 우선

당해세는 매각부동산 자체에 대하여 부과된 조세와 가산금으로서, 그 법정기일 전에 설정된 저당권 등으로 담보된 채권보다 우선하는데(국세기본법 35조 1항 3호, 지방세기본법 99조 1항 3호)[16] 이를 당해세우선의 원칙이라 한다.

여기서 당해세라 함은 담보물권을 취득하는 사람이 장래 그 재산에 대하여 부과될 것을 상당한 정도로 예측할 수 있는 것으로서 오로지 당해 재산을 소유하고 있는 것 자체에 담세력을 인정하여 부과되는 국세만을 의미하는 것으로 보아야 한다는 것이 판례{대판(전) 96다23184, 대판 2001다74018 등}이다.

1) 당해세의 종류

가) 국 세

국세에 관하여 국세기본법 35조 5항은 상속세, 증여세 및 종합부동산세를 규정하고 있다(2003.12.30. 개정 전에는 국세기본법 시행령 18조 1항이 상속세·증여세·재평가세를 당해세로 규정하고 있었다).

다만 경매절차에서 교부청구한 상속세와 증여세가 경매물건에 대한 당

16) 2010.12.31.까지는 지방세법 31조 2항 3호

해세에 해당하는지에 관하여는 신중한 판단이 필요하다.

대법원은 증여세에 관하여, 부동산을 매수한 후 소유권이전등기를 하지 아니한 채 수증자 앞으로 직접 소유권이전등기를 한 것을 과세대상으로 삼아 부과된 증여세는 당해세에 해당하지만(대판 99다6135), 매각재산의 취득자금을 증여받은 것으로 추정하여 그 재산의 취득자금에 대하여 부과하는 증여세는 당해세라고 할 수 없고(대판 95다47831), 구상속세법(1996.12.30. 법률 5193호로 전문개정되기 전의 것) 34조의2 1항의 규정에 의하여 부과되는 증여의제로 인한 증여세는 당해세가 아니라고 판시함으로써(대판 2000다49534), 매각재산 자체가 증여된 경우에 한하여 그 재산에 부과된 증여세가 당해세에 해당한다고 하고 있다.

나) 지방세

1996. 12. 31. 개정된 지방세법시행령은 14조의4를 신설하여 당해세의 종류로 취득세·등록세·재산세·자동차세·종합토지세·도시계획세 및 공동시설세를 규정하고 있으나, 실무에서는 재산세, 자동차세, 종합토지세(단 당해 부동산에 관한 종합토지세액 상당만이 당해세에 해당한다. 대판 2000다58088), 도시계획세(위 2000다58088 판결), 소방공동시설세(대판 2001다74018)만을 당해세로 인정하고, 취득세와 등록세는 당해세로 인정하지 않았다.

현행 지방세기본법 99조 5항은 지방세 중 재산세·자동차세(자동차 소유에 대한 자동차세만 해당한다)·지역자원시설세(특정부동산에 대한 지역자원시설세만 해당한다) 및 지방교육세(재산세와 자동차세에 부가되는 지방교육세만 해당한다)를 당해세로 규정하고 있다.

2) 당해세의 순위

당해세는 최우선순위의 임금채권과 소액임차인의 보증금을 제외하고는 어떠한 채권에 대하여도 우선한다.

6. 체납처분의 예에 따라 징수되는 공과금채권

가. 서 설

전술한 조세·가산금 및 체납처분비 이외의 채권이면서 국세징수법상의 체납처분의 예에 의하여 징수할 수 있는 채권을 통상 공과금이라고 부르는데(국세기본법 2조 8호, 지방세기본법 2조 26호 참조), 여기에는 징수순위가 일반채권보다 앞서는 것과 그렇지 아니한 것이 있고, 전자 중에도 납부기한에 따라 담보권과의 우선순위가 달라지는 것과 그렇지 아니한 것이 있는데, 어느 것이나 이들 징수금이 미납된 경우 국세징수법상의 체납처분의 예에 의한 압류·참가압류 및 교부청구가 가능하고, 압류의 배당요구적 효력, 배당요구의 종기까지 교부청구(배당요구)의 요부, 그 방법 및 교부청구를 아니한 경우의 효과는 조세의 그것과 같다.

나. 국민건강보험법상의 건강보험료 및 국민연금법상의 연금보험료

국민건강보험법상의 건강보험료, 국민연금법상의 연금보험료는 국세체납처분의 예에 따라 징수한다(국민건강보험법 70조 3항, 국민연금법 95조 4항).

국민건강보험법 73조는 "보험료 등은 국세 및 지방세를 제외한 기타의 채권에 우선하여 징수한다. 다만 보험료 등의 납부기한 전에 전세권·질권 또는 저당권의 설정을 등기 또는 등록한 사실이 증명되는 재산의 매각에 있어서 그 매각대금중에서 보험료 등을 징수하는 경우의 그 전세권·질권 또는 저당권에 의하여 담보된 채권에 대하여는 그러하지 아니하다."고 규정하고 있고, 국민연금법 98조는 연금보험료나 그 밖의 이 법에 따른 징수금을 징수하는 순위는 국민건강보험법에 따른 보험료와 같은 순위로 한다고 규정하고 있다. 따라서 이들 공과금은 그 납부기한 전에 설정된 저당권 등에 대하여는 우선하지 못하나, 그 납부기한 이후에 설정된 저당권 등과 기타 일반채권에 대하여는 우선하여 배당하여야 한다.

다. 산업재해보상보험법상의 산업재해보상보험료 기타 징수금

산업재해보상보험법과 고용보험법상의 보험료 등 징수금은 '고용보험 및 산업재해보상보험의 보험료징수 등에 관한 법률(이하 보험료징수법이라 한다)'이 정하는 바에 따르고(산업재해보상보험법 4조, 고용보험법 6조 1항), 보험료징수법 28조는 위 보험료 등의 징수금에 대하여 고용노동부장관의 승인을 받아 국세체납처분의 예에 따라 이를 징수할 수 있다고 규정하고 있으나, 달리 국세우선에 관한 국세기본법 35조 1항 3호 등을 준용할 수 있는 근거나 그 밖의 우선변제권을 인정하는 규정은 두고 있지 않다. 그리하여 실무는 위 보험료 등 징수금 채권은 그 납부기한이 저당권 설정시보다 선후인지 여부는 고려하지 않고, 조세와 저당권자 다음 순위로 배당하고 일반채권자와의 관계에서만 우선하여 배당한다.

라. 과태료(비송사건절차법 249조)와 국유재산법상의 사용료 · 대부료 · 변상금채권(국유재산법 32조, 47조, 72조)

위의 각 채권도 그 징수는 국세징수법에 의한 체납처분의 징수절차에 의하나(국유재산법 73조 2항), 산업재해보상보험법상의 보험료 등과 같이 우선순위에 관한 특별한 규정을 두고 있지 않으므로 원칙적으로 일반채권과 동순위로 배당받게 된다.

7. 집행력 있는 일반채권

집행력 있는 집행권원을 소지한 자의 채권 중 집행법 148조 1호의 배당요구의 종기까지 경매신청을 한 압류채권자의 채권에 해당하는 것 외에는 배당요구의 종기까지 배당요구를 하여야 한다.

8. 가압류채권

가. 배당요구와 청구금액의 확정

배당요구서에 첨부할 배당요구의 자격을 소명하는 서면은 가압류가 기입된 등기부등본, 가압류결정 등인데, 등기부에 가압류의 청구금액(피보전채권액)이 적혀 있고, 그 채권이 우선권 있는 채권이 아닌 경우에는 등기부등본만 제출해도 되지만, 그렇지 아니한 경우에는 청구금액이나 우선권 있는 채권임을 소명하는 자료도 함께 제출하여야 한다.

가압류권자가 배당받을 금액은 가압류의 청구금액 범위 내에서 원금, 이자 및 비용이다.

나. 가압류채권의 배당순위

가압류채권의 배당순위는 가압류에 의하여 보전된 피보전권리의 민법·상법, 그 밖의 법률에 의한 우선순위에 의한다. 따라서 피보전권리가 우선변제권이 있으면 가압류채권으로서도 우선변제를 받는다.

다만 이는 가압류의 피보전권리가 우선변제권 있는 채권임이 소명된 경우에 한하고, 그렇지 아니한 경우에는 일반채권자로만 배당받는데, 대법원은 배당표 확정시까지 우선변제권 있는 채권임을 소명하면 된다고 한다(대판 2002다4870). 판례에 의할 경우 배당이의소송의 확정시에 배당표도 확정되므로 결국 배당이의소송의 변론종결시까지 우선변제권 있는 임금채권임을 소명하면 될 것이다.

다. 가압류 후의 저촉처분과 배당순위(개별상대효)

① 가압류 후 가압류의 처분금지효에 반하는 저촉처분과의 관계는 개별상대효에 의하여 정해진다. 즉 가압류(압류의 경우도 같다. 이하 편의상 가압류라고만 한다)등기가 먼저 되고 나서 담보권설정등기가 마쳐진 경우에, 가압류 후 이에 저촉되는 집행채무자의 처분은 절대적으로 무

효인 것은 아니고 처분행위 당사자 사이에서는 유효하며, 다만 그 집행보전의 목적을 달성하는 데 필요한 범위 안에서 가압류채권자에 대한 관계에서 대항하지 못하는데, 구체적으로 압류 후의 저촉처분은 압류채권자와 그 처분 이전에 당해 집행절차에 참가한 채권자에게만 대항할 수 없을 뿐이고 저촉처분 후에 당해 집행절차에 참가한 채권자에게는 대항할 수 있다.[17)]

② (가)압류의 처분금지효는 채무자의 처분을 금지하는 것이지 다른 채권자의 일방적인 재판행위를 금지하는 것이 아니다. 따라서 (가)압류 후의 다른 채권자의 (가)압류나 배당요구는 처분금지효에 반하는 저촉처분이 아니다.

9. 저당물의 3취득자가 지출한 필요비 · 유익비채권

저당권설정등기 후에 목적 부동산의 3취득자가 그 부동산의 보존, 개량을 위하여 필요비 또는 유익비를 지출한 때에는 민법 203조(점유자의 상환청구권)의 규정에 의하여 저당물의 경매대금에서 우선상환을 받을 수 있다(민법 367조).

본조는 저당권자의 실행으로 인한 담보권실행을 위한 경매절차에서만 적용되는 것은 아니고, 저당부동산이 매각되는 이상 다른 채권자에 의하여 개시된 강제경매절차에서도 적용된다.

---

17) 개별상대효에 대응하는 절차상대효설은 압류 후의 저촉처분은 압류채권자뿐만 아니라 당해 집행절차에 참가한 다른 모든 채권자에 대하여도 그 효력을 주장할 수 없다는 견해이다. 개별상대효는 우리나라의 집행 전반을 관통하는 매우 중요한 법리이므로 반드시 이해하여야 하고, 일본은 절차상대효를 취하고 있으므로 비교이해할 필요가 있다(이에 대해서는 이 책의 '제2편 압류 · 가압류의 개별상대효의 이해'참조)

Ⅲ. 잉여금의 처리

① 잉여금이 있을 경우에는 소유자에게 지급한다.

② 다만 집행법 147조 1항의 배당할 금액 가운데 '채무자 및 소유자 이외의 자가 한 매각허가결정에 대한 항고가 기각되거나 항고가 취하된 때에 항고인이 보증으로 제공한 금전이나, 유가증권을 현금화한 금액 가운데 항고를 한 날부터 항고기각결정이 확정된 날까지, 또는 항고가 취하된 경우에는 취하된 날까지의 매각대금에 대한 연 2할에 의한 금액'(같은 조 1항 4호의 금액)이 있는 경우에는, 채권자에게 배당하고 남은 금액이 있으면, 그 금액의 범위 안에서 그 보증 등을 제공한 사람에게 돌려주고(법 147조 2항), 위의 배당할 금액 가운데 채권자에게 배당하고 남은 금액으로 위 보증 등을 돌려주기 부족한 경우로서 그 보증 등을 제공한 사람이 여럿인 때에는 제공한 보증 등의 비율에 따라 나누어 줘야 한다(법 147조 3항).

Ⅳ. 배당기일의 지정 및 통지(법 146조)

① 매수인이 매각대금을 지급하면 법원은 배당에 관한 진술 및 배당을 실시할 기일을 정하고, 이해관계인과 배당을 요구한 채권자에게 이를 통지하여야 하는데, 이 기일을 배당기일이라 한다.

② 배당기일통지는 각 채권자와 채무자에 대하여 늦어도 배당기일 3일 전에 도달할 수 있도록 하여야 한다. 배당기일 3일전보다 뒤에 통지가 도달되면 집행법 149조 1항의 3일간의 배당표열람기간을 지킬 수 없게 되기 때문이다.

③ 통지를 받을 채권자에는 압류채권자를 비롯하여 집행법 148조 각 호에 해당하는 채권자가 모두 포함되며, 청구이의의 소, 제3자이의의 소, 집행문부여에 대한 이의의 소의 피고로서 집행의 일시정지명령을 받은 채권자에게도 통지를 생략해서는 안 된다.

④ 매수인에게는 배당기일통지를 할 필요가 없으나, 매수인이 채무인수신청(법 143조 1항)이나 차액지급신청(같은 조 2항)을 한 때에는 매수인에게도 통지하여야 한다.

⑤ 배당기일통지가 누락된 것에 관하여는 집행에 관한 이의(법 16조)로 다툴 수 있다.

Ⅴ. 배당표의 작성

1. 배당표원안의 작성

가. 배당표원안의 작성시기와 작성자료

① 배당표원안이란 채권자들이 제출한 계산서와 기록을 기초로 하여 집행법원이 채권자들에 대한 배당액 그 밖에 배당실시를 위하여 필요한 일정사항을 적은 문서로서, 집행법원이 작성하는 것만으로 그대로 확정되는 것이 아니라, 배당계획안에 불과하고, 배당기일에 채권자들 사이에 합의가 성립하거나 이의가 없을 때 비로소 배당표로서 확정된다.

② 채권자들이 계산서를 제출한 때에는 계산서에 적힌 채권액과 우선권을 기초로 하여 배당표를 작성하고, 채권자가 계산서를 제출하지 아니한 때에는 집행기록에 나타난 담보권이나 가압류의 내용, 배당요구

서나 집행력 있는 정본의 취지와 그 증빙서류에 따라 법원이 채권자들의 채권을 계산하여 배당표원안을 작성한다. 여기서 증빙서류라 함은 집행기록에 편철된 서류를 말한다.

계산서의 제출도 없고 기록상으로도 채권액이 분명하지 않은 경우에는 그 채권은 배당에서 제외한다.

나. 배당표원안의 비치와 열람

집행법원은 배당기일에 출석한 이해관계인과 배당을 요구한 채권자를 심문하여 배당표를 확정하여야 하나(법 149조 2항), 그에 앞서 채권자와 채무자에게 보여주기 위하여 늦어도 배당기일의 3일전까지는 배당표원안을 작성하여 이를 법원에 비치하여야 한다(법 149조 1항). 배당표의 비치는 법원사무관 등의 사무실에 하면 된다.

비치된 배당표원안을 열람한 이해관계인 및 배당을 요구한 채권자들은 배당표에 적은 내용에 대하여 이의가 있을 경우에는 반드시 배당기일에 출석하여 이의를 진술하여야 하고 미리 서면으로 이의할 수 없다(법 151조 1항, 3항). 다만 채무자는 법원에 배당표원안이 비치된 이후 배당기일이 끝날 때까지 서면으로도 이의할 수 있다(법 151조 2항).

2. 배당표에 적어야 할 사항

가. 배당할 금액(배당재단)

1) 배당할 금액에 산입될 금액

① 대금(법 147조 1항 1호)

② 재매각명령이 있은 후 전의 매수인이 매각대금과 지연이자 및 절차비용을 지급하여 재매각절차가 취소된 경우 및 매수신청의 보증으로 금전 외의 것이 제공되어 법원이 보증을 현금화한 경우 대금지급기

한이 지난 뒤부터 대금의 지급·충당까지의 지연이자(법 147조 1항 2호)

③ 채무자 및 소유자가 한 매각허가결정에 대한 항고가 기각 또는 각하되거나 항고가 취하된 때 항고인이 제공한 항고보증(법 130조 8항에 따라 준용되는 경우를 포함한다. 법 147조 1항 3호)

④ 채무자 및 소유자 외의 사람이 한 매각허가결정에 대한 항고가 기각 또는 각하되거나 항고가 취하된 때 항고인이 제공한 항고보증 가운데 항고인이 돌려 줄 것을 요구하지 못하는 금액 또는 같은조 7항 단서의 규정에 따라 항고인이 낸 금액(각각 같은조 8항에 따라 준용되는 경우를 포함한다. 147조 1항 4호)

⑤ 재매각이 실시된 경우에 전의 매수인이 제공한 매수신청의 보증으로서 매수인이 돌려줄 것을 요구할 수 없는 보증(보증이 금전 외의 방법으로 제공되어 있는 때에는 보증을 현금화하여 그 대금에서 비용을 뺀 금액. 법 147조 1항 5호)

⑥ 차순위매수신고인에 대한 매각허가결정이 있는 경우 매수인이 매수신청의 보증으로 제공한 금전 등(규칙 79조)

⑦ 위 각 금액에 대한 배당기일까지의 사이에 발생한 보관금이자

2) 개별배당재단의 형성

(1) 여러 부동산이 동시에 하나의 경매절차에서 매각되는 경우에도 이것은 개별 경매절차의 병합에 불과하다. 따라서 여러 부동산을 일괄경매하더라도 배당절차는 기본적으로 개별경매의 경우와 다르지 않으므로, 배당절차도 각 부동산 매각대금마다 따로 이루어져야 하는 것이 원칙이다. 왜냐하면 대지와 건물을 각 개별경매하는 경우와 마찬가지로 대지에 대한 권리자는 대지 매각대금에서, 건물에 대한 권리자는 건물 매각대금에서 각 배당을 받아야 하기 때문이다.

(2) 그러나 각 부동산의 권리관계가 완전히 일치하는 경우에는 부동산마

다 배당표를 따로 작성하는 것은 매우 비효율적이다. 그리하여 실무에서는 각 부동산에 대한 배당가입채권자들의 권리관계가 일치하는 경우에는 각 부동산매각대금에서의 구체적인 배당액은 달라도 각 부동산매각대금에 대한 배당표상의 배당순위와 배당비율이 일치할 것이므로, 통상 여러 부동산 매각대금을 하나의 배당재단으로 보고 하나의 배당표를 작성하는 것이 통례인데, 이는 각 부동산매각대금에 대한 배당표를 각각 작성한 후 이를 합산한 결과와 일치하기 때문이다.[18)]

(3) 그러나 부동산마다 배당가입채권자들의 권리관계가 다른 경우에는 각 부동산매각대금에 대한 배당결과가 전체 매각대금을 하나의 배당재단으로 보고 배당표를 작성한 경우와 일치하지 않는다. 심지어 각 부동산매각대금의 배당가입채권자들의 권리관계가 다른 경우에는 전체매각대금을 하나의 배당재단으로 보고 하나의 배당표를 작성하는 것이 기술적으로 불가능한 경우도 있다.

따라서 여러 부동산을 일괄매각하는 경우 각 재산의 매각대금에서 배당받을 채권자나 채권액이 다른 때에는[19)] 각 부동산 매각대금마다 각각의 배당재단으로 보고, 각 부동산의 매각대금마다 구분하여 이른바 개별배당재단을 형성한 후 각 대금마다 따로 배당표를 작성하여야 한다.[20)]

---

18) 물론 여기에는 동일 사건번호하에 진행되는 경매절차에 대한 배당요구의 경우 굳이 어느 부동산매각대금에서 배당을 받기 위한 것인지 특정하지 않더라도 그 배당요구는 어느 특정 부동산매각대금으로부터만 배당받기 위한 배당요구가 아니라 특정한 사정이 없는 한 모든 부동산매각대금에서 배당받기 위한 배당요구로 본다는 것이 전제된 것이다.

19) 이러한 경우로서 실무에서 가장 발견하기 쉬운 경우가 바로 일괄매각 부동산 중 일부에만 가압류가 있거나 담보물권이 설정된 경우이다.

20) 법원실무제요 민사집행[II], 523면.
채권자가 부동산마다 따로 근저당권을 설정하였다거나 또는 따로 배당요구를 하였다는 등의 이례적인 경우가 아니면 통상 채권자가 동일한 경우에는 배당요구한 채권액도 동일하지만, 항상 그러한 것은 아니므로, 배당의 실제에서는 매우 주의할 일이다. 채권자와 배당순위가 일치하더라도 각 채권자가 배당받을 채권액이 다르면 반드시 개별배당재단을 형성하고 개별배당표를 작성하여야 한다.

나. 집행비용

① 강제집행에 필요한 비용은 채무자의 부담으로 하고 그 집행에 의하여 우선적으로 변상을 받는다(법 53조 1항). 집행비용은 집행권원 없이도 배당재단으로부터 각 채권액에 우선하여 배당받을 수 있다.
여기서 집행비용이라 함은 각 채권자가 지출한 비용의 전부가 포함되는 것이 아니라 배당재단으로부터 우선변제를 받을 집행비용만을 의미하며, 당해 경매절차를 통하여 모든 채권자를 위하여 체당한 비용으로서의 성질을 띤 집행비용(공익비용)에 한한다. 이에 해당하는 우선변제를 받을 집행비용은 원칙적으로 집행채권자(경매신청채권자)가 지출한 비용으로서, 압류채권자가 강제집행의 신청과 그 준비를 위하여 지출한 필요비용과 절차의 진행을 위하여 압류채권자가 예납한 금액 중 실제로 사용된 비용이다.

② 배당요구를 하기 위하여 각 채권자가 지출한 비용은 모든 채권자를 위하여 체당한 비용이 아니므로 여기서 말하는 집행비용에는 포함되지 아니하고, 그 채권자의 채권금액에 산입하여 배당하게 된다.

다. 실제 배당할 금액

실제 배당할 금액이라 함은 실제로 각 채권자에게 배당할 금액으로서 위에서 본 배당할 금액에서 집행비용을 공제한 나머지를 말한다.

라. 매각부동산

마. 채 권 자

바. 채권금액

1) 채권금액의 확정

① 채권금액이란 배당에 참가한 모든 채권자의 채권액을 말하는데, 채권자가 채무자에 대하여 가지는 채권이라도 청구 또는 배당요구를 하

지 아니하거나 채권계산서에 적지 아니한 것은 포함되지 아니한다(단 압류의 효력발생 전에 등기한 저당권자나 가압류채권자의 채권은 그러하지 아니하다).

② 채권금액에는 원금뿐만 아니라 이자(지연손해금 포함) 및 비용도 포함된다. 이자는 배당요구의 종기 이전에 제출된 계산서에 이자채권이 적혀있는 한 배당기일까지의 이자를 계상하여 오면 그 부분 이자는 배당에 포함한다.

③ 한편 여기서 비용이라 함은 위 나항의 집행비용, 즉 공익비용으로서 우선변제받을 집행비용을 제외한 비용(예컨대 배당요구신청비용, 이중압류채권자가 지출한 비용), 그 밖에 자기의 채권보전 내지 실현을 위하여 지출한 비용으로서 우선변제를 받을 수 없는 비용(예컨대 소송비용액 확정절차에 의하여 확정된 본안소송비용. 다만 본안소송비용은 여기서 말하는 비용에 포함되지 않는다는 견해가 있다)을 말한다.

2) 배당에 있어서 변제충당순서와 방법

배당절차에서는 합의에 의한 변제충당은 허용될 수 없고, 획일적으로 가장 공평·타당한 충당방법인 민법 477조의 규정에 의한 법정변제충당의 방법에 따라 충당을 하여야 한다. 따라서 매각대금은 비용·이자·원본의 순서로 변제충당된다(대판 90다18678, 99다22281, 22298 등).

사. 배당순위

1) 배당순위의 결정

각 채권자는 민법·상법, 그 밖의 법률에 의한 우선순위에 따라 배당순위가 정하여 진다(법 145조 2항).

각 채권자의 배당순위는 다음과 같다.

① 매각재산에 조세채권의 법정기일 전에 설정된 저당권·전세권에 의하여 담보되는 채권이 있는 경우

㉠ 1순위 : 집행비용

㉡ 2순위 : 저당물의 3취득자가 그 부동산의 보존·개량을 위하여 지출한 필요비·유익비(민법 367조)

㉢ 3순위 : 소액임차보증금채권, 최종 3개월분 임금과 최종 3년간의 퇴직금 및 재해보상금

이들 채권이 서로 경합하는 경우에는 동등한 순위의 채권으로 보아 배당한다(재민 91-2).

㉣ 4순위 : 집행의 목적물에 대하여 부과된 국세, 지방세와 가산금(이른바 당해세)

㉤ 5순위 : 국세 및 지방세의 법정기일 전에 설정등기된 저당권·전세권에 의하여 담보되는 채권

확정일자를 갖춘 주택 또는 상가건물의 임차보증금반환채권, 임차권등기된 주택 또는 상가건물의 임차보증금반환채권은 저당권부채권과 같은 성질의 채권으로 취급한다. 다만 임차권등기된 경우 그 등기전에 대항요건과 확정일자를 모두 갖춘 경우에는 등기된 때가 아니라 위 요건을 모두 갖춘 때의 순위가 인정된다.

㉥ 6순위 : 근로기준법 38조 2항의 임금 등을 제외한 임금, 기타 근로관계로 인한 채권

㉦ 7순위 : 국세·지방세 및 이에 관한 체납처분비, 가산금 등의 징수금

㉧ 8순위 : 국세 및 지방세의 다음 순위로 징수하는 공과금 중 산업재해보상보험료, 국민건강보험료, 국민연금보험료, 고용보험료(단, 납부기한과 관련하여 예외 규정 있음. 다음 나) 중 ③순위 부분 참조) 등

㉨ 9순위 : 일반채권(일반채권자의 채권과 재산형·과태료 및 국유재산법상의 사용료·대부료·변상금채권)

② 매각재산에 조세채권의 법정기일 후에 설정된 저당권·전세권에 의

하여 담보되는 채권이 있는 경우

㉠ 1, 2, 3순위 : 앞서 본 바와 같다.

㉡ 4순위 : 조세 기타 이와 동순위의 징수금(당해세 포함)

㉢ 5순위 : 조세 다음 순위의 공과금 중 납부기한이 저당권·전세권의 설정등기보다 앞서는 국민건강보험법상의 건강보험료 및 국민연금법상의 연금보험료

㉣ 6순위 : 저당권·전세권에 의하여 담보되는 채권

㉤ 7순위 : 임금 기타 근로관계로 인한 채권

㉥ 8순위 : 조세 다음 순위의 공과금 중 산업재해보상보험법상의 산업재해보상보험료 기타 징수금, 국민건강보험법상의 건강보험료 및 국민연금법상의 연금보험료

㉦ 9순위 : 일반채권(여기에 해당하는 채권은 가)항과 같다)

③ 매각재산에 저당권 등에 의하여 담보되는 채권이 없는 경우

㉠ 1, 2, 3순위 : 앞서 본 바와 같다.

㉡ 4순위 : 임금 기타 근로관계로 인한 채권

㉢ 5순위 : 조세 기타 이와 동순위의 징수금(당해세 포함)

㉣ 6순위 : 조세 다음 순위의 공과금

㉤ 7순위 : 일반채권(여기에 해당하는 채권도 가)항과 같다)

2) 순환배당 · 흡수배당의 문제

배당받을 채권자들 사이에 배당순위가 고정되지 아니하고 채권자들 사이에 우열관계가 상대에 따라 변동이 있는 경우에, 그에 관계된 각 채권자의 채권액에 비례하여 안분배당하여야 한다는 안분배당설과, 위와 같이 안분한 후(1단계), 각각 자신의 채권액 중 1단계에서 안분받지 못한 금액(부족액)에 달할 때까지 자신보다 열후한 채권자의 안분액으로부터 흡수(2단계)하여 그 결과를 배당하여야 한다는 안분후흡수설이 있는데, 실무는 안분후흡수설에 따르고 있다.

이에 대해서 자세한 것은 이 책의 "제5편. 배당절차상의 개별쟁점" 중 "I. 배당순위의 충돌과 조정 - 순환흡수배당의 법리" 부분 참조

VI. 배당기일의 실시

1. 배당표의 확정(법 149조 2항, 150조)

법원은 미리 작성한 배당표원안을 배당기일에 출석한 이해관계인과 배당을 요구한 채권자에게 보여주고 그들을 심문하여 그 의견을 듣고, 또 즉시 조사할 수 있는 서증을 조사한 다음 이에 기하여 배당표원안에 추가, 정정할 것이 있으면 추가, 정정하여 배당표를 완성·확정한다.

배당표에 대하여 이의가 있으면 그 이의 있는 부분에 한하여 배당표는 확정되지 아니하고(법 152조 3항 참조), 배당표에 대하여 이해관계인이나 배당요구채권자의 이의가 없어 그대로 확정되면 법원 및 각 채권자와 채무자는 이에 기속된다.

2. 차액지급 또는 채무인수시의 잔여액의 납부

① 매수인이 대금의 지급에 갈음하여 채무인수(법 143조 1항)를 신청하였거나 또는 채권자인 매수인이 차액지급신고(143조 2항)를 한 경우에는 매각대금에서 인수하거나 매수인이 배당받을 금액을 제외한 나머지 금액을 배당기일에 내야 한다.

② 한편 매수인이 인수한 채무나 배당받아야 할 금액에 대하여 이의가 제기된 때에는 매수인은 배당기일이 끝날 때까지 이에 해당하는 대금을 내야한다(법 143조 3항). 이의가 이유 있을 경우에 그에 해당하는

대금은 나중에 배당이의가 종료되면 그 결과에 따라 재배당 또는 추가배당하여야 할 배당재단이 되는 것이기 때문이다. 이를 내지 아니하면 재매각을 명하여야 하지만, 실무에서는 매수인이 당일 이의 있음 금액을 내지 않더라도 이의 있는 금액을 현금으로 지급할 의사를 표시한 경우에는 배당기일을 속행한다.

③ 매수인이 내야 할 '이에 해당하는 대금'은 차액지급으로 소멸할 매수인이 배당받을 채권 중 이의 있는 금액부분을 뜻한다. 따라서 매수인이 5천만원의 채권으로 배당요구하였고, 배당표에도 매수인이 배당요구한 채권 전액을 배당받는 것으로 기재되어 있으나, 다른 채권자가 매수인의 채권이 3천만원 밖에 안된다고 다투면서 2천만원에 관하여 이의하는 경우에는 이의 있는 2천만원만 내면 된다.

④ 이의가 있을 경우에 내야할 대금은 나중에 배당이의가 종료되면 그 결과에 따라 재배당 또는 추가배당하여야 할 배당재단이 되는 것이므로 반드시 현금(금융기관 발행의 자기앞수표 포함)만을 내야 한다.

3. 배당표에 대한 이의

가. 이의를 할 수 있는 자 및 이의시기 등

① 채무자는 집행법 149조 1항에 따라 법원에 배당표원안이 비치된 이후 배당기일이 끝날 때까지 서면으로 이의할 수 있다(법 151조 2항). 여기서 말하는 채무자란 임의경매에 있어서는 담보부동산의 소유자를 포함하는 개념이다.

이의는 채무자를 제외하고는 배당기일에 출석하여 진술할 것을 요한다.

기일에 출석한 채무자 및 각 채권자는 배당표의 작성, 확정 및 실시와 다른 채권자의 채권 또는 그 채권의 순위에 대하여(단 채권자는 자기의 이해에 관계되는 범위 안에서) 이의할 수 있다(법 151조 1항, 3항).

② 배당기일통지를 받고도 출석하지 아니한 채권자는 배당표와 같이 배당을 실시하는 데에 동의한 것으로 보게 되므로(법 153조 1항), 그 채권자에 관한 한 배당표는 확정되나 후술하는 바와 같이 채권자가 기일에 출석하지 아니한 다른 채권자의 채권에 관하여 이의를 한 경우에는 출석하지 아니한 채권자는 그 이의를 정당하다고 인정하지 아니한 것으로 보게 된다(법 153조 2항).

나. 절차상의 사유에 기한 이의(형식상의 이의)

이해관계 있는 각 채권자와 채무자는 배당표의 작성방법이나 배당실시절차에 위법이 있음을 이유로 이의를 진술할 수 있다.

절차상의 사유로 하는 이의의 성질은 집행에 관한 이의라고 보는 것이 통설이다. 따라서 이러한 이의는 집행법원에 대하여 배당표작성행위의 취소, 변경을 구하는 것으로 족하고 이의를 하는 채무자나 채권자가 다른 채권자를 상대방으로 지정하거나 이의의 범위를 특정할 필요가 없다.

배당기일에 채무자 또는 채권자가 위와 같은 위법을 주장하여 이의를 진술하는 것은 사전에 법원에 대하여 집행절차상의 위법에 대한 시정을 촉구하는데 불과하므로 법원은 그 이의가 정당하다고 인정하면 그 절차의 위법을 시정하여 배당표원안에 적힌 내용을 경정한다.

그러나 이의가 이유 없다고 인정하면 응답하지 아니한 채 배당표를 확정하여 배당을 실시할 수 있다. 이 경우에 이의를 한 자는 정식으로 집행에 관한 이의(법 16조)를 할 수 있다는 것이 일반적인 견해이다.

다. 실체상의 사유에 기한 이의

1) 이의사유 및 성질

① 채무자는 각 채권자의 채권의 존부, 범위, 순위에 관하여 이의할 수 있고(법 151조 1항, 2항), 배당기일에 출석한 각 채권자는 자기의 이해에 관계되는 범위 안에서 다른 채권자의 채권의 존부, 범위, 순위에 관

하여 이의할 수 있다(같은 조 3항).

이의를 할 수 있는 채권자는 집행력 있는 정본의 유무, 채권이 사법상의 것인지 공법상의 것인지 여부, 일반채권인지 우선권 있는 채권인지 여부, 그리고 배당표에 배당을 받는 것으로 기재되어 있는지 여부를 불문하고 배당에 참가한 모든 채권자를 포함하나, 배당에 참가하지 못하는 채권자, 즉 집행법 148조 각 호에 해당하지 아니하는 자의 이의는 부적법하다.

또 이의의 상대방이 되는 채권자도 그 채권의 우선권의 유무, 집행력 있는 정본의 유무를 불문하고 그 사건에서 배당표원안에 배당을 받는 것으로 적힌 채권자라면 누구라도 무방하다. 또한 배당표에 채무자에게 잉여금이 지급되는 것으로 적혀 있으면 채무자도 상대방이 될 수 있다.

② 이의를 함에 있어서는 그 이유를 밝히거나 이유에 대한 증거를 제출할 필요는 없다. 이의가 정당한지 여부는 배당이의소송의 판결절차에서 가려진다.

2) 이의방법

① 이의는 어느 채권에 대하여 어느 한도에서 그 존재 또는 우선권을 다투는가 즉, 배당표원안에 적힌 내용을 어떻게 경정할 것을 구하는 것인지를 구체적으로 명시하여야 하고, 이의의 상대방과 그 범위를 명시하지 아니한 이의는 부적법하다.

반면에 채무자가 이의할 경우에는 이의에 관계된 채권자의 채권을 줄이는 내용을 진술하면 족하고, 그 줄어든 금액을 어느 채권자에게 배당하여야 한다는 것까지 진술할 필요는 없다.

② 배당이의의 상대방을 누구로 할 것인가는 매우 중요하다.

㉠ 자기의 채권보다 선순위채권임을 인정하는 이상 그 자에 대한 이의는 본래 부적법하지만 예외적으로 그 채권의 부존재를 이유로

하는 경우에는 이의하는 자의 배당순위에 상관없이 이의할 수 있다. 이 경우 부존재란 채권의 일부가 부존재한다고 주장하는 것도 포함된다.

㉡ 그러나 채권의 부존재가 아닌 배당의 순위에 관한 사유로 이의할 경우에는 이의하는 자가 자기보다 후순위 또는 동순위라고 지적하는 자들 중 어느 누구라도 상대방으로 하여 이의를 할 수 있는 것은 아니고, 배당표상 가장 후순위 채권자로부터 순차로 거슬러 올라가 이의 있는 채권자의 배당요구액에 달할 때까지의 배당액에 관계된 채권자에 대하여만 이의할 수 있다. 즉 이의가 제기된 현재의 배당표원안과 이의하는 채권자의 주장이 그대로 받아들여질 경우 작성될 배당표를 비교하여 전자의 배당표에는 배당을 받지만 후자의 배당표에서는 삭제되거나 배당액이 줄어드는 채권자 및 범위를 이의의 상대방 및 이의의 범위로 하여야 한다.

㉢ 가압류채권자에 대한 배당액은 공탁되고(법 160조 1항 2호), 가압류채권자가 이를 지급받기 위해서는 채무자를 상대로 집행권원을 얻어야 하므로 채무자는 가압류채권자에 대하여는 이의를 할 필요가 없다.[21]

3) 이의에 관계된 다른 채권자의 인부

이의에 관계된 채권자가 출석하였으면 그에게 이의에 대한 인부를 진술하도록 하여야 한다(법 152조 1항). 이의에 관계된 채권자란 배당이의에 의하여 자기의 채권액이 줄어들게 되는 채권자를 뜻한다.

이의에 관계된 채권자가 이의를 정당하다고 인정한 때에는 법원은 이에

21) 채무자가 이의하고 채무자가 먼저 부존재확인소송이나 배당이의를 제기함으로써 분쟁이 조기에 종결되는 점을 들어 채무자가 제기하는 그러한 소송을 소의 이익이 없다고 볼 수는 없다는 견해도 있고, 채무자는 가압류권자에 대하여 제소명령을 신청함으로써 분쟁을 조기에 종결시킬 수 있으므로 소의 이익이 없다는 견해도 있다.

따라 배당표를 경정하여 배당을 실시하여야 한다(법 152조 2항).

이의를 정당한 것으로 인정한 경우가 아니더라도 이의를 신청한 채권자와 그 이의에 관계된 상대방채권자 사이에 다른 방법으로 합의가 성립되면 법원은 그 합의내용에 따라서 배당표를 경정하여야 한다(법 152조 2항).

4) 이의의 효과

가) 채무자가 이의를 한 경우

① 집행력 있는 집행권원의 정본을 가지지 아니한 채권자(가압류채권자를 제외한다)의 채권이나 부동산상의 담보권자의 채권에 대하여 이의를 한 경우에는 이의가 기일에 완결되지 아니하면 그 부분에 대하여는 배당의 실시가 일시 유보되고 이의를 한 채무자가 집행법 154조에 의한 배당이의의 소를 제기하여야 하고(법 154조 1항), 집행법원에 소제기를 증명하면 그 부분의 배당액은 공탁된다.

② 집행력 있는 집행권원의 정본을 가진 채권자에 대하여 이의를 한 경우에는 채무자가 청구이의의 소(법 44조)를 제기하고 또한 그 소에 관한 집행정지재판을 받아야 한다(법 154조 2항, 3항).

나) 채권자가 이의를 한 경우

이의가 기일에 완결되지 아니한 때에는 이의 있는 채권에 대한 배당의 실시가 일시 유보되고 이의한 채권자가 배당이의의 소를 제기하고 배당기일부터 1주 이내에 그 소제기를 법원에 증명(법 154조 1항, 3항)하면 그 부분의 배당액은 공탁되니(법 160조 1항 5호) 그 증명이 없이 이 기간이 지난 경우에는 이의에 불구하고 배당이 실시된다.

5) 배당이의 등의 소제기의 증명

이의를 한 채권자나 채무자가 제출하여야 할 소제기의 증명은 수소법원의 소제기증명서, 변론기일통지서 등을 제출하는 방법으로 하면 된다.

소제기 증명을 하지 아니한 경우에는 이의가 취하된 것으로 보게 되므로(법 154조 3항), 법원은 유보되었던 배당을 실시하여야 한다.

라. 개별배당재단이 형성된 경우의 배당이의

1) 각 재산의 매각대금에서 배당받을 채권자와 채권액이 동일한 경우

이 경우는 매각대상 부동산이 하나인 경우와 결과적으로 동일하다. 이 경우는 각 재산별로 작성된 배당표의 내용이 각 채권자의 배당액만 제외하면, 배당순서, 배당비율 등 나머지는 완전히 동일하기 때문이다.

그리고 이 경우 배당표가 하나로 작성되더라도 이는 동일한 내용의 배당표의 내용을 합산한 결과를 기재한 것에 불과하다.

2) 각 재산의 매각대금에서 배당받을 채권자나 채권액이 다른 경우

가) 일반법리

① 이 경우에 앞서 본 바와 같이 이른바 개별배당재단을 형성하고, 나아가 물건마다 배당표가 따로 작성되어야 하며, 한편 배당표에 대한 이의는 각 물건마다 작성된 배당표를 대상으로 따로 처리되어야 한다.

② 실무에서는 매각대상물건이 여러 개이고 각 재산의 매각대금에서 배당받을 채권자나 채권액이 다른 경우에도 배당표가 하나만 작성되는 경우가 있으나, 이 경우에도 각 물건의 매각대금의 배당관계를 기재하여 배당경위를 알 수 있는 서류(실무에서는 중간배당표 또는 배당내역서라 한다)를 첨부하여 어느 물건의 매각대금이 어떻게 배당되었는지를 알 수 있도록 하여야 한다.

이 경우에도 최종적인 합산배당표는 각 개별배당재단에 의한 개별배당의 최종결과를 합산한 결과를 기재한 것에 불과한데, 최종적인 배당액의 합산결과를 정확하게 기재할 수 있을지언정 각 부동산의 경매대가나 각 채권자의 배당순위는 정확하게 기재할 수 없고, 그리하여 합산배당표를 전제로 배당이의의 소가 제기된 경우 배당이의를 심리하는 법원으로서는 그 배당의 당부를 판단하는 것이 매우 곤란해지므로, 집행법원은 합산배당표의 작성을 피하여야 한다.

나) 합산배당표가 작성된 경우 배당이의시의 유의할 점

① 어쨌든 앞에서 본 배당이의의 원칙은 합산배당표가 작성된 경우에도 그대로 적용되어야 한다.

그런데 합산배당표가 작성된 경우 배당이의의 원칙을 적용함에 있어서 쟁점은, 통상의 배당이의에서 피고는 피고의 채권이 배당표상의 다른 채권자의 채권보다 앞서거나 또는 적어도 동순위이기 때문에 그 배당이 잘못되지 않았더라도 여전히 배당을 받을 수 있었던 범위에서는 원고의 청구가 이유없다는 취지의 항변을 할 수 있는데, 이러한 원칙의 적용과 관련하여 나타난다.

예를 들어, A부동산매각대금에서는 배당을 받을 수 없고, B부동산매각대금에서 배당을 받아야 할 甲이 A부동산매각대금에서 배당을 받은 경우, 그 때문에 A부동산매각대금에서 배당을 받아야 할 다른 채권자 乙이 甲을 상대로 배당이의를 할 수 있는지, 이 경우 甲은 자신이 어차피 B부동산 매각대금에서 배당을 받을 수 있어서, 결과적으로 합산배당표상의 자신에 대한 배당액은 유지되어야 한다는 취지의 항변을 할 수 있는가 하는 점이다.

② 이 경우 결과적으로 乙(원고)의 배당이의가 이유 있더라도 甲(피고)의 배당액이 줄어들지 않는다는 것은 본래 매각물건마다 따로 작성되어져야 할 배당표가 하나로 합산되어 작성됨으로 인한 우연할 결과일 뿐이므로 이러한 사정은 정당한 A부동산의 매각대금에 관한 배당이의에 대한 정당한 항변사유가 아니다.

대법원 2003. 9. 5. 선고 2001다66291 판결도, 대지와 지상건물이 일괄매각되었으나 각 매각대금으로부터 배당받을 채권자가 다른 경우에는 배당표가 따로 작성되어야 하고, 이 경우 매당표가 따로 작성되지 아니하였는데, 대지매각대금에서는 배당을 받을 수 없는 채권자가 배당을 받았으나 그가 건물매각대금에서 배당을 받을 수 있어서 전체적으로 배당액에 변동이 없는 경우에도 대지매각대금에서 우선 배당받을 선순위채권자가 배당이의를 할 수 있다고 판시하였다.

③ 그렇다면, 이러한 경우 B부동산매각대금에서 배당받아야 할 甲은 어떻게 구제받을 수 있는가?

A부동산매각대금에 대한 배당이의의 소에서 甲이 패소하더라도 甲은 B부동산매각대금에서 甲이 배당을 받았을 경우 배당을 받지 못하였을 후순위채권자를 상대로 부당이득반환을 구할 수 있다(법 155조. 대판 99다26948 등). 따라서 甲은 B부동산 매각대금에서 배당받은 후순위채권자를 상대로 乙의 배당이의로 인하여 상실하는 배당액만큼 후순위채권자가 배당받은 금액범위에서 부당이득반환을 구할 수 있다.

Ⅶ. 배당이의의 소

1. 배당이의의 소의 성질론

가. 배당이의소송의 성질

① 이에 관하여는 학설이 나누어져 있다. 특히 집행법 157조가 "배당이의의 소에 대한 판결에서는 배당액에 대한 다툼이 있는 부분에 관하여 배당을 받을 채권자와 그 액수를 정하여야 한다. 이를 정하는 것이 적당하지 아니하다고 인정한 때에는 판결에서 배당표를 다시 만들고 다른 배당절차를 밟도록 명하여야 한다"고 규정하고 있는 점이 문제로 되고 있다.

② 배당이의 소의 성질에 관하여는[22] 이를 ① 배당표에 이의가 있는 자

가 실체상 권리의 존재를 전제로 하여 배당법원이 작성한 배당표의 변경을 명하는 판결 또는 이를 취소하여 새로운 배당표의 작성을 명하는 판결(법 157조 참조)을 구하는 소송법상의 형성소송이라고 보는 견해(형성소송설),[23] ② 배당절차상의 배당청구권의 확인 내지 배당표의 소송상의 위법의 확인을 구하는 확인소송이라고 하는 견해(소송상 확인소송설),[24] ③ 배당기일에서의 이의의 당부 따라서 이의의 대상인 채권의 존부・범위・순위의 확인을 구하는 확인소송이라고 하는 견해(실체상 확인소송설),[25] ④ 채권 내지 담보권의 확인과 배당표의 변경 내지 실효라고 하는 확인기능과 형성기능을 겸유하는 특수한 소송이라고 하는 견해(구제소송설)[26] 등이 있는데, 형성소송설이 독일과 일본의 다수설이다.

③ 우리나라의 통설, 판례는 형성소송설로서, 배당이의소송을 이의 있는 채권자가 실체상의 권리의 존재를 전제로 하여 배당표의 취소, 변경 또는 새로운 배당표의 형성을 구하는 소송이라고 한다. 그 근거는, 배당액은 배당표라고 하는 재판에 의하여 정하여지고, 각 채권자가 배당수령권을 가지는데 이르는 것이므로, 자기에게 유리한 배당을 받기 위해서는 새로운 배당표가 형성되는 것을 요한다고 하는 것이다. 이에 의하면 배당이의소송의 인용판결은 배당액에 관한 계쟁부분의 귀속을 확정하는 것에 그치지 않고, 당초의 배당표에 대하여 직접 그

---

22) 이하 학설의 소개는 주석 집행법(III), 한국사법행정학회, 2004, 922면 이하.
23) 방순원・김광년, 민사소송법(하)(제2전정판), 한국사법행정학회, 1993, 348면.
24) 한종열, 민사소송법(하)(개정증보판), 대학출판사, 266면. 이 견해는 실체상의 권리주장이 아니고, 그 실체상의 권리에 기한 소송상의 권리주장이라고 하는 점에서는 형성소송설과 입장을 같이 하나, 배당표의 변경은 물론 그 취소도 인용판결의 내용을 이루는 것이 아니라고 한다.
25) 이 견해는 확인의 대상이 소송상의 권리인 배당청구권이 아니고 실체상의 배당청구권이라고 하는 점에서 소송상 확인소송설과 입장을 달리 한다.
26) 오석락, "배당이의소송",「민사재판의 제 문제(제1권)」(1977.6), 295면; 강대성,「집행법」(삼영사, 2002), 419면.

취소・변경을 선언하는 취지의 형성판결이 된다.[27)]

나. 배당이의의 소와 부당이득반환청구의 소와의 관계

① 배당절차에서 실제로 배당을 받아야 할 채권자가 배당을 받지 못하고 배당을 받지 못할 자가 배당을 받은 경우에 배당을 받지 못한 채권자는 배당을 받지 못할 자이면서도 배당을 받은 자를 상대로 배당이의를 하고 나아가 배당이의의 소를 제기하여 구제를 받는 것이 원칙이겠지만, 적법한 배당요구를 하지 못하였거나, 배당기일에 적법하게 이의를 하지 못하였거나 또는 이의는 하였으나 배당이의의 소제기 및 증명기간을 준수하지 못하여 배당이의의 소를 통하여 구제받을 수 없게 된 경우에 배당을 받지 못한 채권자로서는 배당에 관하여 이의를 한 여부 또는 형식상 배당절차가 확정되었는가의 여부에 관계없이 배당을 받지 못할 자이면서도 배당을 받았던 자를 상대로 부당이득반환청구권을 갖는다(법 155조. 대판 99다26948 등).[28)]

② 다만 대법원은 실체법상 우선변제청구권이 있는 채권자라고 하더라도 그가 적법한 배당요구를 하지 아니하여 배당에서 제외된 경우에는 배당받은 후순위 채권자를 상대로 부당이득의 반환을 청구할 수 없다고 판시하고 있는데(대판 2006다39546 등), 이 판결과 위 2000다59678 판결을 종합하면, 배당받은 후순위 채권자를 상대로 부당이득

27) 실무상 배당이의소송의 인용판결 주문도 "○○법원 ○타경○ ○○경매신청사건에 관하여 같은 법원이 ○년 ○월 ○일 작성한 배당표 중 원고에 대한 배당액 금 ○원을 금 ○원으로, 피고에 대한 배당액 금 ○원을 금 ○원으로 경정한다"라고 하는 것처럼 배당표를 직접 경정하도록 하고 있다.

28) (근)저당권은 물권으로서 불법말소되었다고 하더라도 권리가 소멸되는 것은 아니어서 첫 경매개시결정등기 전에 등기되어 있던 근저당권자는 불법말소 후 회복등기를 하지 않았다 하더라도 배당요구 없이도 당연히 배당을 받을 수 있는 자에 해당하므로, 경매절차에서 배당을 받지 못한 경우 그 근저당권자는 경매절차에서 실제로 배당받은 자에 대하여 부당이득반환청구를 할 수 있다(대판 2000다59678 등).

반환을 청구할 수 있는 채권자는 적어도 집행법 148조의 배당받을 채권자의 범위에 해당하여야 한다고 할 것이다.

③ 그렇다면 배당이의의 소의 확정판결을 통하여 배당받게 된 채권자에 대해서도 같은 법리가 적용될 것인가? 확정된 배당표에 의하여 배당을 실시하는 것은 실체법상의 권리를 확정하는 것이 아니며, 배당이의소송은 대립하는 당사자 사이의 배당액을 둘러싼 분쟁을 그들 사이에서 상대적으로 해결하는 것에 지나지 아니하여 판결의 효력은 오직 소송의 당사자에게만 미칠 뿐이라는 법리를 토대로, 어느 채권자가 배당이의소송의 승소판결에 기하여 경정된 배당표에 따라 배당받은 경우에도, 그 배당이 배당이의소송에서 패소확정판결을 받은 자 아닌 다른 배당요구채권자가 배당받을 몫까지도 배당받은 결과로 된다면 그 다른 배당요구채권자는 배당이의소송의 승소판결에 따라 배당받은 채권자를 상대로 부당이득반환청구를 할 수 있다는 것이 위 대법원 2007. 2. 9. 선고 2006다39546 판결의 취지이다.[29)]

2. 소송요건

가. 제소기간

배당이의의 소는 이의를 한 배당기일부터 1주 이내에 제기하여야 한다(법 154조 3항).

---

29) 이러한 태도는 기본적으로 배당이의소송이 배당표를 확정시키는 한 과정에 불과하다는 인식을 토대로 한 것으로서 배당이의소송에서 어렵게 승소한 채권자가 배당이의소에 대하여 구경만하고 있던 다른 채권자에게 다시 부당이득반환의무를 지게 되는 결과를 야기하게 되었는바, 부당이득반환을 구하는 자가 배당이의소송을 제기할 수 있었음에도 제기하지 아니하고 있다가 피고가 어렵게 배당이의에서 승소하자 그 결과물을 손쉽게 취득하려는 것으로 볼 수 있는 등의 특별한 사정이 있는 경우에는 신의칙을 들어 청구를 배척할 수 있다는 논의가 있다.

나. 관할법원

배당이의의 소는 배당을 실시한 집행법원이 속한 지방법원의 관할로 한다(법 156조 1항 본문). 여기서 지방법원은 반드시 본원만을 뜻하는 것은 아니다.

다. 당사자적격

1) 원고적격

원고적격이 있는 자는 배당표에 대한 실체상의 이의를 한 채권자 또는 채무자이다.

채무자는 집행력 있는 집행권원의 정본을 가지지 아니한 채권자에 대하여만 배당이의의 소를 제기할 수 있고, 집행력 있는 집행권원의 정본을 가진 채권자에 대하여는 청구이의의 소(법 44조)[30]를 제기하여야 한다. 여기서 말하는 채무자는 담보권실행을 위한 경매의 경우에는 담보부동산의 소유자를 포함하는 개념이다.

그러나 채권자가 이의를 한 경우에는 이의를 한 이상 그가 집행력 있는 집행권원의 정본을 가지고 있는지 여부는 문제로 되지 아니하며, 가압류채권자도 모두 포함된다.

2) 피고적격

피고적격이 있는 자는 보통 배당이의의 상대방 채권자 또는 채무자로서 그 이의를 정당한 것으로 승인하지 아니한 자, 다시 말하면 배당이의에 의하여 자기에 대한 배당액(채무자의 경우에는 잉여금)이 줄어드는 자이다.

---

30) 집행권원이 정기금판결인 경우에는 정기금판결변경의 소(민소 252조 1항)를 제기하여야 한다는 견해와 이 경우에도 청구이의의 소를 제기하여야 한다는 견해가 있다.

3. 소송절차

가. 청구취지

채권자가 원고인 경우에는 배당기일에 이의를 한 범위 내에서 원고가 원래의 배당표에 기재된 것보다 배당을 더 받게 될 금액을 명시하여야 할 것이다(대판 99다70983).

그런데 원고의 배당액이 많아짐으로써 그만큼 피고의 배당액은 감소하게 되고, 이는 표리의 관계에 있으므로 피고의 감소될 금액 역시 표시하는 것이 실무의 관행이다.

그러나 채무자가 원고인 경우에는 피고의 배당액에서 감소된 부분을 구체적으로 어떻게 처리해야 할 것인지까지 명확히 할 필요도 없다.

나. 배당기일의 이의 유무 및 범위의 직권조사

배당이의소송에서 배당기일에 이의가 있었던 사실 및 그 범위는 배당이의 소송의 적법요건으로서 직권조사사항이다. 따라서 법원은 직권으로 조사하여야 하고. 이의가 없었거나 이의한 범위를 초과하여 배당이의소송이 제기된 경우 그 부분은 부적법하므로 각하한다.

다. 공격방어방법

① 배당이의의 소의 변론에서 공격방어방법을 제출하고 그 심리를 하는 절차는 일반의 판결절차에 의하게 되므로 일반소송과 다를 것이 없다.

원고는 채무자가 피고에 대하여 가지고 있는 모든 항변을 제출할 수 있고, 그 전제로서 채권자대위권(민법 404조)에 기하여 채무자가 피고인 채권자에게 대항할 수 있는 모든 권리, 즉 취소권, 해지·해제권, 상계권 등을 행사할 수 있다. 이러한 사유를 주장함에 있어서는 배당기일에 배당이의의 이유로서 하였던 진술에 구속되지 아니한다.

허위의 근저당권에 대하여 배당이 이루어진 경우, 통정한 허위의 의사표시는 당사자 사이에서는 물론 3자에 대하여도 무효이고, 다만 선의의 3자에 대하여만 이를 대항하지 못한다고 할 것이므로, 채권자는 채권자취소의 소로써 통정허위표시를 취소하지 않았다 하더라도 배당이의의 소로써 그 무효를 주장할 수 있다(대판 2000다9611 참조).

② 피고가 확정판결 기타 기판력 있는 집행권원을 가지고 있는 경우 원고가 그 기판력의 표준시 이전에 생긴 실체상의 사유를 주장하여 그 채권의 존재·액수를 부인할 수 있는가에 관하여는 설이 나뉘는데, 집행권원의 기판력은 그 소송당사자와 승계인 사이에만 미치는 것이므로(민소 218조) 3자인 원고에게는 기판력이 미칠 수 없다는 적극설이 통설이고 또한 타당하다. 따라서 채무자와 통정하여 허위의 집행권원을 가지고 배당에 참가한 채권자의 채권에 대하여 이의를 한 채권자는 그 채권의 존재·액수를 부인할 수 있다.

③ 피고의 방어방법으로서는 원고의 주장을 배척할 수 있는 모든 사유가 인정된다.

㉠ 예컨대, 자기의 채권이 선순위에 있다거나 원고와 사이에 특약이 존재한다는 것 등이다.

㉡ 원고의 채권 존재 자체를 부인할 수 있다고 할 것이다.

㉢ 채권자가 제기한 배당이의의 소에서 피고의 채권이 존재하지 않는 것으로 인정되는 경우 계쟁 배당부분 가운데 원고에게 귀속시키는 배당액을 계산함에 있어서 이의신청을 하지 아니한 다른 채권자의 채권을 참작할 필요가 없으며, 이는 이의신청을 하지 아니한 다른 채권자 가운데 원고보다 선순위의 채권자가 있다 하더라도 마찬가지이므로(대판 2000다41844), 채권자가 다른 채권자의 배당액에 관하여 채권의 부존재를 이유로 제기한 배당이의의 소송에서 피고의 채권이 존재하지 아니하는 것으로 밝혀진 이상, 원고의 채권보다 다른 선순위채권자가 있어서 그 채권자의 채권

에 배당되어야 하고 원고에게 배당되어서는 안 된다는 항변을 할 수 없다.

㉣ 반면에 채권자가 배당을 받은 다른 채권자를 상대로 선순위 또는 동순위를 주장하면서 배당이의를 하는 경우에는, 이의하는 자가 자기보다 후순위 또는 동순위라고 지적하는 자들 중 아무나 상대방으로 하여 이의를 할 수 있는 것은 아니고, 배당법원이 처음부터 이의를 받아들여 배당표를 작성하였더라면 배당을 받을 수 없게 되는 채권자 즉, 배당표상 가장 후순위 채권자로부터 순차로 거슬러 올라가 이의 있는 채권자의 배당요구액에 달할 때까지의 배당액에 관계된 채권자에 대하여만 이의할 수 있는 것과 마찬가지로, 피고는 피고의 채권이 배당표상의 다른 채권자의 채권보다 앞서거나 또는 적어도 동순위이기 때문에 그 배당이 잘못되지 않았더라도 여전히 배당을 받을 수 있었던 범위에서는 원고의 청구가 이유 없다는 취지의 항변을 할 수 있다.

라. 입증책임

① 실무상 배당표의 작성이 입증책임의 소재를 전환시키는 것인지 여부에 대하여 실무상 큰 오해가 있는 것 같다. 이는 "배당이의소송에 있어서 원고는 배당이의 사유를 구성하는 사실에 대하여 주장·입증하지 아니하면 아니 되므로, …"는 확립된 대법원 판례[31]의 취지 중 "원고가 배당이의 사유를 구성하는 사실에 대하여 주장·입증"하여야 한다는 취지가 불명확하여, 항상 원고가 입증책임을 지는 것으로 오해할 여지가 있었기 때문이다.

그러나 배당표의 작성은 간이, 신속을 요하는 집행절차상 배당법원이 간략한 배당요구서류만을 검토하여 일단 배당표를 작성하고, 그에 대한 불복은 결국 당사자 쌍방의 공방이 오고가는 배당이의소송을 통

31) 대판 2005다45995, 2002다54677, 2002다4870, 97다32178 등.

하여 정식으로 해결할 것을 예정하는 것에 불과하다. 배당법원이 특정인에게 배당하는 배당표를 작성하였다고 하여 그 특정인의 청구권의 성립사실에 대한 기본적인 입증책임이 배당이의소송에서 달라져야 할 근거는 없고, 배당법원의 배당판사에게 당사자의 소송결과를 좌지우지할 수 있는 입증책임을 전환시킬 수 있는 권한이 법률상 부여되어 있다고 볼 근거는 없다.[32]

② 우리나라[33]와 일본의 통설[34]은, 배당이의소송에 있어서의 배당이의사유에 관한 증명책임, 즉 원고의 공격방법이나 피고의 방어방법에 대한 입증책임의 분배는 일반 민사소송에서의 증명책임분배의 원칙에 따라야 한다고 한다. 따라서 배당채권에 있어서 권리근거사실의 입증책임은 피고인 채권자에게 있고, 권리의 장해 또는 소멸사유를 구성하는 사실의 입증책임은 원고에게 있다.

예컨대, 피고의 채권의 불성립을 주장하는 경우에는 채무부존재확인의 소의 경우와 마찬가지로 채권의 발생원인사실에 관하여 피고에게 증명책임이 있고, 그 장해사유(통정허위표시에 의한 무효), 소멸사유(변제 등)에 관한 사실에 관하여는 원고에게 증명책임이 있다.[35]

---

32) 배당이의소송의 성질론에서 출발하여 그 소송의 성질이 배당표의 취소, 변경을 구하는 "형성소송"이라는 점을 근거로 채권의 성립원인사실(권리근거사실)까지 배당이의소송의 원고가 부담하는 것이 타당한 것 아닌가 하는 견해가 있을 수 있으나, 이는 본말을 전도한 것으로서 기본적인 접근방식이 잘못되어 있는 것이다{오영준, "배당이의소송에서 배당이의사유에 관한 증명책임의 분배", 대법원판례해설(71호, 2007 하반기), 법원도서관, 689-290}

33) 법원실무제요 민사집행[Ⅲ], -부동산집행-, 575-576; 김상원, 박우동, 이시윤, 이재성 대표편집, 주석 강제집행법(Ⅱ), 538, 539(이주홍 집필); 주석 강제집행법 2권, 539; 정호영, "배당이의의 소", 재판자료 36집, 478; 오영준, "배당이의소송에서 배당이의사유에 관한 증명책임의 분배", 대법원판례해설(71호, 2007 하반기), 법원도서관, 688-689.

34) 소화 9년 3월 16일 대심원판결소화8년 (や) 第26호은 "배당이의소송에 있어서 상대방의 채권(권리)이 가장된 것이라고 주장하여 이의를 한 당사자는, 그것을 입증할 책임을 부담한다."

35) 주석민사집행법, (1) 부동산집행(하), 336 ; [신판] 민사집행の실무(상) 부동산집행,

대법원 2007. 7. 12. 선고 2005다39617 판결은 이점을 명확히 하여, "원고가 피고의 권리의 장애 또는 소멸사유를 구성하는 사실의 입증책임을 진다. 따라서 원고가 피고의 채권이 성립하지 아니하였음을 주장하는 경우에는 피고에게 채권의 발생원인사실을 입증할 책임이 있고, 원고가 그 채권이 통정허위표시로서 무효라거나 변제에 의하여 소멸되었음을 주장하는 경우에는 원고에게 그 장해 또는 소멸사유에 해당하는 사실을 증명할 책임이 있다."고 판시하고 있다.

③ 한편 피고는 배당채권의 권리근거사실 외에 원고의 채권에 대한 소멸, 변경 또는 장애가 되는 사실을 증명하지 않으면 안 된다.
또한 원고가 피고보다 선순위 또는 동순위임을 청구원인으로 한 경우에 원고가 주장하는 순위대로 배당표를 작성하더라도 피고의 배당액에 변함이 없다거나 또는 원고가 주장하는 것 이상이라는 사실은 피고가 입증하여야 할 것이다.

마. 소의 변경

배당이의의 소가 제소기간 내에 제기되지 않았다든가, 기간 내에 제소가 되었으나 집행법원에 대한 제소 등의 증명이 기간을 경과한 경우에는 부당이득반환청구의 로 변경할 수 있다. 두 소는 배당수령권의 존부라고 하는 동일한 이익에 청구의 기초를 둔 것이기 때문이다(대판 99다3501).

바. 원고 불출석에 의한 소의 취하

① 배당이의의 소에 있어서 소를 제기한 원고가 첫 변론기일에 출석하지 아니한 때에는 소를 취하한 것으로 본다(법 158조).

② 이러한 취하간주는 원고가 1심에서 첫 변론기일에 불출석한 경우를 말하므로 2회 이후의 변론기일이나 항소심의 기일에는 적용이 없다.

---

719 ; 신・실무민사소송강좌 12, 258 ; 오영준, "배당이의소송에서 배당이의사유에 관한 증명책임의 분배", 대법원판례해설(71호, 2007 하반기), 법원도서관, 688-689.

③ 원고가 출석하지 아니한 이상 피고가 변론을 하여 이 효과를 저지할 수도 없다.

④ 위 변론기일에는 변론준비기일은 포함되지 않는다는 것이 대법원의 입장이다(대판 2005다41856, 2007다34876). 변론준비기일에서 양쪽 당사자 불출석의 효과는 변론기일에 승계되지 않는다는 것이 그 이유이다.[36] 따라서 배당이의의 소송에서 첫 변론준비기일에 출석한 원고라고 하더라도 첫 변론기일에 불출석하면 민사집행법 158조에 따라서 소를 취하한 것으로 볼 수밖에 없고, 같은 법리로 첫 변론준비기일에 불출석하더라도 소취하간주효력은 발생하지 않는다.

사. 재판상 화해, 청구의 포기 · 인낙

배당이의의 소에서도 재판상 화해가 가능하고 청구의 포기나 인낙도 가능하다.

4. 판 결

가. 판결의 형식

1) 원고패소의 경우

배당이의의 소도 일반소송과 마찬가지로 소송요건이 갖추어져 있지 않

36) 이러한 법리는 배당이의 소송이 아닌 통상의 민사소송에도 그대로 적용된다. 즉 통상의 민사소송에서는 변론기일에 양쪽 당사자가 2회 출석하지 아니하거나 출석하였다 하더라도 변론하지 아니한 경우 1월 이내에 기일지정신청을 하지 아니하면 소를 취하한 것으로 보고, 그 기일지정신청에 따라 정한 변론기일 또는 그 뒤의 변론기일에 양쪽 당사자가 출석하지 아니하거나 출석하였다 하더라도 변론하지 아니한 때에는 소를 취하한 것으로 보는데(민소 268조), 이 경우에도 역시 변론준비기일에서의 양쪽 당사자 불출석의 효과가 변론기일에 승계되는지 여부가 문제가 되는바, 이에 대하여도 대법원은 부정설을 취하여 양쪽 당사자가 변론준비기일에 한 번, 변론기일에 두 번 불출석하였다고 하더라도 소를 취하한 것으로 볼 수 없다고 위 배당이의에 관한 사건에 앞서 판단한 바 있다(대판 2004다69581).

으면 부적법한 소로서 각하판결을 하고, 배당이의가 이유 없을 경우에는 청구기각의 판결을 한다.

이 판결이 확정되면 당초의 배당표가 그대로 확정되고, 집행법원의 법원사무관 등은 당초에 작성한 배당표에 따라 배당을 실시할 수 있게 된다.

2) 원고승소의 경우

① 채권자가 제기한 배당이의의 소에서 원고의 청구가 전부 또는 일부 이유 있는 경우에는 종국판결로써 그 이유 있는 한도에서 배당표상의 피고에 대한 배당액을 취소함과 동시에 그 배당액에 관하여 배당을 받을 채권자와 그 액수를 구체적으로 정하여야 한다(법 157조 전문).

② 그러나 사정에 따라 판결에서 구체적인 배당액까지 정하는 것이 적당하지 아니하다고 인정한 때에는 판결에서 이의를 인용하는 범위를 명시하고 배당법원에 대하여 배당표를 다시 만들고 다른 배당절차를 밟도록 명하여야 한다(법 157조 후문).

③ 다만 채무자가 원고인 경우에는 법원은 배당에 대하여 이의하지 아니한 채권자를 위하여서도 배당표를 바꾸어야 하므로(법 161조 2항 2호), 피고의 배당액에서 감소된 부분을 구체적으로 어떻게 처리해야 할 것인지까지 명확히 할 필요는 없다.

④ 배당이의 소송이 형성판결인 이상 배당이의소송을 인용하는 판결에는 가집행선고를 붙이지 못함은 당연하다.

나. 추가배당 · 재배당

일단 작성된 배당표를 후에 변경하거나 다시 작성하여 배당을 실시하는 절차를 추가배당 및 재배당이라고 하는데, 실무에서는 종전 배당표상 배당받는 것으로 기재된 채권자에 대한 배당액의 전부 또는 일부를 당해 채권자가 배당받지 못하는 것으로 확정된 경우에 그 채권자의 배당액에 대하여 이의를 하였는지에 관계없이 배당에 참가한 모든 채권자를 대상으로 배당순위에 따라 추가로 배당하는 절차(법 161조 2항, 3항)를 추가배당이라고 하고, 배당이의의 소의 결과에 따라 배당이의의 소의 원고와 피고 사이에서만 다시 배당하는 절차를 재배당이라 한다.

다. 배당이의의 판결의 효력

1) 상대효와 절대효

① 배당이의소송의 경우도 사해행위취소소송의 경우처럼 그 판결의 효력이 절대적인지 상대적인지 문제가 되는데, 이는 배당이의를 제기한 자가 누구인지에 따라 달라진다.

② 본래 배당이의의 소는 채무자의 총재산에 대한 파산절차에서 행해지는 파산채권의 확정과 같이 채무자의 '총재산'과의 관계에서 '총채권자'에 대한 배당의 기초가 되는 채권액을 확정하는 구조를 취하고 있는 것은 아니라, '개별배당재산'과의 관계에서 '계쟁 배당액'에 대하여서만 '계쟁 채권자' 사이에 있어서 귀속을 조종하는 구조를 갖고 있다.[37] 그리하여 채권자가 다른 채권자를 상대로 배당이의를 하는 경우에는 애당초 채권자가 '자기의 이해에 관계되는 범위 안에서'(법 151조 3항)만[38] 배당이의를 할 수 있다.

또한 민사소송법의 원리상 판결의 효력은 특별한 규정이 없는 한 소송당사자 사이에서만 상대적으로 미치는 것이 원칙이다.

따라서 채권자들 사이의 배당이의소송의 판결은 채권자인 원고와

---

37) 편집대표 김상원 외 3인, 전게 註釋 强制執行(Ⅱ), 542-545면; 오영준, "사해행위취소의 효력이 미치는 채권자의 범위", 민사판례연구 제26권 (2004.2.), 박영사, 213면.

38) 따라서 다른 채권자에 대하여 이의를 할 수 있는 채권자는 그 이의의 결과 더 많은 배당을 받을 수 있는 자에 한하게 된다. 대법원 1994.1.25. 선고 92다50270 판결도 "피고에 대한 배당이 위법하다 할지라도 그로 인하여 원고에게 배당할 금액이 증가하는 것이 아니라면 이러한 사유는 배당액의 증가를 구하는 배당이의의 소의 사유로 삼을 수 없고, 피고가 배당에서 제외된다면 소유자에게 돌아갈 금액을 원고가 경매절차와는 별도로 가압류할 수 있는지 여부는 경매절차의 배당과는 무관할 것이어서 그에 의하여 결론을 달리할 바도 아니다"라고 한 바 있다.

피고 사이의 배당액을 둘러싼 분쟁을 상대적으로 해결하는 것에 지나지 아니하고, 그 판결의 효력은 그들 당사자 사이에만 생기며 다른 채권자나 채무자에게는 미치지 아니한다(상대효).[39)]

그 결과, ㉠ 피고에게 배당된 금원이 배당표에서 삭제되면, 원고(배당이의채권자)만이 그 금원을 배당받게 되고, 그 밖의 다른 채권자들도 그 금원으로부터 추가배당을 받을 수 없고,[40)] ㉡ 피고에게 배당된 금원으로 원고(배당이의채권자)의 배당요구채권을 충족시키고도 남는 금원이 발생하는 경우, 피고가 배당받을 자격 또는 채권이 없다고 인정되더라도, 그 잉여금은 채무자에게 교부(채무자설)하는 것이 아니라, 그 잉여금을 피고의 배당액으로 남겨두어야 한다(피고설).[41)]

③ 구 민사소송법하에서는 채무자가 배당이의소송을 제기할 수 있는가에 대하여 논란이 있었으나, 집행법은 채무자도 일정한 경우 배당이의소송을 제기할 수 있도록 하였다.[42)]

---

39) 이 점에 대하여는 이설이 없다고 한다. 민일영, "배당이의소송의 판결에 관한 소고", 인권과 정의(제266호)(1998.10), 91면.

40) 대법원 2001.2.9. 선고 2000다41844 판결은 "채권자가 제기하는 배당이의의 소는 대립하는 당사자인 채권자들 사이의 배당액을 둘러싼 분쟁을 해결하는 것이므로, 그 소송의 판결은 원·피고로 되어 있는 채권자들 사이에 상대적으로 계쟁 배당부분의 귀속을 변경하는 것이어야 하고, 따라서 피고의 채권이 존재하지 않는 것으로 인정되는 경우 계쟁 배당부분 가운데 원고에게 귀속시키는 배당액을 계산함에 있어서 이의신청을 하지 아니한 다른 채권자의 채권을 참작할 필요가 없으며, 이는 이의신청을 하지 아니한 다른 채권자 가운데 원고보다 선순위 채권자가 있다 하더라도 마찬가지이다."라고 판시하였다(대판 2003다6200 판결도 같다).

41) 대법원 1998.5.22. 선고 98다3818 판결은, "배당이의의 소의 판결의 효력은 오직 소송당사자인 채권자들 사이에만 미칠 뿐이므로, 계쟁 배당 부분에 관하여 배당받을 채권자와 그 수액을 정함에 있어서는 피고의 채권이 존재하지 않는 것으로 인정되는 경우에도, 이의신청을 하지 아니한 다른 채권자의 채권을 참작함이 없이 그 계쟁 배당부분을 원고가 가지는 채권액의 한도 내에서 구하는 바에 따라 원고의 배당액으로 하고, 그 나머지는 피고의 배당액으로 유지함이 상당하다."고 판시함으로써, 그 잉여금의 귀속에 관하여 '피고설'을 취하고 있음을 명시하였다.

42) 다만, 집행력 있는 집행권원의 정본을 가지지 아니한 채권자(가압류채권자를 제외

채무자가 배당이의소송[43]을 제기한 경우 피고로 된 채권자의 채권의 전부 또는 일부가 인정되지 않는 것으로 확정되면 그 부분에 대하여는 집행법원은 배당이의를 하지 않은 채권자를 위해서도 배당표를 바꾸어야 하므로(법 161조 2항 2호), 채무자가 배당이의에서 승소한 경우에는 그 승소한 금액을 배당재단으로 하여 다른 채권자들을 위한 추가배당이 실시된다(법 161조 2항 1호·2호). 즉 채무자가 제기한 배당이의 또는 청구이의 소송에서의 채무자승소판결은 절대적 효력을 가지는 것으로 이해된다.[44]

2) 배당이의의 소의 승소판결이 여러 개 존재하는 경우

① 여러 채권자가 동일한 채권자를 피고로 하여 제기한 여러 개의 배당이의의 소의 판결 주문에서 다툼 있는 부분에 관하여 배당을 받을 채권자와 그 액수를 정하였지만 각 판결 주문에 따라 원고의 배당액에 증액할 금액의 합계액이 본래의 배당표상의 피고의 배당액을 초과하는 경우에는 각 판결대로 배당표를 경정하는 것은 불가능하다.

㉠ 이 경우에는 여러 개의 배당이의의 소에서 승소한 각 당사자들 사이에서는 직접 배당순위나 배당받을 금액에 대하여는 어느 배당이의의 소에서도 판단을 받은 바 없고, 한편 배당이의의 소는 상대효가 있을 뿐이므로, 이해관계가 상충되는 각 채권자들 사이에서는 독립적으로 배당순위에 따라 처음 배당할 때와 같이 다시 배당할 수 있다.

㉡ 가령 배당할 금액이 1,200만원이고, 배당에 참가한 채권자가 甲·乙·丙 3명으로서 그 각 배당요구채권액이 甲 500만원, 乙 1,000만원, 丙 1,500만원이며, 甲·乙·丙을 동순위로 보아 甲의 배당액

한다)에 대하여 이의한 채무자는 배당이의소송을 제기할 수 있다(법 154조 1항).

43) 집행력 있는 집행권원의 정본을 가진 채권자에 대하여 이의하는 경우에는 청구이의의 소가 될 것이다(법 154조 2항).

44) 법원실무제요, 민사집행[II], 588면.

이 200만원, 乙이 400만원, 丙이 600만원으로 배당표가 작성된 경우에, 甲과 丙이 배당이의를 하여, 乙의 채권이 존재하지 않는다고 주장하였고, 배당이의의 소에서 그 청구가 모두 인용되어, 甲이 제기한 소에서는 甲에 대한 배당액 금 200만원을 금 500만원으로, 乙에 대한 배당액 금 400만원을 금 100만원으로, 丙이 제기한 소에서는 丙에 대한 배당액 금 600만원을 금 1,000만원으로, 乙에 대한 배당액 금 400만원을 금 0원으로, 각 경정하는 판결이 선고되어 각각 확정된 경우 각 판결대로 甲과 丙의 배당액을 증액(경정)하기 위하여는 금 700만원(甲에 대하여 300만원+丙에 대하여 400만원)이 필요한데, 증액할 수 있는 금액은 乙에게 배당되었던 금 400만원뿐이므로 배당이의의 소의 각 판결의 주문대로 배당표를 경정하는 것은 불가능하다.

이 경우에, 甲의 배당순위와 丙의 배당순위가 같을 때는 乙에게 배당되었던 400만원을 甲과 丙이 안분하여 甲 100만원, 丙 300만원씩 더 배당을 받지만, 만일 甲의 배당순위가 丙보다 앞서는 경우에는 乙의 배당액 400만원 중 甲에게 300만원을 우선배당하고, 나머지 100만원만 丙에게 배당하게 된다. 그리고 丙은 甲에 대하여 다시 배당이의를 할 수 있다.

② 동일한 채권자의 배당액에 대하여 채권자와 채무자가 각각 배당이의의 소(채무자가 배당이의에 기하여 제기한 청구이의의 소 등도 마찬가지이다)를 제기하여 각 승소한 경우에 그 두 판결의 효과는, 채권자가 제기한 배당이의의 소의 판결은 상대적 효력밖에 없으나 채무자가 제기한 배당의의의 소의 판결은 절대적 효력을 가지므로(법 161조 2항 2호), 동일한 채권자의 배당액에 관한 여러 개의 판결이 확정되어 그 정본이 집행법원에 제출되면 채무자가 제기한 배당의의 소의 판결에 의하여 추가배당을 하여야 한다.

Ⅷ. 배당의 실시

1. 배당을 실시하여야 할 경우

가. 배당이의가 없는 경우

채권자 및 채무자로부터 적법한 이의가 없는 경우 또는 배당기일에 출석하지 아니함으로 인하여 배당표와 같이 배당을 실시하는 데에 동의한 것으로 보는 경우(법 153조 1항)에는 법원이 작성한 배당표원안이 그대로 확정되므로 이에 따라 배당을 실시한다.

매수인이 배당액과의 차액지급에 의하여 대금을 지급한 때(법 143조 2항)와 배당받을 채권자에 대한 채무를 인수한 경우(법 143조 1항)에는 그 자에 대하여는 현실의 배당을 실시하지 않는다.

나. 배당이의가 있는 경우

① 이의가 있었으나 이의가 완결된 경우

② 이의가 있고 이의가 완결되지 아니하였으나 이의 없는 부분이 있는 경우

③ 이의가 있었으나 이의가 철회된 경우

④ 이의가 있었으나 이의한 채권자 또는 채무자가 배당이의의 소 등(채무자가 집행력 있는 집행권원을 가진 채권자에 대하여 제기하는 청구이의의 소를 포함한다. 이하 본항에서는 같다)의 제기증명 등을 제출하지 아니한 경우(법 154조)

⑤ 배당이의의 소 등이 취하 또는 취하간주되거나 그 소송에 있어서 소각하 또는 청구기각의 판결이 확정되었음이 증명된 경우(법 161조 1항 참조)

⑥ 배당이의의 소 등의 승소판결이 확정되었음이 증명된 경우(법 161조 1

항 참조) : 원고 전부승소의 경우에는 원고가, 원고 일부승소의 경우에는 원고 또는 피고가 판결확정증명서를 제출하면서 배당액의 지급 또는 재배당실시를 신청하면, 법원은 그 판결주문에서 다툼이 있는 부분에 관하여 배당을 받을 채권자와 그 액수를 정한 경우에는 특히 배당기일을 정함이 없이 그 내용에 따라 배당표의 배당액을 경정(그 방법은 경정되어야 할 부분을 판결내용대로 정정을 한 다음 날인을 하고 그 취지를 부기하는 방법이 무난할 것이나, 경우에 따라서는 경정된 내용대로 새로 배당표를 작성하고 그 취지를 부기하는 방법도 가능하다)하고, 그 다음에 법원사무관 등이 경정된 배당표에 따라 공탁공무원에게 배당액의 지급위탁서를 송부하고 당해 채권자에게는 지급증명서를 교부한다.

그러나 판결에서 배당표의 재조제를 명하고 있거나 여러 개의 판결이 있는데 서로 저촉되는 부분이 있어 판결주문대로 배당표를 경정하여 배당액을 지급할 수 없는 때에는 법원사무관 등은 즉시 집행법원에 보고하여 재배당절차를 실시하도록 하여야 한다. 따라서 여러 개의 배당이의의 소가 제기된 때에는 모든 소송의 완결을 기다려야 하고, 일부 판결에 따라 배당을 실시하여서는 아니 된다.

2. 집행정지서류의 제출과 배당

가. 강제경매의 경우

매수인이 매각대금을 지급한 뒤에 집행법 49조의 어느 서류가 제출된 때에는 경매절차의 진행에 영향을 미치지 아니한다. 이 경우 배당절차가 실시되는 때에는 그 채권자에 대하여 다음의 구분에 따라 처리하여야 한다.

① 1호, 3호, 5호 또는 6호의 서류가 제출된 때에는 그 채권자를 배당에서 제외한다(규칙 50조 3항 1호).

② 2호의 서류가 제출된 때에는 그 채권자에 대한 배당액을 공탁한다(법 160조 1항 3호, 규칙 50조 3항 2호).

③ 4호의 서류가 제출된 때에는 그 채권자에 대한 배당액을 지급한다(규칙 50조 3항 3호). 이 때 생기는 이중변제 등의 문제는 실체법상 부당이득문제로 해결하여야 한다.

나. 담보권실행을 위한 경매의 경우

담보권실행을 위한 경매의 경우에도 매수인이 매각대금을 지급한 뒤에 집행법 266조 1항의 어느 서류가 제출된 때에는 경매절차의 진행에 영향을 미치지 아니하며, 이 경우 배당절차가 실시되는 때에는 그 채권자에 대하여 다음의 구분에 따라 처리하여야 한다.

① 1호, 2호, 3호의 서류가 제출된 때에는 그 채권자를 배당에서 제외한다(규칙 194조, 50조 3항 1호).

② 4호의 서류가 제출된 때에는 그 서류가 화해조서의 정본 또는 공정증서의 정본인 경우에는 그 채권자를 배당에서 제외하고, 그 밖의 서류의 경우에는 그 채권자에 대한 배당액을 지급한다(규칙 194, 50조 3항 3호). 이 때 생기는 이중변제 등의 문제는 실체법상 부당이득문제로 해결하여야 한다.

③ 5호의 서류가 제출된 때에는 그 채권자에 대한 배당액을 공탁한다(법 160조 1항 3호).

3. 배당의 실시절차

가. 집행력 있는 정본 또는 채권증서의 교부, 영수증의 교부

1) 채권자가 채권 전부를 배당받은 경우

채권 전부를 배당받는 채권자에게는 배당액지급증을 교부하는 동시에 그가 가진 집행력 있는 정본 또는 채권증서를 받아 채무자에게 교부하고(법 159조 2항), 채무자로부터 그에 대한 영수증을 받아 기록에 편철한다.

채권자가 이미 집행력 있는 정본을 제출하여 집행기록에 편철되어 있는 때에는 이를 채무자에게 교부하면 되고, 여러 통의 집행력 있는 정본이 부여된 경우(법 35조)에는 사용하지 아니한 집행력 있는 정본을 제출하게 한다.

2) 채권자가 채권 일부를 배당받은 경우

채권자에게 채권액의 일부만을 배당금으로 지급하는 경우에는 담당법원 사무관 등은 그 채권자로부터 집행력 있는 정본 또는 채권증서를 제출받아 그 여백부분 또는 뒷면에 배당액을 적고 기명날인하여 돌려주고 배당액지급증을 교부하는 동시에, 채권자로부터 영수증을 제출받아 채무자에게 교부하여야 한다(법 159조 3항).

나. 배당액의 공탁

1) 배당액을 공탁하여야 할 경우

가) 채권에 정지조건 또는 불확정기한이 붙어 있는 때(법 160조 1항 1호)

① 주택임대차보호법 3조의2 및 상가건물임대차보호법 5조의 규정에 의하여 우선변제권이 인정되는 임대차보증금도 임차인이 임차목적물을 매수인에게 인도하지 아니하면 이를 수령할 수 없으므로(주택임대차보호법 3조의2 3항, 상가건물임대차호법 5조 3항) 정지조건 있는 채권에 대한 배당액 교부방법과 마찬가지로 임차물의 인도를 조건으로 배당액을 공탁하고 목적물의 인도를 증명한 때에 이를 지급하도록 한다(재민 84-10 참조). 소액임차인도 인도확인서를 제출하여야 한다(재민 84-10).

② 한편 목적물의 인도를 증명하는 증거로는 보통 매수인이 작성한 인도(명도)확인서를 제출하도록 하고 있으나, 매수인의 협력을 구할 수 없는 경우도 있으므로 반드시 이에 한하지는 않고, 예컨대 배당기일 전에 미리 인도명령이 발령된 경우에는 인도집행조서, 그밖에 이사확인서와 변경된 주민등록등본 및 공무소에의 조회 등을 통한 새로운 점유자의 확인 등을 종합적으로 고려하여 판단하면 될 것이다.

나) 가압류채권자의 채권(법 160조 1항 2호)

가압류채권자의 피보전채권의 존재가 본안의 확정판결에 의하여 확정된 경우에는 채권자가 그 확정판결을 제출하면 법원사무관 등은 그 채권자(가압류를 한 채권자)에게 배당액을 지급한다.

다만 다른 채권자가 가압류채권자의 채권에 대한 배당액에 대하여 이의를 한 경우에는 배당절차가 종료되지 아니하므로 판결내용에 따라 다시 배당을 실시한다.

다) 집행법 49조 2호(강제집행의 일시정지를 명한 취지를 적은 재판의 정본) 및 266조 1항 5호(담보권실행을 일시정지하도록 명한 재판의 정본)의 문서가 제출되어 있는 때(법 160조 1항 3호)

라) 저당권설정의 가등기가 마쳐져 있는 때(법 160조 1항 4호)

마) 배당이의의 소가 제기된 때(법 160조 1항 5호)

바) 저당권자가 저당권의 목적부동산이 아닌 다른 부동산에 관한 배당절차에서 배당을 받는데 다른 채권자가 그 배당금의 공탁청구(민법 340조 2항 및 같은 법 370조)를 한 때(법 160조 1항 6호)

사) 배당기일에 출석하지 아니한 채권자의 배당액(법 160조 2항)

배당받을 채권자가 배당기일에 출석하지 아니한 경우에는 그 배당액을 지급할 수 없으므로 이를 공탁하여 배당을 완결한다.

다만 기일에 출석하지 아니한 채권자가 배당액을 입금할 예금계좌를 신고한 때에는 위 공탁에 갈음하여 배당액을 그 예금계좌에 입금할 수 있다(규칙 82조 2항).

아) 저당권자의 저당권부채권이 압류 또는 가압류된 경우

자) 저당권에 대하여 처분금지가처분이 된 경우

① 저당권자의 저당권의 처분 또는 실행금지만을 구한 경우 저당권의 처분금지가처분권자는 저당권자가 배당금을 지급받기 전에 배당금

지급청구권에 대하여 다시 지급금지가처분이나 가압류를 하여야만 저당권자에 대한 배당금의 지급을 막을 수 있다. 경매로 인하여 저당권이 말소되고 그 저당권자에게 채권을 지급하는 것은 저당권자의 행위가 아니기 때문이다.

② 그러나 경우에 따라서는 저당권자의 저당권의 처분금지뿐 아니라 금지내용에 배당금지급청구권에 대한 지급금지 또는 수령금지를 포함하고 있는 경우가 있을 수 있다. 임시의 지위를 정하기 위한 가처분은 원래 그 모양이 일정하지 않고, 처분금지와 함께 구할 수도 있기 때문에 가처분결정을 보고 이를 잘 살펴야 한다.

이를 구분하는 기준은 국가를 제3채무자로 하고 있는가 인데, 만일 저당권자의 처분 및 실행을 금지함과 더불어, 국가를 제3채무자로 하여 지급금지 및 수령금지를 정하고 있다면 이 경우에는 지급하면 안되고 공탁하여야 한다.

차) 배당금 또는 잉여금수령채권에 대하여 압류, 가압류 또는 전부명령, 추심명령이 발령된 경우 처리 방법

(1) 압류, 가압류된 경우

배당받을 채권자를 배당금수령권자로 기재하여 배당표를 작성하되 압류가 존속하는 한 당해 배당금을 지급하지 않고 당초의 채권자 즉, 압류사건의 채무자를 피공탁자로 하여 공탁을 한다.

위의 경우에 하는 배당금의 공탁은 집행법 160조에 의한 공탁이 아니라 민법 487조(채권자가 변제를 수령할 수 없는 때)의 변제공탁 또는 집행법 248조 1항의 집행공탁이므로 법령조항이나 공탁원인사실은 그에 맞게 기재하면 되고, 특히 집행법 248조 1항으로 집행공탁할 때는 공탁사유신고(법 248조 4항, 집행규칙 172조)도 하여야 한다.

한편 압류채권자는 민법상의 공탁인 경우에는 추심명령이나 전부명령을 받아 집행법원에 출급신청하여 수령할 수 있고, 집행법 248조 1항에 의한 공탁일 경우에는 집행법 252조 이하의 배당절차를 통하여 수령할 수 있다.

(2) 전부명령, 추심명령이 발령된 경우

배당금수령채권에 대하여 추심명령 또는 전부명령이 발하여진 경우에 이를 송달받은 출납공무원이 해당 경매계에 그 사실을 통지하면 집행법원은 배당표상의 채권자란에 당초 채권자를 기재한 다음 그 옆 괄호 안에 전부권자 또는 추심권자 ○○○라고 기재하고, 이유란에 당초 채권자에 대한 배당사유(예컨대, 근저당권자)를 기재하며, 지급위탁서를 전부채권자 또는 추심권자 앞으로 작성하여 배당액을 지급한다.

4. 추가배당

가. 추가배당사유(법 161조 2항, 3항)

① 정지조건부채권, 가압류채권, 집행정지결정이 있는 채권의 채권자에게 배당을 실시할 수 없게 된 때

② 채무자가 제기한 배당이의의 소에서 채권자가 패소한 때

③ 저당권 등의 담보권자가 담보목적물 이외의 재산에서 배당받은 금액에 대하여 다른 채권자가 공탁을 청구한 후 그 담보권자가 담보목적물의 매각대가에서 배당을 받게 된 때

④ 채권자가 법원에 공탁금의 수령을 포기하는 의사를 표시한 때

나. 추가배당절차

① 추가배당을 구하는 채권자 또는 채무자는 추가배당사유가 생겼음을 증명하는 문서를 집행법원에 제출하면서 추가배당을 신청할 수 있다.

② 추가배당은 부동산집행절차에서 실시되었던 종전 배당절차의 계속이나, 다만 추가배당할 금액만을 배당재단으로 한 배당절차로서, 집행법원은 추가배당기일을 정하여 각 채권자들에게 통지하여야 한다.

배당법원은 공탁된 금액에 관하여 배당표원안을 작성하고 배당기일의 3일 전에 법원에 비치하여 이를 관계채권자의 열람에 제공한 후, 배당기일에 배당을 실시한다. 배당기일의 절차는 종전의 배당절차와 동일하다.

③ 한편 추가배당표에 대하여도 배당이의할 수 있으나 종전 배당기일에 주장할 수 없었던 사유만을 주장할 수 있다(법 161조 4항).

제5장 배당절차상의 개별쟁점

Ⅰ. 배당순위의 충돌과 조정 - 순환흡수배당의 법리

1. 서 설

배당실무상 배당참가 채권자들 사이에 배당순위가 고정되지 아니하고 채권자들 사이에 우열관계가 상대에 따라 변하는 경우가 많다.

저촉처분 전후의 압류나 가압류·배당요구를 한 채권자들은 모두 일반채권자로서 같은 순위인 경우에도 저촉처분 후에 압류나 가압류·배당요구를 한 일반채권자들은 저촉처분을 통하여 담보권을 취득한 담보권자보다 후순위가 되므로, 일반채권자들이 저촉처분시를 기준으로 순위가 나누어지고, 이로 인하여 배당순위가 고정되지 아니하고 상대에 따라 변동되는 결과가 초래된다.

또 우리 법제상 압류·가압류의 상대적 효력으로 인한 경우 외에 실체법적 요인으로 인하여도 배당순위의 변동이 생기는 경우가 상당히 있다. 이는 각 개별법 입법시에 민사법 전체계와의 관련을 염두에 두면서 용의주도하게 입법하지 아니한 데 기인하는 것으로서, 사회경제적 고려에 의하여 우선변제적 효력을 부여할 필요가 있는 특수한 채권들(예컨대, 임금우선변제권, 주택임차인의 보증금우선변제권 등) 또는 공법적 고려에 의한 우선채권들(예컨대, 조세채권, 공과금 등)을 그때그때 개별법으로 제정하면서 민사법 전체 속에서의 체계지움 작업을 해태한데 기인하는 것처럼 보인다.

이 경우의 각급 법원의 배당실무는 기본적으로는 후술하는 안분후흡수설에 의하고 있고, 대법원판례도 이를 지지하고 있는 듯하나, 그 구체적인 실무를 보면 각 법원마다 조금씩 다르고 이에 대한 통일적인 기준도 마련되어 있지 않다.

2. 배당의 순환관계와 배당방법

서울특별시의 소액보증금 우선보호범위의 변동
2001. 9. 15.부터 4000만원 중 1600만원 우선보호 2008. 8. 21.부터 2010. 7. 25.까지는 6000만원 중 2000만원 우선보호

가. 안분배당설과 안분후흡수설

〈CASE 2〉
배당재단 6,000만원 배당참가채권자 A : 2008. 9. 1. 대항력과 확정일자를 갖춘 임차보증금채권 6,000만원(서울특별시) B : 2007. 9. 1. 설정등기를 마친 근저당권부 채권 5,000만원 C : 당해세채권 200만원

위의 경우 서울특별시 소재 주택임차인의 소액보증금보호에 관한 주택임대차보호법시행령이 6,000만원 중 2,000만원을 보호하는 것으로 변동된 것은 2008. 8. 21.부터이고, 그 전에는 4,000만원 중 1,600만원이므로 A는 B에 대하여는 소액보증금으로도 후순위이지만, 당해세 채권자 C에 대하여는 소액보증금 2,000만원에 관하여 우선순위가 인정된다.

한편 B는 C에 대하여 후순위이다.

이렇게 보면 A의 채권 중 2,000만원은 C에 대하여 순위가 앞서고, C는 B에 대하여 순위가 앞서며, 한편 B는 A의 2,000만원에 대하여 순위가 앞선다. 즉 위 CASE에서 A의 2,000만원, B의 5,000만원, C의 200만원은 순위가 상대에 따라 변동되는데, 이를 실무상 배당의 순환관계라고 한다.

이처럼 배당받을 채권자들 사이에 배당순위가 고정되지 아니하고 채권자들 사이에 우열관계가 상대에 따라 변동이 있는 경우에, 그에 관계된 각 채권자에게 배당하는 방법에 관하여는 크게 두 가지 견해가 있다.

① 첫 번째 견해는, 배당할 금액을 A, B, C 3자간에 채권액에 따라 안분

하여 배당하자는 견해인데, 이를 실무상 안분배당설이라고 한다.

② 두 번째 견해는, 배당할 금액을 먼저 A, B, C 3자간에 채권액에 따라 안분한 후(제1단계), A, B, C는 모두 우선변제권이 있으므로 각각 자신의 채권액 중 제1단계에서 안분받지 못한 금액(부족분)에 달할 때까지 자신보다 열후한 채권자의 안분액을 흡수(제2단계)하여 그 결과를 배당하자는 견해이다. 이를 실무상 안분후흡수설이라고 한다.

다만 안분후흡수설에 관하여 주의할 점은 제2단계에서 후순위자의 안분액을 흡수함에 있어서 흡수할 금액은 자신의 채권액 중 제1단계에서 안분받지 못한 부족액과 제1단계에서 후순위자에게 안분된 금액을 각 한도로 하고, 또한 흡수는 각 흡수할 채권자마다 한번으로 종결시켜야 하고, 다시 위와 같은 절차를 반복하여서는 안된다는 점이다. 만약 이렇게 하지 아니하면 위의 CASE와 같은 경우에 A, B, C의 어느 채권자부터 제2단계 흡수 계산을 하느냐에 따라 각 채권자의 배당액이 달라지기 때문이다.

판례[1]와 실무의 대세는 안분후흡수설에 따르고 있다.

위 두 가지 견해에 따라 <CASE 2>의 경우에 배당을 실시하면 다음과 같은 결과가 된다.

	A의 배당액(만원)	B의 배당액(만원)	C의 배당액(만원)
안분배당설	(안분기준 1600) 800	(안분기준 2200) 1100	(안분기준 200) 100
안분후흡수설	(안분기준 1600) 100	(안분기준 2200) 1800	(안분기준 200) 100

나. 위 각 견해의 검토

위 각 설을 검토하기에 앞서 주의할 점은, 배당의 실제에 있어서는 위의 <CASE 2>과 같은 단순한 순환형보다는 위의 단순순환형의 각 채권자에

1) 대판 91다44407 ; 대결 94마417.

다른 동순위자가 더 있거나 혹은 최선순위 일반 가압류권자처럼 우선변제권은 없으면서 가압류 후에 담보권을 취득한 자로 인하여 일단 1차 안분에만 참가하는 채권자가 있는 경우가 많아서 실제로는 더욱 복잡한 양상을 띤다는 점이다.[2][3]

위 각 설을 검토하기에 앞서 각 설의 장단점을 파악하기 위하여 위의 <CASE 2>를 좀 더 복잡하게 구성해 본다.

〈CASE 3〉
배당재단 2,000만원 배당참가채권자 甲 : 1999. 12. 1. 가압류를 한 채권, 청구금액 1,000만원 A : 2001. 1. 1. 대항력과 확정일자를 갖춘 임차보증금채권 4,000만원 B : 2000. 1. 1. 근저당설정등기를 마친 근저당권부채권 2,200만원 C : 당해세채권 200만원 乙 : 2000. 2. 1. 근저당설정등기를 마친 근저당권부채권 1,000만원

<CASE 3>의 경우에는 甲은 근저당권자 B 및 乙과 동순위이지만, 그 외의 다른 어느 채권자에게도 순위가 앞서지는 못한다. 그리고 A는 1,600만원에 관하여 甲 및 C에 대하여, B는 A 및 乙에 대하여, C는 甲, B 및 乙에 대하여, 乙은 A에 대하여 각 순위가 앞선다.

이 경우에 다시 위 각 설에 의하여 배당표를 작성하면 다음과 같다.[4]

---

2) 그럼에도 불구하고 <CASE 2>를 단순화한 이유는 위 각 설의 이해를 쉽게 하기 위한 것이다.

3) 편의상 이를 변직형이라고 하고, 앞의 <CASE 2>과 같은 형태를 단순형이라고 부르기로 한다.

4) 안분후흡수설에 의할 경우 배당내역은 다음과 같다. 단 이 배당표는 편의상 3.에서 후술하는 안분후흡수설에 의할 경우의 문제점 중 흡수당하는 순서에 관하여는 후순위자가 먼저 흡수당하고, 흡수의 한도에 관하여는 1차 안분받았다가 다른 선순위 채권자에게 흡수당한 부분은 다시 흡수할 수 없다는 견해에서 작성한 것이다.

갑 : 333(1차 안분액) - 333(1차 안분액 중 A에 흡수되는 금액) = 0

※ 갑의 배당액을 흡수할 수 있는 선순위 채권자로는 A와 C가 있지만 그 중 A와 C 중 A가 선순위 채권자이므로 A가 먼저 흡수한다. 이하 같은 원리로 흡수한다.

	甲의 배당액	A의 배당액	B의 배당액	C의 배당액	乙의 배당액
안분배당설	(안분기준 1000) 333	(안분기준 1600) 533	(안분기준 2200) 733	(안분기준 200) 66	(안분기준 1000) 333
안분후흡수설	0	(안분기준 1600) 399	(안분기준 2200) 1465	(안분기준 200) 134	0

여기서 짚고 넘어 갈 것은, 위의 <CASE 2>와 같은 단순형과<CASE 3>의 경우와 같은 변칙형인 경우에 적용하는 배당방법에 관하여 실무에서는 기본적으로 같은 법리를 적용하고 있다는 점이다. 따라서 위 각 설을 이해하려면 위 <CASE 2>와 같은 단순형을 설명하는데 그쳐서는 안 되고, <CASE 3>와 같은 변칙형의 경우까지도 통일적으로 설명할 수 있어야 할 것이다.

사견으로는 안분후흡수설이 완전히 만족스럽지는 못하지만, 그래도 개별법이 우선채권을 규정하고 있는 취지와 채권자평등의 원칙을 고루 고려하고, 또한 배당순위가 변동되는 모든 경우를 염두에 두면 현재로서는 가장 타당하다고 생각한다.

이하에서는 현재 판례의 입장이고 또한 실무의 대세인 안분후흡수설에 따라 배당을 실시하되, 다만 안분후흡수설을 배당의 기본원리로 삼더라도 그 세부적인 적용방법에 관하여는 각 법원마다 조금씩 다르므로 이에 관한 각 견해를 소개한다.

A : 533(1차 안분액) + 333(갑의 1차 안분액 흡수) + 66(C의 1차 안분액 흡수) - 533(1차 안분액 중 B에게 흡수되는 금액) = 399

B : 733(1차 안분액) + 199(을의 1차 안분액 중 C에게 흡수되고 남은 금액 흡수) + 533(A의 1차 안분액 흡수) = 1465

C : 66(1차 안분액) + 134(을의 1차 안분액 중 자기 채권액 200에 모자라는 금액만큼 흡수) - 66(1차 안분액 중 A에게 흡수되는 금액) = 134

을 : 333(1차 안분액) - 333(1차 안분액 중 C 및 B에게 흡수되는 금액) = 0

한편, 가산후안분설에 의할 경우 제1회 안분결과 C는 564만원을 배당받으나 자기 채권 200만원을 초과한 부분을 배당받을 수 없으므로, 200만원을 초과한 364만원은 나머지 채권자들 중 가장 순위가 앞서는 B에게 전액 배당된 결과이다.

3. 안분후흡수설에 의할 경우의 실무례와 문제점

가. 문제의 소재(배당순위의 모순저촉에 따른 특수흡수배당)

〈CASE 4〉
배당재단 500만원 배당참가채권자(편의상 아래 순서가 등기부에 기입된 순서이고, 또한 조세의 법정기일을 압류한 날짜로 본다) A : 가압류 채권자(청구금액 400만원) B : 근저당권자(채권 200만원) C : 당해세 아닌 조세채권자 (300만원) D : 가압류 채권자(청구금액 100만원)

위의 경우, 앞에서 본 것과 같은 단순형이 아닌, 변칙형의 저촉관계, 즉 부분적으로 A가압류의 입장에서는 B근저당권과 D가압류에 대한 관계에서는 평등한 반면, C조세에 대한 관계에서는 후순위이고, 또한 C조세의 입장에서는 A, D가압류보다는 선순위이나 B근저당보다는 후순위로서, 일부채권자의 순위가 변동되어 상호 저촉되는 관계에 있게 된다.

이 경우에도, 각 채권자의 채권액을 기초로 먼저 안분배당한 후, 각 자기보다 후순위권리자의 배당액을 자기채권이 만족할 때까지 흡수시켜 배당하여야 한다.[5)]

위의 예에서, 먼저 각 청구채권의 비율에 따라 A에게 200만원(500×400÷1000), B에게 100만원(500×200÷1000), C에게 150만원(500×300 ÷1000), D에게 50만원(500 ×100 ÷1000)을 배당한 다음, C, D에 1차 안분배당액을 선순위 B에게 B의 청구채권한도(200)에서 흡수시키고, A는 C에 대하여는 후순위로서 C의 청구채권한도(300)에서 A의 1차 안분배당액을 흡수시키면 된다.

실무예나 위 대법원 판례에 의할 경우 위와 같이 배당하여야 한다는 원칙에는 이론은 없다.

5) 대결 94마417 참조.

그러나 위 원칙에 따라 실제로 배당을 할 경우 몇 가지 점에서 실무예가 각 법원마다 조금씩 다른데, 아래에서 이에 관한 각 실무를 소개하고 바람직한 해결책을 제시하기로 한다.

나. 흡수의 순서에 관하여

첫 번째는 흡수의 순서에 관한 것으로서, D에 안분배당액된 것을 흡수할 권리자로 B와 C가 있는데, 둘 사이에 B가 선순위이므로 B의 채권에 먼저 흡수하고 그 다음에 C의 채권에 흡수하는 순서를 밟아야 한다는 것이다. 따라서 위의 예에서 D에 대한 안분배당된 것은 1차로 B가 먼저 흡수하여야 한다. 이 점에 관하여는 실무상 견해가 일치한다.

다. 흡수당하는 순서에 관하여

① 두 번째는 흡수당하는 순서에 관한 것인데, 위의 경우 B에 흡수당할 채권은 C와 D가 있는바, 이 때 흡수당하는 순서에 관하여는 실무예가 다르다.

하나는, 이 C, D 사이에서는 D가 열후하므로 D에 배당된 것을 먼저 흡수하고, D에 1차로 안분배당된 것을 흡수하고도 B의 채권에 모자라는 한도[6]에서 C의 것을 흡수하고, 다만 C, D가 동순위일 경우에는 안분하여 흡수한다는 견해가 있다.

다른 하나는, B에 대하여는 C, D는 모두 열후한 순위로서 차이가 없으므로 C, D의 1차 배당액에서 안분하여 흡수하여야 한다는 견해이다. 이 견해의 논거는 실체법상 규정된 배당순위는 배당을 받을 때의 순위에 관한 규정이지 다른 채권자에게 흡수당할 때의 순서까지 규정한 것은 아니고, 선순위 채권자에 대하여는 모두 후순위자로서는 동등한 지위에 있다고 한다.

---

6) B의 채권에 모자라는 한도는 (B의 청구금액 - 1차로 안분배당받은 금액 - D의 배당액을 흡수한 금액)이다.

② 민법·상법, 그 밖의 법률에 정해진 배당순위는 단순히 배당을 받는 순서를 정해 놓은 것이 아니라 궁극적으로 당해 채권의 만족을 얻는 우선순위를 정해 놓은 것이다. 따라서 실체법상 배당순위가 앞서는 채권자는 그 순위가 명백히 앞서는 다른 채권자들에 대한 관계에서는 모든 경우에도 우선순위가 인정되어야만 각 법이 우선순위를 규정한 진정한 취지가 관철될 수 있을 것이다.

③ 실무에서는 전자의 견해가 다수인데, 전자의 견해에 따라 <CASE 4>에 관하여 배당을 실시하면, B는 D의 배당액 50만원을 먼저 흡수하고, 모자라는 금 50만원(=청구금액 200만원-1차 안분액 100만원-D흡수액 50만원)을 C로부터 추가로 흡수하게 된다.

한편 여기서의 두 견해는 후술하는 제3의 문제점, 즉 흡수의 한도(흡수의 횟수)와도 관계가 있다.

라. 흡수의 한도(흡수의 횟수)에 관하여

① 세 번째는 흡수의 한도 또는 횟수에 관한 것으로서, 두 번째로 흡수하여야 할 C의 흡수범위를 정하는데 있어서 C가 1차로 안분배당받았다가 B에 흡수당한 부분까지도 흡수할 수 있는가 하는 문제이다.

② 이에 관하여는 흡수당한 부분은 일단 배당받은 것이므로 그 부분을 공제한 나머지만 흡수하여야 한다는 견해와 흡수당한 부분도 흡수할 수 있다는 견해가 팽팽하게 대립되어 있다.

위 두 견해의 차이점은 단순히 1차로 배당받았다가 다른 채권자에게 흡수당하여 빼앗긴 부분을 다시 후순위자로부터 흡수할 수 있다는 점뿐만 아니라 흡수 행위를 반복할 수 있는가 하는 문제와 직결된다. 즉 흡수당한 부분도 다시 흡수할 수 있다는 견해에 설 경우 후순위자에게 배당액이 남아있고 선순위자가 자기 청구채권에 만족을 얻지 못하는 한 흡수행위는 몇 번이고 계속될 수 있기 때문이다.

③ 전자의 견해에서 배당을 하면, C는 원래 채권(300만원)에서 1차로 배당받은 금액(150만원)을 공제한 150만원이 부족하므로 A의 배당액 중 150만원만 C에게 흡수되고[7] A는 50만원이 남는다. 결국 D에게는 배당금이 없고, A에게 50만원, B에게 200만원, C에게 250만원이 각 배당된다.

반면에 후자의 견해에서 배당을 하면, C는 원래 채권(300만원)에서, 1차로 배당받은 금액(150만원) 중 B에게 흡수당하고 남은 금액(100만원)을 공제한 200만원만큼 흡수할 수 있으므로 A의 배당은 전부 C에게 흡수된다. 결국 A, D에게는 배당금이 없고, B에게 200만원, C에게 300만원이 각 배당된다.

④ 전자의 논거는, 제1단계에서 안분배당받은 것은 일단 각 채권자의 채권으로 배당받은 셈이고, 다만 그 후 2차로 다른 채권자들과의 상대순위에 따라 흡수당하거나 흡수함으로써 1차 안분결과와 다른 금액을 배당받게 되는 것은 개별법상의 우선변제에 관한 규정을 각 관련 채권자에게 적용한 결과로서, 자기가 1차로 배당받은 금액을 개별법의 우선변제에 관한 규정 때문에 다른 채권자에게 빼앗겨 그대로 보유하지 못하게 된 것을 다시 다른 채권자로부터 보충받는 것은 이중의 배당이라고 한다.

따라서 제2단계에서 후순위자의 안분액을 흡수함에 있어서 흡수할 금액은 자신의 채권액 중 제1단계에서 안분받지 못한 부족액과 제1단계에서 후순위자에게 안분된 금액을 각 한도로 하고, 또한 흡수는 각 흡수할 채권자마다 한번으로 종결시켜야 하고, 다시 위와 같은 절차를 반복하여서는 안되며, 이점은 전술한 단순형의 경우와 마찬가지라고 한다. 즉 후자의 견해에 설 경우 흡수절차를 되풀이 하여야 하는데, 이를 어디에서 중지할 것인지에 따라 결과가 달라지므로, 단순

7) D의 배당액은 이미 B에게 모두 흡수되어 C에게는 흡수당할 것이 없음을 상기.

형과 기본적으로 같은 법리에 의하여 배당관계를 규율하는 이상 변칙형의 경우에도 동일한 기분에 따르는 것이 일목요연하다는 것이다. 반면 후자의 논거는, 전술한 단순형의 경우에는 흡수할 금액을 자신의 채권액 중 1단계에서 안분받지 못한 부족액으로 한정하지 아니하면 순환관계가 영원히 되풀이 되므로 이를 제한하기 위하여 위와 같이 해석할 필요가 있으나 순환이 없는 변칙형의 경우에는 위와 같은 우려가 없으므로 그와 같이 해석할 필요가 없으며, 또한 전자와 같이 배당할 경우 가압류권자보다 후순위인 조세권자가 만족을 얻지 못하는데도 그보다 열위인 가압류권자가 배당을 받는 것은 망외의 이득으로서 부당하다고 한다.

⑤ 생각건대, 전술한 단순형의 경우 2단계에서 후순위자의 안분액을 흡수함에 있어서 흡수할 금액은 자신의 채권액 중 1단계에서 안분받지 못한 부족액을 한도로 하는 것과 비교하여 보면, 순환이 없는 변칙형인 경우의 흡수라고 하여 달리 볼 것은 아니다. 더구나 위의 경우 C는 1단계로 배당받은 것을 B보다 순위가 뒤지기 때문에 B에게 흡수당한 것인데 나중에 이 부분을 다시 A와 D로부터 흡수하는 것을 용인한다면 오히려 흡수를 먼저 한 B의 흡수순위에 문제를 제기할 수 있을 것이다. 즉 C가 B보다 먼저 흡수를 한 다음에 B가 C의 배당액을 흡수한다면 B의 배당액은 전보다 많아질 것이다.

그러나 B가 C보다 선순위이므로, 위에서 본 바와 같이 선순위자를 위한 흡수절차를 먼저 취해야 할 것이다.

이에 대하여 후자의 견해는, 우선 B의 채권을 위한 흡수절차를 취한 후에 C의 흡수절차가 끝나면 B의 채권이 다시 C의 채권이 흡수한 것을 다시 흡수하는 절차를 반복함으로써 어느 것을 먼저 흡수하는가에 따른 불합리한 점을 해결할 수 있다고 한다.[8]

8) 따라서 이 견해는 흡수를 1회로 종결시키지 아니하고 수차 흡수 절차를 반복함으로써, 1단계 흡수결과가 그 이후의 흡수순위단계에까지 영향을 미치게 되는 것을

그러나 이처럼 2차, 3차 나아가 사안에 따라서 그 이상의 흡수절차를 용인할 경우 어느 선순위 채권자가 전부 만족을 얻거나 또는 후순위 채권자로부터 더 이상 흡수할 배당액이 없을 때까지 흡수절차를 반복하게 되는데 이 경우 우선변제권이 인정되지 아니하는 일반채권자의 배당액은 결국 '0'에 수렴하게 되고(<CASE 4>에서 단순 가압류권자인 A, D가 한 푼도 배당받지 못하게 된 점을 상기하면 이해가 쉽다), 또한 <CASE 4>에서 만일 B의 근저당권자가 만족을 얻지 못하게 되면[9] 부족분에 관하여 다시 C의 배당액을 다시 흡수하게 되므로, 결국 우선변제권이 인정되는 채권자들 사이에서 가장 순위가 앞서는 채권자가 일방적인 이득을 취하게 되고 나머지 채권자들은 희생을 당하게 된다. 더구나 이러한 결과는 제1차로 각 채권자의 채권액에 비례하여 안분한 취지를 완전히 무시하는 셈이다.

또한 위의 예에서 B는 A가 한 가압류의 처분금지효에 반하는 저촉처분을 통하여 권리를 취득한 자로서, 가압류 또는 압류의 처분금지효에 반하는 저촉처분을 통하여 권리를 취득한 B와 같은 자에게 과연 위와 같이 일방적인 보호를 해 주는 것이 옳은 결론인지에 관하여는 심각하게 고려해 볼 필요가 있다. 특히 우리 배당법리상 압류 또는 가압류의 처분금지효에 반하는 저촉처분이 대부분 집행면탈의 목적으로 행하여지고 있고, 그로 인하여 배당이의사건이 늘어가고 있는 현실에 비추어 담보권을 취득한 자의 배당절차상의 지위를 제한하려는 해석론이 갈수록 힘을 얻고 있는 상황을 고려하면 위와 같은 결

용인하게 되는데, 그 결과 1단계흡수결과 B가 전액만족을 얻지 못한 부분이 있을 경우 C가 흡수한 후에 다시 B가 또 흡수함으로써 모든 매각대금은 B가 만족을 얻을 때까지 흡수를 계속하게 된다.

9) 예를 들어 <CASE 4>에서 B의 청구채권이 200만원이 아니라 500만원 이상일 경우 배당재단 500만원은 모두 B가 차지하게 되고, 이러한 결과는 가압류 후의 저촉처분에 의하여 담보물권을 취득한 자가 있을 경우 그 담보물권보다 앞서는 당해세나 소액임차보증금을 제외하고는 항상 독점적 배당을 받게 된다.

론은 정의관념에도 맞지 않는다고 할 것이다.

그러나 흡수당한 것은 후수위자로부터 흡수할 수 없다는 원칙을 취하면 위와 같은 문제가 생기지 않는다.

또한 전자와 같이 배당할 경우 가압류권자보다 후순위인 조세권자가 만족을 얻지 못하는데도 그보다 열위인 가압류권자가 배당을 받는 것은 망외의 이득으로서 부당하다는 주장에 대하여는, 위 A 가압류권자가 그보다 선순위인 C 조세권자가 전액을 배당받지 못하는데도 배당을 받는 것은 가압류의 효력에 관한 개별상대효설을 적용한 결과 B 근저당권이 A 가압류의 처분금지적효력에 반하는 처분인데도 배당받을 자격이 인정되고, 또한 C 조세에 우월하기 때문에 생긴 결과로서 B 근저당권자가 전액 만족을 얻지 못하는데도 열위인 C 조세권자가 배당을 받는 것이 용인되는 결과에 비추어 보면 망외의 소득이라고 볼 것이 아니다.

또한 A의 가압류후의 소유자의 처분이 B의 근저당권의 설정이 아니라 소유권 명의의 변경일 경우 오로지 A만이 단독으로 만족을 얻게 되고 C 조세권자는 아예 한푼도 배당을 받지 못하는 경우와 비교하면 그 처분의 내용에 따라 초래된 결과이므로 전혀 망외의 소득이라거나 부당한 이득이라고 볼 필요가 없을 것이다.[10][11]

마. 정 리

아래에서는 편의상 안분후흡수설에 따라 배당을 실시하여 본다.

예를 들어 배당재단이 3,300만원인데, 당해세우선의 원칙이 규정된 이후부터 서울특별시의 임차인의 소액보증금의 한도가 4,000만원 이하의 임차

---

10) 또한 전자의 견해에 의하면 후자의 견해에 의하는 경우보다 배당절차가 비교적 간명하여 실수의 여지가 적다는 점도 장점으로 들 수 있을 것이다.

11) 법원내 집행법연구회의 2003년 정기세미나 개최 전까지는 어느 입장이 다수의 실무례인지 가늠하기 곤란하였으나, 위 세미나에서 이 문제를 논의한 결과 전자가 압도적인 다수설이었다.

인 중 1,600만원 한도로 인상된 2001. 9. 15. 전에 설정된 저당권자 甲의 채권이 3,000만원, 조세채권자(당해세) 乙의 채권이 2,000만원, 임차인 丙의 보증금채권이 4,000만원인 경우, 甲, 乙의 각 채권과 丙의 1,600만원의 소액보증금 채권간의 우선관계는 甲은 丙보다, 丙은 乙보다, 乙은 甲보다 우선하게 되어 끝없이 순환관계가 되풀이 된다.

1) 순환흡수배당

위 설례와 같은 경우의 배당방법은, 먼저 甲, 乙, 丙 3자를 평등하게 취급하여 각 채권액에 비례하여 甲은 1,500만원, 乙은 1,000만원, 丙은 800만원으로 안분한 후(1단계), 저당권자 甲은 소액임차인 丙에 우선하므로 甲의 채권금액 중 1차로 배당받지 못한 1,500만원을 한도로 丙의 배당액 800만원을 흡수하고, 소액임차인 丙은 조세채권자 乙에 우선하므로 같은 방식으로 乙로부터 800만원을 흡수하고, 조세채권자 乙은 저당권자 甲에 우선하므로 마찬가지의 방식으로 甲으로부터 1,000만원을 흡수하고 각 위 흡수당한 부분은 甲, 乙, 丙 각자에게 1차로 배당된 금액에서 공제된다(2단계).

따라서 결국 甲은 1,300만(=원래의 배당액 1,500만원+丙으로부터 흡수한 800만원-乙에게 흡수당한 1,000만원), 乙은 1,200만원(=원래의 배당액 1,000만-丙에게 흡수당한 800만원+甲으로부터 흡수한 1,000만원), 丙은 800만원(=원래의 배당액 800만원-甲에게 흡수당한 800만원+乙로부터 흡수한 800만원)을 각 배당받게 된다.

2) 안분흡수배당

위의 순수한 순환관계와는 달리 일부 동순위자가 있거나 특정 채권자에 대한 관계에서만 동순위로 인정되는 채권자가 있는 경우에도 배당의 방법은 동일하다.

① 가압류 후에 1번 저당권 및 2번 저당권이 설정되어 있던 중 위 1번 또는 2번 저당권자에 의하여 경매신청이 된 경우에 위 3자간의 배당순위는(단 가압류 후의 담보물권설정행위가 가압류의 처분금지효에 반하는 것이

아니어서 가압류권자와 담보물권자는 평등하게 배당을 받는다는 판례의 법리를 전제로 배당을 실시한다. 이하 같다), 가압류채권자와 각 저당권자는 동순위로서 각 채권액에 따라 안분배당을 받되 1번 저당권은 2번 저당권에 우선하므로 1번 저당권자는 2번 저당권자가 받을 배당액으로부터 자기의 채권액을 만족시킬 때까지 이를 흡수하여 변제를 받을 수 있다.

예컨대 배당할 금액이 2,000만원이고 가압류채권자 甲의 채권이 500만원, 1번 저당권자 乙의 채권이 1,500만원, 2번 저당권자 丙의 채권이 3,000만원이라면 甲·乙·丙의 배당액은 각 채권액에 따라 안분비례되므로 甲은 200만원{(2,000×500)/(500+1,500+3,000)}, 乙은 600만원{(2,000×1,500)/(500+1,500+3,000)} 丙은 1,200만원{(2,000×3,000)/(500+1500+3000)}을 각 배당받아야 할 것이나, 乙은 丙에 우선하는 자인데 그 채권액 전부를 만족받지 못하므로 그 채권액 1,500만원과 위 배당액 600만원과의 차액 900만원은 丙의 배당액으로부터 흡수하여 만족을 얻는다.

따라서 甲은 200만원, 乙은 1,500만원, 丙은 300만원(1,200−900)을 각 배당받게 된다.

② 가압류등기가 있은 후에 저당권설정등기가 있고 그 후에 가압류가 본압류로 이행하여 경매개시결정이 된 뒤 다시 다른 일반채권자가 배당요구를 한 경우에 있어서의 배당순위는, 예컨대 매각대금은 1,600만원이고 가압류채권자 甲의 채권은 800만원, 저당권자 乙의 채권은 1,000만원, 배당요구채권자 丙의 채권은 1,400만원이라고 하면, 매각대금 1,600만원을 1단계로는 甲, 乙, 丙 3인에게 甲 400만원, 乙 500만원, 丙 700만원씩 안분배당하고 2단계로 乙은 丙에 대하여 우선변제권이 있으므로 乙의 피담보채권 중 1단계에서 배당받지 못한 부족분 500만원을 丙의 안분액으로부터 흡수한다.

그 결과 甲은 400만원, 乙은 1,000만원(500만+500만), 丙은 200만원(700만−500만)을 최종적으로 배당받게 된다.

Ⅱ. 주택임대차보호법상의 소액임차보증금 한도의 변동과 특수한 배당 - 제한적 평등배당의 법리

1. 기초법리

소액보증금의 우선변제권을 인정하는 법률이 제정되기 전에 이미 성립한 담보권에 대하여까지 우선변제권의 소급효가 미치는 것이 아님은 당연하다(대판 89다카13155 참조). 또한 주택임대차보호법 및 같은 법 시행령 부칙 2항은 위와 같이 소액보증금의 액수를 개정함에 있어 소액보증금 액수가 위와 같이 변동되기 전의 담보물권 취득자에 대하여는 종전의 규정에 의하도록 하는 경과규정을 두고 있다. 따라서 현행법하에서는 소액임차인에 해당하나 구법하에서는 소액임차인에 해당하지 아니하는데 담보물권은 구법하에서 발생한 경우에는 구법 기준으로 소액임차인 여부를 판단하여야 하므로 그 담보물권자에 대하여는 소액임차인임을 주장할 수 없다.

2. 쟁 점

서울특별시의 소액보증금 우선보호범위의 변동
2001. 9. 15.부터 4000만원 중 1600만원 우선보호 2008. 8. 21.부터 2010. 7. 25.까지 6000만원 중 2000만원 우선보호

1) 예컨대 서울특별시 소재 주택을 매각하는데, 그 절차에 다음과 같은 배당참가채권자들이 있다고 가정한다.

〈 CASE 5 〉
A : 2004. 5. 1. 설정된 근저당권의 채권자 B : 2008. 10. 1. 설정된 근저당권자의 채권자 C : 2009. 2. 1. 대항력을 취득한 보증금 4,000만원의 임차인 D : 2008. 7. 1. 대항력을 취득한 보증금 6,000만원의 임차인

앞의 경우에, A에 대하여 C는 소액임차인임을 주장할 수 있으나 D는 소액임차인임을 주장할 수 없고, B에 대하여는 C, D 모두 소액임차인임을 주장할 수 있으므로 1순위는 C(소액보증금 1,600만원), 2순위는 A, 3순위는 C(소액보증금 증가분 400만원), D(소액보증금 2,000만원), 4순위는 B가 된다.

그런데 위의 경우에 제2순위인 A에게 배당하고 남은 잔액이 2000만원 미만이어서 C와 D의 동순위(3순위)채권을 동시에 만족시킬 수 없는 경우에는 C와 D에게 평등하게 배당하여야 한다. 이 원칙에는 이론이 없다.

2) 그런데 이 경우 구체적인 배당방법에는 두 가지 견해가 있다.

가) 하나는 기존 실무의 대세적 입장으로서, 위의 예에서 A의 2순위 채권에 배당하고 남은 잔액이 1,500만원이라고 가정하면, 하나는 그 1,500만원을 C의 400만원과 D의 2,000만원의 비율로 안분하는 것이다(안분배당설).[12]

이에 따르면 3순위에서 C는 250만원, D는 1,250만원을 배당받게 되어 C와 D의 총 배당액은 C는 1,850만원, D는 1,250만원이 된다.

나) 다른 하나는, 배당순위가 같고 채권금액이 같다면 평등배당함이 원칙인데, C와 D는 현행법상 소액보증금 1,600만원에 대한 같은 최선순위 소액임차인이므로 평등배당함이 원칙이지만, 다만 법과 시행령의 부칙 경과규정에 의하여 A와 그 A에게 우선하는 C의 소액보증금 중 일부가 각각 C와 D의 1,600만원인 소액임차인의 배당순위에 앞서게 된 것이므로, C와 D가 3순위로 평등배당을 받되 D는 그 어떤 경우에도 C가 1순위로 우선배당받는 1,200만원보다 적은 금액을 배당받는 일이 없어야 한다는 제한을 받을 뿐이라고 한다(제한적 평등배당설).

즉, C는 1순위 1,200만원인 소액임차인의 지위와 3순위 1,600만원인 소액

---

12) 안분배당설이라는 용어는 후술하는 제한적 평등배당설이라는 용어에 대응하는 개념으로 실무에서 사용하고 있는 용어로서, 그 시원은 명확하지 않으나, 제한적 평등배당설이 발표될 무렵 그 발표문에서 기존의 실무입장을 안분배당설이라고 표현한데서 유래한 것 같다.

임차인의 지위를 겸하고 있지만, 이는 곧 D와 동순위인 3순위로 1,600만원을 배당받되 그 중 1200만원에 대하여는 법과 시행령의 경과규정에 의하여 A에게 우선하여 1순위로 우선배당받는다는 것일 뿐이고, 안분배당설이 주장하는 바와 같이, 1순위로 1,200만원을 배당받고 다시 3순위로 나머지 400만원(=1,600만원-1,200만원)을 D의 1,600만원과 동등한 비율로 따로 배당받을 지위에 있는 것은 아니라 할 것이고, 더구나 3순위를 그와 같이 1:4의 비율로 안분배당함으로써 결과적으로 동순위자인 C와 D를 차등배당하는 결과에 이르는 것은 불합리하다는 것이다.

제한적 평등배당설에 의한 3순위의 배당은, 먼저, 3순위로 배당할 돈 중 1,200만원을 D에게 배당하고, D의 배당금이 1,200만원에 이른 후부터는 C와 D를 평등하게 배당하는 것으로 된다.[13)]

따라서 이 견해에 의할 경우 3순위 배당에 있어서, C가 1순위 배당받은 1,200만원에 달할 때까지 D에게 우선 1,200만원을 배당하고, 남은 잔액 300만원은 다시 C와 D의 1,600만원에 미달하는 각 금 400만원의 비율대로(즉 150만원씩) 안분배당하게 되므로, C와 D의 총 배당액은 각 1350만원씩이다.

3) 사견으로는, 이러한 결과는 주택임대차보호법상의 소액임차보증금의 한도가 변경됨으로써 발생한 문제인데, 위 법상의 소액보증금의 한도는 경제현실의 변화에 대응하기 위한 입법정책적 고려에서 변경된 것으로서, 그 근저에는 시행당시를 기준으로 일정한 기준에 해당하는 임차인들에 대하여는 일정한도(즉 위의 예에서 서울특별시의 경우 1,600만원씩)에 대하여 획일적으로 우선 보호해준다는 관념이 있는 것이지, 임차인의 보증금의 액수에

---

13) 이 견해에 의하면 D가 3순위에서 1,200만원에 이를 때까지 "먼저" 배당받는다고 하여 이를 통상의 우선배당으로 보거나 C와 동순위인 지위와 모순된다고 할 것은 아니고, 오히려, C와 D가 3순위로서는 1,600만원 전액에 대하여 동순위라는 바로 그 이유로, D는 C가 1순위로 우선배당받은 금액만큼을 "뒤늦게" 3순위로 배당받는 것에 불과하기 때문이라고 한다.

따라서 변동되기 전의 소액보증금액에 관하여 다른 임차인에 앞서는 우선적 지위, 즉 소액보증금의 액수에 다시 차등적인 지위를 인정해주려고 한 취지는 아니라고 생각한다.

더구나 임대차계약을 D보다 나중에 체결한 C가 더 보호를 받는 다는 것도 수긍할 수 없다.

임차인들이 다른 담보물권자나 일반채권자에 대하여 우선받는 것이야 위 법의 취지, 즉 서민들의 생존권 보호를 위하여 어쩔 수 없다고 하더라도, 배당시를 기준으로 보면 같은 소액임차인들 사이에 차등을 두는 것은 결과적으로 임차보증금의 액수에 따라 차별적으로 대우하는 것으로서, 결국 재산에 따라 차별적으로 대우하는 것이므로 헌법상의 평등원칙에도 반하는 것이라고 생각된다.

이러한 점을 고려하면 제한적 평등배당설이 더 타당하다고 생각한다.[14)]

Ⅲ. 압류·가압류 후 담보물권을 취득한 자의 배당절차상의 지위

1. 배당요구를 할 수 있는 우선변제청구권이 있는 채권자

배당요구할 수 있는 채권자는 집행력 있는 정본을 가진 채권자, 경매개시결정이 등기된 뒤에 가압류를 한 채권자, 민법·상법, 그 밖의 법률에 의하여 우선변제청구권이 있는 채권자에 한한다(법 88조 1항). 이와 관련하여,

14) 이 제한적 평등배당설은 2000년 서울중앙지방법원 신태길 판사님(현 변호사)이 제창한 견해로서, 서울중앙지방법원 신청·경매담당판사회의에서 발표된 후로 서울중앙지방법원에서 실무로 정착되었고, 그 후 법원실무제요에 수록되고, 사법연수원에서 경매신청담당 판사연수에서 수차 토론을 거친 결과, 현재는 대부분 법원의 실무로 정착된 듯하다.

가압류나 압류 후에 설정된 저당권 같은 약정담보물권이 과연 위 법조에 의하여 배당요구를 할 수 있는 우선변제권 있는 채권인지에 대하여 견해가 심각하게 나뉘고 있다.

2. 견해의 대립 – 배당요구불가설, 무제한설 및 제한설

가. 배당요구불가설

① 이 견해는 약정담보물권자는 별도로 집행권원을 취득하여 배당요구하는 것을 별론으로 하고 집행법 88조 1항이 말하는 우선변제청구권이 있는 "채권자"에는 약정담보물권자가 포함되지 않는다는 견해이다. 즉 약정담보물권자라는 지위만으로 배당요구를 할 수 없다는 견해인데, 이에 의하면 약정담보물권자임을 입증하여 배당요구를 하더라도 적법한 배당요구권자로 인정되지 아니하므로 약정담보물권 취득 후에 압류·가압류나 배당요구를 한 채권자에 대해서도 우선권을 주장할 수 없다.

② 이 견해는 세부적으로는 집행법 88조 1항이 말하는 우선변제청구권이 있는 "채권자"에 임금우선변제권, 주택임차인의 보증금우선변제권 등 이른바 법정담보물권자는 포함되지만, 약정담보물권자는 포함되지 않는다는 견해와 집행법 88조 1항이 말하는 우선변제청구권이 있는 채권자는 일반채권자에 대하여 우선변제청구권이 있는 모든 채권자를 지칭하는 것으로 해석할 것이 아니고 압류채권자에 대하여 우선변제권이 있는 자만으로 제한하여 해석하여야 한다는 견해로 나누어지는데, 위 두 견해는 모두 압류의 효력발생 이후에 권리를 취득한 약정담보물권자는 집행법 88조 1항이 말하는 우선변제청구권이 있는 채권자에 포함되지 않는다고 해석하는 점에서 차이가 없다.
특히 후자의 견해를 자세히 소개하면, 우선변제권이란 본질적으로 상대적 개념으로서 'P가 D에 대하여 우선한다(P is prior to D)'라는 명

제에서 보는 바와 같이 P와 D와의 상호관계에서만 의미를 가지는 관계적 개념인 바, 압류채권자 P가 집행비용을 예납하고 자기채권을 변제받고자 경매개시결정을 얻어서 진행시킨 집행절차에서 우선변제권 있는 채권자라는 개념은 압류채권자 P에 대하여 우선변제권 있는 자만을 지칭한다고 보아야지, 어떤 자가 압류채권자 P와는 아무 상관도 없는 자(일반채권자)에 대하여 우선변제권이 있다 하더라도 압류채권자 P에 대해서나 P가 진행시킨 집행절차에서 우선변제권 있는 채권자로 취급될 수는 없다는 것이다. 즉, 압류채권자 P보다 열후한 권리를 가진 자(D)는 설혹 그가 다른 사람에 대하여 우선변제권이 있다 하더라도 P에 대한 관계에서는 우선변제권이 있는 채권자가 아니므로 그에게는 P가 진행시킨 절차에 편승하여 P와 동순위로 배당에 참여하겠다는 것을 허용해 줄 수 없고, 따라서 P에 대하여 우선변제권을 주장할 수 있는 자만이 집행법 88조 1항 소정의 우선변제권 있는 채권자임을 주장하여 P가 진행시킨 절차에 편승하여 배당요구할 수 있다고 보아야 한다는 견해이다.

이 견해에 의하면 압류 이전에 성립한 담보물권자는 배당요구하지 않더라도 압류에 대항할 수 있는 물권자로서 당연히 배당에 참가하지만, 압류 후에 성립된 약정담보물권자는 압류에 대항하지 못하므로 당연히 배당에 참가할 수 있는 물권자로서 취급될 수 없음은 물론 압류의 처분금지효에 승복해야할 자로서 압류채권자 P에 대해서는 우선변제권 있는 채권자가 아니므로 배당요구할 수도 없다고 한다.

③ 그러나 필자의 견해로는, 이 견해는 절차상대효설을 전제하지 않는 한 취할 수 없다. 즉 개별상대효설을 전제로 하고 있는 우리나라에서는 최초의 압류권자만을 기준으로 배당가입채권자의 범위를 정하지는 않고, 배당절차에 가입한 각 채권자를 비교하여 상대적으로 우열을 가리기 때문에 우리나라에서는 이 견해를 취할 수는 없는 것이다.

나. 무제한설

약정담보물권자도 담보물권의 부종성 및 수반성으로 말미암아 동시에 항상 채권자이므로(다만 피압류채무자가 단순한 물상보증인인 경우는 제외) 위 조문의 문리해석상 압류 후에 설정된 약정담보물권자도 배당요구를 할 수 있다고 해석하지 아니할 수 없고, 따라서 압류 후에 설정된 약정담보물권자는 집행법 88조 1항에 따라 배당요구함으로써 담보물권자로서 배당에 참가할 수 있으며, 배당요구가 적법하다고 보는 이상 약정담보물권 취득 후에 압류나 배당요구를 한 채권자에 대해서 우선권이 인정될 뿐 아니라, 약정담보물권취득 전에 압류나 가압류를 한 채권자가 특별히 민법, 상법 기타의 법률에 의하여 우선변제권을 가진 채권자가 아니라면 그 채권자와 평등한 지위에 있다는 견해이다.[15)]

현재의 대법원[16)] 및 실무의 견해라고 할 수 있고, 이를 지지하는 일부

---

15) 물론 배당요구를 하지 아니하였다면 당해 배당절차에서 아무런 배당도 받을 수 없고, 약정담보물권취득 후에 압류나 배당요구를 한 채권자에 대해서 우선권이 인정되지 않음도 당연한데, 이는 배당요구제도의 원칙상 당연한 것이다.

16) 앞에서 본 바와 같이, 당초 A 소유의 부동산을 P가 가압류한 후 집행권원을 얻어 강제경매개시결정을 받았으나 그 사이에 D가 담보가등기를 마친 사안에서, 집행법원이 배당재원 1,000만원을 P에게 전액 교부하지 않고 P와 D간에 안분 배당하여 P에게는 금 400만원{1000만원×2000/(2000+3000)}, D에게는 금 600만원{1,000만원×3000/(2000+3000)}을 배당하자 P가 배당이의의 소를 제기하였는데, 이에 대하여 대법원 1987.6.9. 선고, 86다카2570 판결은 집행법원의 배당을 지지하면서, 부동산에 대하여 가압류등기가 먼저 되고 나서 담보가등기가 마쳐진 경우에 그 담보가등기는 가압류에 의한 처분금지의 효력 때문에 그 집행보전의 목적을 달성하는 필요한 범위 안에서 가압류채권자에 대한 관계에서만 상대적으로 무효라 할 것이고, 따라서 담보가등기권자는 그보다 선순위의 가압류채권자에 대항하여 우선변제를 받을 권리는 없으나, 한편 가압류채권자도 우선변제청구권을 가지는 것은 아니므로 가압류채권자보다 후순위의 담보가등기권자라 하더라도 가등기담보법 16조 1, 2항에 따라 법원의 최고에 의한 채권신고를 하면 가압류채권자와 채권액에 비례하여 평등하게 배당받을 수 있다고 판단하였다. 그리고 위 사안은 담보권설정시기가 본압류가 아닌 가압류 후인바, 대법원이 위 사안에서 본압류 후에 담보권설정이 이루어진 경우에는 다른 판단을 할 수도 있다는 여지는 남기지 아니한 것으로 이해됨으로써, 위 대법원 판례 이후 실무에서는 가압류뿐 아니라 압류 및 담보가등기뿐 아니라 저당권의 경우에도 같은 법리로 처리하여 온 것이 주류였음은

학설도 있다.[17)]

다. 제한설

① 약정담보물권자도 담보물권의 부종성 및 수반성으로 말미암아 동시에 항상 채권자이므로(다만 피압류채무자가 단순한 물상보증인인 경우는 제외) 위 조문의 문리해석상 압류 후에 설정된 약정담보물권자도 배당요구를 할 수 있다고 해석하지 아니할 수 없고, 따라서 압류 후에 설정된 약정담보물권자는 집행법 88조 1항에 따라 배당요구함으로써 담보물권자로서 배당에 참가할 수 있으며, 배당에 참가한 이상 약정담보물권 취득 후에 압류나 배당요구를 한 채권자에 대해서 우선권이 인정되지만, 약정담보물권취득 전에 압류나 가압류를 한 채권자에 대한 관계에서는 처분금지효가 작용하므로 선행의 압류・가압류권자에 대해서 대항할 수 없어 결국 후순위로 될 수밖에 없다는 견해이다. 이 경우 약정담보물권자가 별도로 집행권원을 취득하여 배당요구를 한다면 선행의 압류・가압류권자에 대한 관계에서도 배당요구채권자로 인정됨은 물론이다. 물론 배당요구를 하지 아니하였다면 당해 배당절차에서 아무런 배당도 받을 수 없고, 약정담보물권취득 후에 압류나 배당요구를 한 채권자에 대해서 우선권이 인정되지 않음도 당연한데, 이는 배당요구제도의 원칙상 당연한 것이다.

② 이 견해는 개별상대효설을 전제로 하는 한 압류채권자를 기준으로 배당가입채권자의 범위를 정할 수는 없고, 또한 집행법 88조와 148조 4호의 문리해석상 압류 후에 약정담보물권을 취득한 자도 배당요구를 할 수 있는 우선변제권자에 해당한다고 볼 수밖에 없지만, 배당요구할 수 있는 채권자인지 여부와 다른 채권자에 대한 관계에서의 우

앞에서 지적한 바와 같다.

17) 김주형, '가압류등기 후에 이루어진 담보가등기의 효력' 법원행정처 간 대법원 판례 해설(제8호) 239면 이하.

열은 완전히 별개의 문제로서 각 채권자 사이의 우열은 민법, 상법 기타의 법률에 의하여 따로 따져야 하고, 이것이 바로 개별상대효설의 핵심이며, 이 경우 선행의 압류·가압류권자의 처분금지효도 집행법에 의하여 부여된 효력으로서 그 우열을 가리는 기준이 된다는 것이 그 핵심이다.

Ⅳ. 집합건물의 저당권실행시 선행의 대지저당권에 대한 배당

(1) 집합건물의 대지에 대한 선순위의 저당권과 후순위인 집합건물(대지권 포함. 이하 같다)에 대한 저당권이 병존하는 상태에서 집합건물에 대한 저당권이 먼저 실행되는 경우에 집합건물에 대한 저당권이 소멸하고 그 저당권자가 매각대금으로부터 자신의 순위에 따라 우선배당을 받게 되는 점에 대하여는 이의가 있을 수 없다.

문제는 집합건물의 대지에 대한 선순위의 저당권을 어떻게 처리하며, 이 경우 대지저당권자의 지위를 어떻게 볼 것인가 하는 점이다.

(2) 현재 집행법원의 경매실무에 있어서는 이 경우에 대하여도 '매각부동산 위의 모든 저당권은 매각으로 소멸된다'는 집행법 91조 2항을 적용하여, 집합건물의 대지권에 해당하는 대지의 공유지분만큼 집합건물의 대지에 대한 저당권이 소멸하는 것으로 처리하고 있다. 이러한 실무는 대법원 판례에 의해서도 그 정당성이 인정되고 있다. 즉 대법원 2008. 3. 13. 선고 2005다15048 판결은 구 민사소송법 608조 2항 및 현행 민사집행법 91조 2항에 의하면 매각부동산 위의 모든 저당권은 경락으로 인하여 소멸한다고 규정되어 있으므로, 집합건물의 전유부분과 함께 그 대지사용권인 토지공

유지분이 일체로서 경락되고 그 대금이 완납되면, 설사 대지권 성립 전부터 토지만에 관하여 별도등기로 설정되어 있던 근저당권이라 할지라도 경매과정에서 이를 존속시켜 경락인이 인수하게 한다는 취지의 특별매각조건이 정하여져 있지 않았던 이상 위 토지공유지분에 대한 범위에서는 매각부동산 위의 저당권에 해당하여 소멸한다고 판시하였다.

(3) 이러한 경우 배당은 어떻게 하는 것이 정당할까? 실무에서는 매각대금 중 집합건물에 해당하는 부분은 집합건물의 저당권자에게 우선배당하되 대지의 저당권자는 우선배당을 받을 수 없는 것으로 하는 반면, 대지권에 해당하는 매각대금부분은 대지의 저당권자와 집합건물의 저당권자가 모두 우선배당을 받을 수 있는 것으로 하되 그 순위에 있어서 대지의 저당권자가 집합건물의 저당권자보다 우선하는 것으로 처리하고 있다.[18]

다만 이 경우에도 특정 전유부분을 위한 대지권으로서의 공유지분에 대한 근저당권이 소멸할 것으로 볼 경우 배당에 있어서 저당권자가 대지권 매각대금 전액에 대해 우선변제권을 가지는지, 아니면 저당권이 말소된 공유지분비율범위내에서만 우선변제권을 가지는지가 여전히 실무의 큰 숙제로 남아 있다.

Ⅴ. 가압류채권의 배당과 배당이의 및 재배당 · 추가배당

1. 가압류 후 청구채권의 변동과 배당이의

대법원 2007. 8. 23. 선고 2007다27427 판결은, "… 배당이의의 소에 있어

18) 그리고 등기실무에 있어서는 집합건물의 대지등기부에 집합건물의 대지에 대한 저당권 중 집합건물에 대한 저당권의 목적인 대지권에 해당하는 대지의 공유지분만큼 소멸하는 것을 내용으로 하는 저당권의 변경등기를 부기등기의 형식으로 하고 있다.

서 피고의 채권액이 그 받은 배당액보다 많다고 하더라도 배당의 기초가 된 채권액(배당요구액)에 대하여 다툼이 있고, 그 채권액이 줄어들 경우 집행법상의 배당법리에 따라 배당하면 결과적으로 배당액이 줄어들 경우에는 배당이의를 할 수 있고, 한편 배당이의의 소에 있어서 원고는 배당기일 후 그 사실심 변론종결시까지 발생한 사유를 이의사유로 주장할 수 있으므로, 배당기일 후 배당이의 소송 중에 가압류채권자의 채권액이 변제 등의 사유로 일부 소멸하여 그 잔존 채권액이 그 가압류 청구금액에 미달하게 된 경우에도 이를 이의사유로 주장할 수 있다(그리하여 경매절차에서 가압류채권자의 가압류 청구금액을 기준으로 배당표를 작성하였으나, 그 후 가압류채권자가 배당이의의 소의 진행 중 다른 부동산의 경매절차에서 배당받음으로써 그 잔존 채권액이 위 가압류 청구금액에 미달하게 된 경우, 잔존 채권액을 기준으로 배당표를 경정해야 한다)"고 판단하였다.

2. 가압류채권자의 본안 일부승소와 추가배당

위 판결과 대비하여 볼 것이 대법원 20004. 4. 9.선고 2003다32681 판결[19]이다.

위 2003다32681 판결은, 가압류권자가 가압류권자에 대한 배당의 기초가 된 청구금액보다 본안승소금액이 적지만, 배당액보다는 많은 경우에도 승

19) 집행법원이 가압류채권자의 미확정채권에 대한 배당액이 정해진 후 배당기일에 다른 채권자로부터 그 피보전채권의 존부에 관하여 아무런 이의 없이 배당절차가 종료되어 가압류채권자에 대한 배당액이 공탁되었다고 하더라도, 공탁된 배당금이 피공탁자에게 지급될 때까지는 배당절차가 종료되었다고 단정할 수 없을 뿐 아니라, 경매제도가 채무자의 재산으로부터 채권자의 만족을 얻게 하는 데에 근본 목적으로 두고 있는 만큼 만족을 받지 못한 채권자가 있는 데도 이를 제쳐둔 채 채무자에게 공탁된 배당금을 지급하는 것은 경매제도의 목적에 현저히 반하는 것이라는 점 등에 비추어, 가압류채권자에 대한 배당액이 공탁된 후 가압류집행이 취소되거나 가압류채권자가 본안소송에서 패소확정판결을 받는 등의 경우에는, 그 공탁금은 채무자에게 교부할 것이 아니라 다른 채권자들에게 추가로 배당하여야 하는 것으로 해석하여야 할 것이고, 이는 가압류채권자가 본안에서 승소확정판결을 받은 금액이 공탁된 배당액을 초과한다고 하여도 마찬가지라 할 것이다.

소금액을 기준으로 추가배당을 하여야 한다고 판단하였다.

3. 2007다27427 판결과 2003다32681 판결의 비교분석

① 위 두 판결은 같은 맥락 같지만 사실은 전혀 다른 법리가 적용된 것이다.

위 2007다27427 판결은 배당이의를 바탕으로 한 재배당사안이고, 위 2003다32681 판결은 배당이의 없이 가압류채권자의 본안승소금액을 기준으로 한 추가배당사안이기 때문이다.

② 재배당에 관한 위 2007다27427 판결은 배당이의의 법리에 비추어 정당하다.

그러나 위 2007다27427 판결에서 보는 바와 같이, 가압류권자에 대한 배당이의가 가능함에도 불구하고 배당이의가 없었던 이상 다른 채권자에 대한 관계에서 그 배당액은 그대로 수긍하여야 하고. 채무자에 대한 관계에서도 승소금액이 배당액을 초과하는 경우에는 부당이득도 아니고 정당한 배당으로서 재배당을 실시할 필요가 없다고 할 것이니, 추가배당에 관한 위 2003다32681 판결에는 찬성할 수 없는 것이다.

▶ 이 2003다32681 판결에는 중요한 쟁점과 실무상 문제점이 있다. ◀

① 쟁점은 비로, 채권자에 대한 배당의 기초가 되는 채권자 주장의 채권액이 채무자가 인정하는 채권액보다 적지만, 결과적으로 채권자에 대한 배당액이 채무자가 인정하는 배당액보다는 많을 경우에 채무자는 배당이의를 할 수 있는가의 문제를 내포하고 있다(채권자들 사이에서는 이러한 사유로 배당이의가 가능함은 물론이다. 위 2007다27427 판결 참조). 이 문제가 왜 이런 쟁점까지 확대되는가? 추가배당에 관한 위 2003다32681 판결은, 채무자는 가압류권자에 대해서는 배당이의를 할 필요가 없는데, 이는 가압류권자가 배당액을 수령하기 위하여 본안소송

을 제기하여야 한다는 점에서 출발한다. 즉 채무자가 가압류권자에게 배당이의를 하였다면 가압류권자의 채권이 일부만 인정되어 결과적으로 위 판결처럼 추가배당을 하게 되었을 것인데, 가압류권자가 채무자를 상대로 본안소송을 제기하여야 한다는 이유로 가압류권자에게 굳이 배당이의를 못하게 한 것이니, 가압류권자가 본안에서 일부승소한 것은 채무자가 가압류권자를 상대로 배당이의를 하여 일부승소한 것과 결과적으로 같으므로 부당하지 않다는 논리가 가능하다는 것이다. 그러나 채무자가 채권자에 대해서 배당이의를 할 때 채권자에 대한 배당의 기초가 되는 채권자 주장의 채권액이 채무자가 인정하는 채권액보다 적지만, 결과적으로 채권자에 대한 배당액이 채무자가 인정하는 배당액보다는 많을 경우에 채무자는 배당이의를 할 수 없다면 이러한 전제는 완전히 깨져버린다. 채무자로서는 어느 채권자의 배당액이 실제 채권액 이하인 이상 그 채권자가 다른 채권자보다 배당률이 높다고 하여 그 채권자를 상대로 배당이의를 할 수 있는 것은 아니라고 할 것이다.

② 실무상의 문제점은, 바로 가압류권자가 청구금액보다 일부만 패소하더라도 항상 배당표를 변경되고 추가배상을 하게 되는데, 이는 실무상 비능률, 비효율적이며, 또한 그리 정의롭지도 않다는 것이다. 이 경우 추가배당할 배당재단이 소액인 경우에는 추가배당을 위한 절차를 수행하다가 비용이 전부 소진되는 일도 발생하고, 그렇다고 추가배당을 하지 아니하면 직무유기, 횡령 등의 문제가 발생하기 때문에 실무에서도 매우 난감한 일이다. 이러한 점을 고려해서도 위 판결은 변경되어야 하고, 더 나아가 채무자의 배당이의 사유 또한 제한을 가할 필요가 있다.

VI. 사해행위취소의 효력과 배당절차에서의 취급

– 사해행위취소의 경우 취소의 효력을 받는 '모든 채권자'의 범위와 관련된 문제

1. 사해행위취소권과 채권자평등주의

(1) 민법 407조는 채권자취소권의 행사에 의한 취소와 원상회복은 모든 채권자의 이익을 위하여 그 효력이 있다고 규정하고 있는데, 이 규정의 의미에 관하여 통설은 "수익자 또는 전득자로부터 찾아온 '재산' 또는 '재산에 갈음하는 손해배상'은 채무자의 일반재산으로서 편입되어 총채권자를 위한 공동담보가 되는 것이고, 취소채권자가 그것으로부터 우선변제를 받는 권리를 취득하지 않는다. 이는 채권자가 '재산' 또는 '손해배상'을 직접 자기에게 인도 또는 지급할 것을 청구한 경우에도 마찬가지이다. 따라서 취소채권자가 도로 찾은 재산으로부터 그의 채권의 변제를 받으려면 다시 집행권원에 기하여 그 재산에 대하여 강제집행절차를 밟아야 하고, 이 때 다른 채권자는 당연히 배당에 가입할 수 있다."라고 설명하고 있다.

(2) 이와 같은 설명에 따르면, 민법 407조는 다음 두 가지 의미를 갖고 있는 것이다.

첫째 사해행위의 취소와 원상회복은 취소채권자의 개인적 채권 만족을 목적으로 하는 것이 아니라, '모든 채권자'를 위하여 채무자의 책임재산을 보전함을 직접적인 목적으로 하는 것이다. 따라서 취소채권자는 채무자에게 환원된 책임재산으로부터 우선적 만족을 얻을 수 없고, 그 책임재산을 모든 채권자와 평등하게 분배받아야 한다. 즉 현행 사해행위취소권제도는 우선주의가 아닌 채권자평등주의를 채택하고 있음을 의미한다.[20)]

둘째 민법은 위와 같이 사해행위취소권제도에 대하여 평등주의를 규정하고 있을 뿐, 채무자에게 환원된 책임재산을 분배할 절차나 시기에 관하여 따로 규정하고 있지 않다. 따라서 취소채권자는 평등주의의 실현을 위하여 사해행위 목적물을 채무자에게 환원시킨 후 원칙적으로 강제집행의

---

20) 주석민법 채권총칙(2), 121-122면; 민법주해[IX] 債權(2), 847면; 이은영, 債權總論(改正版), 박영사(1999), 488면; ; 오영준, "사해행위취소권과 채권자평등주의", 사법논집 32집, 법원도서관, 140면.

방법에 의하여 채권의 만족을 얻어야 하고, 이 때 다른 채권자는 배당요구 등을 통하여 평등분배의 기회를 갖게 된다. 이러한 의미에서 사해행위취소권제도는 '강제집행의 준비절차'로서 기능하는 것으로서, 강제집행제도를 떠나서는 고찰할 수 없다. 취소채권자의 채권이 강제집행불능 채권이라거나, 혹은 사해행위의 목적물이 압류금지물인 경우 사해행위취소권을 행사할 수 없다는 것도 바로 이러한 점에 기인한 것이다.[21)]

2. 상대적 무효설과 평등주의의 충돌

(1) 채권자취소권이 행사된 경우 취소판결의 기판력은 그 취소권을 행사한 채권자와 그 상대방인 수익자 또는 전득자의 상대적인 관계에만 미칠 뿐 그 소송에 참가하지 아니한 채무자 또는 채무자와 수익자 사이의 법률관계에는 미치지 아니하는 한편(대판 87다카1989 ; 98두11458), 채권자취소권 행사에 의한 취소와 원상회복은 모든 채권자의 이익을 위하여 그 효력이 있는데(민법 406조), 이를 상대적 무효설 또는 상대적 효력설이라 하며, 우리나라의 판례, 통설이고, 일본의 판례이기도 하다.

(2) 이 상대적 무효설의 요지는, 채권자취소권의 행사 및 효과는 채무자의 책임재산을 회수하여 공동담보를 회복하려는 목적을 달성하는 데 필요 최소한도에 그치는 것을 전제로 하여, ① 사해행위취소의 효과는 목적물의 반환에 필요한 범위 내에서 그 상대방에 대한 관계에서만 상대적으로 효력이 있을 뿐이므로 수익자 또는 전득자만이 피고로 되고 채무자는 피고로 될 수 없고(당사자적격의 한정), ② 현실적 재산급부가 수반되지 아니하는 경우에는 사해행위의 취소만을 구할 수 있고, 그것이 수반된 경우에는 사해행위의 취소와 재산반환을 함께 구하여야 하나(형성소송과 이행소송의 병

21) 주석민법 채권총칙(2), 64면; 민법주해[IX] 債權(2), 819면; 오영준, "사해행위취소권과 채권자평등주의", 사법논집 32집, 법원도서관, 141면.

합), 시기를 달리하여도 무방하고, ③ 전득자가 있는 경우에 수익자와 전득자 중 누구를 상대방으로 하여 채권자취소권을 행사할 수 있는가는 채권자의 자유로운 선택에 달려 있다(상대방선택의 자유)는 것으로 요약된다.[22)]

(3) 그런데 상대적 무효설은 원래 사해행위취소의 효력에 관하여 민법 407조와 같은 규정이 존재하지 아니하여 우선주의적 해석이 가능한 법제에서 통용되던 이론이다.[23)] 즉 취소채권자가 채권자취소권을 행사한 범위 내에서 독점적 만족을 얻는다고 보게 된다면, 원상회복의 이익을 다른 채권자들과 안분하지 않아도 되므로, 취소의 효력을 구태여 취소소송의 당사자 이외의 자에게 확장시킬 필요가 없다. 따라서 우선주의 법제에서는, 취소로 인한 효력범위를 최소화하여 유효한 법률행위를 한 수익자(전득자)를 보호하는 데 상대적 무효설이 긴요한 역할을 수행하게 된다.

그러나 민법 407조와 같이 평등주의를 규정한 법제에서는, 취소의 효력을 취소채권자 뿐만 아니라 다른 채권자에게도 확장시키게 되므로, 당초의 상대적 무효설의 근본 취지가 거의 대부분 퇴색하게 되고, 그 결과 "상대적 무효설"과 민법 407조의 평등주의가 상호 충돌하는 현상이 발생하며, 그리하여 이 상대적 무효설의 적용과 관련하여 배당에서는 특수한 문제가 발생한다.[24)]

---

22) 주석민법 채권총칙(2), 韓國司法行政學會(2000), 45-46면; 김능환, "채권자취소권의 행사방법-부동산이 전전양도된 경우를 중심으로-," 민사재판의 제 문제(제6권), 36-37면 ; 민법주해[IX], 채권(2), 806면, 832면.

23) 林錫璋, "債權者取消權," 民法講座 4 債權總論, 有斐閣(昭和 60年), 153면.

24) 채권자취소권 제도가 우선주의를 취하느냐, 평등주의를 취하느냐 여부에 따라서, '채무부담행위의 사해성 여부,' '취소채권자의 범위,' '사해행위취소의 범위,' '사해행위취소의 효력을 받은 채권자의 범위,' '사해행위취소소송의 경합,' '채무부담행위의 사해성 여부,' '가액반환시 반환의 상대방' 등에 관하여, 그 결론이 매우 달라지게 된다{자세한 것은 오영준, "사해행위취소권과 채권자평등주의", 사법논집 32집 참조}.

3. 배당에서의 제 문제

사해행위취소로 인한 재산의 반환에는 원물반환과 가액반환이 있지만, 부동산집행과 관련된 것은 원물반환이므로 이 책에서는 원물반환을 전제로 한다.

가. 사해행위 이후 채권을 취득한 채권자

(1) 사해행위 당시 채권을 가지고 있던 자는 스스로 사해행위취소권을 행사할 수 있었던 지위에 있던 것이므로, '취소 및 원상회복'의 효력을 원용할 수 있는 '모든 채권자'의 범주에 당연히 포함된다.

(2) 그러나 사해행위 이후에 채권을 취득한 채권자에 대하여는 학설의 대립이 있다.[25)]

취소권을 행사하기 위한 채권은 사해행위 이전부터 성립되어 있어야 한다고 주장하는 통설 중에서도, 취소소송을 제기할 수 있는 '원고적격의 문제'와 '배당요구자격의 문제'를 별개로 취급할 수 있느냐에 관하여 견해의 대립이 있는 것이다.

① 긍정설은, 현행 강제집행절차상 압류에 선착한 채권자에게 우선권이 부여되지 아니하고, 배당요구의 종기 전에 채권을 취득하여 적법한 배당요구의 자격을 갖추기만 하면 누구라도 배당요구를 할 수 있는 점 등을 들어 사해행위 이후에 채권을 취득한 자도 민법 407조의 적용을 받아 채무자에게 환원된 재산에 대하여 배당요구를 할 수 있다고 한다.

② 반면, 부정설은 그러한 채권자는 채권취득 당시에 사해행위취소에 의하여 회복되는 재산을 채권자의 공동담보로 파악하지 않은 자이므로 굳이 민법 407조의 규정에 의하여 보호할 필요가 없다고 한다.

---

25) 각 설에 대하여 자세한 것은 오영준, "사해행위취소의 효력이 미치는 채권자의 범위", 민사판례연구 제26권 (2004.2.), 박영사, 169면 이하 참조.

③ 생각건대, 통설은 채권자취소권제도를 강제집행절차의 준비제도로서 파악하고, 사해행위의 취소 및 원상회복은 장차 강제집행 및 배당에 가입할 기회가 보장되어 있는 '모든 채권자'를 위하여 그 효력이 있는 것으로 해석하여 왔다.
사해행위취소권제도가 비록 채권자평등주의를 지향하기는 하여도 그것은 개별 재산에 대한 개별적 집행을 전제로 하는 제도로서, 채무자의 총재산에 대한 총채권자의 평등변제의 실현을 목적으로 하는 파산절차와는 성격을 달리하는 것이다.
또한 위와 같이 사해행위 이후에 채권을 취득한 자까지 '모든 채권자'의 범위에 포함시키게 되면, 결국 취소소송의 단계에서 피보전채권의 범위 즉, 취소 및 원상회복의 범위를 제한하는 노력은 무위로 돌아가고 만다. 사해행위 이후에 채권을 취득한 채권자까지 배당요구를 할 수 있다고 보면, 취소소송의 단계에서 아직 확정되지도 아니한 장래의 채권자의 채권액까지 고려하여 취소 및 원상회복의 범위를 정하여야 하므로, 결국 그 범위는 언제나 취소 목적물 전체 또는 그 가액 전체가 될 수밖에 없기 때문이다.[26)]

④ 대법원이 이에 대하여 명백히 판시한 바는 없고, 서울고등법원 2002. 10. 25. 선고 2001나70278 배당이의사건에서, 피고의 배당요구채권이 사해행위 이후에 발생한 채권이기 때문에 사해행위취소로 원상회복된 재산에 대한 강제집행절차에서는 배당에 참가할 수 없다고 판단하였고, 이에 대하여 피고가 상고하였으나 상고기각되었다.
한편 현행 강제집행제도는 적법한 배당요구자격을 갖춘 채권자가 배당요구의 종기까지 배당요구를 하면 배당에 참가할 수 있도록 규정되어 있을 뿐, 그 채권이 사해행위 당시 이미 발생하였을 것까지 요

---

26) 오영준, "사해행위취소의 효력이 미치는 채권자의 범위", 민사판례연구 제26권(2004. 2.), 박영사, 169면 ; 下森定, "債權者取消權と不當利得", 不當利得事務管理の硏究(3)(1972), 有斐閣, 192면.

구하는 집행규정을 두고 있지 않으므로, 현실적으로 배당법원으로서는 배당요구채권이 사해행위 당시에 발생한 것인지에 관한 실체관계를 심리할 권한이나 필요 없이 이에 대해 배당을 실시하여야 한다는 견해[27]도 있으나, 배당요구 서면을 통하여 채권의 발생원인과 시기 등을 알 수 있는 경우에는 집행법원으로서는 배당요구신청을 각하하여야 할 것이고, 배당기일에 이를 이유로 한 이의가 제기된 경우에는 적극적으로 심리하여 배당표를 경정하여야 할 것이다.

나. 사해행위취소의 상대방인 수익자

1) 사해행위취소의 상대방이 채권자 중의 1인이었던 경우

학설[28]과 일본의 판례[29]는, 사해행위의 유형이 채권자 중의 1인에게 담보를 설정하거나 대물변제를 해 준 경우처럼, 사해행위 당시 수익자의 채권이 존재하고 있던 경우 또는 사해행위에 의하여 수익자의 채권이 일단 소멸하였으나 그 사해행위가 취소되면서 채권이 부활하게 되는 경우[30] 그들 각 채권자 역시 민법 407조의 적용을 받는 채권자에 해당한다고 한다. 이들 채권은 이미 사해행위 이전에 존재하고 있던 채권이기 때문이다.

이 경우 채무자의 특정채권자에 대한 담보제공행위가 취소된 경우에는

27) 오영준, "사해행위취소의 효력이 미치는 채권자의 범위", 민사판례연구 제26권 (2004. 2.), 박영사, 170면.

28) 주석민법 채권총칙 (2), 한국사법행정학회(2000), 121면; 민법주해 [IX] 채권(2), 박영사(2000), 852면.

29) 大審院 大正 5.12.6. 판결; 最高裁判所 昭和 16.2.10. 판결.

30) 통설, 판례의 상대적 무효설에 따르면, 채무자와 수익자 사이의 법률관계는 유효하고, 사해행위취소는 소급효(대판 2005다1407 참조)도 없으므로 사해행위로 취소되었다 하여 수익자가 원래 채무자에 대하여 갖고 있던 채권이 부활할 수 있는지에 관하여 일부 비판적 견해가 있다. 다만, 사해행위취소권과 마찬가지로 '상대적 효력'만이 있다고 인정되는 '부인권'이 행사된 경우, 폐지된 구 파산법(채무자 회생 및 파산에 관한 법률에 의하여 2006.3.31. 폐지)은 그 채권의 부활을 명문으로 규정하고 있었고, 새로 제정된 채무자 회생 및 파산에 관한 법률{2005.3.31.제정 2006.3.31.시행, 2007.8.3. 일부개정(2009.2.4. 시행)} 109조 1항도 이를 명문으로 규정하고 있다.

취소채권자 및 그 취소의 효력을 받는 다른 채권자에 대한 관계에서는 무효이므로 그 취소된 담보권자는 별도의 배당요구를 하여 배당요구채권자로서 배당받는 것은 별론으로 하고 담보권자로서는 배당받을 수 없다.[31]

2) 사해행위취소의 상대방이 단순한 수익자인 경우

① 상대적 무효설에 의하면, 사해행위가 취소되었다 하더라도 채무자(전소유자)와 수익자 사이의 법률행위는 유효하게 존속하는 것으로 보는바, 그 법률행위가 유상행위인 경우 취소판결에 의하여 재산을 반환해 준 수익자가 채무자에 대하여 어떠한 책임을 추급할 수 있는가가 문제되는데, 이는 민법 407조의 취소의 효력을 받는 '모든 채권자의 범위'에 관한 입장에 따라 결정될 문제라고 할 것이다.

② 민법 407조의 효력을 받는 채권자의 범위를 사해행위 전에 채권을 취득한 자로 제한하는 입장에서는, 수익자의 위와 같은 권리는 사해행위 이후에 발생한 것이기 때문에, 배당요구를 할 수 없다고 볼 것이고, 반대로 민법 407조의 '모든 채권자'의 범위에 사해행위 후 채권을 취득한 자도 포함시키는 입장에서는, 이를 배당요구채권에 포함된다고 볼 것이다.

③ 만일 전자의 입장을 취하면, 사해행위 당시 반대급부를 제공하였던 수익자는 자신이 반환하였던 거의 유일한 재산에 대한 배당에 가입할 수 없게 되므로, 일방적인 손실을 감수하게 된다. 학설[32]은 이 경우 채무자는 수익자의 손실로 부당이득을 한 것이므로, 채무자에게 재산반환을 한 수익자는 채무자에 대하여 부당이득반환청구를 하거나 매도인의 담보책임을 물을 수 있다고 하고 있다. 다만 이 경우 재

31) 실무제요, 민사집행[II], 510면.

32) 주석민법 채권총칙(2), 119-120면; 민법주해[IX] 債權(2), 854면; 다만, 다만, 下森定, 전게 "債權者取消權と不當利得", 191면은 상대적 효력설에 의하면, 채무자와 수익자간의 법률행위는 有效하기 때문에, 1차적으로 '不當利得'이 아닌 '追奪擔保責任'의 문제만이 생긴다고 주장한다.

산반환을 한 수익자가 부당이득반환청구권 또는 담보책임추급권에 기하여, 취소채권자가 개시한 강제집행에 참가하여 배당요구할 수 있는가에 관하여 부정설이 통설이다.[33)]

다. 잉여금의 귀속과 공과금의 교부의 상대방 문제

1) 잉여금의 귀속 문제

① 채권자취소권행사로 인하여 채무자 앞으로 환원된 재산에 대한 강제집행결과 잉여금이 발생하는 경우가 있다. 이론상으로는 채무자가 채무초과상태에서 재산을 처분한 것이기 때문에 잉여금이 발생한다는 것이 이상하지만, 채권자취소권을 효력을 받는 채무자에 대한 채권자라고 하더라도 환원된 재산에 대한 강제집행절차에서 압류 또는 배당요구를 통하여 절차에 정당하게 참여하지 않는 한 실체적인 채권자라고 하더라도 배당을 받을 수 없게 되는 것이므로, 실무에서는 잉여금이 발생하는 경우가 종종 있다.

② 사해행위취소판결의 효력은 그 취소채권자와 수익자 사이에서만 상대적으로 미칠 뿐, 소송에 참가하지 아니한 채무자와 수익자 사이의 법률관계에는 미치지 아니하므로, 사해행위가 취소되더라도 채무자가 수익자에 대하여 직접 어떤 청구권을 취득하는 것은 아니다.[34)]
따라서 사해행위취소판결에 의하여 채무자 앞으로 등기명의가 회복되었다 하더라도, 채무자가 실체법적으로 그 회복된 부동산의 소유

---

33) 민법주해[IX] 債權(2), 855면.

34) 주석민법 채권총칙(2), 118면; 민법주해[IX] 債權(2), 853면; 오영준, "사해행위취소의 효력이 미치는 채권자의 범위", 민사판례연구 제26권 (2004.2), 박영사, 171면 ; 대판 98두11458 ; 민법 406조의 채권자취소권의 행사로 인한 사해행위의 취소와 일탈재산의 원상회복은 채권자와 수익자 또는 전득자에 대한 관계에 있어서만 그 효력이 발생할 뿐이고 채무자가 직접 권리를 취득하는 것이 아니므로 채권자가 수익자와 전득자를 상대로 사해행위 취소와 일탈재산의 원상회복을 구하는 판결을 받아 그 등기 명의를 원상회복시켰다고 하더라도 재산세 납세의무자인 사실상의 소유자는 수익자라고 할 것이다.

권 또는 처분권한을 취득하는 것은 아니다.

그렇다면 실체법적으로는 취소채권자 등이 수익자로부터 환원받은 재산에 대하여 강제집행을 실시하여 배당받고 남은 잉여금은, 그 재산을 반환한 수익자에게 복귀시켜야지 채무자에게 지급하여서는 아니 될 것이다.[35]

2) 공과금의 교부의 상대방

① 집행법 84조 4항은, 법원사무관 등은 조세, 그 밖의 공과금을 주관하는 공공기관에 대하여 채권의 유무, 그 원인 및 액수(원금·이자·비용, 그 밖의 부대채권을 포함한다)를 배당요구의 종기까지 법원에 신고하도록 최고하여야 한다고 규정하고 있고, 이에 따라 실무에서 경매법원은 등기부상의 현재의 소유자를 부동산소유자로 취급하여, 현재의 소유자의 주소지를 관할하는 공무소에 최고하여 공과금의 교부청구를 하도록 하고 있다.

그 결과 가압류집행 후 소유권이 제3취득자에게 이전되었는데, 가압류가 본압류로 이전된 경우에는 제3취득자 명의의 등기가 말소되지 아니한 채 매각되는 관계로 집행절차에서 제3취득자가 소유자로 취급되어, 제3취득자의 주소지를 관할하는 공무소에 공과금의 최고가 이루어지게 되는데, 공과금의 교부청구도 배당요구의 성질을 지닌 것이므로, 제3취득자 앞으로 소유권이 이전되기 전까지 미리 보전압류 등으로 보전조치를 취하지 아니한 공과금은 교부청구를 할 수 없고, 이는 가압류의 상대적 효력상 당연한 것이다. 즉 가압류의 경우에는 미리 가압류로 보전시키지 아니한 채권자는 처분에 대항할 수 없으므로 결국 가압류권자 이외의 자들에 대하여는 그 부동산이 제3취득자의 것이고, 이는 조세채권자에 대하여도 마찬가지이다.

② 반면에, 사해행위취소의 경우에는 수익자 명의의 등기가 말소되어 채

35) 위 대판 98두11458 참조.

무자 명의로 소유명의가 환원되므로 경매절차상 수익자가 아닌 채무자가 소유자로 취급된다. 그리하여 집행법원은 수익자가 아닌 채무자 주소지를 관할하는 공무소에 교부청구를 하도록 통지하고, 실제로도 채무자에 대한 조세가 교부청구된다. 즉 사해행위취소의 경우에는 채무자에 대한 채권자로서 취소권을 행사하지 아니한 자도 그 효력을 원용할 수 있으므로 채무자에 대한 조세채권자도 배당을 받을 수 있는 것이니, 이러한 실무가 잘못된 것이라고 할 수는 없겠고, 이러한 차이점이 바로 가압류의 개별상대효와 사해행위취소의 상대적 무효설의 가장 큰 차이점이라 하겠다.

③ 그러나 다른 한편 앞에서 본 바와 같이, 사해행위취소의 경우에는 조세 등 공과금이라 하더라도 사해행위 이전에 성립된 것이 아니면 사해행위취소로 반환된 부동산에 대하여 배당에 참가할 수 없으므로, 사해행위취소로 반환된 부동산에 대한 집행절차에서 등기부상의 현재의 소유자의 주소지를 관할하는 공무소에 교부청구를 최고하는 것은 항상 옳은 집행은 아니고, 수익자의 주소지를 관할하는 공무소에도 최고를 해서, 각 공과금의 성립시기를 따져 교부를 하여야 할 것이다.

또 이 경우 채무자의 채권자들에게 배당하고 남은 잉여금이 있다면 수익자에 대한 조세채권자에게도 교부하여야 할 것인데, 현행실무는 이에 이르지는 못하고 있는바, 다만 집행법원으로서는 현재의 소유권이 사해행위취소로 환원된 것인지를 당연히 알 수 있는 것은 아니므로 이에 이르지 못하고 있는 집행실무는 어쩔 수 없는 면이 있기는 하지만, 만일 수익자가 집행법원에 대하여 집행대상 부동산이 채권자취소권행사의 결과 환원된 재산으로서 수익자 자신을 이해관계인으로 취급하여 줄 것을 요구하거나 잉여금의 지급을 요구하는 등의 사유로, 집행법원이 채권자취소권행사의 결과임을 알게 되면 수익자를 이해관계인으로 보고 그에게 잉여금을 지급하여 주는 것이 타당하다고 생각한다.

라. 취소되었으나 말소되지 않은 담보권에 대한 배당

채무자의 특정채권자에 대한 담보권설정행위가 사해행위로 취소 확정된 경우에는 취소채권자 및 그 취소의 효력을 받는 다른 채권자에 대한 관계에서는 무효이므로 그 취소된 담보권자는 별도의 배당요구를 하여 배당요구채권자로서 배당받는 것은 별론으로 하고 담보권자로서는 배당받을 수 없다고 할 것이며, 이는 사해행위취소 및 원상회복의 판결이 확정되었으나 그 담보권 등기가 말소되지 않고 있다가 경매로 인한 매각으로 말소된 경우에도 마찬가지이다(대판 2009다56627).

4. 배당이의소송 단계에서의 사해행위취소와 채권자평등주의

가. 배당이의소송과 사해행위취소소송의 병합의 가부

① 대법원은 배당이의소송과 사해행위취소소송의 병합을 긍정하고 있다.[36)]

즉 대법원 2004. 1. 27. 선고 2003다6200 판결은, "근저당권설정계약을 사해행위로서 취소하는 경우 경매절차가 진행되어 타인이 소유권을 취득하고 근저당권설정등기가 말소되었다면 원물반환이 불가능하므로 가액배상의 방법으로 원상회복을 명할 것인바, 이미 배당이 종료

---

36) 日本도 이를 긍정하고 있다. 즉 최고재판소 평성 12(1990).3.9. 판결[재판소시보(제1263호), 평성 12.4.1, 6면]은 채무자의 소외 회사에 대한 보수 등 채권에 대한 채권집행절차에서 취소채권자와 수익자(채무자의 전처로서 협의이혼에 따른 위자료 채권자)에게 각 채권금액에 따른 안분배당이 되는 것으로 배당표가 작성되자, 취소채권자가 그 위자료 액수가 지나치게 과다하다고 주장하여 주위적으로 '허위표시에 의한 무효로 인한 배당표의 변경'을, 예비적으로 '사해행위취소와 배당표의 변경'을 구한 사안에서, 예비적 청구와 같은 형태의 청구가 가능하다고 하여 사해행위취소소송과 배당이의소송의 병합을 허용하였다. 동경지방재판소 昭和 52. 12. 8. 판결도 배당이의소송과 사해행위취소소송의 병합을 허용하고 있다.

되어 수익자가 배당금을 수령하였다면 수익자로 하여금 배당금을 반환하도록 명하여야 하고, 배당표가 확정되었으나 채권자의 배당금지급금지가처분으로 인하여 수익자가 배당금을 현실적으로 지급받지 못한 경우에는 배당금지급채권의 양도와 그 채권양도의 통지를 명할 것이나(대판 97다8687 참조), 채권자가 배당기일에 출석하여 수익자의 배당 부분에 대하여 이의를 하였다면 그 채권자는 사해행위취소의 소와 병합하여 원상회복으로서 배당이의의 소를 제기할 수 있다고 할 것이고, 다만 이 경우 법원으로서는 배당이의의 소를 제기한 당해 채권자 이외의 다른 채권자의 존재를 고려할 필요 없이 그 채권자의 채권이 만족을 받지 못한 한도에서만 근저당권설정계약을 취소하고 그 한도에서만 수익자의 배당액을 삭제하여 당해 채권자의 배당액으로 경정하여야 할 것이다(대판 2000다41844 참조)"라고 판단하였다.

② 그 결과 사해행위로 설정된 저당권에 배당된 경우, 다른 배당요구채권자들이 그 배당표에 대하여 배당이의의 소를 제기하면서 그 저당권설정계약의 취소를 구하는 사해행위취소소송[37]을 병합함으로써 다른 배당요구채권자들은 배당표의 경정을 통하여 자신들만이 그 근저당권에 할당된 배당금을 손쉽게 재분배 받을 수 있게 된다.[38]

37) 대판 1997.10.10. 97다8687 : 취소 목적 부동산에 대한 채무자와 수익자 사이의 근저당권설정계약이 사해행위에 해당하는 경우에는 그로 인한 근저당권설정등기가 경락으로 말소되었다고 하더라도 수익자로 하여금 근저당권자로서의 배당을 받도록 하는 것은 사해행위취소제도의 취지에 반하므로 수익자에게 그와 같은 부당한 이득을 보유시키지 않기 위하여 그 근저당권설정등기로 인하여 해를 입게 되는 채권자는 근저당권설정계약의 취소를 구할 이익이 있다.

38) 다만, 채무자와 수익자 사이의 사해행위가 통정허위표시에 의한 경우에는 사해행위취소의 소에 의하지 아니하고 배당이의의 소만으로도 그 시정을 구할 수 있다 할 것이다(대판 2000다9611 ; 통정한 허위의 의시표시는 당사자 사이에서는 물론이고 제3자에 대하여도 무효이고, 다만 선의의 제3자에 대하여만 이를 대항하지 못한다고 할 것이므로, 채권자취소의 소로써 취소되지 않았다 하더라도 그 무효를 주장하여 그에 기한 채권의 존부, 범위, 순위에 관한 배당이의의 소를 제기할 수 있다).

나. 배당이의의 소의 상대효와 관련된 문제[39)]

1) 배당이의의 소의 성질

배당기일에 채무자 또는 채권자는 집행법 151조에 따라 채권의 존부·범위 또는 순위에 대하여 이의를 할 수 있다. 이 경우 집행력 있는 집행권원의 정본을 가지지 아니한 채권자(가압류채권자를 제외한다)에 대하여 이의한 채무자와 다른 채권자에 대하여 이의한 채권자는 배당기일로부터 1주 이내에 그 이의의 당부를 종국적으로 가리기 위한 배당이의의 소를 제기하여야 한다(법 154조).

배당이의 소의 성질에 관하여는[40)] 다양한 학설이 있으나, 우리나라의 통설과 판례는 형성소송설로서, 이에 의하면, 배당이의소송은 그 본질이 배당이의를 완결시키기 위한 형성소송이고, 배당이의소송의 인용판결은 배당액에 관한 계쟁부분의 귀속을 확정하는 것에 그치지 않고, 당초의 배당표에 대하여 직접 그 취소·변경을 선언하는 취지의 형성판결이 된다(배당이의의 소의 성질에 대하여 자세한 것은 이 책 중, "Ⅷ. 배당이의의 소, 1. 배당이의의 소의 성질론" 부분 참조).

2) 배당이의의 소의 효력

① 배당이의소송의 경우도 사해행위취소소송의 경우처럼 그 판결의 효력이 절대적인지 상대적인지 문제가 되는데, 이는 배당이의를 제기한 자가 누구인지에 따라 달라진다.

② 채권자가 다른 채권자를 상대로 배당이의를 하는 경우에는 애당초 채권자가 '자기의 이해에 관계되는 범위 안에서'(법 151조 3항)만 배당이의를 할 수 있는 것이므로, 채권자들 사이의 배당이의소송의 판결은 채권자인 원고와 피고 사이의 배당액을 둘러싼 분쟁을 상대적으

39) 배당이의의 소의 상대효와 관련하여 자세한 것은 大橋寬明, "配當異議訴訟の判決", 別冊 ジュリスト No.127 民事執行法判例百選, 有斐閣(1994.5.), 118면.

40) 이하 학설의 소개는 주석 집행법(III), 한국사법행정학회, 2004, 922면 이하.

로 해결하는 것에 지나지 아니하고, 그 판결의 효력은 그들 당사자 사이에만 생기며 다른 채권자나 채무자에게는 미치지 아니 한다{상대효. 그 결과, ㉠ 피고에게 배당된 금원이 배당표에서 삭제되면, 원고(배당이의채권자)만이 그 금원을 배당받게 되고, 그 밖의 다른 채권자들도 그 금원으로부터 추가배당을 받을 수 없고,[41] ㉡ 피고에게 배당된 금원으로 원고(배당이의채권자)의 배당요구채권을 충족시키고도 남는 금원이 발생하는 경우, 피고가 배당받을 자격 또는 채권이 없다고 인정되더라도, 그 잉여금은 채무자에게 교부(채무자설)하는 것이 아니라, 그 잉여금을 피고의 배당액으로 남겨두어야 한다(피고설. 대판 98다3818)}.

③ 채무자가 배당이의소송[42]을 제기한 경우 피고로 된 채권자의 채권의 전부 또는 일부가 인정되지 않는 것으로 확정되면 그 부분에 대하여는 집행법원은 배당이의를 하지 않은 채권자를 위해서도 배당표를 바꾸어야 하므로, 채무자가 배당이의에서 승소한 경우에는 그 승소한 금액을 배당재단으로 하여 다른 채권자들을 위한 추가배당이 실시된다(법 161조 2항 1호·2호). 즉 채무자가 제기한 배당이의 또는 청구이의 소송에서의 채무자승소판결은 절대적 효력을 가지는 것으로 이해된다(자세한 것은 이 책 중, "Ⅷ. 배당이의의 소, 4. 판결, 다. 배당이의의 판결의 효력, 1) 상대효와 절대효" 부분 참조).[43]

41) 대판 2000다41844: 채권자가 제기하는 배당이의의 소는 대립하는 당사자인 채권자들 사이의 배당액을 둘러싼 분쟁을 해결하는 것이므로, 그 소송의 판결은 원·피고로 되어 있는 채권자들 사이에 상대적으로 계쟁 배당부분의 귀속을 변경하는 것이어야 하고, 따라서 피고의 채권이 존재하지 않는 것으로 인정되는 경우 계쟁 배당부분 가운데 원고에게 귀속시키는 배당액을 계산함에 있어서 이의신청을 하지 아니한 다른 채권자의 채권을 참작할 필요가 없으며, 이는 이의신청을 하지 아니한 다른 채권자 가운데 원고보다 선순위 채권자가 있다 하더라도 마찬가지이다(대판 2003다6200도 같은 취지).

42) 집행력 있는 집행권원의 정본을 가진 채권자에 대하여 이의하는 경우에는 청구이의의 소가 될 것이다(법 154조 2항).

43) 법원실무제요, 민사집행[II], 588면.

다. 채권자평등주의와 관련한 두 소송의 비교

① 이처럼 채권자취소소송과 채권자가 제기한 배당이의소송은 사해행위의 취소 또는 배당표의 경정을 구하는 채권자가 원고가 되고 수익자 또는 부당하게 배당을 받은 자가 피고가 될 뿐 채무자는 소송당사자가 되지 아니하고, 그 판결의 효력은 소송법상으로는 물론 실체법상으로도 채무자나 다른 제3자에게 미치지 아니한다는 점, 즉 상대적 효력만 있다는 점에서 서로 유사점이 있다.
그러나 채권자취소소송의 경우에는 민법 407조로 인하여 그 판결에 따른 취소와 원상회복의 효력이 모든 채권자에게 미치게 되므로 이 점에 있어서는 배당이의소송과 큰 차이가 있다. 즉 채권자취소권제도가 기본적으로 채권자평등주의를 그 기초로 하고 있음에 반하여 배당이의는 배당이의를 한 채권자에게만 이익을 주는 제도인 것이다.

② 이 점을 좀 더 구체적으로 보기로 한다.

㉠ 민법 407조에 의할 경우, 채권자취소권의 행사에 따른 사해행위의 취소와 원상회복의 목적은 취소채권자 개인의 채권만족이 아니라 모든 채권자를 위한 채무자의 책임재산의 보전이다. 따라서 취소채권자는 회복된 재산에 대하여 아무런 우선권이 없다. 즉 취소채권자는 채권자취소권의 행사 자체로서 직접 자신의 채권의 만족을 얻을 수는 없고 채무자 앞으로 회복된 재산에 대한 별도의 집행을 통하여서만 채권의 만족을 얻을 수 있으며, 그 집행절차에는 취소채권자뿐만 아니라 다른 채권자도 참가하여 평등하게 배당을 받을 수 있다. 이러한 평등주의원칙은 사해행위의 취소에 따른 원상회복으로서 원물반환이 이루어지는 경우에는 그대로 구현이 될 수 있다.

㉡ 그러나 반환의 목적물이 동산 또는 금전이나 가액배상을 받는 경우에는 적절한 집행절차의 미비로 인하여 이러한 채권자평등의

원칙이 구현되지 못하고 있다. 즉 이 경우 수익자로 하여금 채무자에게 금전을 반환하도록 한다면 채무자가 환원된 금전을 은닉·소비할 경우 취소채권자가 아무런 만족을 얻지 못하게 되므로, 취소채권자가 수익자에 대하여 직접 자기에게 금전을 지급할 것을 청구할 수 있다고 하는 것(소위 채권자귀속설)이 통설·판례 및 실무의 입장이고, 더 나아가 종전의 다수설은 이 경우 취소채권자가 그 지급받은 금전의 반환의무를 자신의 채권과 상계하는 방법에 의하여 사실상 우선변제받는 것까지도 허용[44]하고 있고, 이러한 다수설에 대하여는 평등주의에 반한다는 비판이 있다.

라. 배당이의소송과 사해행위취소권의 행사

본래 사해행위의 취소는 법원에 소를 제기하는 방법으로 청구할 수 있을 뿐 소송상의 공격방어방법으로 주장할 수 없다는 것이 대법원의 확고한 견해이다(대판 95다48599, 48605 등 참조).

한편 채권자취소권행사의 소는 배당이의와 병합하여 제기할 수도 있다(대판 2003다6200).

1) 취소 및 반환의 범위

① 앞에서 본 바와 같이 배당이의를 한 채권자가 제기한 배당이의의 소는 대립하는 당사자인 채권자들 사이의 배당액을 둘러싼 분쟁을 상대적으로 해결하는 것이고 그 판결의 효력은 오직 소송당사자인 채권자들 사이에만 미치는 것이다. 따라서 원고(배당이의채권자)의 배당이의가 인용되는 경우, 원고의 배당 부족분의 한도에서 피고의 배당금

---

44) 민법주해[IX] 債權(2), 856면; 곽윤직, 債權總論(新訂版), 박영사(1997), 149면 등. 한편 이에 관한 우리 나라의 명시적인 판례는 아직 없는 것으로 보이나, 일본의 판례(최고재판소 소화 37.10.9. 판결)는 상계를 허용하는 입장에 가깝다고 한다. 민법주해[IX] 債權(2), 857면.

을 삭제하여 이를 원고에게 배당함에 그치고, 다른 채권자의 배당액은 아무런 영향을 받지 아니한다.

또한 배당이의의 소의 상대효의 원칙상, 배당표를 변경하여도 자기에 대한 배당을 받을 수 없는 경우에는 배당표의 변경을 구할 이익이 없다(대판 92다50270).

배당이의 소의 원고는, 자기의 배당요구채권의 만족에 필요한 범위에서 청구를 인용받으면 되는 것이지, 자신이 받을 이익의 범위를 넘어 다른 사람의 배당표의 변경을 구하는 것은 허용되지 않는 것이다.[45]

② 이를 배당이의소송과 병합된 사해행위취소소송에 적용하여 본다.

통설, 판례는 앞에서 본 바와 같이 취소채권자는 원칙적으로 자신의 채권액을 한도로 취소권을 행사하되, 예외적으로 다른 채권자들의 배당가입이 명백한 경우에는 자기 채권액의 한도를 넘어서 취소권을 행사할 수 있다고 한다.

그러나 배당이의소송과 사해행위취소소송이 병합된 경우에는 취소채권자 이외에 다른 배당요구채권자가 있는 것이 명백하다 하더라도, 통설, 판례가 말하는 예외적인 경우에는 해당되지 않는다 할 것이다. 배당이의소송의 구조상 자기의 채권의 보전에 필요한 범위를 넘어 배당표의 경정을 구할 수 없고, 일단 자기의 배당요구채권액이 모두 충족되는 것으로 배당표가 경정되어 확정되면, 배당이의의 소를 제기하지 아니한 다른 채권자들은 재차 배당표의 경정을 청구할 권리가 없기 때문이다.

따라서 사해 근저당권에 기하여 배당금을 받은 수익자를 상대로 그 설정계약의 취소를 구하면서 배당이의의 소를 제기한 원고(취소채권자)는, 다른 채권자의 존재를 전혀 고려할 필요 없이, 자신의 채권이 만족을 받지 못한 한도에서만 그 설정계약을 취소하고, 그 한도에서

---

45) 大橋寛明, 전게 "配當異議訴訟の判決", 119면; 오영준, "사해행위취소의 효력이 미치는 채권자의 범위", 민사판례연구 제26권(2004.2.), 박영사, 216면.

만 피고(수익자)의 배당액을 삭제하여 자신의 배당액으로 경정하도록 청구하여야 할 것이다.

2) 삭제된 수익자의 배당액의 귀속

① 배당절차가 종료되기 전에 배당이의와 채권자취소소송이 병합된 경우에는 수익자의 배당액을 삭제(취소)하는데, 여기서 그 배당액을 어떻게 처리하는가는 채권자취소의 효력인 모든 채권자를 위하여 효력이 있다는 점을 중시할 것인가, 아니면 배당이의의 상대적 효력을 중시할 것인가에 따라 극명하게 달라진다.

② 채권자취소의 효력을 강조하면 수익자의 삭제된 배당액을 원고인 취소채권자에게 배당할 것이 아니라, 그 부분에 대하여 집행법 157조[46]에 따라 다른 배당절차, 즉 추가배당절차를 밟도록 명하여야 할 것이고, 반대로 배당이의의 소의 상대적 효력을 중시하면 수익자의 배당액을 취소채권자인 원고에게 배당하는 것으로 명하여야 할 것이다. 판례는 명확하지 않지만, 실무는 배당이의의 소의 효력을 중시하는 것으로 보인다. 그리하여 삭제된 수익자의 배당액을 바로 취소채권자에게 배당하고, 그 배당액은 다른 채권자들과 상관없이 바로 취소채권자의 배당액으로 확정된다. 즉 이 경우에는 채권자취소소송의 효력인, 모든 채권자들을 위한 효력은 의미가 없고, 배당이의의 소의 상대효가 전면에 나선다.

이러한 실무는 배당이의에서 채권자취소권을 행사하는 경우 취소채권자의 반환의 범위에 관한 앞서 본 법리, 즉 취소채권자는 원칙적으로 자신의 채권액을 한도로 취소권을 행사하되, 예외적으로 다른 채

---

46) 157조 (배당이의의 소의 판결) 배당이의의 소에 대한 판결에서는 배당액에 대한 다툼이 있는 부분에 관하여 배당을 받을 채권자와 그 액수를 정하여야 한다. 이를 정하는 것이 적당하지 아니하다고 인정한 때에는 판결에서 배당표를 다시 만들고 다른 배당절차를 밟도록 명하여야 한다.

권자들의 배당가입이 명백한 경우에는 자기 채권액의 한도를 넘어서 취소권을 행사할 수 있으나, 배당이의소송의 구조상 자기의 채권의 보전에 필요한 범위를 넘어 배당표의 경정을 구할 수 없고, 일단 자기의 배당요구채권액이 모두 충족되는 것으로 배당표가 경정되어 확정되면, 배당이의의 소를 제기하지 아니한 다른 채권자들은 재차 배당표의 경정을 청구할 권리가 없기 때문에 사해 근저당권에 기하여 배당금을 받은 수익자를 상대로 그 설정계약의 취소를 구하면서 배당이의의 소를 제기한 원고(취소채권자)는, 다른 채권자의 존재를 전혀 고려할 필요 없이, 자신의 채권이 만족을 받지 못한 한도에서만 그 설정계약을 취소하고, 그 한도에서만 피고(수익자)의 배당액을 삭제하여 자신의 배당액으로 경정하도록 청구하여야 할 것이라는 법리에 비추어 당연하다고 생각한다.[47]

3) 잉여금의 귀속

배당이의의 소와 사해행위취소의 소가 병합된 소송에서 피고(수익자)의 근저당권에 배당된 배당금에서 배당이의 원고(취소채권자)의 배당요구채권액을 공제하고도 남는 금원이 발생한 경우 그 처리가 문제가 된다.

이 역시 위 대법원 98다3818판결의 판시에 따라, 그 근저당권의 설정계약이 사해행위에 해당한다고 판명되더라도, 수익자(피고)가 근저당권에 기하여 받은 배당액은, 취소채권자(원고)의 배당요구채권이 만족받지 못한 범위 내에서 원고의 배당액으로 변경하고, 그 나머지는 수익자의 배당액으로 그대로 남겨두어야 한다.

---

47) 반면에, 배당절차가 이미 종료된 경우에는 취소채권자에게 독점적인 이익을 부여할 법리는 없고, 오로지 채권자취소소송의 효력만이 문제가 된다. 따라서 이 경우에는 수익자가 반환하게 될 채권은 취소채권자가 아니라 채무자에게 반환하여야 하는 것이다. 대법원 판례는 바로 이러한 점에서 매우 치밀한 법리를 전개하고 있는 것이다.

4) 배당이의의 소를 제기하지 않은 다른 채권자들의 채권만족방법

배당이의의 소를 제기하지 아니한 다른 배당요구채권자들로서는 취소채권자가 제기한 배당이의소송과 사해행위취소소송이 계속되고 있는 경우에는, 바로 수익자를 상대로 부당이득반환청구소송을 제기할 수 없다. 아직 배당표가 확정되지 아니한 이상은 수익자가 그 배당금이나 배당금출급채권에 대하여 부당이득을 하였다고 볼 수 없기 때문이다.

그러나 만일 취소채권자가 제기한 배당이의의 소에서 수익자에 대하여 잉여금이 귀속하는 것으로 배당표의 경정이 확정된 경우, 수익자가 이 잉여금 상당의 이익을 그대로 보유하도록 하는 것은 부당하므로(대판 97다8687), 다른 배당요구채권자들은 수익자를 상대로 그 잉여금지급청구권을 가압류(대판 92다50270)하고 사해행위취소소송 등을 제기하는 등으로 다툴 수 있다고 할 것이다.[48)]

마. 병합의 구체적인 모습

1) 사해행위취소소송과 배당이의소송을 동시에 제기하는 경우

① 앞에서 본 바와 같이, 본래 사해행위의 취소는 법원에 소를 제기하는 방법으로 청구할 수 있을 뿐 소송상의 공격방어방법으로 주장할 수 없으므로, 배당이의와 관련하여 채권자취소권을 행사하려면 채권자취소권을 행사하는 소를 배당이의와 병합하여 제기하여야 한다(대판 2003다6200). 따라서 이 경우 배당이의와 함께 사해행위취소권을 행사하려면 배당이의의 소와 사해행위취소의 소의 병합형태가 되어야 하

48) 취소채권자가 배당이의소송의 상대효의 원리에 의하여 자신이 평등하게 배당받을 몫보다 다액의 몫을 배당받는 내용의 배당이의판결을 받은 경우, 그 판결의 효력은 그 소송의 당사자가 아닌 다른 배당요구채권자에까지 미치지는 아니한다. 따라서 다른 배당요구채권자들이 다시 취소채권자를 상대로 '평등배당의 원칙' 위반을 이유로 부당이득반환청구를 할 수 있는지가 문제될 수 있다. '평등배당의 원칙'을 위반으로 하는 부당이득반환청구를 인정하는 견해는 이를 긍정할 것이고, 이를 인정하지 아니하는 견해는 부정하게 될 것이다.

므로, 채무자와 수익자 사이의 사해행위의 취소를 구하는 청구취지가 포함되어야 한다.

② 반대로, 예컨대 보증금을 배당받지 못한 임차인이 배당을 받은 다른 채권자를 상대로 배당이의 소송을 제기한 경우, 다른 채권자가 이에 응소하면서 임차인이 내세우는 임대차계약이 사해행위에 해당하여 취소한다는 취지의 주장을 하려면, 위 배당이의소송에서 반소로써 사해행위취소의 소를 제기하여야 함이 원칙일 것이다.[49)]

③ 배당이의소송은 배당을 실시한 집행법원이 속한 지방법원의 전속관할이다. 따라서 취소채권자는 배당이의소송을 관할하는 법원인 집행법원이 속한 지방법원에 소를 제기하여야 하고, 그 소송의 형태에 있어서는 "저당권설정계약이 통정허위표시로서 무효임을 주장하여 제기하는 배당이의의 소"와 "채권자취소의 소 및 그 원상회복으로서의 배당이의의 소"를 선택적으로 병합하는 것도 가능할 것이다.

2) 사해행위취소소송이 먼저 제기되어 있는 경우

① 대법원 2001. 9. 4. 선고 2001다14108 판결[50)]에 의하면, 채권자가 민법 406조 1항에 따라 사해행위의 취소와 원상회복을 청구하는 경우 사해행위의 취소만을 먼저 청구한 다음 원상회복을 나중에 청구할 수 있다고 판시하였다.[51)]

채권자취소소송은 채권자가 취소원인을 안 날로부터 1년 내에 제기하여야 하므로(민법 406조 2항), 취소채권자가 배당이의소송을 제기하면서 비로소 채권자취소소송을 제기하는 경우보다는 배당기일 이전

---

49) 황병하, "不動産競賣에 있어서 賃借保證金 配當에 관한 몇 가지 문제", 저스티스 96호(2007), 한국법학원, 115면.

50) 채권자가 민법 406조 1항에 따라 사해행위의 취소와 원상회복을 청구하는 경우 사해행위 취소 청구가 민법 406조 2항에 정하여진 기간 안에 제기되었다면 원상회복의 청구는 그 기간이 지난 뒤에도 할 수 있다(위 대판 2001다14108).

51) 다만, 그 역의 경우, 즉 원상회복을 먼저 구하고 취소를 나중에 구하는 것은 불가능할 것이다.

에 이미 채권자취소소송이 제기되어 진행 중인 경우가 많을 것이다. 이러한 경우 우선 기존의 채권자취소소송이 집행법원과 동일한 법원의 1심에서 진행 중이라면 취소채권자가 별도로 배당이의소송을 제기하여 두 소송을 병합하는 것이 가장 간명할 것이나, 별도로 배당이의소송을 제기하지 아니하고 배당표를 경정하는 것으로 기존의 청구취지를 변경하는 것도 가능하다.[52] 다만 이 경우 원고는 배당기일로부터 1주일 이내에 배당이의의 소를 제기한 사실을 증명하는 서류를 제출하여야 하므로(법 154조 3항), 배당표의 경정을 구하는 것으로 청구취지를 변경한다는 내용의 청구취지변경신청서 접수증명원을 집행법원에 제출하여야 할 것이다.[53]

② 한편 기존의 채권자취소소송이 집행법원이 아닌 다른 법원 또는 상급심에서 계속 중인 경우는 다소 문제가 있다. 이러한 경우에는 위와 같은 청구변경의 방법은 곤란하다고 할 것이므로, 취소채권자로서는 천상 별도로 배당이의소송을 제기하여야 하고, 배당이의사건을 재판하는 법원은 채권자취소소송이 확정되기를 기다려 그 결과에 따라 재판을 하여야 할 것이다.[54]

---

52) 임기환, "채권자취소권의 행사에 따른 원상회복의 방법으로서의 배당이의의 소", 민사판례연구[XXVIII], 박영사, 772면 이하. 대법원 2001.9.4. 선고 2001다14108 판결은 "채권자가 민법 406조 1항에 따라 사해행위의 취소와 원상회복을 청구함에 있어 사해행위의 취소만을 먼저 청구한 다음 원상회복을 나중에 청구할 수 있으며, 이 경우 사해행위취소청구가 민법 406조 2항에 정하여진 기간 안에 제기되었다면 원상회복의 청구는 그 기간이 지난 뒤에도 할 수 있다"라고 한 바 있으므로, 일반적으로는 사실심변론종결 전이라면 얼마든지 원상회복의 방법을 변경할 수 있다고 할 것이다(위 판결의 사안은 원고가 1심에서 사해행위인 근저당권설정계약의 취소만을 구하였다가 항소심에서 그 원상회복으로서 근저당권설정등기의 말소청구를 추가한 경우임).

53) 청구취지변경신청서의 제출은 소의 제기와 마찬가지로 법률상의 기간준수의 효과가 있으므로(민소 265조, 262조 2항), 반드시 배당이의의 소를 따로 제기하고 소제기증명원을 제출하여야 하는 것은 아니라고 본다.

54) 채권자취소소송이 1심에 계속 중이라면, 그 소송을 배당이의소송이 제기된 법원으로 이송하여 두 사건을 병합하여 처리하는 것이 소송경제적인 면에서는 바람직하다고 생각된다.

다만 이 경우, 채권자취소소송에서는 사해행위를 취소함에 그쳐야 하고 '배당금지급청구권의 양도 및 통지' 등의 원상회복을 명할 수는 없다고 본다. 앞서 본대로, 배당금지급청구권의 양도 및 통지는 적어도 배당표가 배당기일에 아무런 이의가 없어 형식적으로나마 수익자 앞으로 배당금지급청구권이 발생하였음을 전제로 한다고 보아야 하는데, 수익자의 배당금에 대하여 배당이의가 되어 있는 경우에는 배당금지급청구권이 아예 발생을 하지 아니하였기 때문이다. 그리고 마찬가지 이유에서 이 경우 사해행위를 취소한다는 내용의 판결이 확정되었다고 하더라도 집행법원이 바로 추가배당을 할 수는 없고, 배당이의소송의 결과를 기다려 그에 따라야 한다고 생각된다.

5. 사해근저당권자에게 배당이 실시되기 전의 사해행위취소의 효력

집행법원이 배당을 실시하기 전단계에서 사해근저당권설정계약이 취소된 경우에는 근저당권자를 적법한 배당요구채권자로 볼 수 없다.[55] 따라서 압류등기 전에 설정된 근저당권으로 당연히 배당요구의 효력이 있는 것이든 압류등기 후에 설정되고 별도로 배당요구를 한 것이든 근저당권설정계약이 취소되어 원인무효로 된 이상 그 근저당권설정등기가 말소되기 전이더라도 적법한 배당요구채권자로 취급할 수 없다.

물론 이 경우 그 근저당권자가 별도로 일반채권자로서 집행권원에 의하여 배당요구를 하였을 경우 그 집행권원에 의한 배당요구채권자로 인정되는 것은 별개의 문제이다

55) 비록 추가배당에 관한 사안이기는 하지만, 대법원 2002.9.24. 선고 2002다33069 판결은 경매법원이 추가배당을 실시할 경우에 배당받을 채권자는 경매절차에서 적법하게 배당요구한 채권자이어야 하는데, 근저당권자로서 경매법원에 채권계산서를 제출하기는 하였지만 그 근저당권설정계약이 사해행위로서 취소된 때에는 이를 적법한 배당요구로 볼 수 없다고 판시하였다.

6. 채권자취소소송비용의 우선 상환

(1) 강제집행에 필요한 비용은 채무자가 부담하고 그 집행에 의하여 우선적으로 변상을 받는데(법 53조), 집행비용도 공익비용인가 기타비용인가에 따라 변상의 순서가 다르다.

집행비용 중 공익비용이란 채권자 전원의 공동이익을 위하여 한 행위에 소요된 비용을 말하며 법률상으로는 절차비용이라 일컬어지고(법 102조 1항), 모든 채권에 우선하여 최우선적으로 변상을 받을 수 있다. 여기서 최우선적으로 변상받는다 함은 다른 어떤 채권, 즉 실체법상 최우선변제대상인 소액보증금이나 임금채권보다도 가장 먼저 변상받는다는 의미이다.

공익비용과 기타의 집행비용의 구별은 각 비용의 성질에 따라 판단할 수밖에 없다.[56)]

(2) 사해행위취소로 채무자의 재산이 환원되고, 이어서 그 환원된 재산에 대하여 진행된 강제집행절차에서, 그 강제집행 자체에 소요된 공익비용뿐 아니라 사해행위취소소송에 소요된 소송비용도 집행단계에서 '공익비용'으로서 최우선적으로 변제받게 된다는 견해도 있다.[57)]

그러나 대법원 2011. 2. 10. 선고 2010다79565 판결은, "채권자가 사해행위의 취소와 함께 책임재산의 회복을 구하는 사해행위취소 소송에 있어서는 수익자 또는 전득자에게만 피고적격이 있고 채무자에게는 피고적격이 없는 것이므로 수익자 또는 전득자가 소송비용을 부담하는 반면, 강제집행에 필요한 비용은 채무자가 부담하여 그 부담 주체가 다른데, 사해행위취소 소송을 위하여 지출한 소송비용 등을 집행비용에서 우선적으로 상환하게 되면 수익자 또는 전득자가 부담하는 소송비용을 채무자의 책임재산에서 우선 상환하는 셈이 되는 점, 사해행위 이전에 사해행위의 목적이 된

---

56) 실무제요, 민사집행[I], 83면.

57) 주석민법 채권총칙(2), 122면; 민법주해[IX] 債權(2), 855면; 奧田昌道 編集, 전게 註釋民法(10), 債權(1), 859-860면.

재산에 담보물권을 취득한 채권자나 가압류권자(또는 체납처분압류권자) 등은 그 이후 소유자가 변경되더라도 자신의 채권을 집행하거나 배당을 받는데 지장이 없는데, 이들과의 관계에서 사해행위취소 소송을 위하여 지출한 소송비용 등을 집행비용으로 우선적으로 변상하게 되면 이러한 채권자들의 권리를 해할 수 있게 되어 부당한 점 등을 모아 보면, 사해행위취소 소송을 위하여 지출한 소송비용 등은 사해행위취소 소송으로 원상회복된 채무자의 재산에 대한 집행에 의하여 우선적으로 변상받을 수 있는 집행비용에 해당하지 않는다"고 판단하였다.

사항색인

(ㄱ)

가등기담보권 ······ 321
가산금 ······ 359
가산세 ······ 359
가압류해방공탁금 ······ 74
가액적 분리귀속 ······ 65
가집행 ······ 10
가집행선고 ······ 394
가집행의 선고가 있는 종국판결 ······ 5
가처분상대적우위설 ······ 138
간이절차에 의한 민사분쟁사건처리 특례법 ······ 56, 72
간접강제 ······ 9, 15
강제관리 ······ 12
개별경매 ······ 369
개별배당재 ······ 395
개별배당재단 ······ 369, 381
개별상대효 ······ 39, 364
개별상대효설 ······ 47
개별집행 ······ 6, 144
건강보험료 ······ 362, 374
건설기계 ······ 114
건축허가명의 ······ 109
검사의 명령 ······ 4
경매개시결정에 대한 이의 ······ 168
경매기록의 열람 ······ 210
경매신청의 취하 ······ 291
경매절차의 병합 ······ 369
공격방어방법 ······ 388
공과금 ······ 442
공과금채권 ······ 315, 362
공동광업권 ······ 113
공동입찰 ······ 229
공매절차 ······ 144
공법상 처분설 ······ 79
공시송달 ······ 153
공신적 효과 ······ 295
공유물분할을 위한 경매 ······ 23
공유자에 대한 통지 ······ 187
공유자의 우선매수 ······ 238
공익비용 ······ 371, 372, 457
공익채권 ······ 147
공장재단 ······ 112, 133
공장저당법 ······ 133
공증인법 ······ 126
공탁금회수청구권 ······ 76
공탁물출급청구권 ······ 77
공탁물회수청구권 ······ 77
공탁사유신고 ······ 404
과잉매각 ······ 247
과태료 ······ 4, 363
관리인 ······ 13
광업권 ······ 113
광업법 ······ 113
광업재단 ······ 112, 133
광업재단저당법 ······ 112, 133
광의의 강제집행 ······ 4
교부청구 ······ 356

구분소유적 공유 ························ 80
구분소유적 공유지분 ························ 198
구제소송설 ························ 384
국가유공자등 예우 및 지원에 관한 법률 ························ 133
국유재산법상의 사용료 ························ 363
근로기준법 ························ 343
근로자의 우선변제권 ························ 342
근로자퇴직급여보장법 ························ 344
금전집행 ························ 11
기간입찰 ························ 220
기일입찰 ························ 220, 230
기타비용 ························ 457

(ㄴ)

남을 가망 ························ 210
농지전용허가 ························ 192
농지취득자격증명 ························ 191

(ㄷ)

단순승인 ························ 118
담보가등기 ························ 140
담보제공증명서 ························ 127
당사자적격 ························ 387
당해세 ························ 358, 360
대금감액 ························ 252
대금지급기한 ························ 274
대금지급기한의 지정 ························ 274
대금지급기한의 통지 ························ 275
대금지급의무불이행 ························ 260
대금지급절차 ························ 276
대물집행 ························ 6
대부료 ························ 363
대위변제자의 배당요구 ························ 315
대인집행 ························ 6
대지권 ························ 196
대지권과 전유부분의 분리처분금지 ························ 83
대지사용권의 일체성 ························ 83
대체적 작위의무 ························ 9
대체집행 ························ 8, 15
독일식 개별상대효설 ························ 48
동시이행 ························ 127
동시입찰 ························ 230
등기된 임차권자 ························ 338
등기부에 기입된 부동산 위의 권리자 ························ 158
등기절차이행청구권 ························ 15

(ㅁ)

만족집행 ························ 10
매각결정기일 ························ 219, 222, 244
매각결정절차 ························ 244
매각기일 ························ 219, 221
매각기일의 공고 ························ 222
매각기일의 지정 ························ 221
매각기일의 취소 ························ 221
매각기일의 통지 ························ 223
매각대금의 지급 ························ 274
매각물건명세서 ························ 202
매각물건명세서의 비치 ························ 203
매각방법 ························ 219
매각불허가결정 ························ 247
매각절차의 정지 ························ 309
매각절차의 취소 ························ 310
매각조건 ························ 223

매각허가결정 ………… 253
매각허가에 대한 이의 ………… 244
매각허가여부에 대한 즉시항고 ………… 254
매수보증금 ………… 234, 235
매수신청보증의 반환 ………… 253
매수신청보증의 제공방법 ………… 235
매수신청의 보증금 ………… 234
매수신청의 제한 ………… 229
매수의 신청 ………… 228
면책신청 ………… 147
명인방법 ………… 80
무잉여 ………… 181
무제한설 ………… 427
물적집행 ………… 6
미등기 건물 ………… 92
미등기 부동산 ………… 90
미등기 토지 ………… 91
미완성건물 ………… 98
민법 365조의 일괄경매 ………… 301
민법상의 공탁 ………… 404
민사유치권 ………… 22

(ㅂ)

반대의무의 이행 ………… 127
발송송달 ………… 153, 307
방어방법 ………… 389
배당계획안 ………… 367
배당금지급청구권의 양도 ………… 456
배당기일 ………… 375
배당기일의 지정 ………… 366
배당기일통지 ………… 366
배당내역서 ………… 381
배당받을 채권자 ………… 319
배당비율 ………… 370
배당수령권 ………… 384
배당순위 ………… 370, 372
배당순위의 충돌 ………… 407
배당액의 공탁 ………… 402
배당액지급증 ………… 401
배당요구 ………… 20, 311
배당요구가 필요한 채권자 ………… 314
배당요구불가설 ………… 425
배당요구서 부제출 ………… 317
배당요구신청비용 ………… 372
배당요구의 방식 ………… 316
배당요구의 자격을 소명하는 서면 ………… 346
배당요구의 종기 ………… 165, 316
배당요구의 종기결정 ………… 181
배당요구의 종기를 공고 ………… 181
배당요구의 철회 ………… 318
배당의 순환관계 ………… 408
배당의 실시 ………… 399, 401
배당이의 소의 성질 ………… 383
배당이의소송과 사해행위취소소송의 병합 ………… 444, 450
배당이의소송의 성질 ………… 383
배당이의의 상대방 ………… 378
배당이의의 소 ………… 383
배당이의의 소와 부당이득반환청구의 소와의 관계 ………… 385
배당이의의 소의 상대효 ………… 446
배당이의의 판결의 효력 ………… 395
배당재단 ………… 368, 370, 376

배당표에 대한 이의 ······ 376
배당표열람기간 ······ 366
배당표원안 ······ 367, 375, 399
배당표원안의 비치 ······ 368
배당표의 작성 ······ 367
배당표의 재조제 ······ 400
배당표의 확정 ······ 375
배당할 금액 ······ 368
배당협의 ······ 13
법원보관금취급규칙 ······ 253
법정과실 ······ 198
법정기일 ······ 372
법정매각조건 ······ 224
법정변제충당 ······ 372
법정지상권 ······ 199
변론준비기일 ······ 393
변상금채권 ······ 363
변상의 순서 ······ 457
변제자 대위 ······ 118
변제충당 ······ 372
변형 개별상대효설 ······ 49
별도등기 ······ 85
별제권 ······ 147
보전관리인 ······ 145
보전집행 ······ 10
보정설 ······ 126
보증의 공탁 ······ 255
보증의 제공 ······ 216
보증의 제공과 반환 ······ 236
보충설 ······ 126
본안소송비용 ······ 372
본집행 ······ 10
부동산관리명령 ······ 263
부동산인도집행 ······ 15
부동산환매권 ······ 114
부합물 ······ 193, 302
분리처분금지 취지의 등기 ······ 84
분양형 토지신탁계약 ······ 136
분할매각 ······ 225
불확정기한 ······ 402
비금전집행 ······ 11
비대체적 의무 ······ 9

(ㅅ)

사립학교법 ······ 133
사법공조 ······ 155
사법보좌관 ······ 26
사법보좌관규칙 ······ 27
사법상 매매설 ······ 79
사업자등록 ······ 329
사원권 ······ 113
산업재해보상보험료 ······ 363
상대적 무효설 ······ 435
상대적 효력 ······ 398
상대적 효력의 물적 범위 ······ 44, 46, 64
상대적 효력의 인적 범위 ······ 44, 45, 59
상대효 ······ 395
상사유치권 ······ 22
상속등기 ······ 133
상속세 ······ 360
상속포기 ······ 116
상환증권 ······ 128
새 매각 ······ 242
선행사건 ······ 163
소멸주의 ······ 18

소송대리허가신청 ··· 124
소송비용액확정결정 ··· 121
소송상 확인소송설 ··· 384
소액임차인 ··· 333
소유권이전등기청구권보전을 위한 가등기 ··· 139
소의 변경 ··· 392
소제기의 증명 ··· 380
송달의 특례 ··· 307
수권결정 ··· 16
수산업법 ··· 113
순환배당 ··· 374
순환흡수배당 ··· 419
순환흡수배당의 법리 ··· 407
신탁사무의 처리상 발생한 권리 ··· 136
신탁전의 원인으로 발생한 권리 ··· 136
실권효 ··· 317
실제 배당할 금액 ··· 371
실질적 경매 ··· 17
실체상 확인소송설 ··· 384
실체상의 사유에 기한 이의 ··· 377

(ㅇ)

안분배당설 ··· 374, 408
안분후흡수설 ··· 374, 407, 408, 418
안분흡수배당 ··· 419
압류금지부동산 ··· 133
압류선착주의 ··· 357
어업권 ··· 113
연금보험료 ··· 362, 374
외국공시송달 ··· 154
우선매수권 ··· 238
우선채권의 범위 ··· 212
원고적격 ··· 387
원시취득자 ··· 109
유익비채권 ··· 365
유치권 ··· 179
이중경매개시결정 ··· 160
이중경매신청의 취하 ··· 167
이해관계인 ··· 155
인도명령 ··· 286
인도명령의 신청 ··· 289
인도명령의 재판 ··· 290
인도명령의 집행 ··· 290
인도집행조서 ··· 402
인수주의 ··· 18
인적집행 ··· 6
일괄경매 ··· 369
일괄매각 ··· 225
일반집행 ··· 6, 144
임금우선변제권 ··· 355
임금직접지급의 원칙 ··· 354
임의적 변론 ··· 170
임차보증금반환채권 ··· 325
임차인의 우선매수권 ··· 241
입목에 관한 법률 ··· 80
입증책임 ··· 390
입찰의 무효사유 ··· 238
입찰의 취소·변경 또는 교환의 금지 ··· 231
입찰표 ··· 220
입회권 ··· 159
잉여금 ··· 366, 396
잉여금의 귀속 ··· 441

(ㅈ)

자조매각 ············ 23
재매각 ············ 260, 369
재매각명령 ············ 261
재매각절차 ············ 261
재매각절차의 취소 ············ 262
재배당 ············ 376, 394
재산형 ············ 4
재평가세 ············ 360
저당권자의 방해배제가처분 ············ 177
저당물의 3취득자 ············ 365
전세권 ············ 113
전세권부채권 ············ 114
전세금 ············ 323
전세금반환채권 ············ 114
전통사찰보존법 ············ 134
절대무효설 ············ 126
절대적 소멸설 ············ 140
절대적 효력 ············ 398
절대효 ············ 395
절차비용 ············ 457
절차상대효설 ············ 45
절차상의 사유에 기한 이의 ············ 377
절차상의 하자 ············ 169
정기금채권 ············ 121
정지조건 ············ 402
제한설 ············ 428
제한적 평등배당 ············ 421
제한적 평등배당설 ············ 335
조세 상호간의 우열 ············ 357
조세채권우선의 원칙 ············ 356
종된 권리 ············ 196
종물 ············ 87, 195, 302
주는 채무 ············ 15
주민등록 ············ 329
준별제권 ············ 147
중간배당표 ············ 381
증여세 ············ 360
지급보증위탁계약 ············ 236
지방세기본법 ············ 145
지상권 ············ 113
직접강제 ············ 8
집행공탁 ············ 404
집행권원의 송달증명서 ············ 125
집행력 있는 정본 ············ 125
집행문 ············ 126
집행불능증명서 ············ 125
집행비용 ············ 371, 457
집행에 관한 이의 ············ 377
집행정지서류 ············ 400
집행정지서면 ············ 264
집행정지재판 ············ 380

(ㅊ)

차순위매수신고 ············ 234
차순위매수신고인 ············ 236, 369
차액지급 ············ 276, 375, 376
차액지급신청 ············ 367
채권금액의 확정 ············ 371
채권신고의 최고 ············ 183
채권자귀속설 ············ 449
채권자취소소송비용 ············ 457
채권자평등주의 ············ 434
채권증서의 교부 ············ 401
채무의 인수 ············ 277

채무인수 ····· 375
채무인수신청 ····· 367
채무자 회생 및 파산에 관한 법률 ····· 144
채무자설 ····· 396, 447
처분금지효 ····· 39
천연과실 ····· 80, 198
청구금액의 확장 ····· 121, 303
청구금액의 확장을 위한 이중경매신청 ····· 305
청구이의의 소 ····· 380
청산금 ····· 141
청산을 위한 경매 ····· 24
체납처분 ····· 144
체납처분비 ····· 373
최고대상공무소 ····· 184
최저매각가격 ····· 192
최저매각가격의 결정 ····· 201
최종 3년간의 퇴직금 ····· 350
최종 3월분 ····· 348
추가배당 ····· 376, 394, 405
추가배당사유 ····· 405
추가배당절차 ····· 405
취소설 ····· 126

(ㅌ)

특별매각조건 ····· 85, 223, 224
특별한 지급방법 ····· 276
특수지역권자 ····· 159
특수흡수배당 ····· 412

(ㅍ)

파산절차 ····· 6
파산종결결정 ····· 147
파산폐지결정 ····· 147
평가서 ····· 192
평등주의 ····· 39
포괄적 금지명령 ····· 146
포괄집행 ····· 6
피고설 ····· 396, 447
피고적격 ····· 387
피담보채권의 추가 또는 교환 ····· 303
필요비 ····· 365

(ㅎ)

하는 채무 ····· 15
학교법인의 기본재산 ····· 134
한국자산관리공사법 ····· 296
한정승인 ····· 116
합산배당표 ····· 381
항고각하결정 ····· 254, 259
항고보증 ····· 369
항고심의 절차 ····· 260
항고이유 ····· 257
항고이유의 기재 ····· 255
항고장각하명령 ····· 254, 259
항공기 ····· 114
현금화명령설 ····· 75
현황조사 ····· 188
현황조사명령 ····· 88, 188
현황조사보고서 ····· 189
현황조사보고서의 비치 ····· 189
협의의 강제집행 ····· 4
형성소송설 ····· 384
형성판결 ····· 5
형식상의 이의 ····· 377

형식적 강제집행 ······ 5
형식적 경매 ······ 17
호가경매 ······ 219, 233
확인판결 ······ 5
확정일자 ······ 331, 373
환매특약 ······ 137
환지예정지 ······ 120
회생계획인가결정 ······ 146
회생담보권 ······ 145, 146
회생절차 ······ 7
회생절차개시결정 ······ 146
회생채권 ······ 145, 146
후행사건 ······ 164
흡수당하는 순서 ······ 413
흡수배당 ······ 374
흡수의 순서 ······ 413
흡수의 한도 ······ 414
흡수의 횟수 ······ 414

□ 저자약력 □

◆ 이 우 재 감수

- 1965년 8월 9일생(경기 가평)
- 1984년 경기고등학교졸업
- 1988년 서울대학교 법과대학 사법학과 졸업
- 1988년 사법시험 제30회 합격
- 1990년 사법연수원 수료(제20기)
- 1994년 해군법무관으로 전역(대위)
- 1994년 서울동부지방법원 판사
- 1996년 서울중앙지방법원 판사
- 1998년 울산지방법원 판사
- 2001년 서울중앙지방법원 판사
- 2002년 서울고등법원 판사
- 2003년 대법원재판연구관
- 2006년 춘천지방법원 부장판사·연구법관
- 2007년 인천지방법원 부장판사
- 2009년 서울동부지방법원 부장판사

현) 2011년 서울중앙지방법원 부장판사

〈주요저서〉

· 재개발재건축의 제문제(1996, 서울동부지방법원)
· 법원실무제요 민사집행 II 집필(2001, 법원행정처)
· 법원실무제요 민사집행 편찬위원(2002, 법원행정처)
· 민사집행법에 따른 배당의 제문제(2008, 진원사)
· 條解 도시 및 주거환경정비법 上·下(2010, 진원사)

◆ 우 금 도 저

- 법원공개채용시험 합격(1995)
- 서울중앙지방법원·서울동부지방법원·서울북부지방법원·서울행정법원
- 민사과, 형사과, 등기과, 호적과, 민사신청과, 민사집행과, 행정과 각 근무
- 서울중앙지방법원 경매 참여관
- 서울중앙지방법원 형사 참여관
- 서울중앙지방법원 민사 참여관

현) 서울중앙지방법원 파산 참여관

〈주요저서〉

· 민사집행법(개정5판 : 2011)
· F·M 법원경매특강(2008)
· (우계장의) 특급 경매실무❶❷(2009)
· (사례로 쉽게 풀어 쓴) 부동산경매 실무❶❷(2010)
· 민사집행 이론과 실무(근간)
· 입찰희망자를 위한 부동산경매 실무제요(근간) 등 다수

〈주요논문〉

· 현황조사의 문제점과 개선방안(2008)
· 국민에 대한 서비스 & 법원경매 활성화를 위한 부동산경매 제도의 개선(2009)
- 서울중앙지방법원 민사실무연구회 -

민사집행법에 따른 부동산집행 입문

저 자 이우재 감수/우금도 저
발행인 양 진 수
발행처 진 원 사

2011년 3월 11일 초판 인쇄
2011년 3월 17일 초판 발행

서울시 서초구 서초3동 1714-32 형덕빌딩 1층
전화 : 02)916-1850 / 팩스 : 02)916-3442
신고번호 제321-2512007002호
hhhttp://www.jinwonsa.co.kr
http://www.lawbookstore.co.kr

저자와의 협의하에 인지생략

ISBN : 978-89-6346-107-6 93360 정가 48,000 원